Bogusław
WOŁOSZAŃSK

DROGA DO PIEKŁA

STALIN 1941–1945

Bogusław
WOŁOSZAŃSKI

DROGA DO PIEKŁA

STALIN 1941–1945

SENSACJE XX WIEKU

Opracowanie redakcyjne *Janina Wujkiewicz*
Korekta *Alicja Sikorska*
Projekt okładki i strony tytułowej *Robert Gretzyngier*

ISBN 83-913459-2-0

Wydawnictwo „Wołoszański" Sp. z o.o.
01-217 Warszawa, ul. Kolejowa 15/17
tel. (0-22) 862 53 71, 632 54 43
e-mail: sensacjexxwieku@sensacjexxwieku.com.pl
Sklep internetowy: sensacjexxwieku.com.pl

Łamanie *Oficyna Wydawnicza „MH"*
Druk: Drukarnia Naukowo-Techniczna, Warszawa, ul. Mińska 65

Drogi Czytelniku

Rok 1941 rozpoczął najbardziej tragiczny okres w historii XX wieku: druga wojna światowa stała się jeszcze bardziej okrutna i krwawa, ludobójstwo osiągnęło przerażające rozmiary, a zniszczenia wojenne stawały się tak ogromne, że nie sposób było ogarnąć ich wyobraźnią. Hitler i Stalin, rywalizujący o możliwość stworzenia nowego porządku w Europie, pozbyli się wszelkich skrupułów i odrzucili pozory. Uznali, że zwycięstwo usprawiedliwi daninę krwi i zbrodnie. I tak się stało.

Ten czas szaleństwa, jakie objęło rządy, naczelne dowództwa i żołnierzy jest już odległy, wciąż jednak kryje tajemnice, bez zgłębienia których nie zrozumiemy tego, co stało się w Europie, wydawałoby się, najbardziej cywilizowanym kontynencie tamtego świata.

Czy Hitler, wydając Wehrmachtowi rozkaz do ataku wyprzedził Stalina o kilka lub kilkanaście dni? Czy Stalin załamał się na wieść o niemieckiej agresji i ukrył w willi pod Moskwą? Czy członkowie Biura Politycznego partii komunistycznej przybyli tam, aby go aresztować i postawić przed sądem, lecz z nieznanych powodów zamiaru tego nie zrealizowali? Jaki etap osiągnęły tajne rokowania radziecko-niemieckie w lipcu i wrześniu 1941 roku na temat zakończenia działań wojennych? Dlaczego prezydent Roosevelt i premier Churchill wspomagali Stalina, choć mieli świadomość, że ta pomoc obróci się przeciwko ich narodom?

Historia tamtych lat pozostawiła bardzo wiele pytań, rozbudzających niezwykłe zainteresowanie. Bez znalezienia odpowiedzi na nie nie zrozumiemy wieku, który minął. Przez dziesiątki lat było to niemożliwe, gdyż odpowiedzi pozostawały w dokumentach uznanych za ściśle tajne. Jednak powoli z archiwów wydostają się akta rządów. Otwierają się pamiętniki głównych bohaterów tamtych wydarzeń, dając możliwość odtworzenia obrazu tego, co stało się w latach 1941–1945. Był to przecież czas o kluczowym znaczeniu dla świata i szczególnie tragiczny dla Polski; przesądził o historii naszego narodu na wiele dziesięcioleci, a jego skutki odczuwać będziemy jeszcze długo.

Podjąłem próbę udzielenia odpowiedzi na pytania, jakie pozostawił tamten okres, świadom, że dane zawarte w dokumentach wciąż zamkniętych w archiwach rosyjskich i brytyjskich, gdy wreszcie zostaną ujawnione mogą wnieść wiele nowego do tego opisu. Takie jest prawo historii. Czy jednak zostaną ujawnione?

Nadzwyczajna jest determinacja i skuteczność, z jaką Stalin, stosując ludobójstwo, realizował swoje plany podziału Europy i podporządkowania Związkowi Radzieckiemu dużej części kontynentu. Przetrwał szok, jaki wywołała wiadomość o niemieckiej agresji, a także druzgocące klęski wojsk radzieckich. Opanował załamanie we władzach i w armii, a potem skłonił wojennych sojuszników, prezydenta Franklina D. Roosevelta i premiera Winstona Churchilla, aby zaakceptowali jego życzenia w sprawie podziału Europy i wojennych zdobyczy, dokonanych w drodze agresji wbrew prawu międzynarodowemu.

To Stalin był zwycięzcą tamtej wojny, a miliony ludzi poprowadził drogą do piekła. I przez tak wiele lat było to ściśle strzeżoną tajemnicą archiwów wielu państw.

Część I – Czemu zawsze się spóźniamy?

1. *Najdłuższy dzień 1941 roku*

Moskwa – Stalin wzywa generała Żukowa i marszałka Timoszenkę; dyrektywa dla Armii Czerwonej: nie dać się sprowokować. Berlin – Hitler dyktuje odezwę do żołnierzy i rozmawia ze Speerem. Londyn – Churchill wyjeżdża na weekend.

Wieczór w Moskwie był upalny i duszny, jak cały sobotni dzień 21 czerwca 1941 roku. W gabinecie na pierwszym piętrze kremlowskiego gmachu nie czuło się upału, gdyż grube mury i zielonkawe pancerne szyby nie przepuszczały skwaru. Kiedy nadszedł wieczór, Stalin opuścił rolety w trzech wielkich oknach sięgających od podłogi do sufitu, choć niebo było jeszcze jasne, i zapalił lampę na biurku. Niecierpliwie oczekiwał na wiadomość od Wiaczesława Mołotowa*, komisarza spraw zagranicznych,

*__Wiaczesław Mołotow__ (1890–1986), działacz rosyjskiego ruchu rewolucyjnego, w 1921 r. został sekretarzem Komitetu Centralnego komunistycznej partii RKP(b), a w 1926 r. – członkiem Biura Politycznego WKP(b). W tym okresie poparł Stalina w walce o władzę, co później zagwarantowało mu najwyższe stanowiska państwowe. W 1930 r. objął urząd przewodniczącego Rady Komisarzy Ludowych (premiera) i wiernie realizował stalinowską politykę kolektywizacji, a w latach 1937–1938 – wielkiej czystki w wojsku i partii. W maju 1939 r., pozostając premierem, zastąpił na stanowisku komisarza spraw zagranicznych (ministra) Maksima Litwinowa, uważanego za polityka o sympatiach prozachodnich. W sierpniu 1939 r. podpisał układ o nieagresji z Niemcami, co umożliwiło Adolfowi Hitlerowi najazd na Polskę i rozpętanie II wojny światowej. 28 września 1939 r. podpisał układ o przyjaźni i granicy z Niemcami. W listopadzie 1940 r. przybył do Berlina, aby negocjować warunki przystąpienia Związku Radzieckiego do osi Berlin–Rzym–Tokio, ale przedstawił żądania, których Hitler nie mógł zaakceptować. Po wybuchu wojny niemiecko-radzieckiej 22 czerwca 1941 r. pierwszy wygłosił przemówienie radiowe informujące o rozpoczęciu wojny. Wobec konieczności zmiany radzieckiej polityki zagranicznej, w lipcu 1941 r. podpisał układ o pomo-

któremu kazał spotkać się z niemieckim ambasadorem Friedrichem von der Schulenburgiem pod byle pretekstem. Chciał aby wierny Mołotow wybadał sytuację na granicy, która niepokoiła go od wielu tygodni.

Komisarz wezwał ambasadora pod najbardziej oczywistym pretekstem, jakim było częste naruszanie radzieckiej przestrzeni powietrznej przez niemieckie samoloty. Jak się spodziewał, von der Schulenburg, który stawił się u niego w biurze o godzinie 21.30, niewiele miał do powiedzenia. Obiecał, że radziecki protest przekaże jak najszybciej do Berlina. Mołotow nie oczekiwał innej odpowiedzi, ani też na innej mu nie zależało.

– Powiedziano mi, że nie tylko przedsiębiorcy i handlowcy, ale także kobiety zatrudnione w ambasadzie i dzieci pracowników wyjeżdżają z naszego kraju... – powiedział nagle Mołotow.

Schulenburg wydał się zakłopotany tym pytaniem.

– Rozpoczęły się wakacje – odpowiedział niepewnie. – Po prostu jadą na ten okres do domów. Poza tym, nie wszystkie kobiety wyjechały...

Był tak nieprzekonywający w tej odpowiedzi, że Mołotow postanowił nie drążyć tematu. Skwitował słowa Schulenburga wzruszeniem ramion. Rozmowa była skończona, a radziecki komisarz w dalszym ciągu nie wiedział, co sądzić o niemieckich zamiarach. Zachowanie ambasadora nie dawało powodu do niepokoju, i taką ocenę przekazał Stalinowi. Czy jednak należało się spodziewać jakichkolwiek rewelacji po spotkaniu z niemieckim dyplomatą?

Wiadomości nadchodzące z Berlina również nie pozwalały wyjaśnić sytuacji. Tam na posterunku trwali jedynie ambasador Władimir Diekanozow i pierwszy sekretarz ambasady Walenty Bieriezkow. Poza nimi cały personel dyplomatyczny ambasady korzystał z uroków upalnego sobotniego dnia, wyruszając do berlińskich kąpielisk nad jeziora Wannsee i Nikolassee. Nie można wykluczyć, że ambasador umyślnie rozpuścił swoich pracowników, aby nie podgrzewać atmosfery napięcia, której bardzo się

cy wzajemnej z Wielką Brytanią i następnie w październiku protokół o pomocy wojskowej Stanów Zjednoczonych (*Lend-Lease*). W październiku 1943 r. przewodniczył moskiewskiej konferencji ministrów zagranicznych, na której ustalono zasady konferencji „wielkiej trójki" w Teheranie. W latach 1943–1945 brał udział we wszystkich najważniejszych konferencjach. Był jednym z twórców tzw. ładu jałtańskiego gruntującego hegemonię Związku Radzieckiego w Europie Wschodniej. Po wojnie popadł w niełaskę Stalina, na którego polecenie w 1949 roku aresztowano jego żonę Polinę Żemczużynę, z pochodzenia Żydówkę. W tym samym roku Stalin odwołał go ze stanowiska ministra spraw zagranicznych. Po śmierci Stalina w 1953 r. wszedł w skład tzw. I triumwiratu (Beria, Malenkow, Mołotow) i ponownie objął stanowisko ministra spraw zagranicznych. W czerwcu 1957 r. na plenum KC KPZR podjął nieudaną próbę obalenia sekretarza generalnego, za co został usunięty z Komitetu Centralnego i wysłany w charakterze ambasadora do Mongolii. Później był szefem misji ZSRR przy Międzynarodowej Agencji Energii Atomowej w Wiedniu. W 1961 r. za złożenie krytycznego oświadczenia przed XXII Zjazdem KPZR został usunięty z partii i przeniesiony na emeryturę.

Józef Stalin – zdjęcie z 1922 r.

obawiał. Wiedział, że jego arcywróg z czasów służby w NKWD, szef tej instytucji, Ławrientij Beria nie przepuszcza żadnej okazji, aby skompromitować go w oczach Stalina. Gdy dwa dni wcześniej ambasador przekazał do Moskwy ostrzeżenie przed niemiecką agresją, Beria wykorzystał to natychmiast i posłał do Stalina pismo, w którym stwierdzał:

„Ponownie nalegam na odwołanie i ukaranie ambasadora w Berlinie, Diekanozowa, który wciąż bombarduje mnie «raportami», jakoby Hitler przygotowywał się do zaatakowania ZSRR. Raportował, że atak nastąpi jutro, ale ja i moi ludzie, Józefie Wissarionowiczu, mamy dobrze wryte w pamięć waszą mądrą ocenę: Hitler nie zaatakuje nas w 1941 roku".

Tymczasem Mołotow na polecenie Stalina żądał, aby ambasador jak najszybciej dotarł do niemieckiego ministra spraw zagranicznych Joachima von Ribbentropa*. Ten zaś przez całą sobotę był nieuchwytny. Nie dawało to jednak powodu do alarmu. Nie można było wykluczyć, że choć w jego sekretariacie odpowiadano, że pan minister ma ważną konferencję, to w istocie sybaryta Ribbentrop wolał wyjechać do swojej posiadłości w Alpach, niż pozostawać w rozgrzanym mieście. Gdy o 21.30 Diekanozowowi udało się wreszcie dotrzeć do sekretarza stanu Ernsta von Weizsäckera pod pretekstem, którego Mołotow użył wobec Schulenburga – naruszania radzieckiej przestrzeni powietrznej, rozmowa nie wniosła nic nowego. Niemiec odrzucił protest, twierdząc, że radzieckie samoloty też wlatują nad terytorium Niemiec. Jego zachowanie było naturalne i nie dawało najmniejszych powodów do podejrzeń co do wrogich zamiarów rządu niemieckiego.

Stalin przerzucił kartki z dyplomatycznymi raportami. Z tych źródeł nie nadchodziły żadne ostrzeżenia! Jedynie wojskowi naciskali.

*__Joachim von Ribbentrop__ (1893–1946), działacz nazistowskiej partii NSDAP, minister spraw zagranicznych Rzeszy był z zawodu kupcem (ożeniony w 1920 r. z córką Otto Henkella – wytwórcy szampanów, szlacheckie „von" uzyskał w 1925 r.). Odegrał dużą rolę w zawarciu porozumienia między Adolfem Hitlerem a Franzem von Papenem, co ułatwiło nazistom utworzenie rządu. W 1934 r. został kierownikiem biura ds. polityki zagranicznej partii nazistowskiej. W październiku 1936 r. wyjechał do Londynu jako ambasador Niemiec. W 1938 r. został ministrem spraw zagranicznych. Przez następne lata tworzył polityczne podstawy ekspansji Niemiec: odegrał istotną rolę w doprowadzeniu do anszlusu Austrii i rozbioru Czechosłowacji, negocjował i zawierał sojusze wojskowe z Włochami (pakt stalowy), ze Związkiem Radzieckim (pakt Ribbentrop–Mołotow i radziecko-niemiecki układ graniczny), z Japonią (pakt trzech). W 1946 r. został przez Międzynarodowy Trybunał Wojskowy w Norymberdze uznany za winnego zbrodni przeciwko pokojowi, skazany na karę śmierci i stracony 16 października.

Generał Gieorgij Żukow*, szef Sztabu Generalnego, dwukrotnie telefonował tego wieczora, żądając postawienia w stan gotowości nadgraniczne oddziały. Powoływał się na zeznania niemieckich dezerterów, którzy twierdzili, że niemiecki atak nastąpi w niedzielę o świcie. Zwracał też uwagę, że dowódcy nadgranicznych oddziałów donoszą o bardzo wzmożonym ruchu niemieckich wojsk. Czy można było dłużej lekceważyć te sygnały?

Stalin podniósł słuchawkę telefonu.

– Połączcie z Komisariatem Obrony – powiedział cicho.

Generał Żukow niecierpliwie oczekiwał wezwania na Kreml. On zdawał sobie sprawę, że alarmujące raporty, jakie otrzymywał od kilku dni, dowodzą niezbicie, iż niemieckie uderzenie nastąpi wkrótce. Dowódcy wojsk stacjonujących wzdłuż całej granicy raportowali od 18 czerwca, że Niemcy przegrupowują swoje oddziały. Słychać było silniki setek czołgów. Przejeżdżały długie konwoje ciężarówek. Nadzwyczajny ruch zaczął się na lotniskach. Radzieckie radiowe stacje nasłuchowe rejestrowały częstą wymianę zaszyfrowanych meldunków. Straż graniczna NKWD donosiła o wzmożonej działalności grup sabotażowych. Co prawda schwytano jedynie ośmiu ukraińskich nacjonalistów, ale ustalono, że pochodzili z oddziału „Nachtigale" utworzonego w 1941 roku przez Niemców, do którego rekrutowano członków organizacji OUN**. 21 czerwca, Żu-

*Gieorgij Żukow (1896–1974), marszałek Związku Radzieckiego, najwybitniejszy radziecki strateg i dowódca, uczestnik I wojny światowej i wojny domowej, od 1918 r. w Armii Czerwonej. Od 1 czerwca 1939 r. dowodził 1. grupą armijną na Dalekim Wschodzie, gdzie w sierpniu tego roku odniósł zwycięstwo w walkach z Japończykami nad rzeką Chałchyn-goł. Mianowany 7 maja 1940 r. generałem armii (jednym z trzech pierwszych), objął dowodzenie Kijowskim Okręgiem Wojskowym. 14 stycznia 1941 r. został szefem Sztabu Generalnego. W lipcu tego roku powrócił do służby liniowej. Od 30 lipca tego roku dowodził wieloma frontami, a jednocześnie od 28 lipca 1942 r. był zastępcą naczelnego wodza. W lutym 1943 r. otrzymał stopień marszałka Związku Radzieckiego. Kierowany był na najtrudniejsze odcinki wojny: obronił Leningrad (St Petersburg), wygrał bitwę pod Moskwą, koordynował działania frontów w czasie bitwy stalingradzkiej i pod Kurskiem. Dowodził wojskami 1. Frontu Białoruskiego podczas operacji warszawskiej i berlińskiej: kierował bezpośrednio zdobyciem stolicy Niemiec. 8 maja w imieniu Związku Radzieckiego przyjął bezwarunkową kapitulację Niemiec. Do marca 1946 r. był dowódcą radzieckich wojsk okupacyjnych w Niemczech, później przez krótki okres dowodził radzieckimi wojskami lądowymi. W czerwcu 1946 r. Stalin zdecydował się zlikwidować go, obawiając się jego sławy wojennego bohatera. Próba oskarżenia o wyimaginowane przestępstwa nie powiodła się, gdyż inni najwyżsi oficerowie, obawiając się podobnego losu, stanęli w obronie Żukowa. W 1951 r. powrócił do łask, zapewne ze względu na zaostrzenie sytuacji międzynarodowej i wojnę w Korei, grożącą przeistoczeniem się w konflikt światowy, w którym Stalin potrzebowałby doświadczonych strategów. Od 1955 r. był ministrem obrony, w 1957 r. został usunięty przez Nikitę Chruszczowa.

**OUN – Organizacja Ukraińskich Nacjonalistów, założona w 1929 r., w lutym 1940 r. ostatecznie podzieliła się na dwie frakcje: OUN-B – Stiepana Bandery i OUN-M – Andry Melnika. Z pierwszej rekrutowali się głównie bojownicy sabotażowych grup szkolonych przez Niemców od 1940 r.

21 czerwca 1941 roku niemieckie oddziały gotowe do ataku

kow otrzymał protokoły przesłuchań kilku niemieckich dezerterów, którzy twierdzili, że artyleria niemiecka gotowa jest do otwarcia ognia, zaś czołgi wyjechały na pozycje wyjściowe z pełnymi zbiornikami benzyny i zapasem amunicji. Liczyła się już każda godzina. Nie mógł jednak nic zrobić bez aprobaty Stalina. W dalszym ciągu frontowe oddziały obowiązywała dyrektywa rozesłana przez Sztab Generalny w dniach 15-18 czerwca zabraniająca koncentrowania oddziałów i otwierania ognia do niemieckich samolotów rozpoznawczych. W efekcie najważniejsze okręgi wojskowe zamiast przygotowywać się do walki, realizowały rutynowy plan szkoleniowy. W Zachodnim Okręgu Wojskowym 28. korpus piechoty odpowiedzialny za obronę rejonu Brześcia pojechał na poligon, żołnierze z batalionów saperskich pracowali przy budowie umocnień, a jednostki obrony przeciwlotniczej prowadziły ćwiczenia na poligonie pod Mińskiem. Dowódca korpusu oceniał, że potrzebuje dzień, lub nawet dwa dni, aby zebrać swoje oddziały.

Niewielu dowódców świadomych zagrożenia postanowiło działać na własną odpowiedzialność. Na północy generał W. Frołow, dowódca 14. armii z Leningradzkiego Okręgu Wojskowego, mimo braku zgody Komisariatu Obrony na przegrupowanie jego wojsk wieczorem 21 czerwca rozkazał 52. dywizji piechoty zająć stanowiska w rejonie Murmańska, spodziewając się, że tam mogą zaatakować fińskie oddziały.

Marszałek Siemion Timoszenko i generał Gieorgij Żukow

Drzwi do gabinetu Żukowa otworzyły się szeroko i stanął w nich adiutant. Zazwyczaj czekał, aż generał pozwoli mu odezwać się, ale tym razem powiedział pospiesznie, aby podkreślić ważność meldunku:

– Towarzysz Stalin wzywa was i towarzysza komisarza!

Żukow odchylił głowę, jakby chciał naciągnąć zmęczone mięśnie karku i wsunął dwa palce za kołnierzyk, zmniejszając na chwilę ucisk koszuli. Sięgnął po teczkę, w której miał rozkaz postawienia w stan gotowości nadgranicznych oddziałów.

– Samochód! – rzucił, kierując się do sekretariatu.

Zatrzymał się na chwilę, zastanawiając się, co jeszcze ma zabrać ze sobą, ale szybko zrezygnował z tego zamiaru. Domyślał się, jaki jest cel nagłego wezwania: sytuacja na granicy, a tę znał doskonale. Nie potrzebował map ani raportów. Od wielu tygodni studiował meldunki napływające ze sztabów nadgranicznych jednostek z taką uwagą, że pamiętał każdy z nich.

– Czeka już na was na dole – odpowiedział adiutant otwierając drzwi na korytarz. – Towarzysz komisarz zaraz zejdzie.

Na wielkich marmurowych schodach spotkał komisarza obrony Siemiona Konstantynowicza Timoszenkę* zmierzającego pośpiesznym krokiem do wyjścia.

– Zameldowałem Stalinowi – powiedział komisarz na widok Żukowa – o ostatnich raportach Kirponosa. Mówił o Michaile Piotrowiczu Kirponosie, dowódcy Kijowskiego Okręgu Wojskowego. – Mają kilku niemieckich dezerterów, którzy utrzymują, że Niemcy uderzą tej nocy. Stalin kazał mnie, wam i jeszcze Watutinowi stawić się natychmiast u niego, na posiedzeniu Politbiura.

Tuż przed drzwiami dogonił ich generał Nikołaj Watutin, zastępca szefa Sztabu Generalnego.

Z ulicy Frunzego, gdzie mieścił się Sztab Generalny i Ludowy Komisariat Obrony, do Kremla było około pół godziny jazdy. Przez całą drogę nie zamienili ani słowa. Każdy zastanawiał się, czy na posiedzeniu, w którym mieli wziąć udział, zapadną jakiekolwiek decyzje. Gdyby tak się nie stało, oznaczałoby to katastrofę.

Wmaszerowali do gabinetu Stalina o 22.00. Stanęli na baczność tuż po przekroczeniu drzwi. Wyglądali podobnie: krępi, o czerstwych ogorza-

*__Siemion Konstantynowicz Timoszenko__ (1895–1970). Niepiśmienny syn chłopa, uczestnik I wojny światowej, w 1920 r., podczas wojny polsko-bolszewickiej, był dowódcą 6. dywizji kawalerii 1. Armii Konnej. W 1922 r. ukończył Akademię Wojskową im. Frunzego. We wrześniu 1939 r. jako dowódca Frontu Ukraińskiego ruszył na Polskę. W drugim etapie wojny radziecko-fińskiej, od 7 stycznia 1940 r., dowodził wojskami radzieckimi. Od 8 maja 1940 r., awansowany do stopnia marszałka Związku Radzieckiego, był ludowym komisarzem obrony ZSRR. W czerwcu 1941 r. po niemieckiej agresji stał się, z racji stanowiska komisarza, przewodniczącym Stawki i tytularnym naczelnym wodzem wojsk radzieckich (faktycznym był Stalin). Na początku lipca 1941 r. z rozkazu Stalina wyruszył na front jako dowódca Frontu Zachodniego i pięciu armii rezerwowych. Dowodzone przez niego wojska nie mogły powstrzymać uderzeń 55 dywizji niemieckich. Od września 1941 r. objął dowodzenie Kierunku Południowo-Zachodniego i wkrótce Frontu Południowo-Zachodniego. W kwietniu 1942 r. w czasie ofensywy na kierunku Charkowa stracił 250 tys. żołnierzy; 23 lipca Stalin odwołał go do Moskwy, zapewne, aby ratować jego reputację. Od października 1942 r. dowodził Frontem Stalingradzkim i później Frontem Północno-Zachodnim. Brak sukcesów jego wojsk przesądził o przeniesieniu go w charakterze przedstawiciela Kwatery Głównej Naczelnego Dowództwa do sztabów 2. i 4. Frontu Ukraińskiego. Po wojnie dowodził kolejno kilkoma okręgami wojskowymi.

łych twarzach, z ogolonymi głowami. Czekali, aż Stalin pozwoli zaraportować, że niemieccy dezerterzy schwytani przez radzieckich pograniczników twierdzą, iż wojska niemieckie są na pozycjach wyjściowych i uderzą o świcie.

– Prawdopodobnie niemieccy generałowie posłali dezerterów, aby sprowokować konflikt – skomentował Stalin.

– Nie, towarzyszu Stalin! – Trzej oficerowie zaprzeczyli jednogłośnie.– Sądzimy, że dezerter mówił prawdę. – A Timoszenko dodał:

– Konieczne jest postawienie w stan pogotowia wojsk w nadgranicznych okręgach...

Stalin spojrzał na niego spod oka. Nie odpowiedział nic.

„Nie dać się sprowokować! Ani Niemcom, ani swoim oficerom!". Ta myśl zdawała się wyznaczać całą jego politykę w ostatnich dniach. O ile skłonny był uwierzyć, że Niemcy mogli rozpocząć wojnę w maju, to nieprawdopodobny wydawał mu się czerwcowy termin. Maj minął, gdyż Hitler zaangażował swoje wojska w walki na Bałkanach. Przeprowadził tam błyskotliwą i udaną kampanię. W ciągu miesiąca podbił Jugosławię i Grecję, a na dodatek odniósł zwycięstwo na Krecie. Ale stracił najlepszy okres do rozpoczęcia wojny ze Związkiem Radzieckim. Musiał zdać sobie sprawę, że jest już za późno, aby wysyłać swoje wojska na podbój ogromnego państwa i liczyć, że uda się dokonać tego przed zimą. Nie, Hitler nie mógł być tak nierozsądny. Jedynie jego generałowie mogli nalegać na rozpoczęcie działań. Oni żyli z wojny. Dawała im awanse, bogactwo, zaszczyty i władzę nad życiem i śmiercią – mogli się więc posunąć do prowokacji, aby postawić Hitlera przed faktem dokonanym. Toteż w żadnym wypadku nie można było dopuścić, aby runęła lawina wywołana przypadkowym incydentem na granicy.

Wszystkie decyzje, jakie Stalin podjął tego wieczora, rozkazy, jakie wydał, podyktowane były panicznym lękiem przed uwikłaniem wojsk w przypadkowe starcia.

– Co mamy zrobić? – Stalin zwrócił się do Mołotowa, który wszedł do gabinetu.

Pytanie pozostało bez odpowiedzi. Stalin spojrzał na Bułganina, ale ten wykonał rękami ruch wskazujący, że rozważa starannie odpowiedź na tak ważne pytanie.

– Towarzyszu Stalin – odezwał się Timoszenko. – Nie mam wątpliwości. Dyrektywa musi być wydana bezzwłocznie, aby zaalarmować wszystkie wojska w nadgranicznych okręgach.

– Przygotowaliśmy projekt dyrektywy... – wtrącił Żukow.

– Przeczytajcie – westchnął Stalin.

Był jak bokser zagnany do narożnika, ale nie miał zamiaru się poddawać. Nie przekonali go, że należy ogłosić alarm. To byłoby zbyt ryzykowne. Już sam ten fakt zwiększałby napięcie na granicy. W zamieszaniu, jakie tworzyłyby wojska wyruszające na pozycje, łatwo mogłoby dojść do konfliktu: jakiś nieopierzony dowódca batalionu, zbyt pochopnie oceniając sytuację, mógłby rozkazać otworzyć ogień i nieszczęście byłoby gotowe.

Stalin zdecydował się na pewne przygotowania do obrony, ale nie na granicy. Tego dnia wcześniej zadzwonił do dowódcy Moskiewskiego Okręgu Wojskowego generała Iwana Tiuleniewa*, którego zastał w podmoskiewskiej daczy, dokąd generał pojechał na niedzielny wypoczynek:

– Towarzyszu Tiuleniew, jaki jest stan obrony przeciwlotniczej Moskwy? – zapytał.

Nie wysłuchał jednak całego raportu.

– Posłuchajcie, sytuacja jest niepewna i musicie postawić obronę przeciwlotniczą Moskwy w stan 75-procentowej gotowości.

Tuż potem nakazał szefom obwodowych komitetów partyjnych, aby pozostali w pracy. Uzasadnił to w rozmowie z sekretarzem moskiewskiej organizacji partyjnej Aleksandrem Szczerbakowem:

– Możliwy jest atak Niemców.

Nie mógł jednak zaakceptować ogłoszenia stanu gotowości w nadgranicznych oddziałach wojskowych.

– Jest za wcześnie, aby wydać taką dyrektywę – powiedział, zdając się nie słuchać tego, co proponował Żukow. – Być może problem da się rozwiązać środkami pokojowymi. Musimy wydać krótką dyrektywę stanowiącą, że niemiecki atak może rozpocząć się od prowokacji. Oddziały w nadgranicznych okręgach, aby uniknąć komplikacji, nie mogą dać się uwikłać w prowokację.

Powiedział to tonem, który dobrze znali: żadnych dalszych dyskusji. Wyszli więc do sekretariatu, aby tam przygotować projekt nowej dyrektywy.

Wrócili tuż po północy, przedstawiając kolejny szkic dyrektywy. Stalin wprowadził kilka poprawek i zgodził się na wysłanie.

„Do rad wojskowych Leningradzkiego Okręgu Wojskowego, Bałtyckiego Okręgu Wojskowego, Zachodniego Okręgu Wojskowego, Kijowskiego Okręgu Wojskowego, Odesskiego Okręgu Wojskowego. (...)

*__Iwan Władymirowicz Tiuleniew__ (1892–1978), służbę wojskową rozpoczął w 1913 r., w Armii Czerwonej od 1918 r. W czasie wojny domowej walczył w 1. Armii Konnej Budionnego, a następnie dowodził jednostkami kawalerii. W 1936 r. został mianowany inspektorem wojsk kawaleryjskich. Od lutego 1938 dowodził Transkaukaskim Okręgiem Wojskowym. We wrześniu 1939 r. na czele 12. armii podbijał Polskę. W sierpniu 1940 r., promowany dwa miesiące wcześniej do stopnia generała armii, przejął dowodzenie Moskiewskim OW. 22 czerwca 1941 r. otrzymał rozkaz przejęcia dowództwa formowanego Frontu Południowego. Ranny w nogę we wrześniu tego roku został ewakuowany do Moskwy. Po rekonwalescencji 19 stycznia 1942 r. przejął stanowisko zastępcy dowódcy Kierunku Południowo-Zachodniego. Dwa miesiące później powrócił na stanowisko dowódcy Transkaukaskiego Frontu, którego głównym zadaniem było strzeżenie granicy z Turcją i ochrona szlaków zaopatrzeniowych z Persji. Po wojnie dowodził Charkowskim OW. W 1946 r. przeszedł do pracy w Ministerstwie Obrony.

1. W dniach 22-23.6.41 niespodziewany atak Niemców na frontach Okręgów Wojskowych: Leningradzkiego, Bałtyckiego, Zachodniego, Kijowskiego i Odesskiego jest możliwy.

2. Zadanie naszych sił - nie poddać się prowokacyjnej akcji jakiegokolwiek rodzaju, co mogłoby doprowadzić do poważnych komplikacji. W tym samym czasie wojska okręgów wojskowych mają być w pełnej gotowości, aby odeprzeć niespodziewane uderzenie Niemców i ich sojuszników".

Dyrektywa nakazywała rozproszenie samolotów i zamaskowanie ich, postawienie w stan gotowości oddziałów bez powoływania rezerwistów i wprowadzenie zaciemnienia miast.

„Żadne inne środki nie mogą być podjęte bez specjalnego zezwolenia" - głosił ostatni punkt dyrektywy podpisanej przez Timoszenkę i Żukowa trzydzieści minut po północy 22 czerwca. Obydwaj ruszyli natychmiast do Sztabu Generalnego, gdzie dyrektywa miała zostać zaszyfrowana i rozesłana do okręgów wojskowych. Istniała szansa, że przed świtem dotrze do adresatów.

Stalin uznał, że nic nie pozostało już do zrobienia. Zanim wyszedł ze swojego gabinetu, odebrał telefon od Żukowa. Generał informował o nowym meldunku z Kijowskiego Okręgu Wojskowego:

- Major Byczkowski przesłuchuje niemieckiego dezertera z 222. pułku piechoty z 74. dywizji, podobno robotnika, komunistę z Monachium. Nazywa się Alfred Liskow. Do naszych linii dotarł o 21.00. Twierdzi, że niemieckie uderzenie nastąpi dzisiaj o godzinie 4.00...

- Rozstrzelać za sianie dezinformacji - przerwał mu Stalin i odłożył słuchawkę*.

Wyszedł ze swojego gabinetu, przeszedł korytarzem wyłożonym grubym czerwonym dywanem do windy, którą zjechał na parter. Przed drzwiami stał już czarny packard. Pułkownik Nikołaj Własik**, szef ochrony osobistej, nie zadawał zbędnych pytań.

*Alfred Liskow nie został rozstrzelany tylko dzięki temu, że w momencie wybuchu wojny przesłuchanie jeszcze trwało.

****Nikołaj Własik** (1896- ?), generał porucznik, wstąpił do partii komunistycznej w 1918 r., a dwa lata później rozpoczął służbę w Nadzwyczajnej Komisji do Walki z Kontrrewolucją i Sabotażem (CzeKa). W 1931 r., rekomendowany przez szefa GPU Mienżynskiego, rozpoczął służbę jako ochroniarz Stalina. Od 1936 do 1943 r. był pracownikiem Wydziału Operacyjnego, a od 1943 do 1946 r. kierował tym wydziałem. W lutym 1947 r. objął kierownictwo wydziału Ochrony Przywódców Ministerstwa Bezpieczeństwa Państwowego (MGB). W grudniu 1952 r., w wyniku intryg Berii został zdymisjonowany, wykluczony z partii i mianowany zastępcą komendanta obozu w Swierdłowsku. Wkrótce jednak został aresztowany pod zarzutem utrzymywania kontaktów z W. Stenbergiem podejrzanym o szpiegostwo. 17 stycznia 1955 r. został skazany na 10 lat zesłania do Krasnodaru (wyrok skrócono na mocy amnestii do 5 lat) oraz degradację i utratę odznaczeń wojskowych.

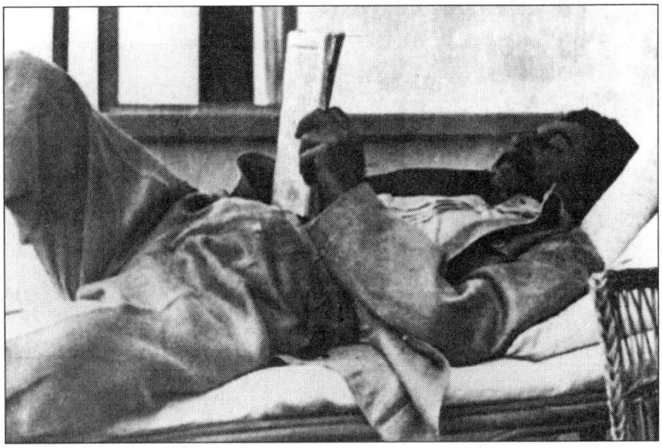
Stalin odpoczywa

Nad Moskwą przeszła gwałtowna letnia burza i spadł ulewny deszcz. Załamanie pogody trwało jednak krótko i opustoszałe o tej porze ulice szybko zaczęły wysychać.

Pół godziny później samochód Stalina, osłaniany przez dwa auta enkawudzistów, wyjechał na drogę prowadzącą do odległego o 35 kilometrów Kuncewa. Krótka czerwcowa noc zaczynała blednąć, gdy Stalin wszedł do sypialni swojej willi w Kuncewie. Zrzucił bluzę, zzuł wysokie buty i położył się na łóżku. Zasnął szybko spokojnym snem człowieka zmęczonego.

W Berlinie Adolf Hitler wciąż pracował w swoim gabinecie w Kancelarii Rzeszy. Dyktował tekst proklamacji, która miała być wygłoszona jeszcze tej nocy:

– Niemieccy żołnierze! Czeka was ciężka walka, walka, w której musicie dać z siebie wszystko, albowiem losy Europy, przyszłość Rzeszy Niemieckiej oraz istnienie naszego narodu spoczną tylko w waszych rękach. Niech Bóg wspomaga nas w tej walce!

Sekretarka Christa Schröder zamknęła notatnik, podniosła się z krzesła dostawionego do biurka i wyszła szybko do sekretariatu, aby przepisać tekst na maszynie.

Hitler czekał na Alberta Speera*. Można było odnieść wrażenie, że projekt, z którym miał przybyć jego architekt, pochłaniał go w równym stop-

*__Albert Speer__ (1905–1982), architekt z wykształcenia, zdobył zaufanie i poparcie Adolfa Hitlera dla projektów oficjalnych obiektów państwowych i masowych imprez propagandowych, co przesądziło o jego karierze. W 1934 r. został architektem Hitlera, a później kolejno: szefem departamentu w Niemieckim Froncie Pracy, szefem działu ds. budownictwa inwestycyjnego w sztabie zastępcy Führera, od 1942 r. szefem Organizacji Todta (po śmierci jej twórcy). Od 1943 r. był ministrem ds. uzbrojenia i przemysłu wojennego oraz generalnym pełnomocnikiem ds. uzbrojenia w Urzędzie Planu Czteroletniego. Dzięki wybitnym zdolnościom organizacyjnym przyczynił się do szybkiej rozbudowy niemieckiego przemysłu zbrojeniowego. W maju 1945 r. został aresztowany przez żołnierzy brytyjskich we Flensburgu, stanął przed Międzynarodowym Trybunałem Wojskowym w Norymberdze oskarżony o zbrodnie wojenne i zbrodnie przeciwko ludzkości (wykorzystywanie przymusowych robotników w przemyśle zbrojeniowym); uznany za winnego, został skazany na 20 lat więzienia.

niu, jak wojna na wschodzie, która miała rozpocząć się lada godzina. Być może dlatego, że między tymi dwoma wydarzeniami istniał ścisły związek. Speer miał przybyć z planami nowego miasta dla Niemców, jakie miało powstać w Norwegii, w rejonie Trondheim, gdzie zamierzano rozpocząć budowę wielkiej bazy morskiej, o czym Hitler rozmawiał tego dnia z dowódcą marynarki wojennej wielkim admirałem Erichem Raederem.

– Jest pan, Speer. Oczekiwałem pana – Hitler na widok wchodzącego architekta podniósł się zza biurka.

Podszedł do niego i poprowadził go do stolika, na którym stał gramofon.

– Wybrałem już fragment preludium Liszta, które będzie poprzedzać informacje radiowe o naszych zwycięstwach na Wschodzie. Niech pan posłucha...

Dał znać adiutantowi, który uruchomił gramofon, i cały czas patrzył pytająco na Speera, oczekując akceptacji.

– W najbliższym czasie będzie pan to często słyszał. Jak się panu podoba?

– Wspaniałe, *mein Führer*! – Speer wydawał się zadowolony. – Godne zwycięstw, które czekają na pana!

– Jak widzę, ma pan już gotowe plany naszego nowego miasta w Norwegii.

Gabinet Adolfa Hitlera

Ujął Speera pod ramię i ruszył w stronę biurka.

– Nie mam dzisiaj zbyt dużo czasu, ale tak jestem ich ciekaw, że rzucę na nie okiem. Powiem panu, że z Rosji już wkrótce sprowadzimy tyle granitu i marmuru, ile tylko będziemy chcieli!

Hitler stwarzał wrażenie podnieconego całą sytuacją, lecz jednocześnie pewnego siebie i rozluźnionego. Ludzie, którzy obserwowali go w ciągu ostatnich tygodni, gdy był wyraźnie spięty, łatwo wybuchał gniewem lub popadał w nastrój przygnębienia wyrażający się wygłaszaniem wielogodzinnych monologów, zauważali zmianę. Napięcie towarzyszące ostatniej fazie przygotowań do wojny minęło. Koncentracja wojsk przebiegła sprawnie, Rosjanie zdawali się nie spodziewać wybuchu wojny, a więc udało się zrealizować najważniejsze warunki powodzenia wojny błyskawicznej. Być może był czas, gdy Hitler obawiał się, że Stalin go uprzedzi i pierwszy wyda rozkaz rozpoczęcia wojny, co oczywiście przesądzałoby o jej wyniku, ale od połowy czerwca już nie brał tego pod uwagę. Według raportu nadesłanego 13 czerwca przez wywiad Fremde Heere Ost, opartego na analizie tysięcy zdjęć lotniczych, w zachodniej części Związku Radzieckiego zauważono ruchy dużych jednostek, lecz nie należało tego łączyć z przygotowaniami do natychmiastowej agresji. Wywiad donosił, że do nadgranicznych rejonów Rosjanie przerzucili pięć dywizji piechoty, jedną dywizję pancerną i zmechanizowaną brygadę, ale oceniano, że są to działania rutynowe, związane z letnimi planami szkoleniowymi. Podobne przemieszczenia wojsk zaobserwowano w okolicach Rostowa nad Donem, skąd duże oddziały wyruszyły na południe, lecz w żadnym z rejonów nie ogłoszono mobilizacji. Agenci donosili natomiast, że w wielu miejscowościach prowadzono zaciąg do oddziałów budowlanych. Nie było więc najmniejszego powodu do niepokoju. Jeszcze tego sobotniego wieczora do Kancelarii dotarł meldunek dowódcy 48. korpusu zmechanizowanego:

„Sokal nie jest zaciemniony. Rosyjskie stanowiska są w pełni oświetlone. Oczywiste jest, że niczego nie podejrzewają".

O północy na moście w Brześciu Litewskim radziecka straż graniczna odprawiła ekspres Moskwa–Berlin. Tuż potem przejechał pociąg wiozący zboże do Niemiec*.

Adolf Hitler pozostał w swoim gabinecie do godziny 2.30. Podobnie jak Stalin uznał, że wcześniej niż miał to w zwyczaju powinien udać się na spoczynek. Wychodząc z pokoju, zatrzymał się przy generale Gerhardzie Engelu, adiutancie z wojsk lądowych.

*Dopiero o świcie 22 czerwca z Moskwy wysłano polecenie: „Zatrzymać cały tranzyt i eksport do Niemiec".

– Nie miną trzy miesiące, a nastąpi upadek Rosji. Upadek, jakiego nigdy nie oglądano w dziejach świata – powiedział do niego i szybko wyszedł z pokoju.

Premier Winston Churchill przybył do rządowej posiadłości Chequers* pod Londynem późnym wieczorem. Ledwie jego wielki czarny

Tylko jednego z ministrów premier Churchill chciał mieć przy sobie 22 czerwca 1941 roku: (od lewej stoją) A. Greenwood, minister bez teki, E. Bevin, minister pracy, lord Beaverbrook, minister produkcji lotniczej, K. Wood, minister finansów (siedzą od lewej) J. Anderson, przewodniczący Rady, W. Churchill, C. Attlee, lord Privy Seal, A. Eden, minister spraw zagranicznych

*__Chequers Court__ – oficjalna wiejska rezydencja premierów rządu brytyjskiego, otoczona 600-hektarowym parkiem, położona 50 km na północny zachód od Londynu. W 1917 r. parlament wyraził zgodę, aby w XVI-wiecznym dworku (przebudowanym w XIX wieku) premierzy spędzali weekendy. Pierwszy przyjechał tam w 1921 r. David Lloyd George.

bentley minął kutą bramę zamykającą podjazd do wiktoriańskiego pałacyku, a Churchill otworzył okno i wysunąwszy dłoń z kapeluszem, machał do stojących na podjeździe jego gości. John Winant, ambasador Stanów Zjednoczonych w Londynie i Anthony Eden*, minister spraw zagranicznych i zarazem bliski przyjaciel i doradca premiera, przybyli tuż przed nim i ledwo zdążyli podać służbie nesesery, gdy dostrzegli samochód premiera.

Churchill, ubrany już weekendowo, w szarym kombinezonie wysoko zapiętym pod szyją, który nazywał syrenim strojem, i w kapeluszu z szerokim rondem wysiadł uśmiechnięty, lecz widać było, że liczne obowiązki mijającego dnia zmęczyły go. Lekko zgarbiony ruszył za gośćmi, którzy skierowali się do szerokich drzwi pałacyku, gdzie czekała już na nich żona premiera. Była wyraźnie zadowolona, widząc męża, gdyż ostatnio zdarzało się to rzadko. Sytuacja w Afryce Północnej, gdzie wojska brytyjskie cofały się pod potężnymi uderzeniami Afrika Korps oraz niemieckie naloty na Londyn zmuszały premiera do pozostawania w rządowym schronie pod Ministerstwem Spraw Zagranicznych. Skoro więc tego sobotniego wieczora przyjechał do Chequers, można było odnieść wrażenie, że nic niedobrego na froncie nie zdarzyło się i premier będzie mógł odpocząć choć jeden dzień. On sam nie dawał poznać, że zbliża się historyczna chwila, wobec której bitwy w Afryce i niemieckie naloty schodziły na plan dalszy.

Tego ranka, podobnie jak każdego dnia, odbył długą rozmowę ze Stewartem Menziesem**, szefem tajnych służb. Spotkania odbywały się w niezwykłych okolicznościach, gdyż Menzies przychodził do sypialni premiera o godzinie 9.00, gdy ten leżał jeszcze w łóżku lub ledwo co wstał i otulony

*__Anthony Eden__ (1897–1977), czołowy działacz brytyjskiej Partii Konserwatywnej, objął w grudniu 1935 r. stanowisko ministra spraw zagranicznych w rządzie premiera Neville'a Chamberlaina. Nie akceptował jednak polityki ustępstw wobec mocarstw faszystowskich (*appeasement*) i w lutym 1938 r. zrezygnował ze stanowiska. W 1939 r. powrócił do rządu Chamberlaina, obejmując we wrześniu tekę ministra ds. dominiów. W 1940 r., gdy urząd premiera objął Winston Churchill, Eden zajął stanowisko sekretarza stanu. W grudniu 1940 r. został ministrem spraw zagranicznych i sprawował tę funkcję do 1945 r. W 1954 r. po raz trzeci objął stanowisko ministra spraw zagranicznych i rok później został premierem. W styczniu 1957 r. po nieudanej wojnie sueskiej podał się do dymisji i wycofał z życia politycznego.

**__Stewart Menzies__ (1890–1968), od 28 listopada 1938 r. szef brytyjskich tajnych służb (*Secret Intelligence Service*). Organizował i dowodził wieloma akcjami wywiadowczymi i kontrwywiadowczymi na terenie Wielkiej Brytanii i państw europejskich. Jego zasługą było zorganizowanie m.in. oddziału kryptologicznego w Bletchley Park oraz specjalnego oddziału łączności (*Special Liaison Unit*) dostarczającego informacje z odszyfrowanych depesz niemieckich dowódcom oddziałów frontowych. Po wojnie przeszedł w stan spoczynku, ale w 1951 r. na prośbę premiera Winstona Churchilla powrócił do służby. Wkrótce ponownie przeszedł na emeryturę, co wiązano z odkryciem w centrali brytyjskich służb specjalnych radzieckiego agenta Kima Philby'ego.

w chiński szlafrok szedł do łazienki. Żartował wówczas, że „C", jak potocznie nazywano szefa tajnych służb, a co było skrótem od *Chieff*, zasłużył na zaszczytne miano *Companion of the Bath* związane z Orderem Łaźni*. Takie rozmowy trwały około 20 minut i pomimo szczególnej wagi miały bardzo lekki charakter. Pewnego dnia Churchill, leżąc jeszcze w łóżku, na widok Menziesa przytknął palec od ust, nakazując milczenie, a następnie wyciągnął rękę po dokumenty. Wyjaśnił zdumionemu szefowi tajnych służb, że podpisze papiery, ale nie może rozmawiać.

– Dlaczego? – Menzies był szczerze zdziwiony.

Churchill sekretnym gestem wskazał na swojego perskiego kota wabiącego się Nelson, wylegującego się na parapecie okna.

– Powinieneś, Stewarcie, odkryć to wcześniej – wyjaśnił. – To jest niemiecki agent, który przekazuje treść naszych rozmów pelikanom na jeziorze [w parku St. James, na który wychodziły okna sypialni premiera – B.W.], a one oczywiście Niemcom.

Rankiem 21 czerwca 1941 roku Churchill nie był skłonny do żartów. Z raportów, jakie przyniósł Menzies, zwłaszcza nasłuchów niemieckich stacji radiowych prowadzonych przez *Radio Security Service* wynikało jednoznacznie, że Niemcy gotowi są do uderzenia na Związek Radziecki. Było więc dziwne, że sobotniego wieczora, w czasie tak gorącym, gdy wszystkie analizy i raporty wywiadu brytyjskiego ostrzegały o niemieckiej agresji, Churchill nie pozostał w Londynie, gdzie mógł natychmiast skonsultować pierwsze działania z członkami gabinetu wojennego. Co ciekawe, na weekend do Chequers zaprosił ministra spraw zagranicznych i ambasadora Stanów Zjednoczonych. Bez wątpienia byli to politycy, których obecność mogła pomóc w ustaleniu posunięć, jakie rząd brytyjski powinien wykonać na wieść o wybuchu wojny niemiecko-radzieckiej. Jednocześnie nieobecność innych członków rządu pozwalała premierowi uniknąć długich dyskusji, których wynik mógł być dla Churchilla niepomyślny.

Do działania na wieść o wybuchu wojny przygotowywał się co najmniej od 15 czerwca. Najważniejszą dla niego sprawą było uzgodnienie poczynań z prezydentem Franklinem D. Rooseveltem, który zaakceptował jego pogląd, mówiąc: „(...) powinniśmy udzielić Rosjanom pełnego wsparcia i pomocy, jaka tylko będzie możliwa, postępując według zasady, że Hitler jest wrogiem, którego musimy pobić". Jednak Churchill musiał wcześniej zapewnić prezydenta, że taka polityka nie wywoła politycznej reakcji w Wielkiej Brytanii i nie spowoduje żadnych problemów dla prezydenta.

*__Order Łaźni__ – odznaczenie wprowadzone przez króla Jerzego I w 1725 r., nadawane za męstwo na polu bitwy lub osobom cywilnym w uznaniu szczególnych zasług; nazwa nawiązywała do XI-wiecznego rytuału ablucji przy pasowaniu na rycerza.

Unterofizier Kurt Koschke rozwinął wojłokowy materac i rozłożył go za wieżą czołgu. Usiadł tak wygodnie, jak tylko na to pozwalały występy pancerza. Kilka godzin wcześniej chłopcy z jego załogi uzupełnili paliwo i przymocowali dodatkowe kanistry z benzyną. Wzięli też więcej pocisków, niż przewidywał regulamin.

Rok wcześniej Koschke tak samo rozpoczynał bojową służbę we Francji. Tamtego lata miał szczęście. Na drodze do francuskiego wybrzeża nieprzyjacielskie pociski ześlizgiwały się po pancerzu czołgu lub żłobiły w nim niewielkie ryzy i dołki. Dopiero pod Arras, 21 maja 1940 roku brytyjski pocisk wyrwał w jego czołgu *PzKpfw III** sporą dziurę i zabił kierowcę oraz celowniczego. On sam odniósł ranę, która pozostawiła niewielką bliznę na lewym udzie. Na krótko trafił do lazaretu, ale już na francuski front nie zdążył powrócić.

Po tamtym dniu pod Arras pozostał mu lęk. Nie mógł zapomnieć momentu, gdy nagle wszystko zatrzęsło się i uderzyła

PzKpfw III*, *niemiecki średni czołg

* ***PzKpfw III*** (*Sd Kfz. 141*), niemiecki średni czołg skonstruowany w latach 1936–1937 w zakładach Daimler-Benz. Czołgi w wersjach *A, B, C, D, E* i *F* uzbrojone były w działa z krótką lufą kal. 37 mm i 2 karabiny maszynowe *MG 34* kal. 7,92 mm w wieżyczce i 1 *MG 34* w kadłubie. W wersjach *G, H* i pierwszych *J* zamontowano działo z krótką lufą kal. 50 mm i dwa karabiny maszynowe. W późniejszych wersjach *J* do *M* użyto dział z długą lufą kal. 50 mm. Ostateczną zmianę uzbrojenia wprowadzono w wersji *N*, w której zastosowano działo kal. 75 mm z krótką lufą. W 1939 r. Wehrmacht miał tylko 72 czołgi *PzKpfw III* i dopiero zimą 1941 r. wprowadzono je do uzbrojenia wszystkich dywizji pancernych. W 1943 r. ze względu na brak możliwości uzbrojenia czołgu w działo z długą lufą kal. 75 mm (wieżyczka o średnicy 152 cm była za mała) zaczęto wycofywać te czołgi z jednostek frontowych i zastępować je przez *PzKpfw IV*. Do sierpnia 1943 r. wyprodukowano łącznie 5670 czołgów wszystkich wersji, wśród których najliczniejsze były *Ausf J* (2516 egzemplarzy).
Dane taktyczno-techniczne (*PzKpfw III Ausf. F*): załoga 5 osób, silnik Maybach HL 120 TRM o, ciężar 19,8 t, pancerz 12–30 mm, uzbrojenie 1 działo kal. 37 mm, 2 karabiny maszynowe *MG 34* kal. 7,92 mm, prędkość 40 km/h, zasięg 165 km.

go fala gorąca. Nie słyszał wybuchu, ale chyba tylko dlatego, że na moment stracił przytomność. Widział, jak kurtka na plecach kierowcy znika w jasnych płomieniach ognia, a on sam z głową opartą na lewarkach nie porusza się. Kurt nawet nie miał czasu sprawdzić, czy żyje. Nie widział celowniczego, którego przydzielono do jego załogi kilka dni wcześniej. Widocznie osunął się w głąb wozu i leżał tam zasłonięty kłębami dymu.

Znalazł w sobie jeszcze tyle siły, żeby szarpnąć za uchwyt klapy włazu ewakuacyjnego z boku wieżyczki, podciągnąć się na rękach i wydostać z płonącej maszyny. Oszołomiony dymem zwalił się na trawę i w panicznym strachu, że czołg za chwilę eksploduje, zaczął czołgać się w stronę rowu. Ostatkiem sił rzucił się na jego dno. W samą porę, gdyż chwilę potem potężna fala podmuchu wyrzuciła w górę kawały pancerza. Podniósł się, aby spojrzeć na miejsce, z którego uciekał. Zobaczył płonący kadłub bez wieży, która wyrwana wybuchem leżała odwrócona kilkanaście metrów dalej i wyglądała jak rondel zestawiony z kuchenki.

Może dlatego, gdy kazano mu wrócić do jednostki 10 sierpnia, zgłosił się na ochotnika do nowego oddziału czołgów pływających*, jaki formo-

Czołg pływający przystosowany do desantu na angielski brzeg

****PzKpfw III Tauchpanzer*** – czołg pływający, przebudowany *PzKpfw III Ausf F* z działem kal. 37 mm lub 50 mm, *Ausf G* i *Ausf H*. Ogółem 168 czołgów tych wersji wyposażono w urządzenia doprowadzające powietrze do zanurzonego czołgu i odprowadzającego spaliny; na górze wieżyczki zamontowano elastyczną rurę o długości ok. 13 metrów zaopatrzoną w pływak utrzymujący wlot powietrza nad wodą. Rury wydechowe zostały zaopatrzone w zawory zwrotne uniemożliwiające wpłynięcie wody do układu wydechowego. Wobec zarzucenia planów inwazji na Anglię wiosną 1941 roku czołgi przerobiono w Milowicach pod Pragą, przystosowując je do jazdy po dnie rzek.

wano do inwazji na Anglię. Szkolili się na wyspie Sylt na Morzu Północnym, ale w październiku 1940 roku wszystkie załogi odesłano do różnych jednostek. Koschke trafił do 18. dywizji pancernej i z nią pojechał nad Bug, przekonany, że tam trenować będzie forsowanie płytkich wód przybrzeżnych. Wnet jednak stało się jasne, że jego czołg będzie jeździć nie po dnie morza, lecz rzeki. Długą elastyczną rurę biegnącą z góry wieżyczki i zakończoną pływakiem utrzymującym jej koniec ponad falami morza zastąpiono sztywną stalową rurą o długości dwóch i pół metra, całkowicie wystarczającą, aby przejechać po dnie Bugu.

Drzwiczki z boku wieżyczki otworzyły się i wypełzł przez nie umorusany celowniczy.

– Pociski umocowałem, ale nie wiem, gdzie wetknąć taśmy do kaemów – wycierał dłonie pakułami.

– Zostaw – mruknął Kurt – szybko wystrzelamy. Sprawdź tylko ten cholerny komin. Nie wierzę w to urządzenie. I zerknij na uszczelnienie wieżyczki.

W ostatnich dniach zaczął się ożywiony ruch. Pośpiesznie uzupełniano zapasy paliwa magazynowanego w beczkach złożonych w długim wykopie za wsią i osłoniętych siatkami maskującymi.

Do magazynów pod wielkimi plandekami co chwila podjeżdżały ciężarówki przywożące części zamienne do czołgów i amunicję. Nie było wątpliwości: nadchodził czas ataku. 20 czerwca stało się oczywiste, że nastąpi to lada moment. Tego dnia wzdłuż szpaleru czołgów stojących pod drzewami po obu stronach wiejskiej drogi zaczęły jechać długie sznury ciężarówek z wielkimi zielonymi pontonami.

Wyrzucił niedopałek papierosa i spojrzał na fosforyzującą tarczę zegarka. Minęła pierwsza. Nasunął beret na oczy gestem, jaki przed laty zaobserwował na filmach Toma Mixa, który z podobną nonszalancją przesuwał swój kowbojski kapelusz. Mieli jeszcze dwie godziny do wyznaczonego terminu ataku.

Na wielkim froncie od Morza Barentsa do Morza Północnego trzy miliony żołnierzy było gotowych do walki.

Na prawym skrzydle Grupa Armii „Południe" dowodzona przez generała Gerda von Rundstedta miała 42 dywizje, w tym 5 pancernych i 3 zmotoryzowane.

W centrum, od Lublina do Suwałk, stała Grupa Armii „Środek" – 49 dywizji, w tym 9 pancernych, 6 zmotoryzowanych i 1 kawaleryjska.

Na północy w Prusach Wschodnich gotowa była Grupa Armii „Północ" feldmarszałka Wilhelma von Leeba licząca 29 dywizji, w tym 3 pancerne i 2 zmotoryzowane.

Niemieckie wojska w pierwszej linii liczyły 120 dywizji, w tym 17 pancernych (z 21 dywizji pancernych, jakie w 1941 roku było w całym Wehrmachcie) dysponujących 3090 czołgami oraz 12 dywizji (z 14) zmotoryzowanych. W rezerwie pozostała 2. armia gen. Maximilliana von Weichsa, a w jej składzie dwie dywizje pancerne, dwie - zmotoryzowane, a także około 24 dywizje piechoty. Nie było to dużo jak na tak wielką operację. Hitler jednak nie spodziewał się poważniejszego oporu zaskoczonych wojsk radzieckich.

Siłę niemiecką uzupełniały wojska państw sojuszniczych: Rumunii, Węgier, Słowacji, Finlandii i Hiszpanii. Ponadto Włochy, których rząd został powiadomiony przez Hitlera o planie „Barbarossa" dopiero wieczorem 21 czerwca, utworzyły korpus ekspedycyjny, który w ramach niemieckiej 11. armii ruszył do walki 7 sierpnia 1941 roku.

Łącznie państwa sojusznicze oddały pod niemieckie dowództwo - licząc też wsparcie niemieckich działań i pięćdziesiąt dywizji, jednakże ich wyposażenie, wyszkolenie i wartość bojowa (z wyjątkiem jednostek fińskich) były niższe od niemieckich. Sami Niemcy oceniali, że jedna ich dywizja warta jest pod względem morale żołnierzy, wyszkolenia i wyposażenia dwóch dywizji sojuszniczych.

O godzinie 3.15 horyzont nad Bugiem rozświetlił błysk, co wyglądało jak początek letniej burzy. Dziwnej. Nadchodzącej niespodziewanie, bez wiatru i ciężkich chmur zasłaniających niebo. Po chwili dał się słyszeć głuchy łoskot. I tak raz za razem, aż błyski zlały się w jedno z grzmotami wystrzałów i odległych wybuchów.

- Do wozu! - Koschke zsunął się na skórzane siodełko i przekręcił rygiel włazu. Zerknął na zegarek, aby dać rozkaz punktualnie o 3.20. Docisnął pasek laryngofonu do szyi i krzyknął: - Naprzód!

Panzer III z długą rurą chybocącą się nad wieżyczką szarpnął i wyrzucając kawały darni spod gąsienic, potoczył się w stronę stromego brzegu, w którym saperzy wycięli dogodny zjazd do rzeki.

Wysoko nad ich głowami przemykały samoloty bombowe, które miały uderzyć tuż po zakończeniu artyleryjskiej kanonady, aby nie dać wrogowi czasu na ochłonięcie. O 3.30 bombowce zaatakowały 66 lotnisk na Białorusi. Inne uderzyły na Kowno, Odessę, Sewastopol, Mińsk.

Bryzgi wody zakryły peryskopy i wnet czołg pogrążył się w ciemnej wodzie Bugu.

- Pilnuj obrotów! - krzyknął Koschke do kierowcy, sam skoncentrował się na obserwacji żyrokompasu, jedynego wskaźniku, który w podwodnych ciemnościach pozwalał im utrzymać właściwy kurs.

Wiedział, że w tej chwili największym zagrożeniem jest dla nich zalanie silnika. Gdyby stanął, nie zdołaliby wydostać się z rwącego nurtu rzeki. Słyszeli odległe eksplozje, ale nie potrafili określić, kto strzelał. Pociski wybuchały z rzadka, co wskazywało, że wojska radzieckie były całkowicie zaskoczone. Kilkanaście czołgów forsujących rzekę po dnie okazało się całkowicie nieprzydatnych. Spełniłyby swoje zadanie, gdyby Rosjanie zdołali wysadzić mosty, ale betonowe filary stały nienaruszone

Tauchpanzer forsuje rzekę

i nie wiadomo było, czy dywersantom udało się poprzerywać połączenia prowadzące do ładunków wybuchowych, czy też w wielkim zamieszaniu radzieccy saperzy nie zdołali uruchomić zapalników.

Przód czołgu uniósł się gwałtownie i w peryskopach zobaczyli brzeg rzeki rozświetlony łuną pożarów i wybuchami. Czołgi powoli wynurzały się i wspinały na piach plaży. Byli tam już żołnierze, którzy dobili do brzegu w drewnianych łodziach motorowych i pontonach. Wciąż nikt do nich nie strzelał. Jedynie gdzieś wysoko z przeraźliwym gwizdem przelatywały pociski – nie sposób było powiedzieć, czy to strzela niemiecka artyleria, czy też Rosjanie odpowiedzieli ogniem, lecz mierzyli za wysoko.

Czołgi wyjechały na brzeg i zatrzymały się pod osłoną gęstych zarośli. Załogi wyskakiwały w pośpiechu, aby zdemontować rury, które umożliwiły przeprawę przez wodę, ale przeszkadzałyby w walce na brzegu.

Koschke włączył lampkę i zerknął na mapę, aby sprawdzić, czy w czasie jazdy po dnie nie zmylili kierunku. Ich cel powinien znajdować się po prawej stronie od drogi biegnącej wzdłuż rzeki. Dostrzegł go. Jednopiętrowy drewniany budynek: strażnica nadgranicznego oddziału z Patulina. W oknach widać było światło, a z komina leciał dym, jakby stacjonujący tam żołnierze zabierali się do przygotowania śniadania.

– Gotowe! – Usłyszał w słuchawkach meldunek kierowcy. Warkot silnika narastał, gdy czołg przebił się przez krzaki i wyjechał na drogę.

– Cel: drewniany dom, sześćset metrów na prawo od drogi!

Koschke patrzył przez peryskop. Dostrzegał, jak w otwartych, wciąż jasno oświetlonych drzwiach pojawiały się sylwetki żołnierzy. Wybiegali we wszystkie strony. Wciąż nie padały strzały.

22 czerwca 1941 roku; wiele niemieckich jednostek pancernych i zmotoryzowanych wdarło się tego dnia na kilkadziesiąt kilometrów w głąb Związku Radzieckiego

Przerwali pasmo drutów kolczastych. Byli już w odległości 200 metrów i dopiero wtedy usłyszał charakterystyczny stukot na pancerzu. Rosjanie zaczęli strzelać z karabinów maszynowych. Dostrzegł ogniki z kilku luf na lewo od budynku.

– Widzisz, gdzie są? – zapytał kierowcę.

– Na lewo od domu!

– Jedź tam!

Postanowił nie marnować amunicji. Był pewny, że nie mieli broni przeciwpancernej. Nic im nie mogli zrobić.

Byli już blisko okopu, gdy dostrzegł dwóch żołnierzy. Nie wytrzymali widoku nadjeżdżającego czołgu i obawiając się, że ich zgniecie, rzucili się do ucieczki. Pochyleni, odwracając się co chwila, biegli w stronę domu, licząc, że tam znajdą bezpieczne schronienie.

Czołg pochylił się gwałtownie i wtoczył do okopu. Zatrzymał się na moment i cofnął. Niedużo, może metr, półtora. I znowu do przodu, lekko zarzucając prawą gąsienicą. Koschke wiedział, że kierowca „czyści okop", jak nazywali zgniatanie nieprzyjacielskich punktów oporu. Ruszyli jeszcze raz do przodu i silnik pracujący pełną mocą wyciągnął czołg na drugą stronę. Ponownie dostrzegł dwóch Rosjan. Jeden dobiegał już do drzwi strażnicy. Drugi leżał bliżej. Jego stopa musiała zaplątać się w zwój drutu lub osunąć na jakimś wykrocie. Przekręcił się na bok i usiłował przetoczyć się, aby uciec spod czołowych gąsienic. Nie zdążył. Koschkemu wydało się, że wśród huku czołgowego silnika usłyszał, jak gąsienice zgniatają ciało żołnierza. Żołnierz, który był przy drzwiach budynku, nie zdążył ich otworzyć, gdyż osunął się trafiony serią z karabinu maszynowego. Koschke zerknął przez tylną szczelinę wieżyczki. Zobaczył biegnących żołnierzy niemieckich. Należało im pozostawić oczyszczenie terenu.

– Jak tak dalej pójdzie, to przejedziemy dzisiaj z pięćdziesiąt kilometrów – powiedział do laryngofonu.

Słońce już jasno oświetlało pole bitwy. Przed nimi rozpościerała się wielka nadbużańska łąka, po której toczyły się czołgi. Nie mylił się.

2. W stronę Europy

Stalin – nowa rewolucja. Lata trzydzieste – Armia Czerwona gotowa do ofensywy na Europę. Wielka czystka – koniec potęgi. Wojna domowa w Hiszpanii – przełom, którego nie rozumiał Stalin. Wojna na Zachodzie – niespełnione nadzieje Stalina. Plany wojny z Niemcami. Nowa broń dla Armii Czerwonej. Siła bojowa Armii Czerwonej 22 czerwca 1941. Stalin nie wierzy wywiadowi. Hitler nie może czekać.

Stalin nie chciał wierzyć, że jego wielki plan, który realizował od 16 lat, nie bacząc na ofiary, może się nagle zawalić.

Już w 1921 roku pojął, że rewolucja październikowa zakończyła się niepowodzeniem. Leninowi nie udało się zrealizować żadnego z celów, jakie postawili, decydując się w 1917 roku na przejęcie władzy.

Zakładali, że rewolucja wzniecona w Piotrogrodzie szybko rozprzestrzeni się na całą Europę, której narody miały dość długiej i wyniszczającej wojny. W ten sposób na Starym Kontynencie powstałoby wiele państw socjalistycznych. Tymczasem tam, gdzie komuniści zamierzali przechwycić władzę: w Niemczech, Włoszech, Finlandii, na Węgrzech i w Rumunii, bunt

Lenin i Stalin – nieudana rewolucja socjalistyczna

został stłumiony w zarodku. Nie udało się również Leninowi zaprowadzić ustroju socjalistycznego w innych państwach Europy za pomocą Armii Czerwonej, gdyż jej oddziały w sierpniu 1920 roku zostały zatrzymane i odrzucone spod Warszawy. Oznaczało to, że droga do Niemiec i na zachód Europy została zamknięta. Związek Radziecki pozostał jedynym państwem socjalistycznym, co stawiało go w ogromnie trudnej sytuacji politycznej, militarnej i gospodarczej, która wcześniej czy później musiała doprowadzić do upadku. Tym bardziej że sytuacja wewnątrz Rosji Radzieckiej również była bardzo dramatyczna. W 1921 roku, po wielkich buntach chłopów i marynarzy, Lenin musiał zrezygnować z komunizmu wojennego i wprowadził Nową Politykę Ekonomiczną (NEP), będącą w istocie powrotem do gospodarki wolnorynkowej. Państwo usiłowało oczywiście kontrolować gospodarkę, ale po wielkiej wojnie światowej, rewolucji i wyniszczającej wojnie domowej nie było to możliwe. NEP dał możliwość szybkiego rozwoju klas, które bolszewicy tak bardzo chcieli zlikwidować; burżuazja i bogate chłopstwo odradzały się tak dynamicznie, że było oczywiste, iż w ciągu kilku lat rozsadzą socjalistyczne rygory. A robotników, których Lenin i Stalin uważali za naturalną bazę społeczną wielkich przemian w Rosji, było wciąż niewielu. Klasa robotnicza liczyła ledwie 2 miliony ludzi, co było kroplą w morzu chłopstwa.

Cóż więc mógł zrobić Stalin, gdy w styczniu 1924 roku po śmierci Lenina przejął władzę? Postanowił wywołać drugą rewolucję, aby zrealizować cele, które wymknęły się Leninowi.

I dokonał tego.

Najpierw w latach 1929–1933 przeprowadził kolektywizację, aby zmienić strukturę społeczeństwa i zapoczątkować na wsi socjalistyczną gospodarkę. Ten etap nowej rewolucji opłaciło życiem około 10 milionów chłopów zmarłych z głodu, zamordowanych w czasie pacyfikacji, zdziesiątkowanych przez choroby i okrucieństwo strażników w syberyjskich obozach.

Pogrzeb Lenina, Stalin i Mołotow niosą trumnę

Stalin i jego ludzie: (od lewej od góry) Woroszyłow, Kaganowicz, Kujbyszew (siedzą od lewej) Ordżonikidze (zamordowany na rozkaz Stalina), Stalin, Mołotow, Kirow (zamordowany)

W tym samym czasie doprowadził do realizacji pierwszego planu pięcioletniego, gdy w Związku Radzieckim wybudowano około 1500 zakładów przemysłowych, w tym gigantycznych kombinatów w Magnitogorsku, Charkowie, Stalingradzie. One, będąc zarazem wielkimi skupiskami klasy robotniczej, miały wytwarzać społeczną i materialną bazę następnych etapów rewolucji.

W drugiej połowie lat trzydziestych Stalin usunął z partii komunistycznej, wojska i administracji państwowej ludzi, którzy mogli zagrażać jego planom, i sterroryzował społeczeństwo, uzyskując władzę przewyższającą wszechmoc carów.

W ten sposób po kilkunastu latach od zajęcia skromnego wówczas stanowiska sekretarza generalnego partii bolszewickiej WKP(b) zakończył rewolucję wewnętrzną i przystąpił do wykonania najważniejszego zamierzenia: zmiany ustroju w państwach sąsiadujących ze Związkiem Radzieckim, a może nawet w całej Europie. Mógł tego dokonać tylko na drodze militarnej interwencji.

Przyczyny klęski pierwszej wyprawy przeciwko Europie w 1920 roku były dla Stalina oczywiste: wojsko było za słabe liczebnie, niezdyscyplinowane i zdemoralizowane, czego dowodem były masowe dezercje, oraz pozbawione nowoczesnego sprzętu i broni. Piętnaście lat po tamtej klęsce sytuacja w Związku Radzieckim była już całkowicie inna.

W 1930 roku nowe zakłady zbrojeniowe wyprodukowały 170 czołgów, rok później - 740, w 1932 roku - 3038, aż wreszcie osiągnęły maksymalną wydajność 4803 czołgów w roku 1936. Do 1937 roku wojsko otrzymało 20 239 samolotów, 21 010 czołgów, 30 216 dział artyleryjskich, blisko 2,5 miliona karabinów. Takimi osiągnięciami nie mogły poszczycić się największe potęgi przemysłowe ówczesnego świata.

Pierwsza pięciolatka - czas narodzin przemysłowej potęgi

Armia, otrzymując nowe uzbrojenie, reformowała się, przygotowując się do spełnienia najważniejszego etapu rewolucji Stalina - marszu na Zachód. Do końca 1932 roku sformowano dwa pierwsze korpusy pancerne - samodzielne taktyczne związki operacyjne, z których każdy złożony był z dwóch brygad zmechanizowanych, jednej brygady karabinów maszynowych oraz samodziel-

Nowe czołgi T-26-A4 na defiladzie w 1931 roku; w czasie pierwszej pięciolatki wybudowano 30 zakładów czołgowych

Efekty pierwszej pięciolatki: samochody ciężarowe dla wojska

nego dywizjonu artylerii przeciwlotniczej. One miały być pancerną pięścią łamiącą obronę wrogich wojsk.

W tym samym czasie, gdy Armia Czerwona tworzyła związki o wielkiej sile uderzeniowej, Niemcy w ogóle nie mieli broni pancernej, gdyż zabronił im tego traktat wersalski, a dowódcy Reichswehry* sprawdzali swoje koncepcje działań samodzielnych jednostek pancernych, wysyłając na poligony tekturowe makiety na rowerowych kołach. Brytyjczycy próbowali tylko eksperymentować z samodzielnymi jednostkami, o co gorąco zabiegał generał John F.C. Fuller**. Udało mu się co prawda uzyskać zgodę władz wojskowych na założenie eksperymentalnej jednostki pancernej, ale nie zyskał większego poparcia rządu i na próbach British Army zakończyła formowanie samodzielnych jednostek pancernych. Generałowie francuscy, zadufani w zwycięstwie, jakie odnieśli w 1918 roku, w ogóle nie zawracali sobie głowy tworzeniem takich wojsk.

Na tym tle Armia Czerwona wyrastała na największą i najbardziej nowatorską siłę.

Analizy i doświadczenia z wielkich manewrów wykazały, że stan etatowy korpusu powinien wynosić 9865 oficerów i żołnierzy wyposażonych w 469 czołgów i 200 samochodów ciężarowych. Do 1936 roku utworzono

*__Reichswehra__ – niemiecka armia zawodowa licząca 100 tys. żołnierzy. W 1935 r. została przekształcona w Wehrmacht.

**__John Frederick Charles Fuller__ (1878–1966), brytyjski oficer, teoretyk wojskowości i historyk rozpoczął służbę wojskową w 1899 r. Walczył w wojnach burskich oraz, jako oficer sztabowy, we Francji w czasie I wojny światowej. Od grudnia 1916 r. jako szef sztabu korpusu pancernego brał udział w planowaniu uderzenia 381 czołgów w bitwie pod Cambrai w listopadzie 1917 r. Od 1926 r. był adiutantem szefa Imperialnego Sztabu Generalnego. Po przejściu w stan spoczynku w 1930 r. poświęcił się pracy naukowej. Jego wykłady *Field Service Regulations III* z 1937 r. były przedmiotem studiów oficerów sztabowych m.in. z Niemiec i ZSRR. Napisał wiele prac poświęconych działaniu czołgów na polach bitewnych.

4 korpusy zmechanizowane, 6 samodzielnych pułków czołgów, 15 zmechanizowanych pułków dywizji kawalerii oraz 83 bataliony i kompanie czołgów w dywizjach piechoty. Oficer, który był najbardziej zagorzałym zwolennikiem budowy wielkich jednostek pancernych, marszałek Michaił Tuchaczewski*, dążył do zorganizowania tylu jednostek, że można by z nich sformować wielki walec pancerny liczący 40-50 tysięcy czołgów, który z łatwością przełamałby opór wojsk polskich, a później niemieckich, belgijskich i francuskich. Na drodze z Moskwy do kanału La Manche wielkie i rozległe równiny tworzyły wymarzony teren dla czołgów. Jedynie szeroko rozlane rzeki mogły utrudniać i hamować marsz. Dlatego w połowie lat trzydziestych Tuchaczewski z zapałem tworzył jednostki powietrznodesantowe - formacje zupełnie nie znane na Zachodzie. Ich zadaniem miało być opanowanie mostów i zdobywanie przyczółków, z których czołgi mogłyby prowadzić swój niepowstrzymany marsz.

Rok 1935, manewry pod Kijowem - ostatni pokaz radzieckiej potęgi

W czasie wielkich manewrów pod Kijowem w 1935 roku Tuchaczewski zademonstrował, jaką siłę stanowi Armia Czerwona. Na poligon wyjechało 1040 czołgów, które po przebyciu 650 kilometrów z marszu rozwijały bojowe formacje, co potwierdzało kunszt dowódców i czołgowych załóg nowoczesnych czołgów *T-26** budowanych na brytyjskiej licencji Vickersa *6 ton*, średnich *T-28* z trzema wieżami i ciężkich *T-32*.

Czołg T-26

*__Michaił Tuchaczewski__ (1893-1937), oficer Armii Czerwonej, od 1918 r. dowodził wojskami, które w 1920 r. podeszły pod Warszawę. Jako szef Sztabu Generalnego (1925-1928), a następnie zastępca komisarza obrony (od 1931 r.) kierował rozbudową i reformą wojsk radzieckich. W 1935 r. jako jeden z pięciu otrzymał stopień marszałka ZSRR. Podejrzany o próbę zorganizowania spisku przeciw Stalinowi w czerwcu 1937 r. został aresztowany i skazany na śmierć. Wykonanie wyroku rozpoczęło czystkę w radzieckich siłach zbrojnych. W 1988 r. został zrehabilitowany.

Bombowce TB-3 w wersji transportowej

Ten pokaz olśnił i zaskoczył zachodnich obserwatorów zaproszonych na manewry. Ze zdziwieniem patrzyli na uderzenie spadochroniarzy zrzucanych z wielkich bombowców *TB-3**. Wojska powietrznodesantowe w ogóle nie były znane na Zachodzie. Jedynie Niemcy przystąpili do tworzenia niewielkich spadochronowych grup policyjnych, które miały niespodziewanie atakować komunistyczne meliny, ale daleko im było do masowości radzieckich wojsk powietrznodesantowych.

Na poligonie pod Kijowem po raz pierwszy zademonstrowano *TB-3* przystosowane do przewozu żołnierzy i sprzętu. W ich kadłubach przewożono niewielkie tankietki, samochody opancerzone i działa. Na oczach obserwatorów zaczynał się formować oddział dysponujący artylerią i bronią pancerną. Był to taran zdolny skruszyć obronę wroga, który nie mógł w tak krótkim czasie przygotować się do odparcia niespodziewanego ataku przeprowadzonego daleko za linią frontu.

Prawdopodobnie Stalin, nie mający wielkiego pojęcia o wojsku, nie rozumiał przełomu, jakiego w Armii Czerwonej dokonał marszałek Tuchaczewski ze swoimi współpracownikami, i uznał, że tych ludzi bez względu na ich zasługi dla wojska należy unicestwić, gdyż stanowią zagrożenie dla jego władzy. Do dzisiaj nie udało się ustalić, czy obawy Stalina były uzasadnione. Istnieją jednak ślady wskazujące, że w Armii Czerwonej mógł zawiązać się antystalinowski spisek, na którego czele stanął Michaił Tuchaczewski.

Kilka miesięcy po kijowskich manewrach, które były dowodem najwyższej sprawności Armii Czerwonej, NKWD aresztowało wielu najwyż-

****TB-3* (*ANT-6*)** - samolot bombowy konstrukcji A. Tupolewa, będący rozwinięciem dwusilnikowego bombowca *TB-1*. Prototyp oblatano w grudniu 1930 r., a do jednostek wprowadzono je dwa lata później. W następnych latach były stale modernizowane. Od 1931 do 1938 r. skonstruowano 818 egzemplarzy. Do 1941 r. używane były jako samoloty bombowe (m.in. w wojnie z Finlandią), zaś później jako transportowe przewożące 30 żołnierzy lub spadochroniarzy.
Dane techniczno-taktyczne: 4 silniki o mocy 830 KM, długość 25,2 m, rozpiętość 41,8 m, maks. Masa startowa 18 800–18 875 kg, maks. Prędkość 288 km/h, zasięg 960 km, uzbrojenie 8 karabinów maszynowych kal. 7,62 mm, oraz 3000 kg bomb.

szych dowódców. W więzieniu znalazł się dowódca 8. samodzielnej brygady ciężkich czołgów Dmitrij Schmidt oskarżony o przygotowania do zabicia ludowego komisarza obrony Klimenta Woroszyłowa, a następnie o przygotowanie buntu we własnej brygadzie. Aresztowano komkorów (dowódców korpusów) Witalija Primakowa, Witowta Putnę i Siemiona Turowskiego, komdiwa (dowódcę dywizji) Jurija Sablina, a 22 maja 1937 roku został aresztowany marszałek Michaił Tuchaczewski. Torturowany, przyznał się do zdrady i współpracy z niemieckim wywiadem. W czerwcu tego roku został skazany na śmierć. Stojąc pod murem, krzyknął do żołnierzy z plutonu egzekucyjnego:

– Nie do mnie strzelacie, lecz do Armii Czerwonej!

Wielka fala czystek w wojsku pochłonęła ponad 36 tysięcy oficerów skazanych na śmierć, długoletnie więzienie lub zwolnionych ze służby. Wśród nich znaleźli się najlepsi: najbardziej doświadczeni, szkoleni z oficerami niemieckimi, najzdolniejsi, najbardziej otwarci, rozumiejący kierunki rozwoju wojskowej techniki. Musiałoby minąć wiele lat, zanim udałoby się stratę tę uzupełnić.

Tymczasem historia dokonywała zwrotu, który zaważył nad rozwojem myśli wojskowej i wojskowej techniki.

Wojna domowa w Hiszpanii, która wybuchła w lipcu 1936 roku, a więc w czasie, gdy w Związku Radzieckim zaczynała się wielka czystka, stała się dla Niemców wielkim poligonem dla nowej broni: myśliwców Messerschmitt *Bf 109* produkowanych od lutego 1937 roku, bombowców Heinkel *He 111* produkowanych dla sił powietrznych od połowy 1936 roku, dział przeciwlotniczych *Flak 36*, które właśnie w Hiszpanii okazały się nadzwyczaj skuteczne w zwalczaniu pojazdów pancernych, oraz czołgów *PzKpfw I* i *II*. Niemieccy dowódcy uczyli się koordynowania działań wojsk pancernych i lotnictwa. Sprawdzali siłę swoich bombowców w nalotach na duże miasta, czego ofiarą padła Guernica, baskijskie miasto zniszczone w 1937 roku przez niemieckie samoloty.

Bombowce He 111 Legionu „Condor" w Hiszpanii

Te wszystkie doświadczenia z Hiszpanii umożliwiły im opracowanie doktryny wojny błyskawicznej, która w pierwszym okresie II wojny światowej dała Niemcom największe zwycięstwa.

Tymczasem Rosjanie nie tylko nie wykorzystali szansy sprawdzenia w Hiszpanii nowej broni i nowej techniki walki, ale na domiar złego wyciągnęli fałszywe wnioski. Radzieccy doradcy wojsk republikańskich uznali na przykład, że czołgi nie mogą działać samodzielnie i całkowicie zlekceważyli zalety płynące ze współdziałania broni pancernej i lotnictwa. W efekcie fałszywej oceny Stalin w przededniu wybuchu II wojny światowej podjął decyzję o rozwiązaniu samodzielnych związków pancernych. Dopiero w 1940 roku, gdy oczywiste były już przyczyny sukcesów odnoszonych przez Wehrmacht w Polsce, Norwegii, Belgii, Holandii i Francji, Stalin zrozumiał błędy i przystąpił do ich szybkiego naprawiania. Za późno. Stracił trzy lata, a to w błyskawicznie zmieniającej się światowej sytuacji i wobec gwałtownej zmiany techniki było już opóźnieniem nie do odrobienia.

Stalin zdawał sobie sprawę, że Hitler uderzy na Związek Radziecki. Było to wpisane w ideologię nazistowską, jak nienawiść do Żydów. Nigdy jednak nie wydał rozkazu przygotowania Armii Czerwonej do obrony kraju. Było to niemożliwe, gdyż z równym skutkiem można byłoby układać wilka, aby strzegł stada owiec. Armia Czerwona została stworzona w 1918 roku jako siła agresywna, która miała podbijać. Jej struktura, organizacja, doktryna wojenna, broń były nastawione na atak, nie na obronę.

Armia otrzymywała każdego roku 4 tysiące czołgów - broni typowo agresywnej, produkowanej do przełamywania linii wroga, a nie obrony własnych pozycji. W 1938 roku radzieccy konstruktorzy przystąpili do budowania samolotów szturmowych - broni nie mającej nic wspólnego z obroną. Bardzo liczne były oddziały powietrznodesantowe Armii Czerwonej, a były to wojska mające tylko jedno zadanie: uderzać! Czerwona Flota miała w 1941 roku 209 okrętów podwodnych, gdy Niemcy, rozpoczynając wojnę, mieli tylko 57 U-Bootów, okrętów przeznaczonych do atakowania linii żeglugowych i jednostek wroga, nie do obrony.

Stalin od momentu podpisania paktu Ribbentropa i Mołotowa* 23 sierpnia 1939 roku rozpoczął intensywne przygotowania do wojny z Niemcami. Zajęcie ziem polskich, na które Armia Czerwona wkroczyła

*__Niemiecko-radziecki układ o nieagresji__ podpisany w nocy 23/24 sierpnia 1939 r. w Moskwie przez ministra spraw zagranicznych Niemiec Joachima von Ribbentropa i ludowego komisarza spraw zagranicznych Związku Radzieckiego Wiaczesława Mołotowa stanowił, że obydwa państwa nie będą podejmować przeciw sobie aktów agresji, a w przypadku gdy jedno z nich stanie się obiektem działań wojennych trzeciego państwa, drugie nie wesprze działań trzeciego państwa. Ponadto uzgodniono, że żadna ze stron nie przyłączy się do ugrupowania państw podejmujących działania przeciwko drugiej stronie. Do układu dołączono tajny protokół (którego istnieniu Związek Radziecki zaprzeczał przez kilkadziesiąt lat) ustalający podział Europy Środkowowschodniej między obydwa państwa; art. 2. ustanawiał granicę stref interesów Niemiec i Związku Radzieckiego na obszarze państwa polskiego wzdłuż linii rzek Narwi, Wisły i Sanu (linię tę skorygowano w niemiecko-radzieckim układzie o granicach i przyjaźni z 28 września 1939 r.).

17 września 1939 roku, aneksja przygranicznych rejonów Finlandii w wyniku wojny 1939/1940, aneksja Litwy, Łotwy i Estonii w 1940 roku oraz oderwanie od Rumunii Północnej Bukowiny i Besarabii w tym samym roku dawały Związkowi Radzieckiemu szeroki pas ziem osłaniający najważniejsze rejony przemysłowe oraz świetną bazę do wyprowadzenia wojsk w najważniejszych kierunkach.

Stalin spokojnie przygotowywał swoją armię do wielkiej ofensywy. Uważał, że ma wystarczająco dużo czasu na wyszkolenie nowej kadry, która wypełniłaby pustkę, jaka powstała w okresie wielkiej czystki po usunięciu 36 tysięcy oficerów. Co prawda wydarzenia w 1938 roku, gdy Hitler przyłączył Austrię do Rzeszy i zabrał duży obszar Czechosłowacji zaskoczyły go, ale odzyskał spokój po zawarciu sojuszu z Niemcami 23 sierpnia 1939 roku. Mógł po prostu obserwować rozwój wydarzeń i korzystając z tego, że inne sprawy pochłaniały uwagę Hitlera, wyciągać mu sprzed nosa najbardziej tłuste kąski. Był przekonany, że niemiecka armia po podboju Polski pójdzie na zachód Europy. A tam napotkałaby przeciwnika o wiele silniejszego niż w Polsce, na dodatek dobrze chronionego przez potężne umocnienia: linię Maginota i belgijskie twierdze. Wojna na Zachodzie byłaby więc krwawa i długotrwała, co dałoby Armii Czerwonej, już przygotowanej do boju, dobry pretekst do wystąpienia w „obronie pokoju", gdy obydwie strony byłyby bardzo wykrwawione. Nawet gdyby nie udało się podjąć interwencji w czasie walk toczonych przez armie francuskie i niemieckie, można by – uważał Stalin – zrobić to później, po zakończeniu wojny na Zachodzie, gdy Wehrmacht leczyłby rany. 19 sierpnia 1939 roku, przemawiając na posiedzeniu Biura Politycznego, powiedział:

– W zwyciężonej Francji FPK [Francuska Partia Komunistyczna – B.W.] zawsze będzie bardzo silna. Nieuchronnie nastąpi rewolucja komunistycz-

Jeńcy francuscy. Ta wojna miała trwać długo...

na i możemy wykorzystać tę sposobność do udzielenia Francji pomocy oraz uczynienia z niej naszej sojuszniczki. Później wszystkie narody, które znajdą się pod „protektoratem" zwycięskich Niemiec, również staną się naszymi sojusznikami. Wówczas będziemy mieli szerokie pole działania we wspieraniu światowej rewolucji.

Wracał więc do koncepcji z 1920 roku, gdy liczył, że rewolucja ogarnie państwa europejskie, a Armia Czerwona jedynie pomoże komunistom przejąć władzę.

Tymczasem wojna na Zachodzie nie spełniła nadziei Stalina. Alianci przegrali w zadziwiająco szybkim tempie, natomiast straty Wehrmachtu nie były duże: 27 074 zabitych, 18 384 zaginionych i 111 043 rannych. O wiele istotniejsze były straty sprzętu, przede wszystkim lotniczego. W czasie kampanii w Belgii i Francji 1428 samolotów niemieckich zostało zniszczonych, a 488 uszkodzonych (łącznie 1916), co stanowiło aż 36% liczby samolotów bojowych z 4 maja 1940 roku. Te braki miały fatalny dla Niemców wpływ na przebieg bitwy o Anglię, a jak się okazało w 1941 roku - również dla walk na froncie wschodnim. Tym bardziej że sytuacja gospodarcza Niemiec pogarszała się. W 1941 roku w przemyśle zbrojeniowym brakowało 300 tysięcy wykwalifikowanych robotników, a Hitler żądał, aby wojska lądowe liczyły 200 dywizji; nie można było pogodzić zwiększenia liczebności wojska i uzupełnienia braków siły roboczej w przemyśle.

Najważniejszy jednak był opór Wielkiej Brytanii, której nowy premier Winston Churchill odrzucił możliwość paktowania z Hitlerem i zawarcia pokoju. W rezultacie Niemcy coraz bardziej angażowały się w wojnę z Wielką Brytanią.

Stalin przekonany, że Hitler nie zdecyduje się na rozpoczęcie wojny na Wschodzie, dopóki nie zakończy walk na Zachodzie, mógł spokojnie przygotowywać Armię Czerwoną do zwycięskiego pochodu przez Euro-

Hitler przed wagonem w Compiègne, w którym francuska delegacja podpisała zawieszenie broni

pę. Tym bardziej że wnioski płynące z analizy działań niemieckich we Francji nakazywały konieczność masowego wprowadzenia do uzbrojenia wojsk radzieckich nowych typów czołgów i samolotów.

Pierwszy plan wojny z Niemcami został opracowany przez radziecki Sztab Generalny na jesieni 1939 roku, prawdopodobnie w październiku, i przez następne miesiące był modyfikowany. Kolejny plan uderzenia na Zachód Sztab Generalny opracował 18 września 1940 roku. Przewidywał, że dwie armie Frontu Północno-Zachodniego liczące 25 dywizji (w tym cztery dywizje pancerne) i dwie brygady uderzą na północy w kierunku Olsztyna. Posuwające się w środku wielkiego frontu związki Frontu Zachodniego (cztery armie liczące łącznie 45 dywizji, w tym trzy dywizje pancerne, oraz trzy brygady) rozdzielą swoje siły i pójdą na północ w stronę Olsztyna oraz na południe w kierunku Lublina. Na południu Front Południowo-Zachodni (pięć armii liczących 77 dywizji, w tym trzy dywizje pancerne, oraz dwie brygady) miał uderzyć znad Przemyśla na Radom i Łódź. Jednocześnie 9. armia tego Frontu zaatakowałaby z północy i wschodu Rumunię, aby opanować pola naftowe w rejonie Ploesti. Gdyby Stalin wiedział, że Niemcy w tym czasie mieli w Polsce ledwie 28 dywizji zapewne nie zawahałby się wydać rozkazu do rozpoczęcia ofensywy. Jednakże informacje Sztabu Generalnego mówiły o 243 dywizjach, a to już była siła wymagająca zgromadzenia znacznie większej ilości wojska.

Ofensywne założenia zostały zmienione w marcu i w maju 1941 roku. Nowy plan przewidywał, że główne uderzenie zostanie wyprowadzone z Zachodniej Ukrainy i Brześcia Litewskiego na południową Polskę. Jednocześnie opracowano plany mobilizacyjne, zatwierdzone przez rząd radziecki 12 lutego 1941 roku, przewidujące wystawienie wojsk liczących 9 milionów żołnierzy, dysponujących aż 37 800 czołgami i 22 200 samolotami! Tak bardzo radzieccy stratedzy byli pod wrażeniem siły i mobilności Wehrmachtu zaprezentowanych w czasie kampanii na Zachodzie. Tymczasem ocena siły i możliwości Armii Czerwonej była bardzo krytyczna. Wojna z Finlandią, która rozpoczęła się 30 listopada 1939 roku wykazała bardzo wyraźnie, jak źle Armia Czerwona jest dowodzona, wyszkolona i uzbrojona. Pokonanie maleńkiej armii fińskiej liczącej około 400 tysięcy żołnierzy, pozbawionej czołgów i ciężkiej artylerii, ze słabiutkim lotnictwem (200 przestarzałych samolotów) zajęło wielokrotnie liczniejszej Armii Czerwonej 105 dni i naraziło ją na ogromne straty*, niewspółmiernie wyższe niż

*Siły radzieckie w pierwszej fazie wojny liczyły 27 dywizji piechoty, 1 dywizję kawalerii, 1 korpus zmechanizowany, 3 brygady czołgów i ok. 800 samolotów. Siły zbrojne Finlandii (po mobilizacji) liczyły 14 dywizji piechoty i brygadę kawalerii – łącznie 400 tys. żołnierzy wspieranych przez słabe lotnictwo (200 samolotów), bez broni pancernej i ciężkiej artylerii. Dowództwo radzieckie zaczęło od stycznia 1940 roku wzmacniać swoje wojska: na początku lutego liczyły ok. 850 tys. ludzi, 55 dywizji, 2000 czołgów i 2500 samolotów.

straty obrońców. Według oficjalnych danych, w Finlandii zginęło i zaginęło około 126 tysięcy żołnierzy radzieckich, 264 tysiące odniosło rany, 800 samolotów i około 2300 czołgów zostało zniszczonych. Tymczasem obrońcy stracili 24 923 żołnierzy zabitych i 43 557 rannych.

Równie pesymistyczny obraz możliwości Armii Czerwonej wynikał z gry wojennej przeprowadzonej przez Sztab Generalny w styczniu 1941 roku. W niej generał Gieorgij Żukow przejął dowództwo nad wojskami atakującymi, zaś generał Dmitrij Pawłow - nad broniącymi się.

Scenariusz opierał się na założeniu, że dowodzeni przez Żukowa „niebiescy" (w których łatwo można było rozpoznać Wehrmacht) uderza z siłą 80 dywizji na froncie ciągnącym się od Prus Wschodnich do bagien Prypeci.

Żukow przeprowadził trzy potężne uderzenia, zniszczył siły „czerwonych" Pawłowa i poprowadził swoje dywizje głęboko w rosyjskie ziemie.

Co prawda w drugiej grze wojennej rezultat nie był tak zły dla obrońców, lecz nie dawał powodu do dumy.

Przy takich ocenach siły bojowej Armii Czerwonej nie należało spieszyć się z uderzeniem na Wehrmacht, którego morale w wyniku zwycięskich kampanii sięgnęło szczytu, żołnierze i dowódcy byli zaprawieni w bojach, sprzęt i uzbrojenie sprawdzone i udoskonalane w wyniku doświadczeń z pól bitewnych, organizacja wojska i logistyka doprowadzone do perfekcji. Bez wątpienia Stalin czekał na zrealizowanie planu mobilizacyjnego: postawienia pod broń 9 milionów żołnierzy i wyprodukowania dla nich odpowiedniej ilości nowoczesnego uzbrojenia.

Czołg *T-34** konstruowany przez zespół Biura Konstrukcyjnego Charkowskiej Fabryki Parowozów kierowany przez M. Koszkina od jesieni

**T-34*, jeden z najlepszych czołgów w II wojnie światowej skonstruował zespół Biura Konstrukcyjnego Charkowskiej Fabryki Parowozów kierowany przez M. Koszkina. Od jesieni 1937 r. do lipca 1939 r. zbudowano dwa prototypy i poddano je próbom poligonowym, po których stwierdzono konieczność pogrubienia pancerza. Projekt nowego wozu nazwanego *T-34* konstruktorzy przedstawili 19 grudnia 1939 r. Komitetowi Obrony, który podjął decyzję o skierowaniu do produkcji. Pierwszy doświadczalny czołg był gotowy w lutym 1940 r. i po okresie intensywnych prób w czerwcu 1940 r. uruchomiono produkcję seryjną. Już w pierwszych starciach z niemieckimi *PzKpfw II, III* i *IV* radzieckie czołgi wykazały wyższość: były szybsze, lepiej uzbrojone, zwrotniejsze i lepiej opancerzone, a pochyłe płyty kadłuba i wieżyczki dobrze chroniły załogę przed pociskami. W latach 1941-1942 były wielokrotnie modernizowane: ulepszono gąsienice, wprowadzono nowy typ kół nośnych z wewnętrzną amortyzacją, zmieniono układ napędowy itp. Do najpoważniejszych zmian skłoniło konstruktorów wprowadzenie przez Niemców czołgów *Panther* i *Tiger I* oraz zastosowanie w czołgach *PzKpfw IV* armaty długolufowej kal. 75 mm o większej sile ognia. Zainstalowanie armaty kal. 85 mm wymagało skonstruowania nowej wieży i na początku 1944 r. Fabryka nr 112 przystąpiła do produkcji czołgów *T-34-85* z armatą *D-5T* (później *ZiS-S-53*). Pocisk z tego działa wystrzelony z odległości 1000 m przebijał pancerz o grubości do 100 m, co pozwalało radzieckim czołgom podejmować równorzędną walkę z niemieckimi czołgami nowych typów. W czasie II wojny

Czołg T-34

1937 roku, w grudniu 1939 roku uzyskał akceptację Komitetu Obrony, który nakazał zbudowanie w 1940 roku 220 czołgów. Pierwszy doświadczalny czołg był gotowy w lutym 1940 roku i po okresie intensywnych prób w czerwcu 1940 roku uruchomiono produkcję seryjną. Do końca roku z dwóch radzieckich zakładów czołgowych wyjechało 115 egzemplarzy nowych wozów bojowych. W 1941 roku było nieco lepiej, gdyż w pierwszym półroczu wyprodukowano 1110 tych czołgów, ale było to wciąż niewiele, jak na oczekiwania Stalina. Podobnie sprawa miała się z ciężkim czołgiem nazwanym *KW** na cześć komisarza obrony Klimenta Woroszyłowa. W 1940 roku wyprodukowano 234 czołgi tego typu,

światowej wyprodukowano łącznie 34 400 czołgów z armatami kal. 76 mm i 18 000 czołgów z armatami kal. 85 mm.
Dane taktyczno-techniczne (*T-34-85*): załoga 5 osób, silnik wysokoprężny *W-2-34* o mocy 500 KM, ciężar 32 t, pancerz 20–90 mm, uzbrojenie 1 działo kal. 85 mm, 2 karabiny maszynowe *DTM* kal. 7,62 mm, prędkość 48 km/h.

****KW–1***, radziecki ciężki czołg, zaprojektowany w 1938 r. przez zespół konstruktorów Zakładów im. Kirowa w Leningradzie, produkowany od 1940 r. W czerwcu 1941 r. Armia Czerwona miała 225 tych czołgów. Jesienią 1941 r. zakłady ewakuowano do Czelabińska, ale jeszcze przed końcem roku wznowiono produkcję i kontynuowano ją do kwietnia 1943 r. W tym czasie armia otrzymała 4700 czołgów w wielu wersjach (m.in. *KW-2* z armato-haubicą kal. 152 mm, *KW-8* z miotaczem ognia i działem kal. 45 mm, *KW-9* z haubicą 122 mm). Na początku wojny radziecko-niemieckiej były to najpotężniejszej czołgi na polu bitwy. Jego zaletami były gruby pancerz, nowoczesne zawieszenie na wałkach skrętnych i niezawodny, zapewniający duży zasięg silnik wysokoprężny. Źle rozwiązano układ przeniesienia napędu oraz system kierowania czołgiem wymagający dużej siły od kierowcy. Od początków 1944 r. zaczęto zastępować czołgi *KW* nowymi czołgami ciężkimi *IS*.
Dane taktyczno-techniczne (*KW-1s*): załoga 5, silnik dieslowski *W-2K* o mocy 600 KM, ciężar 42,5 t, pancerz 20-75 mm, uzbrojenie 1 armata kal. 76,2 mm, 3 karabiny maszynowe DT kal. 7,62 mm, prędkość 42 km/h.

a w ierwszym półroczu 1941 roku - 393. Nie wszystkie oczywiście przekazano do jednostek liniowych. 22 czerwca 1941 roku Armia Czerwona miała 967 czołgów *T-34* i 508 - *KW*. Tak więc w niewyobrażalnie wielkiej masie 22 600 czołgów, jakie w czerwcu 1941 roku miała Armia Czerwona, było mało pojazdów nowoczesnych. Ale nawet i ta, skromna jak na warunki radzieckich wojsk pancernych liczba nowych wozów bojowych, nie oddaje właściwego obrazu nowoczesności, obejmuje bowiem czołgi, które dojechały do jednostek do 22 czerwca 1941 roku, a nie wozy w gotowości bojowej. A wiele z nich miało wady fabryczne, które trzeba było usunąć, brakowało wyszkolonych załóg i zaplecza dla sprawnego funkcjonowania jednostek pancernych: pojazdów ratowniczych, które mogłyby wyciągać z błota czołgi, gdyby tam się zagrzebały, lub ściągać z pola bitwy uszkodzone pojazdy, wozów amunicyjnych, części zamiennych itd. I nie chodziło jedynie o liczbę czołgów w jednostkach liniowych, lecz o możliwości przemysłu uzupełniania strat. Dwa, trzy tysiące nowoczesnych czołgów mogło zostać zniszczonych, zanim dojechałyby do Warszawy, a zdolności produkcyjne radzieckich zakładów nie były jeszcze na tyle duże, aby dosłać odpowiednią liczbę czołgów nowych typów, części zamiennych i podtrzymać agresywną siłę wojsk pancernych. Brakowało również załóg, którymi można byłoby obsadzić nowe czołgi.

Jeszcze gorzej sprawa miała się ze starszymi typami czołgów typu *BT i T-26*. Według oficjalnych źródeł radzieckich, tylko 27% z nich było

Czołg BT

w stanie gotowości bojowej, co oznaczało, że 22 czerwca 1941 roku Armia Czerwona mogła rzucić do walki 6210 czołgów starego typu, a więc o niewielkiej wartości bojowej*.

W lotnictwie sytuacja była podobna.

Radziecka doktryna wojenna wyznaczała siłom powietrznym rolę wsparcia, osłony i rozpoznania na rzecz wojsk lądowych. Z tego względu lotnictwo bombowe stanowiło mniejszość w siłach powietrznych (około 45% całości lotnictwa, 31% w zachodnich okręgach), nie podejmowano produkcji na większą skalę samolotów bombowych dalekiego zasięgu (samolot tego rodzaju *Pe-8* wyprodukowano w 79 egzemplarzach). Na rozwoju lotnictwa myśliwskiego negatywnie zaważyła koncepcja z początków lat trzydziestych przewidująca współdziałanie dwupłatowych samolotów przechwytujących i szybkich jednopłatów pościgowych. Mimo wydatnego wzrostu liczby produkowanych samolotów (w 1940 roku – 10 565 egzemplarzy, w 1941 roku – 15 735) wytwarzano mało maszyn nowych typów. W 1941 roku radzieckie zakłady lotnicze wypuściły tylko 3719 samolotów o nowoczesnej konstrukcji. Udane myśliwce *Jak-1*, *Mig-3*, szturmowiec *Ił-2* czy samolot bombowy *Pe-2* wprowadzano do produkcji z dużym opóźnieniem. Na przykład w 1940 roku wyprodukowano tylko 2 egzemplarze bombowców *Pe-2***. Podobnie sprawa miała się ze sztur-

*__BT__ (*Bystryj tank* – szybki czołg), lekki czołg będący kopią amerykańskiego czołgu Christie *M-1931* (*T-3*), zakupionego w 1931 r. Masowa produkcja rozpoczęła się od wersji *BT-5* wyposażonej w wieżyczkę z działem kal. 45 mm. W *BT-5A* zastosowano haubicę kal. 76,2 mm. Silnik benzynowy o mocy 350 KM pozwalał na rozwinięcie prędkości do 65 km/h na gąsienicach i 110 km/h na kołach. Czołgi *BT* były jednak słabo opancerzone (6–13 mm). W momencie wybuchu wojny oddziały Armii Czerwonej miały najwięcej czołgów *BT-7-2* uzbrojonych w działo kal. 45 mm i czołgów *BT-7A z* haubicą 76,2 mm, będących wersją rozwojową *BT-5*. Wyposażono je w nową skrzynię biegów, nowy silnik o mocy 450 KM i pancerz o grubości 6–22 mm. Podobnie jak wszystkie poprzednie czołgi tego typu, *BT-7* mógł poruszać się na gąsienicach i jeździć na kołach. *BT-7M* (nazywany również *BT-8 i* produkowany w niewielkiej liczbie egzemplarzy) miał wieżyczkę z czołgu *T-28* z haubicą kal. 76,2 mm i zmieniony kształt pancerza.

**__Pe-2__, lekki samolot bombowy został skonstruowany w 1938 r. przez Władimira Petlakowa, przetrzymywanego w specjalnym więzieniu. Konstruktor planował, że będzie to dwusilnikowy myśliwiec i w takim charakterze prototyp oblatano 7 maja 1939 r. Później zapadła decyzja o przebudowaniu samolotu na bombowiec nurkujący i prototyp takiego samolotu wzbił się w powietrze na początku 1940 r. *Pe-2* były lubiane przez załogi ze względu na łatwość pilotażu, stabilność lotu nurkowego i możliwość wykonania precyzyjnego ataku. Łącznie wyprodukowano 11 427 samolotów, w tym ok. 500 myśliwców *Pe-2V*, oraz pewną liczbę samolotów rozpoznawczych *Pe-2R*.
Dane taktyczno-techniczne: dwa silniki Klimow M-105RA o mocy 1100 KM, rozpiętość 17,16 m, długość 12,66 m, maks. masa startowa 7680 kg, maks. prędkość 540 km/h, zasięg 1500 km, uzbrojenie 2 karabiny maszynowe kal. 7,62 mm, 3 najcięższe karabiny maszynowe kal. 12,7 mm (lub 2 najcięższe karabiny maszynowe kal. 12,7 mm i 1 działko kal. 20 mm) oraz 1100 kg bomb.

mowcami *Ił-2**, uznanymi za najlepsze w swojej klasie w całej drugiej wojnie światowej. Produkcja tych samolotów rozpoczęła się bardzo niemrawo w 1940 roku, a w pierwszej połowie 1941 roku wyprodukowano zaledwie 249 egzemplarzy. Niski poziom techniczny radzieckiego przemysłu i mnożące się kłopoty technologiczne dodatkowo opóźniały dostarczenie jednostkom bojowym pełnowartościowej broni. Na około 8500 samolotów w zachodnich okręgach Związku Radzieckiego było tylko 1540 samolotów nowych typów, a zaledwie 1/3 personelu latającego potrafiła posługiwać się nowym sprzętem. Co gorsza nawet ci, którzy zapoznali się z nowymi samolotami, spędzili za ich sterami tylko kilka godzin, gdy dla porównania w amerykańskich siłach powietrznych do walki mógł wyruszyć pilot mający doświadczenie 150 treningowych godzin.

Sytuację pogarszała nie ukończona reorganizacja sił powietrznych. Na przykład ze 106 nowych pułków lotniczych od stycznia do czerwca 1941 roku sformowano tylko 19. Podział lotnictwa operacyjnego na Fronty i armie utrudniający dowodzenie i koncentrację na najważniejszych odcinkach oraz niski poziom wyszkolenia pilotów i kadry dowódczej tworzyły chaos, w którym trudno się spodziewać, aby Armia Czerwona mogła wyruszyć do boju z Wehrmachtem, wojskiem tak groźnym, które udowodniło swoją wartość i skuteczność, zwyciężając w walce z największymi potęgami ówczesnego świata.

Stalin doskonale zdawał sobie z tego sprawę. Wysłannicy Sztabu Generalnego i Biura Politycznego, którzy wizytowali jednostki w zachodniej części państwa, nie ukrywali braków. Raporty, jakie trafiały na biurko Stalina, mówiły o niewłaściwym przygotowaniu. Musiało więc minąć

****Ił-2 „Szturmowik"***, prototyp samolotu przeznaczonego do zwalczania czołgów, wykonał pierwszy lot wiosną 1939 r. Pierwsze wersje z kabiną pilota i silnikiem chronionym płytami pancernymi o ciężarze 700 kg uzbrojone były w 2 działka *SzWAK* kal. 20 mm i 2 karabiny maszynowe *SzKAS* kal. 7,62 mm oraz 8 rakiet kal. 82 mm lub kal. 132 mm i 4 bomby o ciężarze 100 kg każda. W wyniku żądań pilotów w drugiej połowie 1942 r. w kabinie dodano miejsce dla strzelca obsługującego najcięższy karabin maszynowy UBT kal. 12,7 mm, broniący samolot przed atakami z tyłu. Wzmocniono również uzbrojenie służące do zwalczania czołgów: samolot otrzymał działka WJa kal. 23 mm lub NS 37 kal. 37 mm (w wielu wersjach stosowano obydwa działka), ładunek bomb zwiększono do 600 kg (w tym bomby przeciwpancerne PTAB). Pociski wystrzeliwane z działek *Szturmowika* mogły przebić pancerz każdego niemieckiego czołgu. Samoloty odegrały znaczącą rolę w walkach na froncie wschodnim (zwłaszcza pod Kurskiem). Józef Stalin powiedział, że „były tak ważne dla Armii Czerwonej, jak powietrze i chleb". W czasie wojny wyprodukowano 36 163 samoloty *Ił-2*.
Dane taktyczno-techniczne (*Ił-2M3*): silnik Mikulin *AM-38F* o mocy 1600 KM, rozpiętość 14,6 m, długość 11,65 m, maks. masa startowa 5873 kg, maks. prędkość 450 km/h, zasięg 765 km, uzbrojenie 2 działka *WJa* kal. 20 mm lub 2 działa *NS-37* kal. 37 mm w skrzydłach lub w zasobnikach pod skrzydłami, 1 nkm *BS* kal. 12,7 mm, 8 rakiet kal. 82 mm lub kal. 132 mm, 600 kg bomb.

jeszcze wiele miesięcy, zanim Armia Czerwona spełniłaby wymogi określone przez Sztab Generalny, a gwarantujące zwycięstwo w pochodzie przez ziemie polskie i niemieckie.

Sytuacja zmieniała się. Hitler mimo zaangażowania na Zachodzie od lipca 1940 roku koncentrował wojska nad granicą ze Związkiem Radzieckim. Ta wielka operacja była aż nadto widoczna, aby Rosjanie mogli uwierzyć, że chodzi o szkoleniowe zgrupowanie wojsk Wehrmachtu przeznaczonych do inwazji na Anglię w rejonie gdzie nie mogły dotrzeć brytyjskie bombowce i samoloty rozpoznawcze. Jeżeli w ogóle Stalin wierzył, że Niemcy kiedykolwiek myśleli poważnie o inwazji na Wyspy Brytyjskie.

Richard Sorge

Napływały ostrzeżenia przed agresją. Richard Sorge*, radziecki szpieg działający w Tokio, gdzie uzyskał dostęp do tajnych informacji dzięki przyjaźni Eugena Otta, niemieckiego attaché wojskowego, a później ambasadora, od marca 1941 roku informował, że Niemcy gotowi będą do rozpoczęcia wojny w końcu maja 1941 roku. 15 czerwca podał ostateczną datę rozpoczęcia wojny - 22 czerwca.

Z Berlina ważne informacje nadchodziły od Arvida Harnacka (pseudonim „Korsykanin"), wysokiego urzędnika Ministerstwa Gospodarki

*__Richard Sorge__ (1895-1944), Niemiec, syn jednego z założycieli niemieckiej partii komunistycznej, zwerbowany 29 stycznia 1933 r. przez radziecki wywiad wojskowy rozpoczął działalność 6 września tego roku, po przybyciu do Jokohamy w Japonii jako korespondent niemieckich gazet. Dzięki zaufaniu Eugena Otta - niemieckiego attaché wojskowego, a później ambasadora Niemiec w Tokio, uzyskał dostęp do tajnych dokumentów, których treść przekazywał do Moskwy. Wiele informacji udało mu się zdobyć w wyniku działania agentów z jego siatki o nazwie „Ramsey", wśród których był Ozaki Hitsumi - bliski doradca japońskiego premiera Fumimary Konoe. 12 maja 1941 r. Po raz kolejny ostrzegł swoich mocodawców o koncentracji niemieckich dywizji, a 15 czerwca podał ostateczny termin rozpoczęcia działań wojennych przeciwko ZSRR. Na początku września 1941 r. poinformował władze radzieckie, że rząd japoński będzie przestrzegał postanowień układu o nieagresji z 13 kwietnia 1941 r., co potwierdziło możliwość wycofania z Dalekiego Wschodu 15 dywizji i skierowania ich do obrony Moskwy, w krytycznym momencie wojny niemiecko-radzieckiej. 18 października 1941 r. został aresztowany razem z 35 agentami swojej siatki; Związek Radziecki nie wystąpił do władz Japonii o wymianę więźnia. Prawdopodobnie w 1944 r. został stracony.

Friedrich von der Schulenburg

współpracującego od lipca 1938 roku z radzieckim wywiadem, oraz Harro Schulze-Boysena (pseudonim „Starszina"), porucznika wywiadu Luftwaffe. Na podstawie dostarczanych przez nich materiałów rezydent radzieckiego wywiadu Aleksander Korotkow alarmował z Berlina 16 czerwca 1941 roku: „Niemcy zakończyli szkolenie wojsk do ataku na Związek Radziecki i uderzenie może być spodziewane lada dzień".

Bardzo poważne ostrzeżenia nadchodziły z Londynu, gdzie działało pięciu agentów, którzy uzyskali dostęp do największych tajemnic rządu i wywiadu brytyjskiego. Kim Philby, Anthony Blunt, Cairncross, Guy Burgess i Donald Maclean przechwytywali tajne raporty wywiadu MI-6 dla rządu Churchilla, sporządzane na podstawie depesz niemieckich odszyfrowywanych w Bletchley Park. W wyniku ich działalności rezydent radzieckiego wywiadu mógł przesłać z Londynu do Moskwy w pierwszej połowie 1941 roku 7867 tajnych dokumentów brytyjskich dotyczących spraw politycznych i dyplomatycznych, 715 dokumentów wojskowych, 127 – dotyczących spraw gospodarczych i 51 – wywiadowczych.

Między 1 stycznia a 21 czerwca 1941 roku Stalin otrzymał ze źródeł wywiadowczych ponad sto raportów o zbliżającej się wojnie z Niemcami. Do ostrzeżeń nadsyłanych przez rezydentów wywiadu przyłączali się zagraniczni dyplomaci.

Na początku czerwca 1941 roku ambasador Niemiec w Moskwie hrabia Friedrich von der Schulenburg*, goszcząc na obiedzie Władimira Diekanozowa, radzieckiego ambasadora w Berlinie poinformował go o zbliżającej się niemieckiej agresji. Powiedział:

– Hitler podjął decyzję o rozpoczęciu wojny ze Związkiem Radzieckim 22 czerwca.

I dodał:

– Zapyta mnie pan, dlaczego to robię? Zostałem wychowany w duchu Bismarcka, który zawsze był przeciwny wojnie z Rosją.

*__Friedrich Werner von der Schulenburg__ (1876–1944), niemiecki arystokrata, od 1935 r. był ambasadorem Niemiec w Moskwie. Wierzył, że możliwa jest współpraca obydwu państw i usiłował przeciwdziałać wybuchowi wojny między Niemcami i ZSRR. Wrócił do Berlina w czerwcu 1941 r. Po klęsce pod Stalingradem w styczniu 1943 r. przyłączył się do organizacji antynazistowskiej planującej usunięcie Führera; w nowym rządzie miał objąć tekę ministra spraw zagranicznych. Po zamachu na Hitlera 20 lipca 1944 r. został aresztowany i stracony 10 listopada tego roku. Podobny los spotkał jego najmłodszego syna Fritza Dietloffa, wysokiego urzędnika policji na Śląsku, straconego 10 sierpnia 1944 r. za udział w organizacji zamachu na Hitlera.

Stalin skwitował wiadomość o wypowiedzi niemieckiego dyplomaty bardzo krótko:

- Dezinformacja osiągnęła poziom ambasadorów.

I tak reagował na wszystkie ostrzeżenia.

Na marginesie raportu o informacjach pozyskiwanych od Schulze-Boysena zapisał: „Możecie posłać swoje «źródło» z niemieckich sił powietrznych do jego kurwy-matki. To nie jest źródło, ale dezinformator".

Podobna uwaga dotyczyła Sorgego:

„To dezinformacja od kłamliwego gówna, które urządziło się w małych fabryczkach i burdelach Japonii".

Dlaczego zamykał oczy na zbliżające się niebezpieczeństwo i nie chciał dać wiary źródłom wywiadowczym, które pracownicy moskiewskiej centrali wywiadu NKWD i GRU oceniali jako najbardziej wiarygodne? Odpowiedź wydaje się bardzo prosta. Był to jeden z wielu fatalnych dla Związku Radzieckiego efektów wielkiej czystki przeprowadzonej na rozkaz Stalina w latach 1937-1938. Wtedy radzieckie tajne służby poniosły największe straty ze wszystkich środowisk. Działalność wywiadu została całkowicie sparaliżowana.

W 1938 roku trzej kolejni szefowie wywiadu zagranicznego: Abram Slucki, Zelman Pasow i Siergiej Szpigelglas zostali zamordowani. Taki sam los spotkał większość rezydentów w miastach najważniejszych z punktu widzenia radzieckiego wywiadu: Londynie, Berlinie, Paryżu, Helsinkach, Wiedniu i Tokio. Najbardziej doświadczeni pracownicy wywiadu, którzy mieli na swoim koncie stworzenie bardzo aktywnych siatek szpiegowskich zdobywających dostęp do największych tajemnic państw, w których działali, zostali wezwani do Moskwy i zginęli po torturach.

Spustoszenia w wywiadzie były tak duże, że NKWD musiało zmienić sposób szkolenia nowych szpiegów, aby szybko zapełnić zwolnione miejsca. Do tego czasu rekruci przechodzili indywidualne szkolenia w tajnych mieszkaniach w różnych dzielnicach Moskwy i nie znali się nawzajem. To był dobry system gwarantujący najlepsze wyniki, lecz dość powolny. 3 października 1938 roku NKWD utworzyło w Bałaszice pod Moskwą Szkołę Specjalnego Przeznaczenia (SzON). W pierwszych trzech latach jej działalności przeszkolono, zakwaterowanych w bardzo luksusowych warunkach, 120 adeptów sztuki szpiegowskiej.

Tymczasem miejsce straconych rezydentów i szpiegów zajmowali ludzie niedoświadczeni, nie mający odpowiedniego przygotowania, popełniający najbardziej kardynalne błędy szpiegowskiego zawodu. Na przykład nowy rezydent w Berlinie Aleksander Korotkow wznowił kontakt z Arvidem Harnackiem, zerwany po odwołaniu do Moskwy poprzedniego rezydenta, przychodząc do jego prywatnego mieszkania i zapraszając go na spotkanie do ambasady. W Londynie specjalny wysłannik centrali uważał, że najlepszym miejscem do spotkań z agentami jest park sąsiadu-

Generał Filip Golikow

jący z radziecką ambasadą i naiwnie dowodził, iż każdy agent może tam przyjść niby na spacer.

W ogromnie ważnym dla światowej polityki czasie, w maju 1939 roku, szefem radzieckiego wywiadu został 31-letni Paweł Fitin. Zwerbowano go do pracy w wywiadzie w lutym 1938 roku i w październiku tego roku posłano do szkoły w Bałaszice, gdzie podobno dał się poznać jako „student pracowity i inteligentny, o szczególnych zdolnościach organizacyjnych". Nie znany jest mechanizm, który sprawił, że ten człowiek, nie mając żadnego doświadczenia, ani nawet ukończonego szkolenia, został mianowany szefem wywiadu zagranicznego. Przez następnych siedem lat potrafił tak lawirować, że ocalił życie.

Jeszcze gorzej było w wywiadzie wojskowym GRU*. Od lipca 1940 roku dowodził nim generał Fiodor Golikow, który niewiele wiedział o funkcjonowaniu wywiadu, a jedyna wiedza, jaką miał, pochodziła z pracy konfidenta NKWD. Obawiając się, że jego niekompetencja wyjdzie na jaw, starał się ją zamaskować, organizując wielkie akcje poszukiwania w wojsku szpiegów, dywersantów i wrogów ludu. Kadra wielu garnizonów na rozkaz z Moskwy dokonywała przeglądu walonek, gdyż tajne informacje ostrzegały, że dywersanci dosypali tłuczonego szkła do filcu, albo szukano wystających gwoździ w żołnierskich butach, które miały kaleczyć stopy żołnierzy i zmniejszać w ten sposób ich sprawność bojową.

Największym problemem dla Golikowa były raporty radzieckich szpiegów, którzy uzyskali dostęp do największych tajemnic rządu Trzeciej Rzeszy i przesyłali meldunki o przygotowaniach do wojny. Golikow nie mógł wyrzucić ich do kosza, wysyłał więc do Stalina z adnotacjami na marginesie: „zaprzedał się Brytyjczykom", lub „podwójny agent". 20 marca 1941 roku przekazał raport wywiadowczy, który określał datę uderzenia wojsk niemieckich na 15 maja oraz podawał organizację niemieckich wojsk. Golikow napisał w podsumowaniu: „pogłoski i dokumenty, mówiące o nieuchronnej na wiosnę tego roku wojnie z ZSRR, należy oceniać jako dezinformację pochodzącą od angielskiego, a może nawet od niemieckiego wywiadu".

*GRU (*Gławnoje Razwiediwatielnoje Uprawlienije*) – radziecki wywiad wojskowy utworzony 21 października 1918 r. Nazwa GRU została oficjalnie zaakceptowana w czerwcu 1942 r., aczkolwiek używana była wcześniej.

Informacje wywiadowcze selekcjonowane przez rezydentów nie mających wielkiego pojęcia o szpiegowaniu, trafiające do centrali, gdzie nie było już analityków znających realia państwa, z którego nadchodziły meldunki, nie mogły mieć dużej wartości. Mechanizmy wielkiej machiny nie działały prawidłowo. Wywiad utracił swoje podstawowe znaczenia w procesie kształtowania polityki zagranicznej i militarnej Związku Radzieckiego.

I Stalin zdawał sobie sprawę, że raporty wywiadowcze i sporządzane na ich podstawie oceny i analizy są zbyt wątpliwą podstawą do podjęcia decyzji o przełomowym znaczeniu dla państwa. Tym bardziej że obok informacji o przygotowaniach Niemców do wojny napływały całkowicie odmienne, a wydawałoby się równie wiarygodne. Na przykład rezydentura z Londynu informowała o raporcie przygotowanym 23 maja 1941 roku przez *Joint Intelligence Committee*, organ koordynujący pracę brytyjskiego wywiadu, dla premiera Winstona Churchilla. Brytyjscy specjaliści mieli ocenić, że: „Korzyści dla Niemiec z dojścia do porozumienia ze Związkiem Radzieckim są ogromne". Wynikało z tego niezbicie, że ta fachowa brytyjska organizacja nie wierzy w możliwość rozpoczęcia przez Niemcy wojny.

W takiej sytuacji Stalin nie chciał otrzymywać analiz, ocen i prognoz. Żądał raportów od szpiegów, a ponieważ gubił się w ich wielkiej liczbie i szczegółowych meldunkach, które w istocie zaciemniały obraz sytuacji, musiał uznać, że może oprzeć się jedynie na swoim wyczuciu i politycznym instynkcie. A te podpowiadały mu, że dopóki Hitler nie zakończy wojny na Zachodzie, nie rozpocznie drugiej, na Wschodzie. Dlatego tak bardzo zaniepokoiła Stalina informacja o locie Rudolfa Hessa*, zastępcy Hitlera, który 10 maja 1941 roku dotarł w dwusilnikowym samolocie

*__Rudolf Hess__ (1894–1987), najbliższy współpracownik Hitlera od czasów nieudanego puczu monachijskiego w 1923 roku, gdy zbiegł do Austrii, lecz dobrowolnie powrócił do kraju i stanął przed sądem, aby odbyć karę wspólnie z Hitlerem. Od 1925 r. był jego osobistym sekretarzem. 21 kwietnia 1933 r. został zastępcą Führera, a w rządzie nazistowskim objął 1 grudnia 1933 r. stanowisko ministra bez teki. Uważany był za trzecią osobę w państwie (po Hitlerze i Hermannie Göringu) i nazywany sumieniem partii. Od 4 lutego 1938 r. wchodził w skład tajnej rady, która m.in. przygotowywała plany agresji na Polskę. Nie potrafił wykorzystywać swojego stanowiska i pozycji, ani też walczyć o względy Führera i był coraz bardziej odsuwany na dalszy plan przez Martina Bormanna, którego wprowadził do kancelarii Führera. 10 maja 1941 r. w samolocie Messerchmitt *Bf 110* dotarł do Szkocji, gdzie wyskoczył ze spadochronem. Przedstawiając się jako emisariusz pokoju, zażądał spotkania z księciem Hamiltonem. Hitler pozbawił go wszystkich stanowisk i tytułów i ogłosił, że jest to człowiek umysłowo chory. W 1946 r. stanął przed Międzynarodowym Trybunałem Wojskowym w Norymberdze i za zbrodnie przeciwko pokojowi został skazany na dożywotnie więzienie. W 1987 r. popełnił samobójstwo w więzieniu Spandau. Okoliczności wyprawy Hessa do Wielkiej Brytanii pozostają dotychczas zagadką. Wyjaśnienie tej sprawy do końca będzie możliwe dopiero po ujawnieniu dokumentów z archiwów brytyjskich.

Rudolf Hess, jak zwykle obok Hitlera

myśliwskim Messerschmitt *Bf 110* do Szkocji, gdzie wyskoczył ze spadochronem i oddał się w ręce Brytyjczyków. Rząd Winstona Churchilla nadał całej sprawie zadziwiająco mały rozgłos, zaś Hitler ogłosił, że jego zastępca postradał zmysły. Dla Stalina był to niepokojący dowód, że Wielka Brytania i Niemcy są bliskie zawarcia pokoju. Kilka miesięcy wcześniej powiedział do generała Wasylija Czujkowa:

– Nawet teraz, w tym trudnym czasie dla Brytyjczyków, ci, którzy chcą ugłaskać agresora, jeżdżą w tę i z powrotem między Berlinem i Londynem. Są gotowi poczynić nowe ustępstwa, pod warunkiem, że agresor obróci się przeciwko nam.

Stalin był przekonany, że Brytyjczycy zamierzają sprowokować Związek Radziecki i doprowadzić do wybuchu wojny radziecko-niemieckiej. Tylko w ten sposób mogliby doprowadzić do zakończenia niemieckich nalotów na swoje miasta i zawrzeć pokój w wojnie, której wygrać nie byli w stanie. To przekonanie o brytyjskich intrygach było tak silne, że gdy nowy ambasador Wielkiej Brytanii w Moskwie sir Stafford Cripps* 25 czerwca 1940

*__Stafford Cripps__ (1889–1952), doradca króla od 1927 r., w 1931 r. został posłem do parlamentu z ramienia Partii Pracy. Był założycielem Ligi Socjalistycznej w 1932 r., zaś 4 lata później opowiadał się za utworzeniem przez jego partię wspólnego frontu z komunistami, za co został wydalony z Partii Pracy. Od maja 1940 r. do stycznia 1942 r. był ambasadorem w Moskwie, a następnie z ramienia rządu brytyjskiego prowadził negocjacje z Indiami. Po wojnie sprawował różne funkcje państwowe i dopiero ze względu na stan zdrowia w 1950 roku zrezygnował z aktywności politycznej.

roku przekazał list od Churchilla z ostrzeżeniem, że Hitler zamierza podbić całą Europę, i z propozycją połączenia sił Wielkiej Brytanii i Związku Radzieckiego, Stalin polecił 13 lipca 1940 roku komisarzowi spraw zagranicznych Mołotowowi, aby przesłał Hitlerowi kopię listu i dodatkowo stenogram rozmowy z Crippsem. Z ponownym ostrzeżeniem brytyjski ambasador przyszedł 16 kwietnia 1941 roku, przynosząc osobisty list Churchilla, w którym premier alarmował, że Niemcy przerzucili dywizje pancerne z Bałkanów do południowej Polski, co mogło być oczywistym dowodem ich agresywnych zamiarów wobec ZSRR. Stalin nigdy na ten list nie odpowiedział.

W czerwcu 1941 roku niemieckie wojska lądowe liczyły 208 dywizji, z których do agresji na ZSRR przeznaczono 153 dywizje, zaś nad granicą skoncentrowano 120 i 2/3 dywizji. To nie było dużo jak na podbój mocarstwa! Do wojny z Francją wystawili 128 dywizji, a od tego czasu w niemieckich siłach zbrojnych zaszły niekorzystne zmiany. Przede wszystkim zwiększono liczbę jednostek pancernych i zmotoryzowanych przy niewielkich dostawach sprzętu. Tak więc w miejsce 10 dywizji pancernych, które były w Wehrmachcie w 1940 roku, pojawiło się 21 dywizji, lecz liczba czołgów w każdej z nich uległa zmniejszeniu z 258 do 196, co oznaczało, że ich siła bojowa osłabła.

Luftwaffe wystawiła 2770 samolotów, co stanowiło 65% ogółu sił lotniczych liczących 4882 samoloty. 21 czerwca 1941 roku do akcji były gotowe tylko 2082 samoloty. Było to mniej niż w maju 1940 roku, gdy Wehrmacht wyruszył na wojnę z Francją!

Jakże więc można było uznać za prawdziwe ostrzeżenia przed niemiecką agresją, skoro ich siły były jeszcze niewystarczające? Stalin miał wszelkie podstawy, aby uznać, że Niemcy nie rozpoczną wojny w 1941 roku. Miał więc wszelkie szanse, żeby ich uprzedzić!

Jednostki Armii Czerwonej jechały nad granicę. 22 czerwca 1941 roku Armia Czerwona skoncentrowała tam 170 dywizji i dwie brygady. Kolejnych 80 dywizji mobilizowano, niektóre z nich już jechały do rejonów koncentracji. Według planów generała Żukowa, początkowe działania zaczepne miało podjąć 259 dywizji. Tak więc 22 czerwca 1941 roku Armia Czerwona, której przygotowania do wojny z Niemcami były bardzo zaawansowane, jeszcze do ataku nie była gotowa. Tajemnicą radzieckich archiwów pozostał termin rozpoczęcia wojny. Być może jednak taki termin w ogóle nie istniał, gdyż Stalin chciał mieć wojska skoncentrowane na granicy, a dzień wydania rozkazu do walki uzależnił od rozwoju sytuacji politycznej między Niemcami i Wielką Brytanią oraz zaawansowania przygotowań do wojny.

Bez wątpienia dla Armii Czerwonej najbardziej dogodnym czasem rozpoczęcia wielkiej ofensywy byłaby wiosna 1942 roku. Wówczas radzieckie jednostki pancerne miałyby co najmniej 2–3 tysiące czołgów *T-34* i około tysiąca czołgów *KW*. Ta liczba czołgów górujących nad każdym niemieckim wozem pancernym siłą ognia, szybkością, zwrotnością i odpornością na pociski dawała Armii Czerwonej przewagę. Nie było to jeszcze wystarczająco dużo, aby zadowolić radzieckich strategów, ale przemysł czołgowy osiągnąłby już pełną moc i należało się spodziewać, że mimo wojennych strat liczba nowoczesnych czołgów szybko by rosła. Ponadto uderzenia nowych pojazdów bojowych wsparte byłyby działaniami wielkiej liczby czołgów przestarzałych, ale nadających się do wykonywania zadań pomocniczych, rozpoznawczych, wspierania piechoty itp.

Podobna sytuacja byłaby w lotnictwie, które dysponując w 1942 roku odpowiednią liczbą nowoczesnych myśliwców, samolotów szturmowych i bombowych potrafiłoby skutecznie rozbijać obronę wroga i osłaniać operacje wojsk pancernych.

Dlatego polityka Stalina wobec Niemiec w czerwcu 1941 roku miała tylko jeden cel: nie dać się sprowokować, nie dopuścić do wybuchu wojny w wyniku przypadkowej akcji, zyskać jak najwięcej czasu na przygotowanie ofensywy. Każdego miesiąca rosła siła bojowa Armii Czerwonej.

Stalin posunął się tak daleko w polityce uspokajania Hitlera, że w maju i czerwcu 1941 roku przystąpił do czystek w wojsku! W więzieniu znalazł się zastępca komisarza sił powietrznych generał Paweł Rygaczow. Mówiono, że Stalin zemścił się za uwagę, jaką Rygaczow na początku 1941 roku zgłosił podczas narady na temat fatalnej sytuacji w lotnictwie. Miał wówczas powiedzieć:

– Awaryjność będzie większa, ponieważ zmuszacie nas do latania w latających trumnach.

Te słowa zaszokowały zebranych. Lotnictwo było oczkiem w głowie Stalina, i uwaga dowódcy lotnictwa dotknęła go osobiście.

– Nie powinniście tego mówić – powiedział wówczas.

Do więzienia, aczkolwiek nieco później, trafiła również żona Rygaczowa, pilotka Maria Nesterenko. W fali aresztowań ofiarami padli konstruktorzy lotniczy, dyrektorzy zakładów, dowódcy lotnictwa. W celach znaleźli się komisarz przemysłu zbrojeniowego Borys Wannikow, dowódca wojsk obrony przeciwlotniczej generał Grigorij Sztern, dowódca lotnictwa dalekiego zasięgu generał Iwan Proskurow, dowódca lotnictwa Moskiewskiego Okręgu Wojskowego generał Piotr Pumpur, były szef sztabu sił powietrznych generał Fiodor Arżenuchin, szef sztabu sił powietrznych generał Piotr Wołodin, konstruktor Jakow Taubin. Znamienne było to, że dużą część aresztowanych stanowili Żydzi. Nie można inaczej wytłumaczyć decyzji Stalina o uwięzieniu tych ludzi, jak tylko próbą uspokojenia Hitlera; udowodnienia, że Związek Radziecki nie ma planów agresywnych wobec Niemiec, bo które państwo w przeddzień rozpoczęcia wojny wsadza do więzień dowódców lotnictwa i ludzi odpowiedzialnych za produkcję zbrojeniową?!

Adolf Hitler nie mógł znać rzeczywistych zamiarów Stalina i niewiele wiedział o planach radzieckiego Sztabu Generalnego. Inaczej niż w Niemczech, gdzie wywiad radziecki uzyskał dostęp do największych tajemnic, w państwie Stalina niemiecki wywiad wojskowy Abwehra niewiele mógł zwojować.

– Łatwiej Arabowi w powiewającym burnusie przejść niezauważonym przez Berlin, niż obcemu agentowi przedostać się do Rosji – powiedział generał Ernst Köstring, attaché wojskowy, pracujący na tym stanowisku w niemieckiej ambasadzie w Moskwie od 1 października 1935 roku. Tuż po objęciu posady w ambasadzie pisał do szefa wywiadu Sztabu Generalnego:

„Doświadczenie z pracy tutaj w ostatnich kilku miesiącach wykazuje, że jest poza wszelką kwestią zdobycie wojskowych informacji lub informacji nawet luźno związanych z przemysłem zbrojeniowym, choćby w najbardziej błahych sprawach".

Podstawowym źródłem informacji dla Niemców były loty samolotów zwiadowczych ze specjalnego oddziału dowodzonego przez pułkownika Theodora Rowehla. Po okresie bardzo intensywnej działalności w 1939 roku i pierwszej połowie 1940 roku, we wrześniu tego roku Hitler zakazał lotów zwiadowczych nad terytorium ZSRR, gdyż nie chciał pogarszać stosunków z sojusznikiem. Na początku 1941 roku, gdy przygotowania do wojny rozwijały się pełną parą, pułkownik Rowehl otrzymał rozkaz wznowienia lotów zwiadowczych nad terytorium radzieckim w pasie do 350 kilometrów od granicy.

Na zdjęciach, które dostarczali lotnicy, widać było wielkie jednostki ciągnące do granicy, rejony koncentracji, nowe lotniska polowe. Żaden specjalista analizujący te zdjęcia nie mógł mieć cienia wątpliwości: Armia Czerwona przygotowuje się do uderzenia. Jednakże niemieccy analitycy nie potrafili prawidłowo ocenić wielkości sił wroga. Źle oszacowali możliwości mobilizacyjne i siły przemysłu zbrojeniowego. Te błędy miały Niemców kosztować przegraną wojnę.

Bez wątpienia zaniżone szacunki sił radzieckich przyczyniły się do powstania złudnego przekonania Hitlera, że zdoła pokonać Armię Czerwoną w ciągu kilkunastu tygodni. Musiał jednak zdawać sobie sprawę, że Wehrmacht wciąż nie jest gotowy do wojny z wielkim państwem. Doświadczenia z wojny we Francji były oczywiste: siła wojsk pancernych wyczerpywała się po przebyciu około trzystu kilometrów. Musiała nastąpić przerwa na podciągnięcie tyłów, zorganizowanie linii zaopatrzeniowych, uzupełnienie zapasów paliwa, amunicji itd. We Francji 300 kilometrów dzieliło Paryż od granicy z Niemcami. W Związku Radzieckim była to zaledwie 1/3 drogi do Moskwy. To ogromne państwo wymagało zaangażowania zupełnie innych środków niż wojna na zachodzie Europy. Dlaczego więc Hitler nie chciał zaczekać, aż Wehrmacht będzie dysponował takimi środkami?

On, podobnie jak Stalin, częściej kierował się wyczuciem i instynktem niż zimną kalkulacją. Odrzucał zastrzeżenia generałów, którzy wskazywali, że Wehrmacht nie jest gotowy do nowej wojny. Pamiętał, że zawsze opierali się jego planom i narzekali, iż brakuje środków, aby osiągnąć zwycięstwo. Tak było przed rozpoczęciem wojny z Polską i tak było przed uderzeniem na Zachód. Nic dziwnego, że powtarzali swoje czarne proroctwa przed wyruszeniem na podbój wielkiego mocarstwa. Ale Hitler tej wojny nie mógł opóźnić. Przesunięcie ofensywy o miesiąc lub dwa oznaczałoby, że jego wojska będą musiały toczyć walkę przy bardzo nie sprzyjającej pogodzie rosyjskiej jesieni i zimy, co nie wchodziło w rachubę. Odłożenia całej operacji do wiosny 1942 roku groziło, że Stalin uderzy pierwszy. Pancerna pięść Armii Czerwonej spadłaby wówczas na niemieckie wojska przygotowane do ataku, a nie do obrony.

Sytuacja, jaka zaistniała w czerwcu 1941 roku była szaleńczym wyścigiem dwóch mocarstw szykujących się do agresji. Zwyciężyć miał ten, który zaatakowałby pierwszy.

3. Kreml, dzień pierwszy

Świt 22 czerwca w Kuncewie i na Kremlu. Stalin wciąż nie wierzy. Dlaczego milczy ambasada w Berlinie?

Pierwszy dzwonek na biurku generała Żukowa zabrzmiał siedem minut po trzeciej nad ranem. Telefonował wiceadmirał Filip Oktiabrski dowódca Floty Czarnomorskiej z meldunkiem, że nadlatuje wielka liczba nie zidentyfikowanych samolotów. Było po wpół do czwartej, gdy zgłosił się generał J. Klimowskich, szef sztabu Zachodniego Okręgu Wojskowego, z informacją, że niemieckie samoloty bombardują białoruskie miasta. Tuż po nim telefonowali dowódcy z Kijowa, a potem z Wilna z identycznymi informacjami. Żukow nie miał wątpliwości: zaczęła się wojna. Komisarz obrony, marszałek Siemion Timoszenko, któremu zameldował o przyjęciu telefonów z informacjami o bombardowaniach miast radzieckich przez niemieckie samoloty kazał zameldować Stalinowi. Dziwne. Dlaczego komisarz obrony polecił Żukowowi, niższemu stopniem i stanowiskiem poinformować głowę państwa, że rozpoczęła się wojna? Było to zadanie, które powinien wykonać sam.

Żukow wiedział, że Stalin wyjechał na daczę do Kuncewa. Jako jeden z niewielu znał numer telefonu, ale tam długo nikt nie podnosił słuchawki. Wreszcie zgłosił się zaspany oficer z ochrony.

– Kto mówi?

– Szef Sztabu Generalnego Żukow. Proszę natychmiast połączyć mnie z towarzyszem Stalinem.

Pierwszym celem były lotniska

– Co? Teraz?! Towarzysz Stalin śpi.

– Proszę go obudzić, nie zwlekając! Niemcy bombardują nasze miasta!

Po kilku minutach do telefonu podszedł Stalin. Wysłuchał meldunku i nic nie odpowiadał. Cisza w słuchawce przedłużała się.

– Czy zrozumieliście mnie? – zdecydował się zapytać Żukow.

Milczenie trwało nadal. Dopiero po długiej chwili Stalin odezwał się:

– Gdzie jest komisarz ludowy?

– Rozmawia z Kijowskim Okręgiem Wojskowym.

– Przyjedźcie na Kreml z Timoszenką. Powiedzcie Poskriebyszewowi, żeby wezwał wszystkich członków Biura Politycznego.

Stalin też natychmiast wrócił na Kreml. Około czwartej jego samochód zatrzymał się przed specjalnym wejściem, którym tylko on wchodził do budynku. Na dole stał Aleksander Poskriebyszew*, wyraźnie podenerwowany.

*__Aleksander Poskriebyszew__ (1891–1965), w 1917 roku wstąpił do partii bolszewickiej, a następnie sprawował wysokie stanowiska partyjne, m.in. w Swierdłowsku i Ufie. Prawdopodobnie brał udział w wymordowaniu rodziny carskiej. W marcu 1922 r. został asystentem sekretarza Komitetu Centralnego, następnie zastępcą kierownika partyjnego Biura Kontroli i jego zadaniem była inwigilacja i zbieranie materiałów obciążających członków najwyższych władz partyjnych. W 1929 r. stanął na czele Wydziału Administracyjnego KC WKP(b). Na początku lat 30. wszedł w skład osobistego sekretariatu Stalina. W 1934 r., po śmierci dotychczasowego szefa sekretariatu, objął to stanowisko. Wkrótce stał się najbliższym i niezastąpionym współpracownikiem dyktatora, który cenił jego wiedzę o stosunkach personalnych wśród członków najwyższych władz partyjnych i państwowych oraz fenomenalną pamięć. Nie uratowało to żony Poskriebyszewa, pasierbicy Trockiego, która po II wojnie światowej została uwięziona na rozkaz Stalina. W kwietniu 1953 r., w wyniku intryg Berii usunięty ze stanowiska szefa sekretariatu. Po śmierci dyktatora był członkiem Prezydium Rady Najwyższej. W 1960 r. przeszedł na emeryturę.

– Wezwij pozostałych. Teraz – warknął Stalin, wyminął struchlałego sekretarza i poszedł do windy, aby po chwili przejść tym samym korytarzem, który tak niedawno w całkowitym spokoju opuszczał.

Członkowie Biura Politycznego: Andriejew, Woroszyłow, Kaganowicz, Mikojan, Kalinin, Szwernik, Beria, Malenkow, Wozniesienski i Szczerbakow byli już zawiadomieni, gdyż bardzo szybko stawili się w gabinecie. Tuż po nich, o godzinie 4.30 weszli Żukow i Timoszenko.

Stalin blady jak ściana siedział nieruchomo za biurkiem z wygasłą fajką w ręku. Być może nie wierzył jeszcze, że wybuchła wojna, chyba miał nadzieję, że to tylko niegroźne incydenty graniczne, do których zawsze może dojść, gdy w jednym miejscu zbierze się za dużo ludzi z bronią.

– Trzeba natychmiast zadzwonić do ambasady niemieckiej – powiedział do Mołotowa, który wnet wyszedł z gabinetu, aby wezwać ambasadora von der Schulenburga.

Najbardziej wiarygodna byłaby oczywiście opinia ambasadora Diekanozowa z Berlina, ale ten milczał. Stalin wiedział, że o 21.30 poprzedniego dnia udało mu się rozmawiać z wysokim urzędnikiem w niemieckim Ministerstwie Spraw Zagranicznych, ale nic z niej nie wynikało. Później przestały nadchodzić z Berlina jakiekolwiek wiadomości. W Moskwie nie wiedziano, że ambasador dopiero o godzinie 5.00 czasu moskiewskiego został przyjęty przez ministra Joachima von Ribbentropa, który wręczył mu notę zawierającą wykaz „wrogich posunięć" rządu radzieckiego. Diekanozow pospieszył do ambasady, aby przekazać tę wiadomość do Moskwy, ale okazało się, że telefony nie działają. Wysłał więc jednego z dyplomatów, aby w żółtym oplu olimpii pojechał z telegramem do czynnego o tej porze centralnego urzędu pocztowego. Sam zasiadł przy odbiorniku radiowym, aby wysłuchać wiadomości z Moskwy. Ze zdziwieniem słuchał pogodnego głosu spikerki zapraszającej obywateli do porannej gimnastyki. A potem w wiadomościach przedstawiono listę nowych osiągnięć radzieckiego rolnictwa i przemysłu. Telegram z ambasady informujący o wypowiedzeniu wojny nigdy do Moskwy nie dotarł.

Wiaczesław Mołotow

Mołotow wrócił po kilkunastu minutach i widocznie roztrzęsiony powiedział:

– Rząd niemiecki wypowiedział nam wojnę!

Zerknął na kartkę, którą trzymał w dłoni i dodał:

– Formalne uzasadnienie jest następujące: „Niemcy zdecydowały się uprzedzić atak Rosjan".

Stalin, który na widok wchodzącego Mołotowa poderwał się zza biurka, opadł na krzesło. Przez wiele minut nic nie mówił. Marszałek Timoszenko zdecydował się przerwać milczenie:

– Towarzyszu Stalin, czy mogę przedstawić sytuację?

– Tak – mruknął Stalin.

Do gabinetu wszedł zastępca szefa Sztabu Generalnego, generał Nikołaj Watutin*. Jego raport niewiele wyjaśnił, poza potwierdzeniem, że wojska niemieckie wtargnęły na radzieckie terytorium i że straty są duże.

Timoszenko wyszedł z gabinetu, aby zadzwonić do Mińska do dowódcy Frontu Zachodniego, generała Dmitrija Pawłowa, od którego spodziewał się uzyskać najnowsze dane na temat rozwoju sytuacji w najważniejszym nadgranicznym rejonie, przez który prowadziła droga do Moskwy. On już wiedział to, czego nie chcieli przyjąć i zrozumieć Stalin i członkowie Biura Politycznego. Zaczęła się wojna i należy działać jak najszybciej. W tej sytuacji liczyła się każda godzina...

4. *Wojna czy nie wojna?*

Pierwsze godziny walki. Generał Dmitrij Pawłow nie wierzy w wybuch wojny. Panika na Kremlu. Pierwsze dyrektywy: zniszczyć wroga. Inspekcje wyruszają na front, aby wykryć zdradę.

Świtało, gdy generał Iwan Bołdin**, zastępca dowódcy Frontu Zachodniego wezwany pilnym telefonem wszedł do gabinetu generała Dmitrija

* **Nikołaj Fiodorowicz Watutin** (1901–1944), w Armii Czerwonej od kwietnia 1920 r., ukończył Szkołę Piechoty w Połtawie i Akademię im. Frunzego (w 1929 r.). Od 1937 r. był szefem sztabu Kijowskiego Okręgu Wojskowego. We wrześniu 1939 r. walczył w Polsce jako szef sztabu Frontu Ukraińskiego. Od czerwca 1940 r. był zastępcą szefa Sztabu Generalnego. W lipcu 1941 r. objął stanowisko szefa sztabu Frontu Północno-Zachodniego, a następnie, w czasie walk pod Moskwą – Frontu Kalinińskiego, po czym ponownie – Frontu Północno-Zachodniego. W maju 1942 r. powrócił na stanowisko zastępcy szefa Sztabu Generalnego. Promowany do stopnia generała pułkownika 12 lipca 1942 r., dwa dni później objął dowodzenie Frontem Woroneskim. W październiku 1942 r. objął dowodzenie nowo utworzonym Frontem Południowo-Zachodnim, który odznaczył się podczas walk pod Stalingradem, gdy w ciągu 3 dni posunął się o 150 km. W marcu 1943 r. dowodził ostateczną likwidacją wojsk niemieckich w rejonie Stalingradu. Mianowany generałem armii w lutym 1943 r. prowadził Front Woroneski w walkach na Ukrainie. Śmiertelnie ranny w zasadzce w rejonie Kijowa zmarł 15 kwietnia 1944 r.

** **Iwan Bołdin** (1892–1965), generał, zastępca dowódcy Frontu Zachodniego, w czerwcu 1941 roku dowodził 15. armią w walkach w rejonie Grodna, a następnie Wiaźmy, gdzie od 7 października 1941 r. jego wojska zostały okrążone i broniły się przez 51 dni, co miało duże znaczenie dla powstrzymania wojsk niemieckich idących na Moskwę. Od 22 listopada dowodził obroną Tuły. Mianowany w 1944 r. generałem pułkownikiem objął dowodzenie 50. armii z 2. Frontu Białoruskiego, która przeszła od Narwi do jezior mazurskich. Następnie, jako zastępca 3. Frontu Ukraińskiego, brał udział w alkach z Grupą Armii „Środek".

Pawłowa*. Ten w rozpiętym mundurze, popijając kawę z dużego kubka, pochylał się nad mapami, na których dwaj oficerowie wykreślali pozycje wojsk.

– Co się stało? – zapytał od progu Bołdin.

Pawłow machnął zdesperowany ręką.

– Nie mogę zrozumieć. Dzieje się coś dziwnego. Kilka minut temu telefonował z Grodna Kuzniecow. Powiedział, że Niemcy przekroczyli granicę na szerokim froncie i bombardują Grodno i jego dowództwo armii. Łączność telefoniczna została zerwana i jednostki armii muszą porozumiewać się przez radio. Dwie radiostacje nie działają, zapewne zostały zniszczone. Dzwonił również Gołubiew z 10. armii i Sandałow z 4. armii. To najbardziej nieprzyjemne wiadomości. Niemcy bombardują wszędzie.

Bołdin nie powiedział nic. Myślał o tym, jak kilka godzin wcześniej siedzieli w sali teatralnej klubu oficerskiego w Mińsku, gdzie odbywało się przedstawienie komedii *Wesele w Malinówce*. Nagle przyszedł pułkownik Błochin, szef wywiadu Okręgu Wojskowego. Pochylił się nad ramieniem Pawłowa i szeptał mu coś do ucha.

– To nie może być prawda! – Obruszył się nagle Pawłow. Odwrócił się do Bołdina i powiedział:

– Wydaje mi się, że to nonsens. Nasze rozpoznanie melduje, że sytuacja na granicy jest alarmująca. Niemieckie oddziały wydają się gotowe do akcji, a nawet ostrzelały nasze pozycje...

Pokręcił głową z niedowierzaniem i nagle wskazał na scenę.

– Lepiej popatrzmy na to przedstawienie.

Tak było kilka godzin wcześniej, a teraz Pawłow wyraźnie przejęty i podenerwowany z nadzieją oczekiwał na zapewnienie, że sytuacja w rejonie Grodna jest tylko przypadkowym starciem niewielkich oddziałów, których dowódcy dali się ponieść nerwom.

Niestety, następne meldunki ostatecznie przekreśliły jego oczekiwania. Niemieckie samoloty bombardowały lotniska w Grodnie, Brześciu,

*__Dmitrij Grigoriewicz Pawłow__ (1897–1941), generał, żołnierz Armii Czerwonej od 1919 r., ukończył Akademię im. Frunzego w 1928 r. Jako specjalista od broni pancernej został wysłany na front wojny domowej w Hiszpanii, gdzie dowodził Radzieckimi Ochotniczymi Siłami Pancernymi. Po powrocie do kraju odznaczony orderem Bohater Związku Radzieckiego; utrzymywał, że samodzielne formacje pancerne są nieprzydatne, co w połączeniu z opiniami innych najwyższych oficerów spowodowało w 1937 r. rozwiązanie korpusów pancernych. Od 1939 r. kierował Zarządem Broni Pancernej Armii Czerwonej. Od 24 lipca 1940 r. był członkiem Naczelnej Rady Wojskowej. Promowany do stopnia generała armii, 22 lutego 1941 r. objął dowodzenie Zachodnim Okręgiem Wojskowym, przekształconym 6 czerwca 1941 r. w Zachodni Front. 29 czerwca został niespodziewanie zastąpiony na stanowisku dowódcy przez gen. Jeremienkę i wezwany do Moskwy. Tam aresztowany 22 lipca, został skazany na śmierć i stracony.

Zdjęcie zwiadu lotniczego potwierdzające skuteczność ataku na radzieckie lotnisko

Wołkowysku i innych miastach. Około godziny piątej zadzwonił komisarz Timoszenko.

– Towarzyszu Bołdin, pamiętajcie, że nie wolno podjąć żadnej akcji przeciwko Niemcom bez naszej wiedzy. Przekażcie towarzyszowi Pawłowowi, że Stalin zakazał otwierania ognia artyleryjskiego przeciwko Niemcom...

– Jak to możliwe?! – Bołdin był wyraźnie zaskoczony takim rozkazem. – Nasze oddziały wycofują się. Całe miasta płoną, wszędzie giną ludzie...

– Nie! – Timoszenko uciął rozmowę. Nie chciał dyskutować na temat rozkazu Stalina. – Ponadto, nie prowadzić rozpoznania lotniczego dalej niż pięćdziesiąt kilometrów poza granicę.

Jakakolwiek dyskusja była całkowicie zbędna.

W gabinecie na Kremlu trwał upiorny spektakl. Nikt nie analizował sytuacji, nie zastanawiał się, jakie siły nieprzyjaciel rzucił do walki i w których miejscach. Nie dyskutowano na temat mobilizacji, wykorzystania rezerw, sposobów prowadzenia i koordynowania obrony. Wszyscy wsłuchiwali się tylko w napięciu w meldunki, które przynosił Watutin, o ciężkich walkach. I wpadali w panikę. Gorączkowo szukali wyjścia z sytuacji, która z godziny na godzinę stawała się poważniejsza. O ile na początku mieli jeszcze nadzieję, że starcia na granicy są zagraniem Hitlera, który chce ich zmusić do ustępstw, i uważali, że należy powstrzymać wojsko przed większymi bitwami, to już w południe stawało się dla nich oczywiste, że to nie prowokacja, nie graniczne starcia, lecz wojna, do której Armia Czerwona nie jest gotowa.

Stało się coś niezwykłego, co usunęło im grunt spod nóg. Przez 20 lat Stalin i jego ludzie, jak bogowie, tworzyli rzeczywistość i kierowali nią. Ich decyzje sprawiały, że ginęły wsie, a na pustkowiu powstawały wielkie kombinaty i miasta. Wrogowie, prawdziwi lub wyimaginowani, byli unicestwiani tuż potem, jak w kremlowskim gabinecie z dębowymi boazeriami zapadł wyrok. Całe narody – Polacy, Ukraińcy, Litwini, Łotysze, Estończycy, Rumuni, Finowie – musiały uznać ich prawa. Dziesiątki tysięcy ludzi pędzono daleko na północ i osadzano w syberyjskiej tajdze lub w obozach. Ci władcy życia i śmierci narodów, które znalazły się w granicach Związku Radzieckiego, byli przekonani, że lada dzień ich armia podporządkuje im ludzi w całej Europie, a oni będą mówić, jak mają żyć. Tymczasem stało się coś, co wymknęło się spod ich władzy.

Stalin nie potrafił tego zrozumieć. Zerkał na Mołotowa i Berię, którzy wyraźnie unikali jego wzroku, oczekując na gorzkie wyrzuty, które mogły przesądzić o ich życiu. Przecież od wielu miesięcy zapewniali dyktatora, że Niemcy nie rozpoczną wojny. Beria, szef tajnej policji, któremu podlegał bezpośrednio wywiad zagraniczny (INO) pisał dzień wcześniej do Stalina:

„(...) ja i moi ludzie, Józefie Wissarionowiczu, mamy dobrze wryte w pamięć waszą mądrą ocenę: Hitler nie zaatakuje nas w 1941 roku".

Stalin nie miał jednak zamiaru ukarać ich za złe rady. A czegóż miał od nich oczekiwać? Byli miernotami. Wybrał ich jedynie po to, aby mu asystowali, przytakiwali, tworzyli wrażenie demokracji partyjnej, wspomagali w walce z koteriami. Co miał robić wobec zagrożenia, z jakim nie spotkał się od czasów wojny domowej? W odruchu paniki sięgnął

Ludność Kiszyniowa wita wkraczające oddziały niemieckie

do starych metod, nie zdając sobie sprawy, że w tej sytuacji są bezwartościowe.

Wyraził zgodę na wydanie przez Sztab Generalny dyrektywy numer 2, która była bardziej odezwą do dowódców niż rozkazem:

„22 czerwca 1941 roku niemieckie siły powietrzne przeprowadziły niczym nie sprowokowane naloty bombowe na nasze lotniska i miasta wzdłuż zachodniej granicy. Jednocześnie niemieckie wojska otworzyły ogień artyleryjski w różnych miejscach i przekroczyły naszą granicę.

Wobec cynizmu niemieckiego ataku na Związek Radziecki rozkazuję, żeby:

1. Nasze wojska użyły wszystkich sił i środków przeciw nieprzyjacielskim wojskom i zniszczyły je w miejscach, w których przekroczyły radziecką granicę.

2. Rozpoznawcze i bojowe samoloty mają rozpoznać miejsca koncentracji nieprzyjacielskich sił powietrznych i lądowych. Bombowce i szturmowce mają zniszczyć nieprzyjacielskie samoloty na ziemi i główne zgrupowania wojsk lądowych. Naloty bombowe mają być prowadzone na głębokość 100–150 km niemieckiego terytorium. Memel [Kłajpeda – B.W.] i Königsberg mają być zbombardowane. Do czasu wydania następnych rozkazów ataki lotnicze nie powinny być podejmowane na fińskie lub rumuńskie terytorium.

Podpisano: Timoszenko, Żukow, Malenkow"

Autobus z oficerami trafiony pociskiem

Spektakl, jak rocznicowa akademia, trwał nadal.

Stalin zamknięty i ponury wydawał się nieobecny. Pogrążył się w myślach, jakby nie zdawał sobie sprawy, co dzieje się wokół. Nagle, gdy Mołotow, Żdanow i Malenkow dyskutowali o utworzeniu Kwatery Głównej Naczelnego Dowódcy - co powinno stać się na długo przed wojną - Stalin poderwał się z krzesła. Zaczął krążyć po pokoju, aż wyjawił myśl, która tak go zafrapowała: najwyżsi oficerowie Sztabu Generalnego mają udać się do najbardziej zagrożonych Frontów: Zachodniego i Południowo-Zachodniego.

- Dzisiaj! Natychmiast! - powiedział zdecydowanie.

Cóż mogli zrobić wysłannicy z Moskwy, wyruszając w teren, którego warunki były najlepiej znane miejscowym dowódcom? Jakże mogli im pomóc w sytuacji zmieniającej się z godziny na godzinę, gdy sami potrzebowali wielu godzin, aby po przyjeździe zapoznać się z przebiegiem walk, rezerwami i możliwościami? Nie chodziło jednak o pomoc. W umyśle Stalina rodziło się podejrzenie, że złe wieści znad granicy są efektem zdrady frontowych dowódców. Nie wszystkich zdrajców udało się przecież zdemaskować w okresie wielkiej czystki. Na przykład taki generał Dmitrij Pawłow. Walczył w wojnie w Hiszpanii. Mógł tam przesiąknąć ideami trockistowskimi, a był na tyle sprytny, że po powrocie do kraju, gdy wycinano wszystkich wracających z Hiszpanii, nie tylko uniknął zdemaskowania, lecz nawet dostał tytuł Bohatera Związku Radzieckiego. A przecież to na podstawie jego ocen o nieprzydatności samodzielnych jednostek pancernych zapadła błędna decyzja o rozwiązaniu korpusów zmechanizowanych. A teraz ten człowiek dowodzi głównym Frontem, osłaniającym drogę do Moskwy. Należy jak najszybciej poddać kontroli jego działania i wykryć zdradę! Należy wysłać zaufanych na front.

Marszałkowie Borys Szaposznikow* i Grigorij Kulik** mieli bezzwłocznie wyruszyć do generała Dmitrija Pawłowa, zaś generał Gieorgij Żukow do generała Michaiła Kirponosa*** dowodzącego Frontem Południowo-Zachodnim. Wobec tego dowódcy Stalin nie miał tak głębokich podejrzeń, jak wobec Pawłowa, tym bardziej że z Frontu Południowo-Zachodniego napływały najmniej alarmujące wieści, ale nie zaszkodziło przyjrzeć się jego działalności i cały czas patrzeć mu na ręce.

* **Borys Michajłowicz Szaposznikow** (1882-1945), carski oficer, dopiero w 1930 r. został przyjęty do partii komunistycznej, aczkolwiek jego fachowość sprawiła, że już w 1928 r. objął stanowisko szefa Sztabu Generalnego Armii Czerwonej, które sprawował do 1931 r., gdy zastąpił go M. Tuchaczewski. W 1937 r. Szaposznikow przewodniczył składowi sądzącemu, który skazał Tuchaczewskiego na śmierć za rzekomą zdradę. W maju 1937 r. powrócił na stanowisko szefa Sztabu oraz zastępcy komisarza obrony. Był jednym z autorów planów agresji na Polskę 17 września 1939 r. i wojny z Finlandią w listopadzie tego roku. Mianowany marszałkiem ZSRR 7 maja 1940 r., tydzień później ustąpił ze stanowiska szefa Sztabu ze względu na stan zdrowia, lecz pozostał zastępcą komisarza. Po niemieckiej agresji krótko był szefem sztabu Frontu Zachodniego, zaś 20 lipca 1941 r. powrócił na stanowisko szefa Sztabu Generalnego i członka Stawki. 26 czerwca 1942 r. ze względu na pogarszające się zdrowie ustąpił ze stanowiska szefa Sztabu Generalnego, lecz pozostał w Stawce, zaś do czerwca 1943 r. był zastępcą komisarza obrony. W czerwcu 1943 r. objął stanowisko dowódcy Akademii Wojskowej im. Michaiła Frunzego, które sprawował do śmierci spowodowanej gruźlicą.

** **Grigorij Iwanowicz Kulik** (1890-1950), podoficer carskiej armii, wstąpił do Armii Czerwonej w 1918 roku. Uczestniczył w obronie Carycyna, gdzie zaprzyjaźnił się ze Stalinem, co przesądziło o jego późniejszej karierze. Absolwent Akademii Wojskowej im. M. Frunzego (1932 r.) w latach 1937-1941 był szefem Zarządu Artylerii Armii Czerwonej i równocześnie od stycznia 1939 r. - zastępcą komisarza obrony. W 1940 r. został promowany do stopnia marszałka. Zupełnie niekompetentny doprowadził do klęski dowodzonej przez niego 54. armii pod Leningradem we wrześniu 1941 r., za co został usunięty z Komitetu Centralnego i zdegradowany do stopnia generała. W kwietniu 1943 r. objął dowodzenie 4. armią gwardii, która została rozbita pod Charkowem w maju tego roku. Usunięty z partii komunistycznej w kwietniu 1945 r., pozostał zastępcą dowódcy Wołżańskiego Okręgu Wojskowego. Aresztowany 11 maja 1947 r. został skazany na karę śmierci i rozstrzelany w Kujbyszewie. Zrehabilitowany w 1956 r.

*** **Michaił Pietrowicz Kirponos** (1892-1941), generał, w wojsku carskim od 1915 roku, w Armii Czerwonej od 1918 r. Zyskał uznanie w czasie wojny radziecko-fińskiej jako dowódca 70. dywizji piechoty walczącej w rejonie Wyborga. W czerwcu 1940 r. objął dowodzenie Leningradzkim Okręgiem Wojskowym. 12 lutego 1941 r. zastąpił gen. G. Żukowa na stanowisku dowódcy Specjalnego Kijowskiego Okręgu Wojskowego. W czerwcu 1941 r. jego wojska odnosiły sukcesy w spowalnianiu postępów wojsk niemieckich. Opowiadał się za wycofaniem się z Kijowa, co zostało zbyt późno (17 września 1941 r.) zaakceptowane przez Stawkę. Zginął w zasadzce 20 września 1941 r.

Zniszczony BT-7, jeden z podstawowych typów czołgów Armii Czerwonej w 1941 roku

Stalin powrócił do biurka i opierając się o blat, powtórzył z naciskiem:

– Natychmiast!

Wydawało się, że odzyskuje siłę i energię. Tuż potem rozkazał generałowi Watutinowi sformułowanie dyrektywy nr 3 nakazującej wojskom radzieckim zniszczenie między 23 a 24 czerwca nieprzyjacielskich formacji w rejonie Suwałk. Podobne zadanie na południu otrzymały 5. i 6. armie, którym rozkazano zająć Lublin do 24 czerwca.

W dalszym ciągu nie rozumiał tego, co działo się na granicy. On, dyktator bez wojskowego wykształcenia i znajomości podstaw militarnej strategii, gdy stanął wobec konieczności podjęcia decyzji, odwołał się do założeń *Planu obrony granic państwa* opracowanego pod kierownictwem Żukowa na przełomie kwietnia i maja 1941 roku. Przewidywał, że pierwszoliniowe oddziały „prowadzić będą nieustępliwą obronę w umocnionych rejonach, aby osłaniać mobilizację, koncentrację i rozmieszczenie oddziałów Armii Czerwonej", zaś armie drugiego rzutu przejdą do ofensywy i po zlikwidowaniu „zdradzieckiej agresji" będą kontynuować działania na terytorium wroga.

– Od Bałtyku do granicy węgierskiej zezwalam na przekraczanie granicy i podejmowanie akcji niezależnie od jej biegu – zakończył Stalin dyktowanie dyrektywy Watutinowi.

5. Front, dzień pierwszy

Białystok płonie. Gdzie są dywizje i armie Zachodniego Frontu? Jak znaleźć winnego? Nierealne rozkazy generała Dmitrija Pawłowa.

Generał Bołdin przysunął się bliżej szyby kabiny, aby lepiej widzieć teren, nad którym przelatywali. Zbliżali się do Białegostoku i pilot kierował samolot na południe w stronę miejscowego lotniska. Nad miastem unosiły się wysokie słupy czarnego dymu, co wyglądało tak, jakby na dole pracowała i dymiła gigantyczna fabryka.

– Bombardowali... – powiedział pilot, jakby dostrzegając kątem oka, na co generał zwraca uwagę. Przez cały czas rozglądał się niespokojnie wokół.

– A wy czego tak się rozglądacie? – Bołdin wydawał się zaniepokojony, że pilot nie zwraca uwagi na przyrządy, lecz bez ustanku wypatruje czegoś na niebie.

– Jeśli bombowce tu były, to mogą być i myśliwce – wyjaśnił lakonicznie i nagle krzyknął wyraźnie przestraszony: – Bodaj bym język stracił! Są! Faszyści, przeklęci!

Wskazywał na piękny jasny cumulus, z którego wyłonił się samolot. Jego sylwetka rosła w oczach tak szybko, że można było odnieść wrażenie, iż chce staranować ich maszynę.

Pilot pchnął gwałtownie stery, kładąc samolot w ciasny zakręt. Pod skrzydłami myśliwca pojawiły się ogniki i po chwili usłyszeli stukot, jakby ktoś rzucał kamykami o drewnianą ścianę.

Silniki pracowały na maksymalnych obrotach, ale Bołdin zdawał sobie sprawę, że nie mają większych szans ujść myśliwcowi, który utrzymywał się tuż za ich ogonem i kołysał się z jednej strony na drugą, ale już nie strzelał. W pewnym momencie poderwał się raptownie, wykonał zwrot i zniknął.

Pilot wyrównał samolot nisko nad ziemią i rozejrzał się niespokojnie.

– Nie ma go – powiedział po chwili. – Widocznie wracał z akcji i nie miał już amunicji, albo też zacięły mu się karabiny maszynowe. Mieliśmy szczęście, towarzyszu generale.

W oddali między drzewami dostrzegli zieloną płytę lotniska, co Bołdin przyjął z wyraźną ulgą, choć do końca lotu nie patrzył już na ziemię, lecz zaniepokojony rozglądał się po niebie. Było czyste, ale ledwie wylądowali i zdołali wysiąść z samolotu, gdy nadleciało dziewięć niemieckich bombowców, które, jak na paradzie, zatoczyły szeroki krąg, widocznie szukając celów, i nad hangarami zwolniły bomby.

Bołdin, który w panice uciekał jak najdalej od samolotu, padł na ziemię i osłonił głowę rękami, ale niemieckie bombowce ponownie zatoczyły koło i odleciały, nie ponawiając ataków. Nikt z lotniska nie strzelał. Nie było tam ani jednego przeciwlotniczego działka, ani nawet karabinu maszynowego.

Bołdin podniósł się z murawy i otrzepał mundur. Rozejrzał się wokół. Samochodu, który miał na niego czekać, nie było. Nie wiedział, czy kierowca nie zdołał dojechać do lotniska, czy może uciekł, widząc niemieckie bombowce. Dostrzegł ciężarówkę kryjącą się w cieniu wielkiej lipy. Spod niej wyczołgał się oficer i kilku żołnierzy, którzy ukryli się przed odłamkami.

– Muszę dostać się do kwatery dziesiątej armii – powiedział do nich Bołdin. – Wiecie, gdzie to jest?

– Tak jest, towarzyszu generale! – Zasalutował oficer. Sprawiał wrażenie oszołomionego nalotem i wybuchami niemieckich bomb i całkowicie bezradnego. Stał, salutując i nie mogąc się zdecydować, czy pozostać

Ciężkie karabiny maszynowe za żołnierzami – to wzmagało skuteczność ataku

na miejscu, czy też pojechać z generałem, jako jego ochrona. Bołdin wsiadł do szoferki, a żołnierze gramolili się do skrzyni.

– Towarzyszu generale, to niebezpieczna podróż... – kierowca uruchomił silnik zisa, ale wyraźnie nie miał ochoty wyruszać w drogę. – Dwadzieścia minut przed waszym przylotem wylądowali spadochroniarze niemieccy. Tak mi powiedział dowódca lotniska...

– Jedziemy! – rzucił Bołdin, choć wiadomość o niemieckim desancie zaniepokoiła go.

Droga była dobra, jechali więc szybko, spoglądając co chwila do góry, czy nie nadlatują samoloty. Wydawało się, że niemieckie lotnictwo opanowało niebo i lada moment znowu pojawi się jakiś bombowiec lub myśliwiec. Zauważyli co prawda dziewięć samolotów, ale te kierowały się na wschód i nie atakowały pojazdów na białostockiej drodze.

– Zatrzymajcie się! – Bołdin dostrzegł dużą kolumnę samochodów. Na jej czele jechał osobowy zis 101, z którego okna wystawały wielkie liście palmy. Zeskoczył na jezdnię i gestem nakazał kierowcy, aby zatrzymał samochód. Wewnątrz były dwie kobiety i dwoje dzieci. Jedna z nich trzymała na kolanach palmę, która nie mieściła się w kabinie.

– W takim czasie, jak ten powinniście przewozić ważniejsze rzeczy niż palma – Bołdin zwrócił się do kierowcy. Był przekonany, że jakiś miejscowy urzędnik partyjny zdecydował się ewakuować swoją rodzinę i rzeczy. – Moglibyście wziąć staruszków lub dzieci.

Kobiety nie odzywały się. Również kierowca spuścił głowę i nie mówiąc nic, zaczął zawracać. Nie odjechał daleko, gdy nad drogą pojawił się myśliwiec. Leciał tak nisko, że w pewnym momencie generał dostrzegł twarz pilota. Samolot przeleciał wzdłuż drogi, wystrzelił świecą w górę, wykonał pętlę i nadlatując ponownie, otworzył ogień z karabinów maszynowych. Na drodze pojawiły się dymki, co wyglądało jakby ktoś rzucał kamieniami. Bołdin zdążył przebiec kilkanaście kroków i skryć się w rowie, z dala od płomieni i pocisków, które obłamywały gałęzie i wzbijały kurz. Usłyszał, jak warkot silnika samolotu niknie w oddali. Wtedy podniósł głowę i spojrzał na drogę. Płomienie obejmowały ciężarówkę tak szybko, że z trudem mógł dojrzeć zarys kabiny kierowcy. Kilkadziesiąt metrów dalej, lekko przechylony nad rowem, stał zis z wystającą palmą. Na karoserii widać było dziury po kulach. Z rozbitej chłodnicy buchała para. Wewnątrz nikt się nie poruszał. Wszyscy zginęli trafieni pociskami z myśliwca.

Bołdin dotarł do kwatery 10. armii późnym popołudniem. W namiocie, jednym z dwóch rozbitych w lasku na przedmieściach Białegostoku, dowódca 10. armii, generał Gołubiew, usiłował połączyć się z dowództwem Frontu.

– Nie ma łączności telefonicznej – machał słuchawką, jakby chciał udokumentować, że łączność została zerwana. – A radio faszyści co chwila zagłuszają.

– Meldujcie, jaka jest sytuacja! – Bołdin usiadł przy dużym prostym stole, na którym leżały porozrzucane mapy.

– O świcie trzy niemieckie korpusy wspomagane przez masy czołgów i bombowców zaatakowały mój piąty korpus piechoty, na lewej flance. Przez pierwsze godziny ponieśliśmy ciężkie straty. Mogę zapalić, towarzyszu generale?

Widok po bitwie, codzienność w Rosji 1941 roku

Bołdin skinął głową i wyciągnął rękę po papierosa, którego podał mu Gołubiew.

– Aby zapobiec okrążeniu od południa, rozmieściłem trzynasty zmechanizowany korpus wzdłuż rzeki Kurec, ale jak wiecie Iwanie Wasiliewiczu, mamy niewiele czołgów. A czego można oczekiwać od „Te-dwadzieścia sześć"? Dobre są do strzelania do wróbli. – Zaciągnął się mocno machorką. – Ciężko jest, bardzo ciężko – mówił dalej. – Moi ludzie walczą jak bohaterowie, ale co mogą zrobić przeciwko czołgom i samolotom?

– Towarzyszu generale, melduję, że jest łączność z Mińskiem! – żołnierz siedzący z boku przy aparacie telefonicznym podał słuchawkę Bołdinowi. – Dowódca Frontu, do was.

– Tej nocy dziesiąta armia ma podjąć kontrofensywę – rozkazał Pawłow, gdy wysłuchał meldunku Bołdina. Zdawał się nie rozumieć, w jak trudnej sytuacji znalazła się 10. armia, która nie miała sił, aby prowadząc rozpaczliwą i chaotyczną obronę, uporządkować szeregi i przejść do kontrofensywy.

– To jest mój rozkaz! – powiedział stanowczo Pawłow, gdy Bołdin starał się wyjaśnić jak trudne jest położenie. – Waszym zadaniem jest wykonać go!

Bołdin nie wiedział, że nagły i bezsensowny upór dowódcy jest spowodowany wiadomością, że lada godzina do jego kwatery przybędą wysłannicy Sztabu Generalnego. Musiał im przedstawić się jako dowódca operatywny, którego wojska mają inicjatywę, podejmują akcje zaczepne, nie ustępują wrogowi. Dobrze znał stalinowski system władzy. Wysłannicy Sztabu Generalnego nie przybywali, aby mu pomóc. Przyjeżdżali, aby wskazać winnych i zebrać dowody. Dlatego on musiał przedstawić im się jako dowódca energiczny, którego rozkazy są sabotowane na niższych szczeblach. Bołdin nadawał się do tego, aby zrzucić na niego winę. Dlatego Pawłow wydał mu rozkaz, którego wykonanie było niemożliwe.

Następnego dnia przysłał kolejną depeszę, w której dopytywał, kto ponosi odpowiedzialność za niewykonanie rozkazu i niepoprowadzenie jednostek 10. armii do kontrofensywy.

„Bez zwłoki podjąć akcję. Nie panikujcie, lecz kierujcie. Wróg musi być uderzony w zorganizowany sposób, nie szarżą bez przywództwa. Musicie znać każdą dywizję, wiedzieć, gdzie stacjonuje, kiedy i co robi, i co osiągnęła".

Kilka godzin później nadszedł kolejny rozkaz Pawłowa:

„Nie później niż o 21.00 25 czerwca, przygotować jednostki do odwrotu. Czołgi w awangardzie, kawaleria i silna obrona przeciwpancerna w ariergardzie. Odwrót musi być przeprowadzony szybko w ciągu dnia i w nocy pod osłoną silnej straży tylnej. Wycofanie ma nastąpić na szerokim froncie. Pierwszy etap powinien wynieść 60 kilometrów w ciągu dnia, lub więcej. Dać żołnierzom pozwolenie do żywienia się na własną rękę, żeby brali co potrzebują z lokalnych rezerw".

Generał Pawłow nie wiedział, że cztery armie, do których skierował ten rozkaz nie mają paliwa, aby uformować silną awangardę i ariergardę, a dowódcy armii nie wiedzą, gdzie znajdują się jednostki, ani jak je powiadomić, gdyż łączność została zerwana. W chaosie, jaki objął związki Zachodniego Frontu, żadne skoordynowane działanie, nawet odwrót, nie było możliwe. Dobrze o tym wiedział generał Bołdin, ale nie mógł zawiadomić dowódcy. Wysłał co prawda łączników, ale dwa samoloty zostały strącone. Udało mu się zebrać niewielką grupę żołnierzy, z którymi rozpoczął marsz na wschód, spotykając po drodze coraz więcej zagubionych żołnierzy z rozbitych oddziałów. Ostatecznie oddział generała Bołdina, który po 35 dniach włóczęgi zebrał dwa tysiące żołnierzy, dotarł do linii radzieckich w rejonie Smoleńska.

6. *Co powiedzieć narodowi?*

Czy Stalin załamał się? Wiaczesław Mołotow przemawia do narodu. Stalin na Kremlu w pierwszych dniach wojny. Scysja w Sztabie Generalnym. Gdzie jest Stalin? Iwan Groźny w Kuncewie. Biuro Polityczne składa hołd Stalinowi.

Czy Stalin załamał się, słysząc zewsząd, jak potężny jest niemiecki atak i jak wielki chaos zapanował w radzieckich szeregach? Bez wątpienia nie. Od dawna wiedział, że niemieckie dywizje stoją przy granicy i szykują się do wojny, choć wieść o ataku zaskoczyła wszystkich. Tym bardziej nie było powodu do załamania na wieść, że sprawy w nadgranicznych rejonach idą nie najlepiej. Początkowy chaos wśród zaskoczonych oddziałów Armii Czerwonej musiał wydawać się czymś naturalnym. Straty były dotkliwe, ale nie przesądzały o wyniku wojny. Do południa 22 czerwca niemieckie samoloty zniszczyły 528 radzieckich myśliwców i bombowców, zanim te zdołały wzbić się w powietrze. Tak łatwe zwycięstwo Luftwaffe było oczywistym efektem nieprzygotowania radzieckich lotnisk. Polowe bazy zakładano w wielkim pośpiechu w ostatnich tygodniach przed wybuchem wojny. W wielu z nich nie było obrony przeciwlotniczej, a nie spodziewając się ataku, piloci ustawiali samoloty w wyrównanych rzędach, co sprawiało, że niemieckie naloty siały w nich spustoszenie. Pociski z karabinów maszynowych atakujących myśliwców i bombowców przeszywały od razu kilka maszyn, a płomienie szybko przerzucały się na inne samoloty. Tymczasem piloci mogli tylko bezradnie patrzeć na niszczenie samolotów, do których nie dowieziono paliwa, amunicji, lub też, w przypadku nowych maszyn, dopiero co dostarczo-

Niemieccy żołnierze na zdobytym lotnisku

nych z fabryki - uzbrojenia. Ci, którzy wzbili się w powietrze, nie potrafili nawiązać równorzędnej walki z niemieckimi lotnikami, lepiej wyszkolonymi, zaprawionymi w bojach nad Polską, Belgią, Holandią i Francją, pilotującymi lepsze samoloty. Do południa 210 radzieckich maszyn spadło w płomieniach na ziemię.

To były ogromne straty, ale na lotniskach na zachodzie kraju pozostawało jeszcze około ośmiu tysięcy samolotów, których załóg już nie można było zaskoczyć. W następnych dniach straty radzieckie były już mniejsze, choć w dalszym ciągu oceniano je jako wysokie: według ocen Generalnego Inspektora Luftwaffe Erharda Milcha, 23 czerwca zniszczono 800 samolotów radzieckich, 24 czerwca - 557, 25 czerwca - 351, 26 czerwca - już tylko 300.

Stalin wciąż pamiętał o tym, że jego siły nad granicą są większe niż niemieckie. Myślał, że jeśli się opanuje panikę będącą następstwem niespodziewanego uderzenia i usunie zdrajców, wróg zatrzyma się pod ogniem przeważającej liczby czołgów i samolotów. Za tydzień lub dwa obraz sytuacji na froncie będzie już jasny, więc wówczas przemówi do narodu, aby opowiedzieć, jak trudna była sytuacja i jak wielkie zwycięstwo odniesiono dzięki jego przewodnictwu.

Poza tym chciał, żeby o wybuchu wojny naród poinformował Wiaczesław Mołotow, ludowy komisarz spraw zagranicznych, albowiem naród pamiętał, że to on prowadził negocjacje z Hitlerem i Joachimem von

Ribbentropem i podpisywał pakty: w sierpniu 1939 roku układ o nieagresji, a we wrześniu tego roku pakt o przyjaźni. Naród pamiętał, że nie tak dawno, w listopadzie 1940 roku, Mołotow był w Berlinie, a jego wizytę i rozmowy z Hitlerem przedstawiano jako wielki sukces dyplomacji. Jemu powinni zadawać pytanie: Jakże to, zawarliście układy z tak nieodpowiednim partnerem? Siadaliście do stołu z faszystowskim gadem, który teraz pali nasze miasta i morduje ludzi? Niech więc komisarz wystąpi, tłumaczy się i żali się, jak bardzo został oszukany przez podstępnych faszystów. Stalin wystawiał Mołotowa na gniew ludu.

W południe 22 czerwca z radioodbiorników i głośników umieszczonych na słupach w każdej wsi i każdym mieście popłynął głos komisarza spraw zagranicznych. Płaski, przyduszony, bezbarwny głos kancelisty.

– Mężczyźni i kobiety, obywatele Związku Radzieckiego! Rząd radziecki i jego przywódca, towarzysz Stalin, zobowiązali mnie, abym złożył następujące oświadczenie. O czwartej nad ranem, bez wypowiedzenia wojny i bez zgłoszenia jakichkolwiek żądań wobec Związku Radzieckiego, niemieckie wojska zaatakowały nasz kraj, zaatakowały nasze granice w wielu miejscach i zbombardowały z powietrza Żytomierz, Kijów, Sewastopol, Kaunas [Kowno – B.W.] i inne miasta. Jest ponad dwustu zabitych lub rannych. Podobnych powietrznych i artyleryjskich ataków dokonano z rumuńskiego i fińskiego terytorium. Ta niesłychana agresja na nasz kraj jest aktem nie znanym w historii cywilizowanych narodów. Atak został dokonany pomimo faktu, że istniał układ o nieagresji między Związkiem Radzieckim i Niemcami, którego warunki były skrupulatnie przestrzegane przez Związek Radziecki.

Mołotow wypełnił swoją rolę. Zaprezentował się jako żywy przykład ofiary faszystowskiej perfidii. Zakończył przemówienie słowami „Zwycięstwo będzie nasze".

22 czerwca 1941 roku; ludzie słuchają przemówienia Mołotowa

Stalin pracował intensywnie. W pierwszym dniu wojny odbył 29 spotkań. 23 czerwca w jego gabinecie odbyło się 21 narad. Przed jego biurkiem i przy długim stole konferencyjnym pod ścianą zasiadły dziesiątki ludzi. Następnego dnia było

20 narad, 25 czerwca - 29 konferencji. Rzadko kończyły się wcześniej niż o pierwszej w nocy. Przychodzili marszałkowie, ministrowie, członkowie Politbiura, był nawet szef Kominternu Gieorgij Dymitrow. Podejmowali próby opanowania chaosu i zorganizowania obrony. 23 czerwca powołano Kwaterę Główną Naczelnego Dowództwa, którą Stalin nazwał Stawką*, gdyż taką nazwę nosiło naczelne dowództwo za czasów carskich.

Załamanie przyszło nagle.

Rankiem 27 czerwca członkowie Politbiura zebrali się jak co dzień w gabinecie Stalina, lecz jego nie było. W pewnym momencie dostrzegli przez okno, jak wychodzi z budynku z Mołotowem i Berią.

- Pewnie Niemcy zdobyli Mińsk - powiedział Poskriebyszew.

W istocie o świcie nadeszła wiadomość, że dwie niemieckie grupy pancerne zamknęły w okrążeniu pod Mińskiem wojska radzieckie. Wejście Niemców do miasta było już tylko sprawą godzin. Stalin, który do tego czasu łudził się, że sytuacja na froncie poprawia się, z przerażeniem zrozumiał, iż niemieckie wojska wdarły się na 600 kilometrów w głąb radzieckiego terytorium i lada moment zajmą stolicę Białorusi, co mogło oznaczać już bezpośrednie zagrożenie dla Moskwy. Dlaczego nikt go nie informował o tak poważnej sytuacji?

- Jeżeli oni nie meldują - Stalin mówił do Berii o Żukowie i Timoszence - to my tam pojedziemy.

Pojawienie się Stalina w gmachu Sztabu Generalnego na ulicy Frunzego wywołało zdziwienie i zaniepokojenie.

- Przyszliśmy zapoznać się z meldunkami z frontu i wypracować dodatkowe ustalenia - powiedział Stalin, wchodząc do gabinetu szefa Sztabu. Widać było, że z trudem hamuje wybuch złości. Timoszenko dał znać oficerom, aby wyszli z gabinetu. Pozostali tylko, oprócz niego, Żukow i Watutin.

- No i co tam pod Mińskiem? Sytuacja opanowana? - zapytał Stalin.

- Jeszcze nie jestem gotów do raportu - odpowiedział Timoszenko.

- Waszym obowiązkiem jest wszystko widzieć, jak na dłoni. I informować nas na bieżąco! - wybuchnął Stalin. - Po prostu boicie się powiedzieć nam prawdę!

*__Stawka__, Kwatera Główna Naczelnego Dowództwa, najwyższy organ strategicznego dowodzenia radzieckimi siłami zbrojnymi powołany przez Józefa Stalina 23 czerwca 1941 r.; na czele stanął komisarz obrony marsz. Siemion Timoszenko. Początkowo Stalin był tylko członkiem Stawki, ale 10 lipca 1941 r. stanął na jej czele, jako Naczelny Wódz. W skład Kwatery Głównej weszli: Wiaczesław Mołotow, Kliment Woroszyłow, Borys Szaposznikow, Siemion Budionny, Gieorgij Żukow, Aleksiej Antonow, Aleksander Wasilewski, Nikołaj Kuzniecow, Nikołaj Bułganin. Zebrania odbywały się na wniosek Stalina i większość decyzji Stawki podejmował sam dyktator. Organem wykonawczym był Sztab Generalny, który na podstawie otrzymanych dyrektyw opracowywał plany operacji i nadzorował ich wykonanie.

– Towarzyszu Stalin, pozwólcie nam kontynuować pracę – Żukow mówił cicho, lecz stanowczo.

– Może wam przeszkadzamy? – wtrącił się Beria.

– Wiecie, że sytuacja na froncie jest krytyczna. Dowódcy czekają na wytyczne z komisariatu obrony i lepiej będzie, jeżeli sami się tym zajmiemy... – Żukow zmitygował się nagle i wyraźnie starał się załagodzić sytuację, która groziła wybuchem, choć w jego głosie słychać było podniecenie. Jednak Beria, czując poparcie Stalina, nie miał zamiaru zrobić kroku w tył.

– My też możemy dać wytyczne! – krzyknął.

– Jeśli zdołacie, to dajcie! – Żukow również podniósł głos.

– Jeżeli partia powierzy nam takie zadanie, to damy! – Beria nie rezygnował.

Żukow zignorował uwagę Berii. Podszedł do Stalina i powiedział pojednawczo:

– Przepraszam za ton, towarzyszu Stalin. Zorientujemy się w sytuacji, przyjedziemy na Kreml i złożymy raport.

– Towarzyszu Stalin – odezwał się Timoszenko – w pierwszej kolejności musimy myśleć, jak pomóc frontowi, a dopiero potem was informować.

Stalin, który już ochłonął, też nie chciał zaogniać sytuacji.

– Odsuwając nas, popełniacie błąd – powiedział spokojnie. – O pomocy dla frontu powinniśmy myśleć wspólnie.

Odwrócił się do Mołotowa i Berii i dodał:

– Rzeczywiście, niech się najpierw sami zorientują. Jedźmy, towarzysze.

Gdy wyszli na ulicę, Stalin powiedział:

– Lenin stworzył nasze państwo, a my je przesraliśmy.

Minął generała Nikołaja Własika, który otworzył przed nim drzwi, i wsiadł do swojego packarda. Nie pojechał jednak na Kreml, lecz kazał zawieźć się do daczy w Kuncewie. Tam, nie zdejmując munduru, rzucił się na łóżko. Leżał tak do wieczora, gdy żołnierze z ochrony usłyszeli, że wstał i krążył po pokoju. W środku nocy otworzył drzwi do pokoju dowódcy ochrony generała W. Rumiancewa. Ten zerwał się z krzesła, ale Stalin popatrzył na niego niewidzącymi oczami i wycofał się na korytarz.

Mijały dni. Stalin nie przyjeżdżał na Kreml. Nie dzwonił, nie odbierał telefonu w daczy. Jedynie Aleksander Poskriebyszew informował zaniepokojonych, że „towarzysza sekretarza prawdopodobnie dzisiaj nie będzie".

Co się stało? Dlaczego Stalin tak histerycznie zareagował na scysję w Sztabie Generalnym? Dlaczego nagle wyjechał z Moskwy i nie pojawił się w swoim gabinecie ani 28 czerwca, ani dzień później? Nie udało się ostatecznie ustalić przyczyny takiego zachowania przywódcy.

Może w czasie gwałtownej rozmowy z oficerami zrozumiał, jak tragiczna jest sytuacja i jak bardzo pogorszy się jeszcze w najbliższych dniach. Zajęcie przez Niemców Mińska dawało im dobre oparcie do ofensywy na Moskwę, a Rosjanom odbierało możliwość obrony ważnej drogi prowadzącej wprost do stolicy. Musiał już dostrzegać widmo nieodwołalnej klęski, za którą on ponosił całkowitą odpowiedzialność. Opanował go paraliżujący strach potęgowany aroganckim zachowaniem oficerów. Zawsze bali się go, nie odważyli mu się sprzeciwić, a teraz nagle podnieśli głowy. Zhardzieli. Cóż to mogło oznaczać? Czy nie była to oczywista oznaka nadchodzącego buntu? Czy do wojskowych nie przyłączą się członkowie najwyższych władz partyjnych, którzy doszli do wniosku, że trzeba uznać Stalina za winnego narodowej tragedii i skazać na śmierć, aby uspokoić naród? Potem mogliby zawrzeć pokój z Niemcami. Może Stalin, przewidując taki rozwój wydarzeń na Kremlu, przestraszył się i uciekł z Moskwy?

Tak można by próbować wyjaśnić jego zachowanie w ostatnich dniach czerwca, ale naprawdę było inaczej.

Stalin nie był przywódcą, który, dostrzegając zagrożenie, uciekałby z Moskwy i chowałby się wśród drzew. A cóż miało go tak przestraszyć? Wybuch wojny? Wojna wypełniała stalinowską ideologię, jak krew organizm człowieka.

Przygotowaniom do wojny poświęcił cała swoją politykę. Temu służyły kolektywizacja i industrializacja. Temu służyła wielka czystka w aparacie partyjnym i w wojsku w połowie lat trzydziestych. Budował gigantyczną Armię Czerwoną całkowicie posłuszną jego woli i rozkazom po to, aby w odpowiednim czasie zagarnąć Europę. Czekał na wojnę, gdyż ona miała stworzyć najlepsze warunki do realizacji jego zamierzeń.

Spodziewał się agresji, ale gdy nastąpiła, poczuł się zaskoczony. Czy jednak mógł to być powód do załamania? W pierwszym tygodniu walk Stalin – jak każdy zresztą z jego otoczenia – nie potrafił ocenić skali klęski. Niemieckie oddziały szybko szły do przodu, straty były duże. Jak duże? Tego Stalin nie wiedział. Udało się to oszacować dopiero znacznie później. Każda wojna powoduje straty: giną ludzie, płoną miasta, niszczeje sprzęt. Nawet armie odnoszące najświetniejsze zwycięstwa tracą setki tysięcy żołnierzy, tysiące czołgów i samolotów. W każdej wojnie są przegrane bitwy. Tak też było w czerwcu 1941 roku. A Stalin miał pełną świadomość radzieckiej potęgi. Armia Czerwona była liczniejsza od Wehrmachtu, miała wielokrotnie więcej samolotów i czołgów, miała potężniejsze zaplecze przemysłowe. Jak bardzo długą drogę musiały przejść niemieckie wojska znad Bugu, żeby dotrzeć do Uralu, bo dopiero wtedy Hitler mógłby uznać, że wygrał. Stalin mógł więc z ufnością oczekiwać na przełom, na wygaśnięcie niemieckiego impetu i przejęcie inicjatywy przez Armię Czerwoną.

Bez wątpienia zaniepokoił go stan otoczenia. Zawsze przykładał do tego najwyższą wagę, wiedząc, że tylko współpracownicy, członkowie najwyższych władz państwowych i partyjnych mogą go obalić. Przez dziesiątki lat dbał o to, żeby nie było przy nim konkurenta i bezwzględnie usuwał wszystkich, których społeczeństwo mogło uznać za godniejszych niż on do sprawowania władzy. Dlatego doprowadził do wydalenia z kraju i zamordowania Lwa Trockiego*. Dlatego zlikwidował Bucharina, Kamieniewa i Zinowiewa**, którzy początkowo wspierali go w walce o władzę, a potem obrócili się przeciwko niemu. W 1934 roku kazał zabić Siergieja Kirowa***, uznając, że stał się zbyt popularny i wpływowy w społeczeństwie i partii.

Wszyscy rywale we władzach partyjnych, w wojsku i administracji państwowej, realni lub wyimaginowani, zostali unicestwieni. W jego otoczeniu pozostały tylko miernoty, z czego doskonale zdawał sobie sprawę, gdyż na przykład o marszałku Klimencie Woroszyłowie mówił: „Głupi, ale nie pcha się do władzy".

Gdyby jednak jego współpracownicy usunęli go, wówczas musieliby rozpocząć długą walkę między sobą. Czy mogli zaproponować Niemcom zawarcie pokoju? I czy Hitler odnoszący zwycięstwa chciałby z nimi pertraktować, wiedząc, że ma przed sobą słabą, skłóconą grupę bez społecznego poparcia?

Nie, Stalin nie musiał obawiać się odsunięcia od władzy. Mógł jednak bać się, że atak niemiecki i klęski Armii Czerwonej nadszarpnęły jego

* **Lew Trocki** (1879-1940) bliski współpracownik Lenina, jeden z przywódców bolszewickiej rewolucji w 1917 r., twórca Armii Czerwonej; po śmierci Lenina występował przeciwko Stalinowi, lecz przegrał walkę w partii i w 1928 r. został wysłany do Ałma-Aty, następnie usunięty z kraju, a w 1940 r. na polecenie Stalina zamordowany przez agenta NKWD.

** **Nikołaj Bucharin** (1888-1938), ideolog i teoretyk marksizmu, członek Biura Politycznego; w 1925 r. poparł Stalina w walce o władzę, lecz wkrótce, sprzeciwiając się kolektywizacji i industrializacji, wszedł z nim w konflikt, który zakończył się usunięciem go z władz partyjnych w 1929 r., a następnie aresztowaniem i straceniem w 1938 r.

Lew Kamieniew (1883-1936) - członek triumwiratu rządzącego Rosją w czasie choroby Lenina; w 1926 r. przeszedł do opozycji wobec Stalina, za co w 1927 r. został usunięty z władz partii komunistycznej. Oskarżony o przygotowanie zamachu na Stalina w 1936 r., został skazany na śmierć i stracony.

Grigorij Zinowiew (1883-1936), bliski współpracownik Kamieniewa, w 1935 r. pod zarzutem „moralnego uczestnictwa" w zamachu na Kirowa został skazany na 10 lat więzienia, a rok później oskarżony o utworzenie organizacji terrorystycznej, która dokonała zamachu na Kirowa, został stracony.

*** **Siergiej Kirow** (1886-1934), szef leningradzkiej organizacji partyjnej, członek Biura Politycznego, cieszył się dużym poparciem społeczeństwa i prowadził niezależną politykę. Zamach przeprowadzony na rozkaz Stalina 1 grudnia 1934 r. stał się pretekstem do rozpętania wielkiej czystki.

autorytet, jego bowiem odpowiedzialność za tę katastrofę była oczywista. Społeczeństwu mógł wskazywać Mołotowa, jako tego, który naiwnie podpisał wiarołomny pakt z Niemcami, albo generałów, którzy zawiedli i nie umieli pokierować przygotowaniami do wojny i obroną. Ale członków Politbiura nie mógł oszukać. Oni doskonale wiedzieli, że o wszystkim decydował tylko on. Musiał więc stłumić w zarodku ich wątpliwości i przywrócić im wiarę, że tylko on może opanować tę niezwykłą sytuację. Pierwszy krok, jaki powinien wykonać to uporządkowanie swojego najbliższego otoczenia: trzeba usunąć tych, którzy zwątpili, zmienić organizację władzy. Jednakże w warunkach wojny dotychczasowe metody, dzięki którym nie tylko utrzymał władzę, ale umocnił ją do najdalszych granic absolutyzmu, nie wystarczały.

Sięgnął po przykład, jaki znał z historii: politykę cara Iwana Groźnego*. Zawsze ten despotyczny okrutnik był wzorem dla Stalina. Uznał więc, że nadszedł czas, aby postąpić dokładnie tak, jak robił to car, gdy jego władza chwiała się, a bojarzy podnosili głowy: udawał umierającego. I z łoża śmierci przyglądał się działaniom bojarów. Nagle zdrowiał i rozprawiał się okrutnie z tymi, którzy okazali się wrogami. Stalin postąpił zgodnie z tym wzorem. Zamknął się w Kuncewie i obserwował, jak zachowują się jego „bojarzy". Chciał, żeby przez kilka dni, gdy płonął kraj, poczuli się bezradni i żeby zrozumieli, że oni nie są w stanie kierować walką. Wtedy będą musieli przyjść do niego i potwierdzić swoją wierność. A ci, którzy okażą zwątpienie zostaną okrutnie ukarani. Jak za czasów Iwana Groźnego.

30 czerwca przed daczę w Kuncewie zajechały samochody. Wysiedli z nich Mołotow, Beria, Mikojan, Wozniesienski i paru innych członków Politbiura.

– Ty idź pierwszy, Wiaczesławie – powiedział Nikołaj Wozniesienski do Mołotowa. – My będziemy za tobą.

Stalin siedział na fotelu w jadalni. Osowiały, wychudły, z podkrążonymi oczami, ziemistą cerą.

Od tego momentu relacje różnią się. Według Anastasa Mikojana**, miał zapytać:

– Po co przyszliście?

* **Iwan Groźny** (1530–1584), Wielki Książę Moskwy (1533–1584) i pierwszy car Rosji od 1547 r.; jego rządy doprowadziły do powstania centralnie zarządzanej Rosji i imperium obejmującego narody niesłowiańskie. Wprowadzając scentralizowaną administrację, oparł się na rządach terroru, kierowanych głównie wobec szlachty.

** **Anastas Mikojan** (1895–1978), poplecznik Stalina w walce o władzę po śmierci Lenina, członek władz bolszewickich od 1923 r., w 1935 r. został członkiem Biura Politycznego.

Według Nikołaja Bułganina*, wygłosił tyradę:

- Tak, nie ma wśród nas wielkiego Lenina. Mógłby na nas popatrzeć i przekonać się, komu powierzył losy kraju. Ludzie radzieccy przysyłają tysiące listów i zadają słuszne pytanie: czy naprawdę nie można powstrzymać wroga, odeprzeć go? Z pewnością są tacy, którzy zwaliliby winę na mnie...

- Dziękuję za szczerość - przerwał mu Mołotow - ale oświadczam, że gdyby ktoś próbował ustawić mnie przeciwko tobie, posłałbym durnia do diabła. Prosimy cię, żebyś wrócił do pracy, a my będziemy ci pomagać.

- Tak, prosimy! - zawtórowali pozostali. Głośno, wyraźnie, aby Stalin nie miał wątpliwości, że któryś milczał, gdyż był innego zdania.

- Pomyślcie, czy nie zawiodę pokładanych we mnie nadziei, czy poprowadzę kraj do zwycięstwa? Może są godniejsze kandydatury?

Marszałek Kliment Woroszyłow włączył się do rozmowy:

- Sądzę, że wyrażam zdanie nas wszystkich, iż nie ma nikogo godniejszego!

- Słusznie! - przytaknęli pozostali.

I wtedy Stalin miał powiedzieć:

- Dobrze.

Mołotow przedstawił propozycję powołania Państwowego Komitetu Obrony (GOKO)**. Oczywiście ze Stalinem na czele. Oczywiście Stalin zgodził się. On miał już plan działania.

Czyżby więc rzekome załamanie i wyjazd do Kuncewa były ucieczką od bieżących spraw, sposobem na zyskanie czasu, aby w spokoju móc przemyśleć strategię wojny i odnaleźć w sobie siłę konieczną do jej zrealizowania?

Wrócił na Kreml taki, jakiego znali od lat: okrutny, bezwzględny, zdecydowany osiągnąć cel, nie bacząc na ofiary. Od tego momentu życie i cierpienia milionów nie miały już znaczenia, jak za czasów kolektywizacji i industrializacji.

*__Nikołaj Bułganin__ (1895-1975), funkcjonariusz tajnej policji CzeKa od 1918 r., w latach trzydziestych pełnił wysokie stanowiska we władzach republiki Rosyjskiej. Od 1938 r. do 1941 r. był wicepremierem i członkiem Komitetu Centralnego partii komunistycznej WKP(b).

**__Państwowy Komitet Obrony__ (*Gosudarstwiennyj Komitet Oborony* - GOKO), utworzony 30 czerwca 1941 roku w celu koordynowania wysiłków wojennych państwa na wszystkich polach: militarnym, gospodarczym i politycznym. Przewodniczącym został J. Stalin, a jego zastępcą Wiaczesław Mołotow. Pierwszymi członkami byli: Malenkow, Woroszyłow, Beria, a następnie w latach 1942-45 Wozniesienski i Mikojan. W listopadzie 1944 r. dokooptowano Nikołaja Bułganina. Prawdopodobnie w 1944 r. członkiem był również Łazar Kaganowicz.

7. *Jak zatrzymać wroga?*

Stalin przemawia do narodu. Ani kroku wstecz po spalonej ziemi. Blitzkrieg – tajemnica niemieckich zwycięstw. Straty Armii Czerwonej. Ewakuacja przemysłu. Dlaczego zabrakło amunicji?

Najpierw przemówienie do narodu. Nadszedł czas, aby je wygłosić. Sytuacja na froncie była już jasna.

Był złym mówcą. Głos miał wysoki, nieprzyjemny. Mówił z silnym gruzińskim akcentem. Stał jak manekin, bez ruchu, a jedynie z rzadka odchylał się, co wyglądało, jakby chciał zaczerpnąć więcej powietrza. Nigdy nie gestykulował. Kaleką rękę chował za plecami lub napoleońskim gestem wsuwał ją za połę marynarki. Czasem sięgał po szklankę z wodą, którą zawsze ustawiano na trybunie, albo odkręcał kapsel butelki „Borżomi", aby uzupełnić wodę w szklance. Może dlatego nie filmowano przemówienia, jakie wygłosił 3 lipca. Wypadło fatalnie: bezbarwne, przerywane często brzęknięciem szklanki i odgłosem popijania wody.

– Towarzysze! Obywatele! Walczący żołnierze naszej armii i marynarki wojennej! Bracia i siostry! Zwracam się do was, przyjaciele!

Nigdy tak nie rozpoczynał oficjalnych wystąpień! Nikt też ze słuchających nie zdawał sobie sprawy z groźby, jaką dla nich niosły jego słowa:

– Bezlitosna walka musi być podjęta przeciwko dezerterom i panikarzom. (...) Musimy unicestwić szpiegów, dywersantów i wrogich spado-

Jak zmusić ich do walki do końca?

chroniarzy. (...) Trybunały wojskowe powinny bezzwłocznie osądzić każdego, kto przez panikę lub tchórzostwo szkodzi naszej obronie, bez względu na jego pozycję czy rangę.

Nikt nie przeczuwał, jak masowy charakter będzie miała walka z tymi, których uznano za szkodzących obronie.

- Gdziekolwiek oddziały Armii Czerwonej zostaną zmuszone do odwrotu - mówił dalej Stalin - cały tabor kolejowy musi być zabrany. Nie wolno zostawiać nieprzyjacielowi żadnego pojazdu, żadnego wagonu, ani kilograma chleba, ani litra oleju. Kołchoźnicy muszą zabrać cały żywy inwentarz, oddać zapasy zboża organom państwowym w celu ewakuacji na tyły. (...) Wszystkie wartościowe przedmioty, zboże, paliwo, nieżelazne metale, które nie mogą być ewakuowane, muszą zostać zniszczone.

Był lipiec. Ciepło. Ludzie mogli opuszczać domy i podkładać ogień pod spichrze i kołchozowe budynki. Przeżyliby w lesie, zbierając jagody i grzyby. Mogli przejść dziesiątki kilometrów, aby znaleźć dach nad głową w innych wsiach. Cóż jednak wykonanie rozkazu Stalina oznaczało w jesieni? Śmierć tych, którzy musieli uciekać i podpalać swoje domy, niszczyć zapasy. Przyroda nie dawała już schronienia ani pożywienia. A Stalin nie miał zamiaru zmieniać polityki. 17 listopada 1941 roku podpisał rozkaz 0438:

„1. Wszystkie osiedla w odległości 40-60 kilometrów na tyłach niemieckich oddziałów i 20-30 kilometrów po każdej stronie drogi mają być zniszczone i spalone. Ten cel ma być zrealizowany przez bezzwłoczne wprowadzenie do akcji na wielką skalę lotnictwa, artylerii i ognia moździerzowego, oddziały zwiadowcze i partyzantów uzbrojonych w butelki z benzyną.

2. Każdy pułk wyznaczy grupę ochotników w liczbie 20-30 żołnierzy, aby wysadzać i palić nie zamieszkane obiekty. Ci, którzy wykażą się szczególną aktywnością w niszczeniu obiektów mieszkalnych, mają być przedstawieni do rządowych nagród".

To był wyrok śmierci dla tysięcy mieszkańców wsi i miast, którzy znaleźli się w strefie walk. Mieli być wygnani, a ich domostwa zniszczone, aby nie dawały schronienia żołnierzom wroga przed mrozem i śniegiem. Pieszo, na furkach lub na przyczepach kołchozowych traktorów musieli uciekać z domów, nim nadeszła noc i śnieżna zamieć. Temperatura spadała do 20-30 stopni poniżej zera. Jeżeli nawet przeżyli jedną taką noc w polu, mieli niewielkie szanse, aby przetrwać następną.

Stalin uznał, że jego główną bronią i sprzymierzeńcem w tej wojnie jest przestrzeń, gdyż ona może szkodzić wrogowi równie dotkliwie, jak oddziały Armii Czerwonej. Dlatego niemieckie wojska miały na swojej drodze znajdować tylko przestrzeń pokrytą popiołem ze spalonych chat i wymarłe miasta wypełnione ruinami domów; przestrzeń, w której nie byłoby żadnego schronienia, osłony, paliwa ani żywności. Te wojska musiałyby polegać wyłącznie na własnych zasobach i dostawach, a zdobywane przez nie tereny miały stawać się dla nich coraz bardziej nieprzyjazne.

Należy wątpić, czy Stalin śledził przebieg działań wojennych na zachodzie Europy w 1940 roku, a jeżeli tak było, to czy przy swoim całkowitym braku wykształcenia wojskowego potrafił zrozumieć niemiecką strategię? Bez wątpienia jednak najwyżsi dowódcy z jego otoczenia, tacy jak Timoszenko, Szaposznikow, Watutin, czy Żukow doskonale zdawali sobie sprawę, w jaki sposób Niemcy odnieśli łatwe zwycięstwo nad potężnym

Radzieccy żołnierze skrupulatnie wypełniali rozkaz „spalonej ziemi"

przeciwnikiem, którym były połączone wojska największych potęg ówczesnego świata: Francji i Wielkiej Brytanii wspierane przez armię belgijską i holenderską.

Odnotowali, że głównym atutem Wehrmachtu było zaskoczenie: uderzenie bez wypowiedzenia wojny, bez ostrzeżenia, co umożliwiało wprowadzenie chaosu i zamieszania w szeregach wroga nie przygotowanego do odparcia niespodziewanej agresji.

Niemcy najpierw rzucali do walki lotnictwo. Hitler szczególnie cenił bombowce nurkujące, takie jak Junkers *Ju 87**, gdyż atakując w czasie stromego lotu nurkowego bardzo celnie lokowały bomby. Pierwszymi obiektami ich nalotów były lotniska. W ten sposób można było w krótkim czasie sparaliżować nieprzyjacielski system obrony powietrznej i uzyskać całkowite panowanie na niebie, co pozwalało niemieckim samolotom skutecznie osłaniać własne wojska i zadawać duże straty przeciwnikowi.

Dowództwo Luftwaffe zakładało, że skoro wybuch wojny zaskoczył wroga, to nie zdążył on przeprowadzić mobilizacji, jego oddziały będą więc mobilizować się już w czasie działań wojennych i zmierzać do rejonów koncentracji. Dlatego bombowce niemieckie uderzały na stacje

*__Junkers *Ju 87*__, znany powszechnie pod nazwą Stuka (skrót od *Sturzkampfflugzeug* - bombowiec nurkujący), został zaprojektowany w 1933 r. przez Hermanna Pohlmanna. Wojna domowa w Hiszpanii, gdzie Niemcy wysłali te samoloty w składzie Legionu „Condor", pozwoliła przeprowadzić testy bojowe, ale siły powietrzne i przeciwlotnicze Republikanów były zbyt szczupłe, by mogły ujawnić się wszystkie wady nowego samolotu. W rezultacie po doświadczeniach hiszpańskich wprowadzono niewielkie poprawki. W wersji *Ju 87B* zastosowano silnik o mocy 1200 KM i te samoloty produkowane były na masową skalę. Na podstawie doświadczeń z ich eksploatacji w 1941 r. ruszyła produkcja samolotów *Ju 87D* z silnikiem o większej mocy i silniejszym uzbrojeniem (4 karabiny maszynowe, udźwig - 1800 kg). Pierwsze wersje *Ju 87D-1* dotarły do jednostek Luftwaffe na wiosnę 1941 r. i w następnych miesiącach wchodziły do uzbrojenia kolejne warianty *D*. Najliczniej produkowany był szturmowiec *D-3*. Samolot w wersji *D-4* wyposażony był w dwa pojemniki z 12 karabinami maszynowymi (po 6) *MG-81*. W wersji *D-5* zamiast karabinów maszynowych w skrzydłach zainstalowano działka kal. 20 mm. Walki na froncie wschodnim, w czasie których Rosjanie wprowadzili dobrze opancerzone czołgi *T-34* i *KW-1* nakazały Luftwaffe wprowadzić do boju samoloty *Ju 87G-1* przystosowane specjalnie do zwalczania celów opancerzonych. Pod skrzydłami zainstalowano dwa pojemniki, z których każdy krył działo *BK* (*Flak 18*) kal. 37 mm z ładownicą 6 pocisków. Rekord w walkach z radzieckimi oddziałami pancernymi ustanowił Hans Ulrich Rudel, który w czasie 2530 lotów zniszczył 519 radzieckich czołgów, sam będąc wielokrotnie strącany. Do 1944 r., gdy zaprzestano produkcji Ju 87, skonstruowano 5700 samolotów, które walczyły na wszystkich frontach w Europie i Afryce Północnej.
Dane taktyczno-techniczne (*Ju 87D-1*): silnik Junkers Jumo 211J o mocy 1 400 KM, rozpiętość 13,8 m, długość 11,5 m, masa startowa 6585 kg, maks. prędkość 410 km/h, zasięg 1000 km, uzbrojenie dwa strzelające do przodu samolotu karabiny maszynowe *MG 17* kal. 7,9 mm, dwa zamontowane z tyłu karabiny maszynowe *MG 81* kal. 7,9 mm, oraz 250 kg, 500 kg, 1000 kg lub 1800 kg bomb pod kadłubem i 4 bomby 50 kg, 2 - 250 kg lub 2 - 500 kg pod skrzydłami.

Ju 87 w locie do celu. W tej wojnie Luftwaffe zabrakło bombowców dalekiego zasięgu

i linie kolejowe, węzły komunikacyjne, mosty. Lotnicze ataki miały zamknąć przeciwnikowi drogi, uniemożliwić załadunek oddziałów do wagonów i dojazd na front.

Równocześnie do walki ruszały wojska lądowe Wehrmachtu, które wcześniej wykonały jedno z podstawowych założeń wojny błyskawicznej: sprawne przegrupowanie do rejonów koncentracji, skąd uderzały, zachowując przewagę liczebności, manewrowości i siły ognia.

Działania wszystkich rodzajów wojsk wiązała zasada *Einheit* - jedności. Dowódca batalionu czołgów miał pod swoimi rozkazami artylerię i punkty ogniowe, które niszczyły nieprzyjacielskie baterie przeciwpancerne, miał również kompanię saperów, aby usuwali przeszkody terenowe, zapory przeciwczołgowe i pola minowe. Mógł w każdej chwili wezwać przez radio samoloty. I w takich sytuacjach bombowce nurkujące udowadniały swoją wartość bojową, atakując i niszcząc bunkry, stanowiska obrony i oddziały wroga przerzucane do zagrożonych odcinków frontu.

Zadaniem niemieckich czołgów było przełamanie nieprzyjacielskiej linii obronnej. Dokonywały tego, choć były słabo uzbrojone i opancerzone. We wrześniu 1939 roku połowę niemieckich sił pancernych stanowiły czołgi *PzKpfw I** i *II*, które w istocie były wozami szkoleniowymi uzbro-

** **PzKpfw I*** (*Sd Kfz. 101*), lekki czołg niemiecki skonstruowany w zakładach Kruppa na podstawie tajnego zamówienia Urzędu Uzbrojenia Armii w 1933 r., a więc w czasie, gdy armia zgodnie z postanowieniami traktatu wersalskiego nie mogła posiadać broni pancernej. Produkcja seryjna wersji *A* (*Ausführung A*) rozpoczęła się w 1934 r.; rok później ruszyła produkcja wersji *B*, w której wprowadzono istotne zmiany w układzie jezdnym i zastosowano silnik o mocy większej o 20 KM. Chrzest bojowy czołgi te przeszły w czasie wojny domowej w Hiszpanii w latach 1936-1937. We wrześniu 1939 r. stanowiły trzon niemieckich sił pancernych (Wehrmacht dysponował 1445 czołgami tego typu, co stanowiło ok. 50% ogółu sił pancernych). Używano ich do 1942 r., głównie do zadań rozpoznawczych. Łącznie wyprodukowano 2677 czołgów tego typu. Dane taktyczno-techniczne (*PzKpfw I Ausf B*): załoga 2 osoby, silnik o mocy 100 KM, ciężar 5,9 t, pancerz 6-13 mm, uzbrojenie 2 karabiny maszynowe *MG 13* kal. 7,92 mm, prędkość 40 km/h, zasięg 170 km.

jonymi w dwa karabiny maszynowe i osłoniętymi blachami pancernymi o grubości ledwie 13 mm. Nie tylko pociski z dział przeciwpancernych, ale także pociski z polskich karabinów przeciwpancernych *Ur* bez trudu przebijały ich cienkie pancerze. A jednak te czołgi i niewiele lepiej uzbrojone i opancerzone *PzKpfw II* przełamały polską obronę. Podobnie było we Francji, gdzie Wehrmacht miał już więcej cięższych czołgów *PzKpfw III* i *IV*, ale w dalszym ciągu trzonem jednostek pancernych pozostawały *I* i *II**. I nadal zwyciężały. Zdecydowała o tym nie masa i potęga uzbrojenia, lecz szybkość, z jaką jednostki te przystępowały do ataku, nie dając nieprzyjacielowi czasu na przygotowanie stanowisk obronnych, przegrupowanie sił i wystawienie artylerii na kierunkach spodziewanych ataków czołgów.

Siła Blitzkriegu PzKpfw I

PzKpfw II

W lukę wyłamaną w obronie nieprzyjaciela przez czołgi wchodziła piechota, aby obsadzić zdobyte pozycje. Mogła nadążyć za szybkimi jednostkami pancernymi, gdyż żołnierzy przewoziły ciężarówki. Niemiecka dywizja zmechanizowana była o wiele bardziej mobilna, niż jednostki wykorzystujące trakcję konną. We wrześniu 1939 roku polska dywizja miała siedem tysięcy koni, a zaledwie siedemdziesiąt samochodów. Marsz oddziałów rozciągniętych na wiele kilometrów pochłaniał bardzo dużo czasu, tym bardziej że niemieckie samoloty, które zdobyły przewagę już w pierwszych dniach wojny, skutecznie parali-

*Np. tylko 1. i 2. dywizje pancerne na 332 pojazdy pancerne każda, miały po 130 czołgów *Panzer I* i *II* i 146 *Panzer III* i *IV*; zaś w pozostałych lekkie czołgi stanowiły zdecydowaną większość: w 3. dywizji na 338 pojazdów pancernych było 231 *I* i *II*, a tylko 49 cięższych, w 4. dywizji na 416 pojazdów - 267 *I* i *II*, a tylko 73 *III* i *IV*, w 5. dywizji na 380 pojazdów - odpowiednio: 250 i 74.

Panzer – siła Wehrmachtu

żowały komunikację na drogach, dodatkowo blokowanymi przez tłumy uciekinierów z bombardowanych miast.

Siłą niemieckich wojsk był ruch. Dopóki wykorzystywały go, dopóki wyprzedzały wroga – wygrywały. Hitler był przekonany, że w wojnie ze Związkiem Radzieckim utrzyma ten atut, tak jak było to w Polsce i we Francji. Szacunki były nad wyraz optymistyczne. Dowództwo niemieckie oceniało w lipcu 1940 roku, że wojna na wschodzie potrwa 9 do 17 tygodni. A im było bliżej rozpoczęcia wojny, tym oceny stawały się bardziej korzystne. Reichsführer SS Heinrich Himmler 18 czerwca 1941 roku oceniał, że walki zakończą się po 6 tygodniach. Minister spraw zagranicznych Joachim von Ribbentrop stawiał na 8 tygodni, zaś największym optymistą był generał Alfred Jodl, szef sztabu dowodzenia w Oberkommando der Wehrmacht, który powiedział o Związku Radzieckim:

– W trzy tygodnie po rozpoczęciu naszego ataku ten domek z kart rozpadnie się.

Generał Franz Halder, szef niemieckiego Sztabu Generalnego, zanotował 3 lipca 1941 roku:

„Nie jest przesadą stwierdzenie, że rosyjska kampania zostanie wygrana w ciągu dwóch tygodni".

Hitler stwierdził tuż po rozpoczęciu wojny:

– Za cztery tygodnie będziemy w Moskwie i miasto zrównamy z ziemią, a w tym miejscu powstanie podświetlane jezioro.

Dlaczego najwyżsi dowódcy Wehrmachtu i niemieccy dostojnicy tak bardzo nie docenili zadania, jakie miała wykonać niemiecka armia?

Mapa świata wygląda zupełnie inaczej, gdy patrzy się na nią w Berlinie, a inaczej – w Moskwie. Krzywizna Ziemi przeniesiona na mapę zniekształcała obraz. Z perspektywy niemieckiej stolicy droga do Moskwy wydawała się o wiele krótsza niż w rzeczywistości. To kulistość Ziemi pozornie skracała ją, zacierała realne wrażenie ogromu terytorium, jakie musiały podbić niemieckie wojska.

Z drugiej strony Stalin, patrząc na mapę, której centralnym punktem była Moskwa, dostrzegał to, czego nie potrafili zauważyć Hitler i jego generałowie. I rozumiał, że dywizje wdzierające się w tę przestrzeń, choćby z największą prędkością, w pewnym momencie wytracą rozpęd. Będą musiały zatrzymać się na wiele dni, aby uzupełnić zapasy i stworzyć infrastrukturę konieczną do kontynuowania kampanii.

W czasie ciężkich walk artyleria dywizyjna wystrzeliwała około 300 ton pocisków na godzinę. Czołgi i samochody pancerne każdej dywizji pancernej, aby przejechać 100 kilometrów, zużywały 14,6 tony paliwa. Gdy przyszło im toczyć boje, ta ilość wzrastała dwu- i trzykrotnie. Wielka machina wojenna pochłaniała ogromne ilości sprzętu, paliwa, amunicji, lekarstw, jedzenia, a linie komunikacyjne rozciągały się na wieleset kilometrów.

Stalin zdawał sobie sprawę, że musi wytrącić Hitlerowi z ręki jego główną broń: powstrzymać wojnę błyskawiczną i wciągnąć Wehrmacht w wojnę na wyczerpanie. Związek Radziecki był większą potęgą przemysłową niż Niemcy; produkował więcej broni. Nawet w 1941 roku mimo gwałtownego załamania produkcji, jakie nastąpiło po wybuchu wojny, w Związku Radzieckim wytworzono 15 735 samolotów, a w Niemczech 11 776. Oczywiście ta przewaga radzieckiego przemysłu została całkowicie zniwelowana przez ogromne straty, które ponosiła Armia Czerwona, wyższe niż niemieckie. Do końca września 1941 roku, a więc po dwóch miesiącach walk, Wojenno-Wozdusznyje Siły straciły 96% wszystkich samolotów, jakie miały na początku wojny, ale produkcja wzrastała. Już w 1942 roku w ZSRR wytworzono 25 436 samolotów, podczas gdy w Niemczech - 15 409. W 1941 roku radzieckie zakłady czołgowe wypuściły 6590 czołgów, niemieckie - 5200. Co więcej: radzieckie siły powietrzne otrzymywały nowoczesne samoloty, dorównujące niemieckim lub jeszcze lepsze. Układ sił na polu walki, tak niekorzystny dla Rosjan w czerwcu 1941 roku, powoli zmieniał się na ich korzyść. Straty w ludziach i sprzęcie, przytłaczające w pierwszych tygodniach walk, zaczynały maleć. Od rozpoczęcia działań wojennych do końca września 1941 roku Armia Czerwona straciła łącznie 2 129 677 żołnierzy - zabitych, rannych, w niewoli. W kolejnym, czwartym kwartale straty były dwukrotnie mniejsze i wyniosły 1 007 996 żołnierzy. W pierwszym kwartale 1942 roku zmniejszyły się do 675 315 zabitych, rannych i w niewoli. Pozostawało jednak pytanie, czy Rosjanom uda się zachować potencjał przemysłowy i rozwijać produkcję zaopatrzenia dla wojska, skoro już w pierwszych tygodniach wojny stracili dwa ważne ośrodki przemysłowe: Rygę i Mińsk. Było to jednak niewiele w porównaniu z przemysłowymi rejonami, które zdecydowani byli chronić za wszelką cenę: Charków, Krzywy Róg, Dniepropietrowsk, Mariupol, Nikopol, Leningrad, Moskwa.

4 lipca Stalin, nie czytając, podpisał dokument przygotowany przez Nikołaja Wozniesienskiego*. Był to szczegółowy plan ewakuacji zakładów przemysłowych o największym znaczeniu dla obrony państwa daleko poza obszar zagrożony działaniami wojennymi: na Ural, do Zachodniej Syberii i Centralnej Azji. Już 2 lipca ewakuowano z Mariupolu**, choć front był jeszcze setki kilometrów od tego miasta, zakłady produkujące płyty pancerne. Następnego dnia zapadła decyzja o przeniesieniu na wschód 26 zakładów zbrojeniowych z Leningradu, Moskwy i Tuły.

To było niezwykłe przedsięwzięcie. Tempo rozmontowania wielkich zakładów, często pod niemieckimi bombami, przewożenia maszyn daleko na wschód i uruchamiania tam produkcji było wręcz niewiarygodne. Na przykład 7 sierpnia 1941 roku zapadła decyzja o ewakuowaniu wiel-

*Nikołaj Aleksiejewicz Wozniesienski (1903-1950) ekonomista, członek partii komunistycznej od 1919 r. Był wykładowcą Instytutu Czerwonych Profesorów do 1935 r., gdy zatrudniono go w wydziale planowania leningradzkiej organizacji partyjnej. Od 1938 r. do 1941 r. i następnie w latach 1942-1949 był przewodniczącym Państwowego Komitetu Planowania. Oskarżony w tzw. sprawie leningradzkiej, został skazany na śmierć i stracony.

**W latach 1948-1989 nazwa miasta brzmiała Żdanowsk od nazwiska Andrieja Żdanowa, bolszewickiego działacza zmarłego w 1948 r.

Ewakuacja przemysłu – najważniejsze zadanie 1941 roku

kiej fabryki „Zaporożstal" produkującej łożyska. Pierwszy wagon z wymontowanymi maszynami odjechał dwa dni później. Do przewiezienia całych zakładów do Pierwouralska na Uralu, co zakończono 6 września, potrzeba było 8 tysięcy wagonów. W nowym miejscu podjęto produkcję już 24 grudnia, a więc po upływie zaledwie trzech i pół miesiąca.

Wszędzie ludzie pracowali dzień i noc. Bez wytchnienia. Demontowali maszyny przy 40-stopniowym mrozie. W nowych miejscach, gdzie żarówki wiszące na drzewach oświetlały place budowy, nie bacząc na pogodę ani porę doby, wznoszono hale fabryczne z desek i bali, gdyż często brakowało betonu i nie było czasu na wypełnianie szalunków i czekanie, aż beton stwardnieje, lub też mróz uniemożliwi takie prace.

Między lipcem i listopadem 1941 roku ewakuowano 1523 zakłady przemysłowe, w tym 1360 dużych zakładów zbrojeniowych. Z nich 226 przewieziono do rejonów Nadwołżańskich, 667 na Ural, 244 do Zachodniej Syberii, 78 do Wschodniej Syberii, 308 do Kazachstanu i Azji Środkowej. Dokonano tego za pomocą pół miliona wagonów kolejowych.

Ewakuacja i odtworzenie fabryk w nowych miejscach były tylko częścią wielkiego przedsięwzięcia; potrzebni byli ludzie. Tymczasem liczba zatrudnionych w gospodarce zmniejszyła się z 31,2 mln w 1940 roku do 19,8 mln w listopadzie 1941 roku, co było wynikiem zagarnięcia przez Niemców wielkich połaci ZSRR zamieszkiwanych przez 60–70 milionów obywateli, a także wcielenia setek tysięcy robotników do wojska i odesłanie ich na front.

Brakowało surowców. Wydobycie węgla, rudy żelaza i metali nieżelaznych gwałtownie spadało. W październiku 1941 roku produkcja surówki, wyrobów walcowanych i stali była o ponad połowę niższa niż w czerwcu tego roku, a mimo to w listopadzie 1941 roku, gdy na wschodzie kraju przygotowywano się do uruchomienia przeniesionych tam zakładów,

Ewakuowane zakłady podejmowały produkcję po kilku tygodniach.

w Moskwie opracowano plany, z których wynikało, że w 1942 roku wojsko dostanie co najmniej 22 tysiące samolotów, a więc o 6 tysięcy więcej niż w roku mijającym i 22-25 tysięcy czołgów! Przy tak gwałtownym spadku wydobycia surowców i produkcji stali było to możliwe jedynie w wyniku wstrzymania dostaw dla rynku. Tej jesieni i zimy ludzie nie palili w piecach węglem, choć temperatury spadały poniżej 40 stopni Celsjusza. Nie można było kupić najprostszych sprzętów codziennego użytku. Racje żywnościowe ograniczono do minimum. Cierpliwe, mało wymagające, nawykłe do biedy społeczeństwo Związku Radzieckiego, które pamiętało jeszcze gorsze czasy wojny domowej i kolektywizacji znosiło te niedostatki w całkowitym spokoju - była wojna, a faszyści wydawali się gorszym wrogiem niż głód, zimno i niedostatek.

Najbardziej niepokojący był stan zapasów amunicji, co wynikało ze zniszczenia wielu zakładów chemicznych i amunicyjnych. Między sierpniem i listopadem 1941 roku wstrzymano produkcję w 303 zakładach amunicji. Z 26 zakładów ewakuowanych na wschód do grudnia 1941 roku dotarło na miejsce tylko osiem, a zaledwie cztery zdołały podjąć produkcję. Dlatego podczas jesiennych miesięcy Armia Czerwona wykorzystywała głównie zapasy zgromadzone w czasie pokoju, ale do końca roku wyczerpały się, gdy bieżąca produkcja zaspokajała jedynie 50-60% zapotrzebowania. Na front docierało więcej dział, karabinów, samolotów i czołgów niż pocisków do nich.

Stalin odniósł jednak pierwsze zwycięstwo. Udało się uratować bazę wytwórczą, która zaopatrywała wojsko i umożliwiała prowadzenie obrony. Ale czy wojsko będzie chciało walczyć? Dziesiątkowane oddziały cofały się bezładnie lub oddawały się do niewoli, gdy nie widziały już możliwości obrony. Raporty z frontu mówiły o setkach tysięcy zaginionych. W większości byli to dezerterzy, którzy umykali z pola walki.

Obraz gotowości żołnierzy do ostatecznego poświęcenia, jaki przedstawiano Stalinowi, był bardzo zakłamany, ale mimo to wzbudził jego niepokój. Sztab Generalny informował, że po dwóch tygodniach walki wróg stracił 1 312 000 żołnierzy, 1664 samoloty i 2625 czołgów, gdy straty Armii Czerwonej miały być o połowę niższe niż niemieckie: 889 samolotów i 901 czołgów.

„(...) wobec wycofywania się naszych oddziałów nie jest możliwe oszacowanie strat. (...) Liczba naszych zaginionych lub wziętych do niewoli do 29 czerwca wyniosła około 15 tysięcy".

To oczywiście była nieprawda. Tylko pod Mińskiem Armia Czerwona straciła 300 tysięcy żołnierzy, którzy dostali się do niewoli. Pod Kijowem Niemcy wzięli 425 tysięcy jeńców. W listopadzie 1941 roku Hitler ogłosił, że w niemieckich obozach znalazło się 3,6 miliona radzieckich żołnierzy. Jeżeli nawet propaganda niemiecka wyolbrzymiała liczbę radzieckich jeńców, to bez wątpienia była ona bardzo wysoka.

Stalin uznał, że żaden żołnierz nie ma prawa oddawać się do niewoli, nawet w najbardziej beznadziejnej sytuacji! W jego planie powstrzymania Niemców to był najważniejszy i najsłabszy punkt. Zdziesiątkowane oddziały opuszczające w całkowitym chaosie pole walki, ukrywające się po wsiach, dezerterujące lub oddające się do niewoli przekreślały wszelkie nadzieje na zatrzymanie rozpędu wojny błyskawicznej.

Życie żołnierza radzieckiego miało znaczenie tylko w przypadku, jeśli mógł on zabijać wrogów. Armia Czerwona była liczniejsza niż Wehrmacht. Gdyby każdy czerwonoarmista, zanim zginął, zabił tylko jednego Niemca, wojna zostałaby wygrana. Musiał więc tkwić w transzei czy okopie do końca. I walczyć za pomocą karabinu, bagnetu, łopatki. Do końca. Cóż znaczyła jego śmierć? Cóż znaczyło zniszczenie przez Niemców jednej dywizji? Tylko tyle, że 10–12 tysięcy ludzi przestałoby istnieć. A zniszczenie jednej armii? Cóż, po prostu sto tysięcy żołnierzy oddałoby życie za ojczyznę. Rezerwy ludzkie w Związku Radzieckim były bardzo duże, szacowane na 17 milionów mężczyzn, którzy mogli być powołani pod broń, a w istocie do końca wojny powołano do wojska 29 milionów 574 tysiące obywateli. Dopóki tak wielu można było wysłać na bitewne pola, życie żadnego z nich nie miało najmniejszego znaczenia. Ich śmierć poniesiona w walce do ostatniego naboju była cenniejsza, gdyż pozwalała zrealizować główny zamiar strategiczny Stalina: spowolnienie postępów wojsk niemieckich. To musieli zrozumieć dowódcy. Nic nie mogło usprawiedliwić odwrotu ich oddziałów!

16 lipca 1941 roku powołano komisarzy politycznych. Działali już kiedyś w Armii Czerwonej, lecz zrezygnowano z nich w ramach wielkiej reformy,

która miała zamienić radzieckie wojsko – wielką armię rewolucyjną, w której nie było stopni oficerskich, a żołnierz mógł kwestionować rozkazy dowódców – w nowoczesne, zdyscyplinowane siły zbrojne, dowodzone przez fachowców. W połowie lat trzydziestych wydawało się, że komisarze polityczni nie będą już potrzebni. Minęły czasy, gdy należało obserwować oficerów, z których większość wywodziła się z armii carskiej, propagować bolszewizm i dbać, aby żołnierze, którzy często przypadkowo, nawet wbrew swojej woli, znaleźli się w Armii Czerwonej, walczyli za Lenina. Komisarze polityczni, dyletanci świadomi swojej pozycji i wpływów, stali się zmorą dowódców, lecz wiele czasu upłynęło, zanim najbardziej światłym oficerom, takim jak Michaił Frunze czy marszałek Michaił Tuchaczewski, udało się nakłonić Stalina do zabrania z wojska tych, którzy przeszkadzali w budowaniu potęgi Armii Czerwonej.

W lipcu 1941 roku Stalin doszedł do wniosku, że powtórzyła się sytuacja sprzed wielu lat: znowu trzeba pilnować dowódców i dbać o morale żołnierzy. W dalszym ciągu nie wierzył oficerom. Przecież nie została dokończona wielka czystka, w której wyniku mieli być usunięci ludzie uznani za niepewnych: członkowie dawnego korpusu carskiego, oficerowie podejrzewani o sympatie trockistowskie, szkoleni za granicą, gdzie mogli zwątpić w wyższość komunizmu-stalinizmu. Czystka została przerwana w 1938 roku, gdy sytuacja międzynarodowa gwałtownie zaogniła się w wyniku przyłączenia Austrii do Rzeszy i kryzysu czechosłowackiego grożącego wybuchem wojny. Wobec takiego zagrożenia dalsze masowe usuwanie oficerów byłoby niewskazane. Nie udało się więc pozbyć wszystkich, których Stalin zamierzał unicestwić, aby mieć pewność, że ci, którzy pozostali, są zastraszeni, a przez to całkowicie oddani swojemu wodzowi. Nie udało się też wykształcić nowej kadry.

Rozwój sytuacji na froncie zdawał się potwierdzać brak zaufania wobec oficerów. I dlatego Stalin wysłał na front komisarzy politycznych: posłańców śmierci. Podlegali Zarządowi Politycznemu Armii Czerwonej, którym kierował marszałek Lew Mechlis*, słynący z brutalności i podej-

*__Lew Mechlis__ (1889–1953), żołnierz I wojny światowej, od 1918 r. w Armii Czerwonej i partii bolszewickiej. Do 1920 r. dowodził brygadą piechoty Frontu Południowego. Od 1922 r. pracował w sekretariacie Stalina, czemu zawdzięczał późniejszą karierę, a następnie był redaktorem naczelnym „Prawdy", partyjnego organu WKP(b). Od 30 grudnia 1940 r. był zastępcą komisarza obrony i szefem Głównego Zarządu Politycznego Armii Czerwonej, biorąc bardzo aktywny udział w wielkiej czystce. Od września 1940 r. był komisarzem kontroli państwowej. W czasie wojny z Niemcami powrócił na stanowisko szefa Głównego Zarządu Politycznego. Od początku 1942 r. jako przedstawiciel Stawki ponosił bezpośrednią odpowiedzialność za klęski na Półwyspie Kerczeńskim – za to pozbawiono go stanowisk i odesłano na front, gdzie dowodził korpusem. Szybko jednak powrócił do łask i był członkiem rad wojennych wielu frontów, m.in. Woroneskiego, Briańskiego, Zachodniego, 2. Bałtyckiego, 2. Białoruskiego i 4. Ukraińskiego.

rzliwości wobec kadry oficerskiej. To na podstawie jego decyzji w 1940 roku zorganizowano w Moskwie paradę żołnierzy uwolnionych z niewoli, a następnie wywieziono ich do obozów na Syberii. To on przesądził o oskarżeniu i skazaniu generała Pawłowa i jego oficerów. Stalin nie mógł wybrać lepszego pełnomocnika do nadzorowania i sterroryzowania oficerów. Ich głównym zadaniem było dopilnowanie, aby każdy dowódca skrupulatnie wykonywał rozkaz walki do końca – słabość, zwątpienie oficera, chęć oszczędzenia żołnierzy miał karać śmiercią.

8. *Sprawa generała Pawłowa*

Jeremienko zastępuje Pawłowa. Stalin wydaje wyrok przed procesem generała. Los oficerów. Rozkaz nr 270 i specjalne oddziały NKWD.

Generał Dmitrij Pawłow jadł śniadanie, gdy wszedł oficer i zameldował, że na podwórze jego kwatery pod lasem w pobliżu Mohylewa przyjechał generał Andriej Jeremienko* z kilkoma oficerami. Nikt nie uprzedzał o wizycie, nie informował, jaki będzie jej cel. Pawłow sądził więc, że to kolejna inspekcja, podobna do tej, jaką kilka dni wcześniej przeprowadzili marszałkowie Kulik i Mechlis, i z której nic nie wynikło.

Zerwał się z krzesła, kazał uprzątnąć stół i, dopinając mundur, wyszedł do przedsionka, gdzie stał już Jeremienko.

– To wy już tutaj, w tym ukraińskim piekle, a nie na Dalekim Wschodzie – zaczął Pawłow przyjaźnie, zapraszając szerokim gestem gości do

*__Andriej I. Jeremienko__ (1892–1970) generał, w armii carskiej od 1913 r., w Armii Czerwonej od 1918 r. W agresji na Polskę we wrześniu 1939 r. dowodził 6. Korpusem Kozackim. Od grudnia 1939 r. dowodził 1. Armią Dalekowschodnią. 19 czerwca 1941 r. otrzymał rozkaz stawienia się w Moskwie, gdzie powierzono mu przejęcie Frontu Zachodniego, dowodzonego przez gen. Dmitrija Pawłowa. Już 2 lipca tego roku otrzymał rozkaz przekazania dowodzenia Frontem marszałkowi Siemionowi Timoszence i objęcia stanowiska jego zastępcy. Po zniszczeniu wojsk frontu na początku lipca Jeremienko objął dowodzenie nowo utworzonym Frontem Briańskim (16 sierpnia 1941 r.). Po początkowym powodzeniu ofensywy przeciwko wojskom Grupy Armii „Środek" Front został rozbity w wyniku niemieckiej ofensywy 30 września. Jeremienko ranny pod Orłem 13 października trafił do szpitala na dwa miesiące. Mimo klęski dowodzonego przez niego Frontu promowano go do stopnia generała pułkownika i powierzono mu dowodzenie 4. armią uderzeniową, co było oczywistym dowodem sympatii Stalina, któremu podobał się ten brutalny dowódca, znany z nadzwyczaj ordynarnego traktowania podwładnych. 13 lutego 1942 r. ponownie odniósł ranę. Od 7 sierpnia 1942 r. dowodził Frontem Południowo-Wschodnim pod Stalingradem, gdzie jedynie dzięki wstawiennictwu Nikity Chruszczowa, komisarza politycznego, uniknął skutków gniewu Stalina, który miał za złe brak rozstrzygającego wyniku walk z Niemcami. Z tego względu dowodzenie główną kontrofensywą powierzono Rokossowskiemu. Do końca wojny dowodził różnymi frontami.

pokoju. Mówił o dotychczasowej służbie Jeremienki na stanowisku dowódcy 1. Armii Dalekowschodniej.

– Tam też piekło bywało – burknął generał. Wyciągając rękę, patrzył na Pawłowa zimno. – Przywozimy wam rozkaz przekazania mnie dowództwa Frontu...

Pawłow patrzył zaskoczony. W milczeniu sięgnął po zalakowaną kopertę, którą mu podał Jeremienko.

– Nikt mnie nie poinformował, nie uprzedził... – powiedział, jakby z wyrzutem, ale wnet zdał sobie sprawę z bezsensowności tej uwagi.– Gdzie mam się teraz udać?

– Do Moskwy – sucho odpowiedział Jeremienko. – Rozkaz bezzwłocznego powrotu dotyczy też oficerów waszego sztabu, generała Klimowskich i innych. – Rozsiadł się wygodnie przy stole i przeglądał mapy. – A teraz przedstawcie mi sytuację na froncie.

Pawłow czuł, że to coś znacznie gorszego niż tylko pozbawienie go dowodzenia.

– Wiecie, uderzenie niemieckie było dla nas całkowitym zaskoczeniem... – zaczął nieskładnie.

Klęski ponosiły wszystkie oddziały Armii Czerwonej, a nie tylko jego frontu. A on był najmniej odpowiedzialny za to, co wydarzyło się od 22 czerwca. Na rozkaz z Moskwy przygotowywał armie swojego frontu do ofensywy, nie do obrony, dlatego wysunął trzy z nich daleko na zachód, pod granicę, pozostawiając jedną w rezerwie. Nie były jednak gotowe do walki, gdyż na wyraźny rozkaz Stalina pozostawały na stopie pokojowej.

Jak miał walczyć, gdy Niemcy zaatakowali, uprzedzając ich uderzenie? Komisariat obrony krępował działanie dowódców. Rankiem 22 czerwca komisarz Timoszenko osobiście przekazał mu rozkaz, w którym Stalin zakazał otwierania ognia artyleryjskiego na Niemców i prowadzenia rozpoznania lotniczego nie dalej niż 50 kilometrów poza granicę. Jak można zwalczać atakujące oddziały wroga bez artylerii i bez rozpoznania lotniczego?!

Nie ponosił większej odpowiedzialności za klęski niż jakikolwiek inny dowódca. Nikt nie miał podstaw, aby podejrzewać go o nielojalność. Służył co prawda w carskiej armii, ale był tylko szeregowym. Do Armii Czerwonej i partii komunistycznej wstąpił już w 1919 roku. Nikt nie kwestionował jego oddania partii i Stalinowi. Gdy wrócił z Hiszpanii w 1937 roku, przyznano mu tytuł Bohatera Związku Radzieckiego. Co prawda źle ocenił możliwości i siłę broni pancernej i doradzał rozwiązanie samodzielnych jednostek czołgowych, ale podobnego zdania byli marszałkowie Kliment Woroszyłow i Kulik. To oni podjęli decyzję o rozwiązaniu zmechanizowanych korpusów, które zastąpiono 35 brygadami i 98 batalionami czołgów, przydzielonymi do dywizji piechoty i kawaleryjskich.

Zniszczony czołg KW-2. Te czołgi produkowane od 1940 roku uzbrojone były w haubice kal. 152 mm i potężnie opancerzone (35-100 mm), lecz jako zbyt ciężkie i mało przydatne w boju, szybko zostały wycofane z jednostek liniowych

Nie można było obarczać tylko jego winą za to, co się stało, ale też nikt nie wypominał mu tego błędu.

Pierwsze dni w Moskwie, dokąd przybył 4 lipca nie zapowiadały niczego strasznego. Z rozmów w Sztabie Generalnym i Komisariacie Obrony wynikało, że wróci na front na dowódcze stanowisko.

I nagle 16 lipca został aresztowany. Bito go i torturowano bez litości, aby przyznał się, że był przyjacielem marszałka Tuchaczewskiego skazanego na śmierć w 1937 roku z rozkazu Stalina. Miał potwierdzić, że dlatego zawiązał spisek wojskowy i gdy nadarzyła się okazja, chciał otworzyć drogę przed niemieckimi dywizjami, aby jak najszybciej doszły do Moskwy i obaliły Stalina. Powiedział, kto był w spisku: oficerowie jego sztabu i generał Kiryłł Mierieckow*. To brzmiało prawdopodobnie. Mie-

***Kiryłł Mierieckow** (1897-1968), członek partii bolszewickiej od 1917 r., rok później został komisarzem politycznym w Armii Czerwonej. W 1931 r. wysłano go do Niemiec na szkolenie, gdzie przebywał rok, mimo nieznajomości języka. Od 1936 r. walczył w Hiszpanii. Po powrocie w czerwcu 1937 r. do Moskwy uniknął losu większości kombatantów i objął stanowisko zastępcy szefa Sztabu Generalnego. Od 1938 r. dowodził Leningradzkim Okręgiem Wojskowym i z tej racji stanął na czele wojsk, które dokonały agresji na Finlandię. Wobec całkowitej nieudolności został 7 stycznia pozbawiony tego stanowiska i objął dowodzenie armią. Nie wpłynęło to źle na jego karierę wojskową, gdyż 4 czerwca 1940 r. awansowano go do stopnia generała armii, ponadto został

rieckow na początku 1941 roku był podejrzewany o zdradę na rzecz Brytyjczyków i ledwie uszedł śmierci. Może więc oprawcy, torturując Pawłowa, podsunęli mu nazwisko Mierieckowa, aby tym razem nie umknął ludowej sprawiedliwości. Został aresztowany, ale zdołał uniknąć poważniejszych konsekwencji oskarżenia przez Pawłowa. We wrześniu 1941 roku na rozkaz Stalina zwolniono go z więzienia i posłano do Leningradu jako przedstawiciela Stawki. Pawłow takiego szczęścia nie miał. Miał ponieść odpowiedzialność jako oficer, który zdradził ojczyznę. Jeden z tych, którzy zawiedli Stalina i nie odparli wroga.

– Kto poza Pawłowem stanie przed trybunałem wojskowym? – Stalin spytał Poskriebyszewa. – Kiedy odbędzie się rozprawa i gdzie jest projekt wyroku?

Poskriebyszew położył na biurku cienką białą teczkę z napisem „Wyrok" i w nawiasie „Projekt".

„W imieniu Związku Radzieckiego wojskowe kolegium Sądu Najwyższego ZSRR w składzie: przewodniczący W.W. Ulrich, członkowie A.A. Orłow i D.J. Kandybin, sekretarz A.S. Mazur, na zamkniętej sesji w Moskwie ... (pozostawiono puste miejsce na wpisanie daty) lipca 1941 roku rozpatrywało sprawę:

1. Pawłowa, Dmitrija Grigoriewicza, urodzonego w 1897 r., byłego dowódcy Frontu Zachodniego, generała armii.

2. Klimowskich, Władymira Jefimowicza, urodzonego w 1895 r., byłego szefa sztabu Frontu Zachodniego, generała majora.

Obydwaj oskarżeni o zbrodnie z art. 63-2 i 76 Białoruskiego Kodeksu Karnego.

3. Grigoriewa, Andreja Tierientiewicza, urodzonego w 1889 r., byłego szefa łączności Frontu Zachodniego, generała majora

4. Korobkowa, Aleksandra Andriejewicza, urodzonego w 1897 r., byłego dowódcy 4. armii, generała majora.

Obydwaj oskarżeni o przestępstwa z art. 80, paragraf b Białoruskiego Kodeksu Karnego".

Stalin przebiegł wzrokiem prawnicze formułki i przeczytał uważnie treść oskarżenia:

członkiem Głównej Rady Wojskowej i – od 14 sierpnia 1940 r. – szefem Sztabu Generalnego. Po konferencji oceniającej wyniki gier wojennych prowadzonych w styczniu 1941 r. pozbawiono go tego stanowiska i powierzono mu funkcję szefa Zarządu Szkolenia. Prawdopodobnie w lutym 1941 r. został aresztowany, bez wiedzy szefa NKWD, pod zarzutem szpiegostwa na rzecz Wielkiej Brytanii. 21 czerwca 1941 r. na mocy decyzji Politbiura miał objąć dowodzenie Frontem Północnym, aczkolwiek ostatecznie dano mu na krótko stanowisko dowódcy 11. armii, a następnie wyjechał do Leningradu jako przedstawiciel Stawki. Dowodził tam armią, a następnie Frontem. 26 października 1944 r. otrzymał stopień marszałka ZSRR. Po wojnie dowodził kilkoma okręgami wojskowymi. Przeszedł w stan spoczynku w 1964 r.

„Pawłow i Klimowskich byli członkami antyradzieckiego spisku wojskowego i wykorzystali swe stanowiska do prowadzenia wrogiej działalności przez nieprzygotowanie do akcji bojowej żołnierzy będących pod ich rozkazami, w konspiracyjnym celu przeszkodzili w mobilizacji oddziałów okręgu wojskowego, przeszkadzali w dowodzeniu siłami zbrojnymi i oddali broń nieprzyjacielowi bez walki, powodując poważne szkody w zdolności bojowej Armii Czerwonej".

Dalej widniały podobne zarzuty stawiane dwóm pozostałym oficerom. „Wina Pawłowa i Klimowskich oraz Grigoriewa i Korobkowa została udowodniona" - stwierdzał dokument.

Wiele można było zarzucić Pawłowowi, Klimowskich, Grigoriewowi, ale nie było najmniejszych podstaw, aby oskarżać Korobkowa. Walczył dzielnie. Jego armia ponosiła duże straty, ale w tym czasie nie było w Związku Radzieckim żadnego oddziału, który nie poniósłby ogromnych strat. W dniu odwołania do Moskwy był na polu bitwy, dowodził skutecznie, utrzymywał kontakt z dowództwem Frontu i... to go zgubiło. Stalin uznał bowiem, że przed sądem musi stanąć dowódca frontowy, a skoro wiedziano, gdzie jest Korobkow, przesłano mu wezwanie do Moskwy. Dotarło do adresata.

Sąd proponował wyrok, który zadowolił Stalina: pozbawienie stopni wojskowych, najwyższy wymiar kary, to jest śmierć przez rozstrzelanie i konfiskata własności osobistej.

- Akceptuję - powiedział - ale przekażcie Ulrichowi, aby odrzucił te bzdury o „konspiracyjnej działalności". Sprawa nie powinna się przeciągać. Żadnych odwołań. I ogłoście to na froncie, żeby wszyscy wiedzieli, że defetyści będą karani. Bez litości.

Pawłow nie zdawał sobie sprawy, że proces, który rozpoczął się 22 lipca przeciwko niemu i jego oficerom jest farsą: wyrok był już zatwierdzony, a sędziowie mieli tylko wstawić datę. Walczył o życie i honor. Nie odżegnywał się od winy, co zapewne było mu przykazane przez torturujących go oficerów NKWD. Nie lubili, gdy oskarżony, stając przed sądem i poddając się złudnemu uczuciu sprawiedliwości, odwoływał zeznania złożone w śledztwie lub usiłował przedstawiać się jako niewinny. Sędziowie też tego nie lubili, obawiając się, że za przeciąganie rozprawy spadnie na nich gniew Stalina. W takich wypadkach zarządzali przerwę, a oskarżony powracał do izby tortur, gdzie szybko przypominano mu, jak powinien zachowywać się przed składem orzekającym. Czasami szczególnie wytrzymałym i odpornym na ból aplikowano narkotyki. W sali sądowej byli już potulni, pogodzeni z losem, gotowi poddać się wyrokowi.

Pawłow usiłował przekonać sąd, że wszystkie zarzuty są wynikiem wyjątkowo nie sprzyjających okoliczności, a nie jego złej woli. Prosił, aby odesłać go na front, gotów jest krwią przelaną w obronie ojczyzny zmyć winę. Podobnie zachowali się inni oskarżeni.

Sędzia Ulrich słuchał ich z wyraźnym zniecierpliwieniem, ale nie przeszkadzał, gdyż cała rozprawa rozwijała się zgodnie ze scenariuszem. Kiedy skończyli swe apele o ludową sprawiedliwość, nie komentował. Powiedział krótko, po wojskowemu: „Wykonać".

Pawłow i trzej pozostali oficerowie zostali rozstrzelani tej nocy.

Sądy wojskowe pracowały bardzo intensywnie. Nigdy nie udało się ustalić, ilu oficerów skazano w lipcu i sierpniu w wyniku fałszywych oskarżeń o zdradę, defetyzm, udział w spisku przeciwko ojczyźnie i Stalinowi. Jedynym wskaźnikiem może być to, że w październiku 1941 roku, gdy NKWD przystąpiło do ewakuowania moskiewskich więzień, rozstrzelano około 400 oficerów, dla których zabrakło miejsca w więziennych samochodach. Kilkuset innych wywieziono do Kujbyszewa, gdzie większość z nich zginęła. Prawdopodobnie 70 generałów i admirałów poświęcono dla przykładu*, aby ich los stał się przestrogą dla innych. Wina czy rzeczywista odpowiedzialność nie miały znaczenia. Taki los spotkał generała Pawła Poniedielina, dowódcę 12. armii. Ciężko ranny dostał się do niewoli. To wystarczyło, aby uznać go za tchórza i zdrajcę i skazać zaocznie na śmierć.

Generał Władimir Kaczałow, dowódca 28. armii, zginął pod Smoleńskiem 4 sierpnia, ale w Moskwie, choć okoliczności jego śmierci były znane, określono go jako „politycznie niedojrzałego" i uznano, że poniósł śmierć, gdy chciał oddać się w ręce wroga.

Stalin wykorzystał ich nazwiska w rozkazie nr 270 wydanym 16 sierpnia 1941 roku:

„Generał porucznik Kaczałow dowodzący 28. armią okazał się tchórzem i poddał się, gdy jego sztab i oddziały przedzierały się przez okrążenie; generał major Poniedielin poddał się, podobnie jak generał major Kiryłłow z 13. korpusu piechoty. To są haniebne wydarzenia. Tchórze i dezerterzy muszą być zniszczeni!".

Kaczałowowi już nic nie można było zrobić, lecz jego rodzina do 1956 roku dzieliła los najbliższych „zdrajcy ojczyzny": zostali usunięci z mieszkania, pozbawieni renty i możliwości kształcenia dzieci.

Poniedielin wrócił z niemieckiej niewoli w 1945 roku i dostał się w ręce stalinowskiej sprawiedliwości. Stanął przed sądem. Na nic zdały się dowody, że przez cztery lata odmawiał współpracy z Niemcami, że był bity i torturowany; został skazany na pięć lat obozu. Nie mógł uwierzyć, że jego ojczyzna może być tak niesprawiedliwa. Odwołał się od wyroku do

*W II wojnie światowej zginęło na polu bitwy lub zmarło w wyniku odniesionych ran 421 radzieckich generałów. Do niewoli dostało się 1065 generałów i admirałów, 23 zmarło w niewoli, 20 rozstrzelano po powrocie do Związku Radzieckiego; los pozostałych jest nieznany.

Stalina, przypominając w Moskwie o swoim istnieniu. 25 sierpnia 1950 roku został skazany na śmierć. Wyrok wykonano.

Generał Nikołaj Kiryłow również przeżył niemiecką niewolę i w 1945 roku powrócił do Związku Radzieckiego. Jego los, podobnie jak Poniedielina, był przesądzony. Zginął rozstrzelany tego samego dnia: 24 sierpnia 1950 roku.

Stalin w rozkazie nr 270, w którym wskazywał na haniebne zachowanie Kaczałowa, Kiryłowa i Poniedielina, stwierdzał:

„1. Każdy, kto usuwa dystynkcje w czasie bitwy i poddaje się, powinien być uznany za dezertera, którego rodzina zostanie aresztowana, jako rodzina łamiącego przysięgę wojskową i zdrajcy ojczyzny. Tacy dezerterzy mają być rozstrzeliwani na miejscu.

2. Wszyscy, którzy znaleźli się w okrążeniu, mają walczyć do ostatka i próbować dotrzeć do własnych linii. Ci, którzy wybrali poddanie się, powinni być zlikwidowani za pomocą wszelkich środków, zaś ich rodziny pozbawione zasiłków i pomocy państwa.

3. Dzielnych i odważnych nagradzać bardziej wydatnie.

Rozkaz ma być odczytany przed kompaniami, dywizjonami i bateriami".

Nie tak łatwo było ten rozkaz wykonać, gdy pod niemieckimi uderzeniami łamały się linie obronne, a żołnierze rzucali się do panicznej ucieczki. Dlatego 20 lipca Stalin wezwał Berię i nakazał mu utworzyć specjalne oddziały, które ścigałyby i karały żołnierzy wycofujących się z pola bitwy, dezerterów i tych, którzy dostali się do niemieckiej niewoli, lecz zdołali zbiec. Tak powstały tzw. *Osobyje Otdieły*, oddziały podporządkowane Zarządowi Specjalnemu NKWD, na którego czele stał Wiktor Abakumow*, znany z bezwzględności i sadyzmu. Sam prowadził przesłuchania i torturował, a kiedy do jego gabinetu wprowadzano oskarżonego, Abakumow kazał rozwijać przed biurkiem stary chodnik, aby krew katowanego nie poplamiła pięknego perskiego dywanu.

*__Abakumow Wiktor__ (1908 -1954), generał pułkownik. Służbę w NKWD rozpoczął w 1932 r., początkowo w Moskwie, a następnie kolejno w Zagłębiu Donieckim i Rostowie. W latach 1938-1941 prawdopodobnie pracował w wywiadzie wojskowym GRU. 25 lutego 1941 r. objął stanowisko zastępcy komisarza NKWD i po wybuchu wojny z Niemcami prowadził akcję likwidacji najwyższych dowódców wojskowych oskarżonych przez Józefa Stalina o tchórzostwo i zdradę. W grudniu 1942 r. stanął na czele kontrwywiadu Smiersz, którym kierował do marca 1946 r. Bezpośrednio po wojnie, na polecenie Stalina, zbierał materiały obciążające marszałka Gieorgija Żukowa. 10 października 1946 r. objął stanowisko ministra bezpieczeństwa państwowego (MGB) i a polecenie Stalina przystąpił do organizowania terroru (m.in. sprawy leningradzkiej). 7 grudnia 1951 r., zadenuncjowany przez Michaiła Riumina jako zachodni szpieg, został aresztowany wraz z żoną i synem. Więziony w Lefortowie, Butyrkach i na Łubiance nie został osądzony za życia Stalina. Dopiero 19 grudnia 1954 r. w Leningradzie skazano go na śmierć za udział w „sprawie leningradzkiej"; wyrok wykonano 24 grudnia tego roku.

Radzieccy żołnierze nie mieli prawa się poddawać

Nigdy nie poznamy efektów działalności strasznych formacji NKWD. Nikt nie notował, ilu jeńców zbiegłych w tamtych dniach z niemieckiej niewoli lub żołnierzy uciekających z pola bitwy zostało zatrzymanych i rozstrzelanych na miejscu, ilu zamęczono w czasie przesłuchań.

– Pójdziesz do przodu, zginiesz, ale dadzą order. Wycofasz się, zginiesz, a orderu nie dadzą – mówili czerwonoarmiści. Szybko nauczyli się, że lepiej zginąć...

Według oficjalnych statystyk Armii Czerwonej w czasie całej wojny 994 300 żołnierzy zostało skazanych przez sądy wojenne, w tym 376 300 osądzono za dezercję. Te dane mogą jedynie wskazywać, jak wielkie mogło być żniwo oddziałów NKWD.

Jednakże Stalin zdawał sobie sprawę, że wykonanie jego rozkazu przez Berię: zorganizowanie specoddziałów, wyekspediowanie ich na front, musi potrwać kilka tygodni. Nie mogły też obsadzić całego wielkiego frontu przecinającego Związek Radziecki z północy na południe. Armia musiała pilnować się sama. W telegramie rozesłanym we wrześniu 1941 roku do wszystkich jednostek Stalin nakazywał, aby w każdej dywizji utworzyć oddział złożony z pewnych politycznie żołnierzy, których zadaniem było zatrzymywanie ogarniętych paniką żołnierzy, „nawet przy użyciu broni", co oznaczało, że mieli strzelać do tych, którzy zrywali się do ucieczki przed nadciągającym wrogiem. Stalin nigdy nie zrezygnował z takiej metody postępowania z wojskiem. Stanowiska ciężkich karabinów maszynowych ustawione za linią tyraliery idącej do ataku stały się normalnym widokiem na radzieckich polach bitewnych.

Rok później idea żołnierzy pilnujących żołnierzy przybrała już bardziej formalny kształt. Rozkaz Stalina nakazywał:

„Trzy do pięciu dobrze uzbrojonych oddziałów (każdy do 200 żołnierzy) powinno być sformowanych w każdej armii i umieszczonych za niepewną dywizją. Muszą strzelać do panikarzy i tchórzy w przypadku paniki lub niezorganizowanego odwrotu. W zależności od sytuacji od pięciu do dziesięciu karnych kompanii (każda po 150 do 200 ludzi) powinno być sformowanych w ramach armii i wysłanych na trudne odcinki, tak aby dać im szansę okupienia krwią zbrodni, jakie popełnili w obliczu ojczyzny".

9. Syn Stalina

Jakow Dżugaszwili zaginął. Jak Stalin dowiedział się, że jego syn jest w niewoli. Niemiecka gra. Tajemnica śmierci Jakowa.

Gorączkowe poszukiwania trwały od kilku dni. Bez rezultatu. Tak naprawdę, to nikt nie liczył, że w ogromnym chaosie, jaki opanował 14. dywizję wycofującą się spod Smoleńska, ktoś może odnaleźć zaginionego porucznika. Ale dowódca dywizji nie rezygnował. Wysyłał patrole, nakazując im nie wracać bez starszego lejtnanta Jakowa Dżugaszwilego. Widziano go po raz ostatni 13 lipca 1941 roku, gdy dowodzona przez niego bateria haubic walczyła w rejonie Witebska. Potem Niemcy przeszli do kontruderzenia i szybko okrążyli radzieckie wojska. Łączność urwała się, a Jakow Dżugaszwili zaginął, podobnie jak setki żołnierzy, którzy znaleźli się w niemieckim kotle. Mijały dni, a szansa odnalezienia żywego syna Stalina malała coraz bardziej.

- Towarzyszu dowódco, odnaleźliśmy żołnierza, który ostatni widział starszego lejtnanta - do pokoju dowódcy dywizji wszedł starszy politruk Gorochow, który z patrolem motocyklistów od 21 lipca poszukiwał zaginionego.

- No? - generał wstał z krzesła i podszedł do żołnierza, aby lepiej słyszeć jego relację.

- Nad jeziorem Kaspla natknęliśmy się na czerwonoarmistę, który zeznał, że razem z towarzyszem Dżugaszwilim wychodził z okrążenia. Tam jednak rozstali się. Dżugaszwili pozostał, aby odpocząć, żołnierz poszedł dalej. Niemców podobno w pobliżu nie było, istnieje więc szansa, że starszy lejtnant doszedł do naszych linii...

- Nie doszedł - burknął generał. - Możecie odejść.

Tego dnia, 24 lipca, dowódca dywizji zdał sobie sprawę, że nie może już dłużej ukrywać faktu zaginięcia syna Stalina. Mógł zginąć lub dostał się w ręce Niemców.

Zastukał pięścią w stół, przywołując adiutanta.

- Pisz! - powiedział, gdy ten wszedł do pokoju.

- Zostały podjęte wszelkie kroki w celu odnalezienia towarzysza Dżugaszwilego, który zaginął ze swoją baterią w rejonie wsi Lioznowo pod Witebskiem - dyktował. - Do dzisiaj nie udało się wyjaśnić losu tego żołnierza. - Po chwili dodał: - Wyślij szyfrogram do szefa zarządu politycznego Frontu Zachodniego towarzysza komisarza Rumiancewa.

Nie wiadomo, jak Stalin dowiedział się o zaginięciu syna. Być może pierwszym, który go powiadomił, był Lew Mechlis, który uzyskawszy raport od Rumiancewa pospieszył z tragiczną wieścią do dyktatora. Bardziej prawdopodobne jest, że Stalin już wcześniej dowiedział się o losie syna z audycji niemieckiego radia, które 19 lipca podało:

- Ze sztabu feldmarszałka von Klugego przekazano komunikat, że 16 lipca pod miejscowością Lioznowo na południowy wschód od Witebska żołnierze z korpusu zmotoryzowanego generała Schmidta wzięli do niewoli syna dyktatora Stalina, starszego lejtnanta Jakowa Dżugaszwilego, dowódcę baterii z 7. korpusu piechoty generała Winogradowa. Po zidentyfikowaniu wieczorem 18 lipca Jakowa Dżugaszwilego przewieziono do sztabu feldmarszałka von Klugego. Obecnie trwa przesłuchanie jeńca.

Jak zareagował na wieść o tym, że jego starszy syn znalazł się w rękach niemieckich? Najbardziej wiarygodna wydaje się relacja marszałka Żukowa, choć pytanie o los syna zadał Stalinowi wiele dni później.

- Towarzyszu Stalin, już dawno chciałem zapytać was o syna. Czy są jakieś nowe wiadomości o jego losie?

Stalin długo milczał, krążąc po gabinecie. Wreszcie odpowiedział zdławionym głosem:

- Jakow nie wydostanie się z niewoli. Rozstrzelają go. Zbrodniarze. Trzymają Jakowa w odosobnieniu i agitują, żeby zdradził ojczyznę.

Po chwili dodał:

- Jakow raczej wybierze śmierć, niż zdradę ojczyzny...

Zamilkł i długo nie odzywał się.

Widać było, że los syna wstrząsnął nim, choć nigdy nie ujawniał miłości do chłopca, a nawet można było odnieść wrażenie, że nie cierpiał go.

Matka Jakowa, Jekatierina Swanidze, zmarła na gruźlicę lub tyfus, gdy dziecko miało trzy lata. Stalin pozostawił oboje w Tyflisie pod opieką brata żony - Aleksandra Swanidze, a sam poszedł walczyć. Spotkali się, dopiero gdy chłopiec miał kilkanaście lat. Wujek przywiózł go do Moskwy i pozostawił u ojca, który być może początkowo sądził, że jego pierworodny pójdzie w jego ślady: będzie politykiem lub dowódcą. Jakow, nazywany w domu Jaszą, wydawał się być zaprzeczeniem oczekiwań ojca. Z trudem ukończył szkołę średnią i rozpoczął studia na wydziale Transportu Politechniki Moskiewskiej. Nie interesował się nadmiernie nauką, za to szczególnie wiele czasu poświęcał swojej macosze, starszej ledwie o cztery lata Nadieżdzie. Ponoć ta odwzajemniła zaloty przystojnego pasierba, co doprowadziło do skandalu, a Jakow usiłował odebrać sobie życie. W kuchni kremlowskiego mieszkania Stalina strzelił sobie w głowę z pistoletu, na szczęście tak niefortunnie, że kula przeorała włosy, nie wyrządzając większej szkody. Stalin skwitował to ironicznie:

– Nawet strzelać nie umie.

Wkrótce Jasza pojechał do dziadków do Leningradu. Nie wiadomo, czy wyjechał z Moskwy odesłany przez ojca, aby był daleko od macochy, czy też zaprowadziła go tam miłość do dziewczyny o imieniu Zoja. Dla niej rzucił studia i postanowił rozpocząć dorosłe życie. Urodziło im się dziecko. Objął stanowisko dyrektora hydroelektrowni. Nagła tragedia zerwała ten związek. Niemowlę zmarło. Wrócił do Moskwy i podjął studia w Akademii Artylerii.

Wnet nowy skandal poruszył Moskwę. Jasza, zakochany w pięknej Oldze Gładyszewej, która urodziła mu syna, ożenił się z równie piękną, choć ponoć próżną i pustą Julią Isaakowną Meller. Był jej czwartym mężem, co jednak nie denerwowało Stalina tak bardzo, jak fakt, że była Żydówką.

Jakow zdawał się nie zwracać uwagi na niezadowolenie ojca, a małżeństwo wydawało się bardzo szczęśliwe. W 1939 roku urodziła im się córka Galina. Dwa lata później, w maju 1941 roku, Jakow ukończył studia i w stopniu starszego lejtnanta został odesłany do wojska jako dowódca baterii haubic. 22 czerwca 1941 roku ojciec powiedział mu przez telefon:

– Idź i walcz!

Nie udało się ustalić, jak przebiegała ostatnia rozmowa telefoniczna. Istnieją jednak podejrzenia, że Jakow dzwonił do ojca, aby uchronił go przed wyjazdem na front. Ten jednak krótko skwitował prośbę syna. Wydawał się zadowolony, że wreszcie jego marnotrawny syn, chcąc nie chcąc, stał się żołnierzem, który wyruszy na pierwszą linię frontu.

Aż nadeszła ta straszna wiadomość.

7 sierpnia Stalin otrzymał zalakowaną kopertę, w której Andriej Żdanow, członek Rady Wojennej Frontu Północno-Zachodniego przesłał niemiecką ulotkę ze zdjęciem Jakowa spacerującego po łące w towarzystwie dwóch niemieckich oficerów. Podpis pod zdjęciem głosił:

„Jakow Dżugaszwili, starszy syn Stalina, dowódca baterii 14. pułku artylerii 14. dywizji, który 16 lipca poddał się pod Witebskiem wraz z tysiącami innych dowódców i szeregowych. Na rozkaz Stalina wasi komisarze polityczni wmawiają wam, że bolszewicy nie mogą się poddawać. Ale czerwonoarmiści wciąż przechodzą do Niemców. Aby was zastraszyć, komisarze okłamują was, mówiąc, że Niemcy źle obchodzą się z jeńcami. Rodzony syn Stalina udowodnił swoim przykładem, że to fałsz. Jakow poddał się, ponieważ stawianie oporu armii niemieckiej jest bezskuteczne".

Tego Stalin obawiał się najbardziej: wykorzystywania przez niemiecką propagandę postępku Jakowa. Odmówił przecież żołnierzom prawa

Syn Stalina w czasie przesłuchania

oddania się do niewoli. Bez względu na okoliczności. Ranny, bez broni czy bez amunicji powinien walczyć, choćby rzucając się z nożem na nieprzyjaciela, lub zabić się.

Ogarnął go wielki gniew, który skierował na najbliższych syna. Jego wuj Aleksander Swanidze, który w Tbilisi po śmierci matki wychowywał Jakowa, został rozstrzelany 20 sierpnia 1941 roku, zaś żonę i córkę Aleksandra, uwięziono w obozie i rozstrzelano kilka miesięcy później. Szybko też gniew dyktatora poczuła nie lubiana synowa, Julia – została aresztowana i zamknięta w więzieniu na Syberii, skąd wróciła dopiero po dwóch latach. Wnuczkę Galinę Stalin kazał oddać na wychowanie dziadkom.

Wciąż nie wiedział, w jaki sposób Jakow dostał się do niewoli. Jedyną wiadomością był list przesłany kanałami dyplomatycznymi:

„Drogi Ojcze! Jestem w niewoli zdrowy i wkrótce zostanę wysłany do jednego z oficerskich obozów w Niemczech. Obchodzą się ze mną dobrze. Życzę zdrowia. Pozdrawiam wszystkich. Jasza".

Prawdę poznał Stalin dopiero w 1945 roku, gdy z Niemiec przywieziono odnaleziony w archiwum Wehrmachtu protokół przesłuchania Jakowa, przeprowadzonego 18 lipca 1941 roku.

Dziwny to dokument: niejasny, sprzeczny, pozbawiony podstawowych dla zrozumienia przebiegu akcji dat i godzin. Jakby jeniec usiłował ukry-

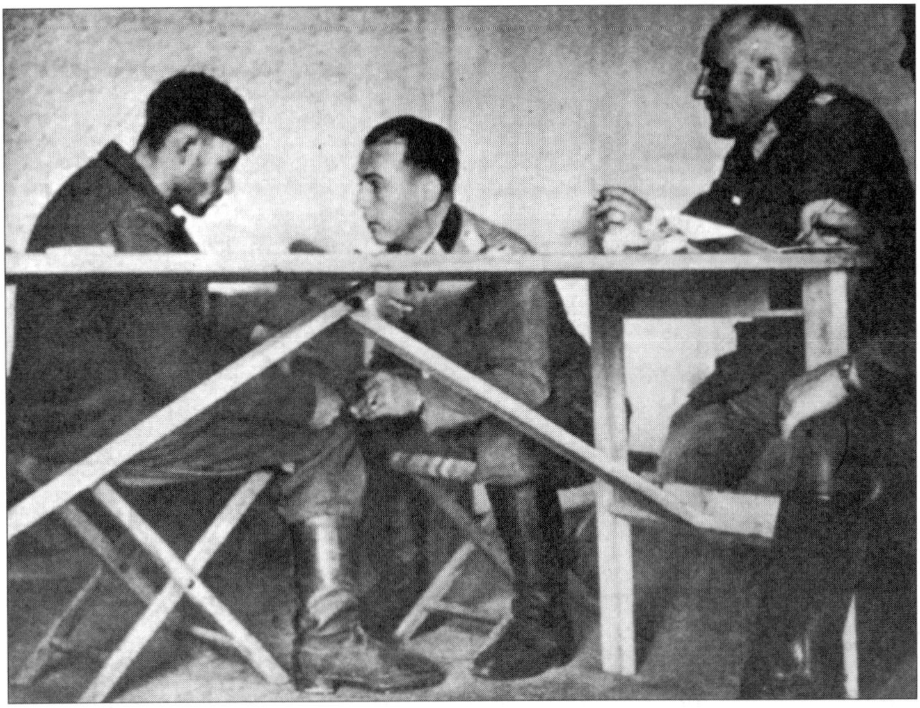

Przesłuchanie radzieckiego jeńca

wać prawdę, gmatwając opis akcji, w której wyniku dostał się do niewoli. Wiele tam też naiwności, będących odbiciem radzieckich filmów propagandowych.

Jakow relacjonował, jak dzielnie walczyła jego bateria prowadząca ogień do wojsk niemieckich otaczających wioskę Liaznowo. Gdy jednak żołnierze zrozumieli, że wróg jest ze wszystkich stron, porzucili broń i rozbiegli się. On nie uciekał, lecz udał się do dowódcy dywizji.

Jakow mówił do przesłuchującego niemieckiego oficera:

– Byłem w samochodzie dowódcy dywizji i czekałem na niego. W tym czasie wasze wojska zaczęły ostrzeliwać resztki naszej dywizji. (...) Przy samochodzie zbierali się czerwonoarmiści, ludzie z tyłów. Prosili: „Towarzyszu dowódco, przejmijcie komendę i poprowadźcie do walki". Ruszyliśmy do natarcia, ale przestraszyli się i kiedy się obejrzałem, za mną nie było już nikogo. Wrócić do swoich już nie mogłem, gdyż wasze moździerze prowadziły silny ogień.

Bardzo to naiwne i mało prawdopodobne: żołnierze z rozbitych oddziałów uciekający przed nacierającymi Niemcami na widok oficera zbierają się wokół i proszą, aby poprowadził ich do walki. On zaś staje na czele i rusza w bój, nie wiedząc, gdzie jest wróg, jakie są jego siły, gdzie są własne oddziały i jak się do nich przedrzeć.

Jeszcze bardziej pokrętne są wyjaśnienia Jakowa, dlaczego nie miał na sobie munduru, lecz cywilne ubranie.

– Po drodze spotykałem niewielkie grupki żołnierzy. Nie miałem innego wyjścia, jak tylko pójść z nimi. Wszyscy zaczęli się przebierać, ale nie chciałem tego robić. Szedłem w mundurze, a wtedy poprosili, żebym poszedł sam, bo [Niemcy] będą do mnie strzelać z samolotu i oni wtedy znajdą się pod ogniem. Odłączyłem się.

Okazuje się jednak, że żołnierze z innej napotkanej grupy namówili Jakowa, aby zrzucił mundur i założył nabyte u chłopa cywilne ubranie. Przesłuchujących oficerów niemieckich zastanowiło, że syn Stalina miał na sobie marynarkę i spodnie dobrej jakości. Takich ubrań nie spotykało się u białoruskich chłopów.

– Tak, te rzeczy są niemieckie, dali mi je wasi. Spodnie, buty. Wszystko oddałem, żeby wymienić. Byłem w chłopskim ubraniu, chciałem uciec do swoich. Oddałem umundurowanie i dostałem chłopską odzież.

Wynikałoby z tego, że Niemcy, widząc syna Stalina w chłopskich łachach, pożałowali go i dali mu ubranie bardziej dla niego odpowiednie. Mało prawdopodobne.

Nie wiadomo też, w jaki sposób Niemcy zorientowali się, kogo wzięli do niewoli. W masie jeńców, z których większość nie miała dokumentów, nosiła mundury bez odznak lub w ogóle nie miała mundurów, odnalezienie Jakowa było możliwe jedynie w wyniku zadenuncjowania go przez żołnierza. Nie można też wykluczyć, że poinformował ich o tym sam Jakow, sądząc, że syn Stalina będzie inaczej traktowany niż inni. Nie mylił się.

Przewieziony do Berlina, zamieszkał w luksusowym hotelu „Adlon", w którym przed wojną zatrzymywali się dyplomaci i szefowie rządów. Dodano mu towarzysza – kapitana Stricka, oficera Abwehry, który później zajmował się generałem Andriejem Własowem i namawiał go do podjęcia współpracy z Niemcami. Takie też było jego zadanie dotyczące Jakowa. Pozyskanie syna Stalina byłoby wielkim osiągnięciem propagandowym, ale to się nie udało.

Jakow zrozumiał, że dotarł do granicy, której przekroczyć nie może. W marcu lub kwietniu 1942 roku odesłano go z luksusowego apartamentu do obozowego baraku. Czy Niemcy zrezygnowali ze swoich planów? Zapewne nie. Chcieli, aby jeniec poczuł różnicę i zapragnął wrócić do luksusu. Za cenę zdrady.

Nie załamał się. Ostatecznie przewieziono go do obozu w Sachsenhausen*, gdzie zakwaterowano w baraku numer 2, w specjalnie wydzie-

*__Sachsenhausen__ (nazywany także Sachsenhausen-Oranienburg), jeden z nazistowskich obozów koncentracyjnych w pobliżu wsi o tej nazwie, 3 km na północ od Oranienburga, na północny zachód od Berlina. Obóz założono w 1936 r. jako część zespołu obejmującego Buchenwald (środkowe Niemcy) i Dachau (południowe

lonej części obozu. Wysoki mur i trzy rzędy drutów kolczastych, z których środkowy był pod napięciem, uniemożliwiały więźniom kontakt ze światem zewnętrznym.

Jakow podobno zachowywał się bardzo dumnie. Odmawiał oddawania honorów niemieckim oficerom. Odrzucał wszelkie próby skaptowania go. Aż zginął. Okoliczności jego śmierci pozostaną na zawsze tajemnicą, gdyż możliwe, że dwaj świadkowie kłamali, aby ukryć swoją winę.

Komendant obozu w Sachsenhausen, SS-Obersturmbannführer Kneidl i dowódca straży obozowej SS-Standartenführer Wegner, schwytani przez Amerykanów, zostali wraz z 13 innymi żołnierzami pełniącymi służbę w obozie we wrześniu 1946 roku oddani Rosjanom. Ich zeznania pozwoliły odtworzyć okoliczności śmierci syna Stalina.

O siódmej wieczorem Jakow przechadzający się wraz z innymi więźniami wokół baraku odmówił powrotu do izby. Podobno zażądał spotkania z komendantem obozu, a gdy esesman, z którym rozmawiał, poszedł do telefonu, Jakow ruszył w stronę ogrodzenia. Nie reagował na wezwania strażnika, a gdy ten uniósł karabin, rzucił się na druty.

Podobno na rozkaz Heinricha Himmlera, szefa SS, przeprowadzono sekcję zwłok, z której wynikło, że Jakow zmarł porażony prądem, zanim kula wartownika trafiła go w głowę.

Esesmani zeznający przed śledczymi z radzieckiego aparatu bezpieczeństwa mogli kłamać, aby oddalić od siebie podejrzenie, że zamordowali syna Stalina lub ponosili bezpośrednią odpowiedzialność za jego śmierć, co zapewne i tak im nie pomogło. Dziwne jest, że więzień mógł ruszyć w stronę drutów, znajdujących się za murem. Czyżby brama była otwarta i nie stał przy niej wartownik? Obóz „A", w którym przetrzymywano Jakowa, znajdował się wewnątrz obozu Sachsenhausen. Więzień, który wyszedłby przez bramę, nie mógł daleko zajść. Dlaczego więc strzelano do niego, zamiast go schwytać? Wystarczyłoby, żeby kilku wartowników puściło się w pogoń, lub, jak mieli to w zwyczaju, spuściło psy. Nic nie uzasadniało strzału oddanego w stronę Jakowa. Był zbyt ważnym więźniem, aby sprawę jego życia i śmierci pozostawiać decyzji przypadkowego strażnika. Zbyt cennym,

Niemcy). Od 1938 r. przywożono tam wielkie transporty więźniów, głównie Żydów z Berlina, Hamburga i Pomorza. W czasie całej wojny w obozie przybywało jednorazowo od 11 000 do 48 000 więźniów. Z ok. 200 000 jeńców, którzy przeszli przez obóz, 100 000 zostało zamordowanych lub zmarło z głodu, chorób i wycieńczających warunków pracy w pobliskich fabrykach zbrojeniowych. Sachsenhausen został wyzwolony 27 kwietnia 1945 r. przez wojska radzieckie.

aby ktokolwiek z niemieckich władz podjął decyzję o zamordowaniu go. Dopóki żył, miał dla Niemców wartość. Mogli liczyć, że w określonych warunkach jego życie i wolność mogą stać się atutem w przetargu. Nawet dla komendanta obozu, który po wojnie mógł kupić sobie bezpieczeństwo.

Śmierć syna Stalina pozostanie tajemnicą...

Część II – Wielki sojusz

1. Załamanie

Jak zachęcić Niemców do negocjacji? Misja ambasadora Stamenowa i Aleksandry Kołłontaj. Czy doszło do rokowań z Hitlerem?

Paweł Sudopłatow, szef Zarządu Operacji Specjalnych NKWD, był przekonany, że wezwanie do niezwłocznego stawienia się u Ławrientija Berii rankiem 25 lipca dotyczyć będzie zadań dla Zmotoryzowanej Brygady do Zadań Specjalnych, utworzonej kilka dni wcześniej. On zajmował się organizacją tego oddziału i był dumny z rozmachu i tempa, jaki nadał całemu przedsięwzięciu. W krótkim czasie postawił pod broń dwadzieścia tysięcy kobiet i mężczyzn. I to nie byle jakich. W brygadzie znaleźli się mistrzowie boksu i zapasów, najwybitniejsi sportowcy zdobywcy krajowych i światowych tytułów mistrzowskich. Zmobilizowano też dwa tysiące cudzoziemców: Niemców, Polaków, Austriaków, Hiszpanów, Amerykanów, Chińczyków, Czechów. Ci ludzie, przerzucani na tyły wroga, prowadzili tam sabotaż i dywersję i robili to z ogromnym zaangażowaniem i skutecznością. Do końca wojny zlikwidowali 137 tysięcy niemieckich oficerów i żołnierzy, zabili w zamachach 87 wysokich niemieckich oficerów i urzędników.

Beria tego dnia nie miał jednak zamiaru rozmawiać o nowej brygadzie. Siedział za biurkiem, przeglądając akta opatrzone napisem „Ściśle tajne". Sudopłatow po kolorze okładki zorientował się, że są to akta osobowe, ale nic więcej nie potrafił dostrzec.

– Siadajcie. – Na twarzy Berii widać było wyraźne ślady wielu nie przespanych nocy. – Te raporty powinniście znać.

Wstał zza biurka, biorąc kilka innych teczek, i usiadł na fotelu naprzeciw Sudopłatowa.

– Z Berlina powrócili Bieriezkow i Kobułow – Beria mówił o pierwszym sekretarzu ambasady radzieckiej w Berlinie, Walentynie Bieriezko-

Ławrientij Beria

wie i Amjaku Kobułowie, rezydencie wywiadu, młodszym bracie Bogdana Kobułowa, swoim zastępcy. - Informują, że w czasie rozmowy z baronem Botmanem z niemieckiego Ministerstwa Spraw Zagranicznych dowiedzieli się o narastającym niezadowoleniu w Niemczech, jakie wywołuje przedłużająca się wojna i brak rozstrzygnięcia na froncie.

- Potwierdzają to informacje od „Korsykanina" - uzupełnił Sudopłatow. Był to pseudonim Arvida Harnacka*, jednego z najcenniejszych radzieckich agentów, zwerbowanego w końcu 1940 roku. - Donosi, że w niemieckim najwyższym dowództwie panuje niezadowolenie z przebiegu działań wojennych. Zwłaszcza po dużych stratach oddziału generała Guderiana pod Smoleńskiem.

Beria kiwnął głową, potwierdzając, że dobrze zna informacje od „Korsykanina".

- Znacie Stamenowa? - zapytał.

- Tak jest.

Iwan Stamenow, bułgarski ambasador w Moskwie, od dawna współpracował z radzieckim wywiadem. Zwerbowano go w 1934 roku w Rzymie, gdzie pełnił funkcję trzeciego sekretarza ambasady Królestwa Bułgarii. Nie był komunistą, ale uważał, że bliskie kontakty polityczne, gospodarcze i militarne między jego ojczyzną a Związkiem Radzieckim są absolutnie niezbędne dla zapewnienia Bułgarii należytych wpływów i pozycji na Bałkanach.

- Powinniście przekonać go - kontynuował Beria - a z tym nie powinniście mieć kłopotu, że należy rozpowszechniać wśród zagranicznych dyplomatów w Moskwie, zwłaszcza tych, którzy sympatyzują z Niemcami, wieści, iż jesteśmy gotowi do rozmów pokojowych... - przerwał patrząc badawczo na Sudopłatowa, lecz ten zachował kamienną twarz. - Oczywiście powinny temu towarzyszyć sugestie, że nie mamy zamiaru zrezygnować z twardej obrony na każdym odcinku, i przypomnienie, że niemiecki Blitzkrieg zawiódł - nie udało im się w ciągu miesiąca zdobyć Moskwy, Leningradu i Kijowa, tak więc wojna będzie trwać długo...

*__Arvid Harnack__ (1901-1942), syn znanego niemieckiego historyka, w połowie lat dwudziestych związał się z ruchem komunistycznym. W 1932 r. w czasie pobytu w Moskwie zgodził się współpracować z Kominternem. W 1933 r. rozpoczął pracę w niemieckim Ministerstwie Gospodarki. W końcu 1940 r. został zwerbowany przez wywiad radziecki, któremu dostarczał ważne informacje dotyczące niemieckiej polityki i gospodarki. Aresztowany 20 września 1942 r. został skazany na karę śmierci i stracony wraz z kilkudziesięcioma członkami jego siatki szpiegowskiej.

Dzwonek telefonu na biurku przerwał wywód Berii. Wstał i sięgnął po słuchawkę. Sudopłatow zdążył zauważyć, że dzwonił telefon łączący bezpośrednio ze Stalinem lub Mołotowem, więc poderwał się, aby wyjść z gabinetu, lecz Beria zatrzymał go gestem.

Mówił cicho, odwrócony plecami, ale nie starał się ukryć z kim rozmawia, gdyż parę razy użył imienia Wiaczesław. Dla Sudopłatowa było oczywiste, że rozmówcą jego szefa był komisarz spraw zagranicznych Wiaczesław Mołotow.

– Sprawę Stamenowa przekazałem mojemu oficerowi, wysokiemu oficerowi, zgodnie z poleceniem towarzysza Stalina i twoją opinią...

Dla Sudopłatowa było oczywiste, że Beria, ani też żaden z członków najwyższych radzieckich władz, nie powinien kontaktować się bezpośrednio ze Stamenowem, gdyż zdradziliby tym samym, jak wielką wagę przywiązywano do tej sprawy. Udział Sudopłatowa, wysokiego urzędnika NKWD, był wystarczający, aby dać sygnał Stamenowowi, że sprawa jest ważna, równocześnie nie wzbudzając niepotrzebnych emocji.

– ... Żona Stamenowa jest bardzo zadowolona, że załatwiłeś jej pracę w Instytucie Biochemii – dodał jeszcze, zanim odłożył słuchawkę.

– Jak więc widzicie – skierował się do stolika, przy którym siedział Sudopłatow – nie ma czasu do stracenia. Nie sugerujcie Stamenowowi, z kim ma rozmawiać na temat negocjacji z Niemcami. To będzie bardziej naturalne. Przystępujcie do działania i informujcie mnie na bieżąco o wynikach tej inicjatywy.

– Przedstawię raport, Ławrientiju Pawłowiczu – Sudopłatow wstał i zasalutował.

Już następnego dnia spotkał się ze Stamenowem w mieszkaniu swojego zastępcy Isaaka Eitingtona, a kolejnego dnia zaprosił ambasadora do restauracji „Agrawia", gdzie zwykle funkcjonariusze NKWD spotykali się z zagranicznymi dyplomatami. Było to znacznie lepsze miejsce do rozmów niż mieszkanie. Kuchnia była dobra i nikt nie pytał o kartki żywnościowe, co było szczególnie ważne w wojennym czasie. Spotkania odbywały się w niewielkich gabinetach, w których gęste firanki dobrze zasłaniały okna, zaś kilimy na ścianach i ciężkie pluszowe zasłony tłumiły dźwięki. I tylko ci, którzy powinni znać przebieg rozmowy, słyszeli ją dobrze, gdyż mikrofony znajdowały się wszędzie, poczynając od żyrandola, a na wazonie z kwiatami kończąc.

– Nie można wykluczyć możliwości szybkiego zakończenia walk – mówił Sudopłatow – oczywiście uwzględniając pewne terytorialne koncesje z naszej strony.

Stamenow nie wydawał się zaskoczony takim podejściem Rosjan.

– Nie sądzę, aby Niemców nie zainteresowała taka możliwość, zwłaszcza teraz, gdy ich oddziały pancerne poniosły duże straty w rejonie Smoleńska – mówił dalej Sudopłatow.

– Tak, wszyscy wiedzą, że niemiecka agresja nie przebiega zgodnie z planami, jakie nakreślił Hitler – odpowiedział Stamenow. – Wojna będzie długa, ale nie mam wątpliwości, że zwycięstwo będzie nasze.

– No cóż, wojna jest wojną – Sudopłatow nie wydawał się zadowolony z podejścia rozmówcy. Zaczynał podejrzewać, że Bułgar nie ma ochoty być pośrednikiem w nawiązaniu rokowań z Niemcami. – Może warto rozgłosić informacje o naszym stosunku do negocjacji...

– Wątpię, czy cokolwiek z tego wyniknie. – Te słowa potwierdziły, że Stamenow był wyraźnie sceptycznie nastawiony do propozycji, acz otwarcie nie zaprotestował przeciwko zadaniu, które zlecał mu Sudopłatow. Ten nie mógł jaśniej skonkretyzować, czego oczekuje od ambasadora, gdyż nie zezwalała na to instrukcja, jaką otrzymał od Berii, ani też ujawnić, na czyje polecenie działa. Mógł jedynie mieć nadzieję, że jego rozmówca przemyśli sprawę i zmieni zdanie. Nie stało się tak. Ambasador nie miał zamiaru podjąć żadnych kroków, które mogłyby doprowadzić do nawiązania negocjacji między Niemcami i Rosjanami, o czym NKWD przekonało się już wkrótce, odczytując depesze wysyłane z bułgarskiej ambasady. Nie było w nich ani słowa o gotowości Stalina do rozmów pokojowych z Niemcami. Także dyskretna obserwacja, jaką objęto ambasadora, wskazywała, że w rozmowach z innymi dyplomatami nie poruszał tematu radziecko-niemieckich rokowań.

Czy do takich negocjacji doszło? Nie ma na to żadnego dowodu, natomiast jest mało prawdopodobne, aby Hitler u szczytu powodzenia w radzieckiej kampanii, przystępując do zadania ciosu, który nazywał rozstrzygającym, zechciał wysyłać swoich przedstawicieli, by układali się ze Stalinem. Ten z kolei musiał rozumieć, że podjęcie przez Niemców propozycji przystąpienia do rokowań może mieć dla niego nieobliczalne następstwa. Wciąż liczył na przełom w tej wojnie, a gdyby radzieccy żołnierze dowiedzieli się z niemieckich ulotek i audycji propagandowych, że ich wodzowie każą im walczyć do ostatka, a jednocześnie paktują z wrogiem, mogliby wzniecić bunt. Jak zareagowaliby najwyżsi dowódcy i członkowie najwyższych władz na wieść, że Stalin zamierza zaoferować Niemcom wielkie obszary Związku Radzieckiego, w których obronie zginęło tak wielu żołnierzy? Czy Stalin nie znalazłby się wobec opozycji, jaką w marcu 1918 roku musiał przełamywać Lenin, gdy zdecydował się podpisać z Niemcami upokarzający pokój brzeski*? Bez wątpienia podjęcie rokowań z Niemcami byłoby krokiem nad wyraz ryzykownym i przedwczesnym.

*__Pokój brzeski__ – układ pokojowy, podpisany przez delegacje państw centralnych (Niemiec i Austro-Węgier) i Rosji Radzieckiej 3 marca 1918 r. w Brześciu, w którego wyniku zakończono działania wojenne na wschodzie kosztem przyjęcia upokarzających warunków przez rząd bolszewicki (m.in. Rosja traciła Estonię, Litwę, Łotwę i Białoruś i musiała wycofać wojska z Ukrainy, Finlandii i Wysp Alandzkich).

Jednakże wiele lat później, w czerwcu 1953 roku, postawiono Berii zarzut „tajnego planowania obalenia Stalina i radzieckiego rządu przez nawiązanie kontaktów z agentami Hitlera i zaproponowanie im zdradzieckiego separatystycznego pokoju na warunkach terytorialnych ustępstw".

Oskarżycielom, którzy zamierzali wtedy skazać Berię na śmierć, mogło się wydawać, że znalezienie dowodów będzie sprawą łatwą: główny świadek emerytowany ambasador Iwan Stamenow mieszkał w Sofii; delegacja z sekretarzem prezydium Rady Najwyższej Nikołajem Pegowem udała się do niego, ale mimo prób zastraszenia i przekupienia Stamenowa nie zdobyła żadnego poświadczenia, że do negocjacji radziecko-niemieckich doszło. Były ambasador odmawiał wszelkich wyjaśnień na ten temat.

Jedynie więc Sudopłatow mógł świadczyć, ale tylko w sprawie, że projekty rokowań istniały. Znał niewielką część prawdy. Nigdy też ze strony niemieckiej nie pojawiły się żadne informacje, że w lipcu i październiku 1941 roku Stalin przesyłał sygnały o gotowości do podjęcia rokowań na temat zakończenia działań wojennych.

Ławrientij Beria podczas przesłuchania 26 sierpnia 1953 roku nie zaprzeczał, że istniał projekt nawiązania kontaktów z Niemcami, lecz wyjaśniał, że chodziło jedynie o zyskanie na czasie potrzebnym dla zmobilizowania wszystkich rezerw do walki z Niemcami.

Mówił prawdę, lecz nie do końca, gdyż brakowało mu wiedzy na temat pełnych zamiarów Stalina, które ten konsultował jedynie z Mołotowem.

W istocie Stalin nie miał zamiaru paktować z Hitlerem. Nie oznacza to jednak, że nie chciał znaleźć możliwości pozwalającej na nawiązanie kontaktów z wrogiem, ale nieoficjalnych i na niskim szczeblu. Zawsze w historii najbardziej wrogie sobie państwa utrzymywały nieformalne, tajne stosunki wiedząc, że mogą się one przydać, choćby przy wymianie ważnych jeńców.

Taką misję otrzymała Aleksandra Michajłowna Kołłontaj*, wysoka rangą pracownica radzieckiej ambasady w Sztokholmie i późniejszy ambasador w tym państwie. W czasie spotkania z Edgarem Klausem, agentem Abweh-

* **Aleksandra Michajłowna Kołłontaj** (1872–1952), córka generała carskiej armii, żona oficera carskiej armii, w 1898 r. porzuciła rodzinę i związała się z ruchem socjaldemokratycznym. W 1916 r. podróżowała po Stanach Zjednoczonych, wygłaszając przemówienia przeciwko przystąpieniu USA do wojny. Po rewolucji październikowej 1917 r. objęła urząd komisarza opieki socjalnej. Prowadziła kampanię przeciwko instytucji małżeństwa i na rzecz uproszczenia procedury rozwodów. Oskarżona o zaniedbania obowiązków, uniknęła egzekucji jedynie w wyniku wstawiennictwa Lenina. Od 1922 r. pracowała w Komisariacie Spraw Zagranicznych, a rok później wyjechała jako dyplomata do Norwegii. Następnie pracowała w Meksyku (1926–27), ponownie w Norwegii (1927–30), potem w Szwecji (1930–45), gdzie od 1943 r. była ambasadorem.

Aleksandra Kołłontaj

ry, wspomniała o możliwości negocjacji pokojowych z Niemcami. Klaus nie zrozumiał, o co chodzi jego rozmówczyni i uznał, że wobec nieuchronnej klęski Związku Radzieckiego pani Kołłontaj myśli o ratowaniu własnej skóry. Taką wiadomość przekazał swojemu szefowi, admirałowi Wilhelmowi Canarisowi. Ten, sądząc, że za propozycją radzieckiej dyplomatki może kryć się coś więcej, przekazał jej ofertę ministrowi spraw zagranicznych Joachimowi von Ribbentropowi, który z kolei poinformował Hitlera: „Rosyjski ambasador w Sztokholmie, *Madame* Kołłontaj, zamierza zerwać z rządem radzieckim i przyjechać do Niemiec". Ribbentrop mylił się, gdyż pani Kołłontaj nie była wówczas ambasadorem, ale nie takie wpadki zdarzały się niemieckiemu ministrowi, znanemu z nie najwyższej inteligencji.

– Pani Kołłontaj będzie wystawnie przyjmowana – odpowiedział Hitler. Nie miał zamiaru dłużej zajmować się tą sprawą. Być może zasięgnął bliższych informacji na temat zapowiedzianego gościa i dowiedział się, że jest to żarliwa komunistka, którą można było podejrzewać o wszystko, tylko nie o chęć zdradzenia Stalina. Skoro więc wystąpiła z taką propozycją, to znaczy, że Stalin wskazywał na nią, jako na osobę mającą jego pełne zaufanie, przez którą gotów był utrzymywać tajny i nieformalny kontakt. W tamtym czasie Hitlera w ogóle to nie interesowało.

Stalin prowadził podwójną grę. Zależało mu na nawiązaniu stosunków z Hitlerem, a jednocześnie ustawieniu się przeciwko Churchillowi, który już na samym początku popełnił błąd, odkrywając karty. Stalin, znając je, potrafił lepiej od Churchilla rozegrać tę partię.

2. *Wróg czy przyjaciel?*

Poranek 22 czerwca w Chequers. Churchill oferuje pomoc, Stalin nie odpowiada. Negocjacje w Moskwie. Sojusz najbardziej zagorzałych wrogów.

Minęła godzina 6.30, gdy ktoś z domowników zajrzał do sypialni premiera, siedzącego już na łóżku w pasiastej piżamie, z nogami opuszczonymi na wzorzysty dywanik, i poinformował go o wybuchu wojny. Nie minęło wiele czasu, a Churchill polecił, aby radio BBC było gotowe do wyemitowania jego przemówienia, które postanowił wygłosić tego wieczora.

Nie zamierzał jednak wracać do Londynu, choć wydawałoby się, że wieść tak ważna powinna skłonić go do powrotu na Downing Street* i zwołania posiedzenia Gabinetu Wojennego. Wszystko wskazywało na to, że nie chciał rozpoczynać dyskusji na temat zmiany polityki wobec Związku Radzieckiego, która mogła opóźnić jego posunięcia.

Zdecydowany był działać w sposób, jaki wybrał jego niesławny poprzednik na urzędzie, premier Neville Chamberlain. To on w marcu 1939 roku, chcąc skierować niemieckie uderzenie na wschód, nie konsultując się ze swoimi ministrami, ogłosił udzielenie Polsce gwarancji, co miało sprowokować polski rząd do zajęcia nieprzejednanego stanowiska wobec niemieckich żądań i w efekcie doprowadzić do wybuchu wojny.

Koło południa do Chequers przybyli lord Beaverbrook**, niedawno mianowany ministrem zaopatrzenia, oraz Stafford Cripps***, ambasador brytyjski w Moskwie, który kilka dni wcześniej został wezwany do Londynu. Obydwaj znani byli z sympatii wobec Związku Radzieckiego, choć bardzo różnili się w ocenie sytuacji, jaką wytworzył wybuch wojny. Cripps twierdził, że Niemcy przejdą przez radziecką obronę „jak nóż przez masło", zaś Beaverbrook skłonny był uznać, że obrona radziecka będzie twarda, a wojna długa.

Nic więc nie mogło zmienić zamiaru Churchilla zadeklarowania bezwarunkowej pomocy i poparcia dla Związku Radzieckiego. Resztę popołudnia spędził na przygotowaniu przemówienia, które wygłosił o godzinie 21.00.

* Uliczka w centrum Londynu (nazwana imieniem sir Georga Downinga (1623-1684), brytyjskiego dyplomaty i finansisty), gdzie pod numerem 10 znajduje się siedziba rządu brytyjskiego.

** **Lord Beaverbrook** (Maxwell Aitken) (1879-1964), brytyjski magnat prasowy, objął stanowisko ministra produkcji lotniczej i członka gabinetu wojennego 10 maja 1940 r., w dniu, w którym premierem został Winston Churchill. Spowodowało to wiele krytycznych komentarzy, gdyż źródeł nominacji doszukiwano się w wieloletniej przyjaźni i nie zaniechano krytyki mimo oczywistego sukcesu Beaverbrooka, jakim było podwojenie produkcji samolotów z 850 do 2000; twierdzono, że produkcja wzrosła, gdyż zakłady wcześniej do tego zostały przygotowane. W czerwcu 1941 r. Beaverbrook otrzymał stanowisko ministra zaopatrzenia, w lutym 1942 r. - ministra produkcji, z którego szybko zrezygnował, ze względu na zły stan zdrowia. We wrześniu 1943 r. otrzymał tytuł lorda tajnej pieczęci (Lord Privy Seal); pełnił również funkcję pełnomocnika ds. Lend-Lease w Stanach Zjednoczonych.

*** **Stafford Cripps** (1889-1952) ambasador brytyjski w Moskwie w latach 1940-1942 r. był gorącym zwolennikiem sojuszu ze Związkiem Radzieckim. W 1941 r. powiadomiony przez swój rząd o przygotowywanym niemieckim ataku na ZSRR, przekazał tę wiadomość Stalinowi. Po powrocie do Wielkiej Brytanii w 1942 r. wszedł do Gabinetu Wojennego Churchilla, ale w końcu roku objął stanowisko ministra ds. produkcji lotniczej, co wiązało się z opuszczeniem gabinetu. W rządzie następcy Churchilla, Clementa Attlee, sprawował urząd ministra finansów.

22 czerwca 1941 roku; Winston Churchill: „Nikt nie był bardziej konsekwentnym przeciwnikiem komunizmu niż ja..."

– Nikt nie był bardziej konsekwentnym przeciwnikiem komunizmu, niż ja byłem przez ostatnie dwadzieścia lat. Nie odwołam żadnego słowa, które na ten temat wypowiedziałem. Ale ten problem blednie wobec wydarzeń, które teraz się rozgrywają. Przeszłość z jej zbrodniami, nawet szaleństwem, i tragediami odchodzi.

Ani razu nie powiedział, o jakich zbrodniach mówił. To byłoby niemiłym zgrzytem w ofercie, jaką miał przedstawić w tym przemówieniu.

– Każdy człowiek lub państwo będzie miało naszą pomoc w walce przeciwko nazizmowi. Każdy człowiek lub państwo maszerujące z Hitlerem jest naszym wrogiem. Taka jest nasza polityka. Taka jest nasza deklaracja. W konsekwencji okażemy pomoc, jaką tylko będziemy mogli okazać Rosji i rosyjskiemu narodowi. Apelujemy do naszych przyjaciół i sojuszników w każdym zakątku świata, aby poszli tą samą drogą.

Postawił wszystko na jedną kartę, choć nie mógł wiedzieć, czy jest to as czy blotka.

Wszystkie analizy wskazywały, że niemiecka przewaga jest tak duża, iż Armia Czerwona skapituluje w ciągu kilku tygodni. Nie powinien w to wątpić, skoro rok wcześniej Francja - światowe mocarstwo, wspomagane przez Brytyjski Korpus Ekspedycyjny, a także wojska belgijskie i holenderskie - została pokonana i zmuszona do podpisania upokarzającego zawieszenia broni na warunkach podyktowanych przez Niemców zaledwie po czterdziestu dniach walki. Churchill proponował więc pomoc wojenną państwu, które lada moment mogło runąć, a jeszcze do niedawna było sojusznikiem hitlerowskich Niemiec, aktywnie uczestniczącym w podboju Polski. W końcu 1939 roku Wielka Brytania pomagała Finom* zaatakowanym przez Armię Czerwoną i rozważała wysłanie korpusu ekspedycyjnego, który stanąłby do walki u boku wojsk fińskich, do czego jednak nie doszło w związku z załamaniem fińskiej obrony i zakończeniem wojny w marcu 1940 roku. Rząd brytyjski wspólnie z rządem francuskim przygotował plan zbombardowania radzieckich pól naftowych w rejonie Baku, aby zmniejszyć dostawy radzieckiej ropy dla hitlerowskich Niemiec. Nalot miał nastąpić w kwietniu lub maju 1940 roku i jedynie niemiecka agresja na Francję zapobiegła przeprowadzeniu tego ataku.

Jakże więc Churchill miał wytłumaczyć Brytyjczykom, że należy zapomnieć o niedawnej przeszłości i pomagać niedawnemu wrogowi? Mógł jedynie oczekiwać, że ogromne zaufanie, jakim obdarzało go społeczeństwo, pozwoli mu zdobyć akceptację gwałtownego zwrotu w polityce wobec Związku Radzieckiego. Uznał, że wbrew wszelkim niebezpieczeństwom, jakie rodził jego gest wobec Stalina, musi tak postąpić, gdyż ta wojna rozstrzygnie się na wschodzie, w starciu tytanów.

Churchill doskonale rozumiał, dlaczego Hitler rozpoczął wojnę ze Związkiem Radzieckim, pozostawiając otwarty front na Zachodzie. Nie mógł dłużej bawić się w kotka i myszkę z Brytyjczykami, wiedząc, że Stalin przygotowuje się do decydującej rozprawy i podciąga swoje armie do granicy. Tymczasem nic nie wskazywało, że w najbliższym czasie Niemcom uda się zmusić rząd brytyjski do zawarcia pokoju. Przegrali powietrzną bitwę o Anglię, zaś kontynuowane naloty na brytyjskie miasta miały

*W czasie działań wojennych 1939-1940 Wielka Brytania wysłała dla armii fińskiej m.in. 12 dział morskich kal. 152 mm, 33 samoloty myśliwskie Gloster *Gladiator*, 12 samolotów *Hurricane*, 24 samoloty bombowe *Blenheim*, 28 ciągników, 25 haubic kal. 114 mm i 30 armat kal. 84 mm, 42 działa przeciwlotnicze kal. 40 mm i 76 mm, kilkadziesiąt milionów sztuk amunicji karabinowej, 50 tys. mundurów.

znaczenie propagandowe i terrorystyczne, a nie militarne, czy gospodarcze. Luftwaffe była za słaba i nie miała samolotów o odpowiednio dużym zasięgu i udźwigu bomb, aby zaszkodzić angielskiemu przemysłowi. Jedynym sukcesem w tej wojnie niemiecko-brytyjskiej były straty wyrządzone brytyjskiej żegludze przez U-Booty oraz wielkie okręty samotnie polujące na atlantyckich szlakach i samoloty. Istniało duże prawdopodobieństwo, że zdołają one zablokować transport surowców i materiałów dla brytyjskiej gospodarki, co zmusiłoby rząd Churchilla do wystąpienia z propozycją zawarcia pokoju. Mimo że w pierwszej połowie 1941 roku Niemcom udało się zatopić 760 statków o łącznym tonażu 2 884 307 BRT, nie należało spodziewać się szybkiego rozstrzygnięcia tej wojny. Dlatego Hitler uznał, że musi dokonać raptownego zwrotu: zniszczyć Związek Radziecki, co zmusiłoby Brytyjczyków do wystąpienia z pokojową ofertą. Musieliby stwierdzić, że dalsza obrona nie ma sensu, skoro Niemcy opanowali radzieckie bogactwa, przemysł i ludność, i w krótkim czasie wzmocnili swoją potęgę militarną, wobec której Wielka Brytania słabnąca w wyniku blokowania morskich dróg zaopatrzeniowych przez niemieckie okręty podwodne nie ma szans kontynuowania obrony. Hitler zakładał, że do tej gry nie włączą się Stany Zjednoczone, których armia lądowa była tak słaba, iż nie mogła liczyć się w europejskich szacunkach. Ponadto społeczeństwo tego państwa było nastawione tak pacyfistycznie, że nic nie wskazywało, aby prezydentowi udało się namówić Amerykanów* do udziału w wojnie w Europie. A tymczasem nabrzmiewał konflikt na Dalekim Wschodzie i było oczywiste, że lada miesiąc, gdy Japończycy ruszą do ataku, Amerykanie będą musieli stanąć do walki, gdyż region Pacyfiku wydawał się ważniejszy dla amerykańskich interesów niż Stary Kontynent.

Obrona Wielkiej Brytanii leży na wschodzie, uznał Churchill. I ta koncepcja warta była posyłania do Związku Radzieckiego sprzętu, amunicji i broni. W żadnym wypadku nie byłaby to inwestycja stracona. Nawet jeżeli ta wojna miała być przegrana, to każdy tysiąc niemieckich żołnierzy poległych od pocisków z brytyjskich karabinów i dział osłabiał siły największego wroga.

*W chwili wybuchu II wojny światowej Stany Zjednoczone dysponowały niewielką armią zawodową liczącą 175 tys. żołnierzy wyposażonych w przestarzały sprzęt. Armia regularna składała się z 9 dywizji piechoty i 3 dywizji kawalerii. W rezerwie pozostawało 130 tys. oficerów oraz 215 tys. (słabo wyszkolonych i wyposażonych) żołnierzy ochotniczej Gwardii Narodowej. Po upadku Francji Kongres 27 lipca 1940 r. uchwalił powołanie do czynnej służby żołnierzy Gwardii Narodowej i rezerwy, a wkrótce wprowadzono powszechny obowiązek rocznego przeszkolenia poborowych, przedłużony w sierpniu 1941 r. do 30 miesięcy. W grudniu 1941 r., gdy Stany Zjednoczone przystąpiły do wojny siły lądowe dysponowały 29 dywizjami piechoty, 5 dywizjami pancernymi i 2 dywizjami kawalerii (łącznie 1 657 157 żołnierzy).

Pozostało tylko pytanie, jak Stalin przyjmie szczodrą i zaskakującą ofertę Churchilla. Publiczne deklaracje pomocy następują z reguły po długich negocjacjach, z których jasno wynika, że obdarowany nie zechce darowizny odrzucić. A brytyjski premier miał w tym względzie fatalne doświadczenia ze Stalinem. Nie tak dawno, w kwietniu 1941 roku, wysłał list z ostrzeżeniem przed niemiecką agresją, a Stalin powiadomił Hitlera i kazał list opublikować. Na następne ostrzeżenie przekazane przez ambasadora Stafforda Crippsa w ogóle nie odpowiedział. Czy słysząc radiową ofertę pomocy, nie zachowa się podobnie?

Churchill nie miał wielkich możliwości wcześniejszego skonsultowania swojego projektu ze Stalinem, a to ze względu na wzajemną nieufność. Decyzję mógł więc podjąć jedynie na podstawie bardzo niewyraźnych przesłanek.

Rankiem 13 czerwca minister Anthony Eden spotkał się z ambasadorem Iwanem Majskim, którego ostrzegł przed możliwością niemieckiej agresji.

– Rząd brytyjski rozważa możliwość pomocy: podjęcia nalotów na Zachodzie, wysłania misji wojskowej do Rosji i pomocy gospodarczej – mówił Eden.

Majski potwierdził, że rząd radziecki wie o koncentracji wojsk niemieckich i poprosił o dodatkowe informacje, jakie Brytyjczycy mogą mieć na temat miejsc stacjonowania i liczebności niemieckich wojsk.

– Sądzę, że każda brytyjska propozycja spotkałaby się z bardziej sympatycznym przyjęciem, jeżeli byłaby poprzedzona ogólnymi negocjacjami mającymi na celu poprawę stosunków – powiedział Majski. Było oczywiste, że takie oświadczenie musiało zostać zaakceptowane wcześniej przez Stalina. O niczym jednak nie przesądzało. Sformułowania były tak ogólne i nie zobowiązujące, że Rosjanie szybko mogli o nich zapomnieć. Poza tym była to tylko pogawędka dwóch dyplomatów. Nic więcej.

Równie niejednoznaczna była rozmowa ambasadora Majskiego z Haroldem Nicolsonem, który w okresie największej nieufności, czy nawet wrogości obydwu państw, był łącznikiem między rządem moskiewskim i londyńskim. Nicolson, parlamentarzysta, polityk spokrewniony był przez swoją żonę z szefem wywiadu Stewartem Menziesem, co zdaje się wskazywać, że tajne kontakty między wywiadami brytyjskim i radzieckim trwały od 1939 roku. Majski miał powiedzieć, że lubi Nicolsona, gdyż jest jedynym arystokratą, któremu można ufać. Jemu też przekazał informację, że propozycja zawarcia sojuszu przedstawiona przez Churchilla mogłaby być przyjęta przez Stalina bardziej życzliwie, niż gdyby ją złożył premier poprzedniego rządu Neville Chamberlain.

Były to bardzo niejednoznaczne gesty Rosjan. Tak więc Winston Churchill całą swoją polityczną karierę postawił na kartę, której wartości nie znał.

Stalin długo nie odpowiadał na ofertę Churchilla, o której poinformowano go 23 czerwca. Nie wiedział jeszcze, jak wielkie jest niemieckie zagrożenie i jak trudna jest sytuacja jego wojsk na froncie. Wiedział natomiast, jak zagorzałym antykomunistą jest Churchill i jak nieprzyjazne działania planował rząd brytyjski w niedawnej przeszłości. Znał brytyjsko-francuskie plany zbombardowania Baku, gdyż 17 czerwca 1940 roku we Francji żołnierze jednego z niemieckich oddziałów znaleźli w zdobycznym pociągu sztabowym teczkę oznaczoną słowami *Très Secret* i napisem: „Powietrzny atak na pola naftowe Kaukazu", której zawartość niemiecka propaganda natychmiast przedstawiła światu.

Stalin nie musiał jednak odpowiadać od razu na ofertę brytyjskiego premiera. Wiedział, że ma czas, aby wyjaśnić, co się za nią kryje. Podejrzewał, że Churchill zażąda wysokiej ceny politycznej za udzielenie pomocy. Wynikało to z prostej kalkulacji. Oczywiście brytyjskie, a i zapewne amerykańskie, wsparcie nie przesądzi o zwycięstwie w wojnie z Niemcami, ale wzmocni Armię Czerwoną, która uzyska najnowszą zachodnią technologię. Dzięki niej będzie mogła rozbudować swoje siły nie tylko w boju z wojskami niemieckimi, ale w ogóle w przyszłości. Zachodni alianci będą więc musieli udzielenie pomocy uzależnić od spełnienia przez Związek Radziecki warunków, które osłabią wzrost jego potęgi, uzyskanej dzięki tej pomocy i zwycięstwu nad Niemcami – tak kalkulował Stalin. Mylił się.

Ambasador Stafford Cripps, który po rozmowie z Churchillem bezzwłocznie powrócił do Moskwy, podjął rokowania ze Stalinem na początku lipca. Było już oczywiste, że radziecki dyktator zdecydowany jest kontynuować wojnę i zawrzeć sojusz z Wielką Brytanią i Stanami Zjednoczonymi. Dał temu wyraz w swoim przemówieniu 3 lipca:

– Historyczne oświadczenie *Mister* Churchilla w sprawie brytyjskiej pomocy dla Związku Radzieckiego i oświadczenie rządu amerykańskiego w sprawie gotowości udzielenia pomocy naszemu krajowi może spotkać się z uczuciem wdzięczności naszego narodu.

Był ostrożny. Nie oferował w zamian nic innego, jak tylko uczucie wdzięczności.

8 lipca ambasador Cripps przekazał Stalinowi list z Londynu:

„Jesteśmy bardzo zadowoleni, że rosyjskie armie stawiają tak silny i uduchowiony opór wobec nie sprowokowanej i bezlitosnej inwazji nazistów. Panuje powszechny podziw dla odwagi i wytrwałości radzieckich żołnierzy i narodu. Zrobimy wszystko, aby pomóc tyle, na ile pozwoli czas, geografia i nasze powiększające się rezerwy. Im dłużej będzie trwała ta wojna, tym większej pomocy będziemy mogli udzielić".

Stalin przyjmował tę ofertę i jednocześnie prowadził negocjacje z ambasadorem Crippsem na temat układu, jaki obydwa państwa powinny zawrzeć, a który stałby się prawną podstawą wojennej współpracy. Można było odnieść wrażenie, że sprawa pomocy schodziła na drugi plan, a radzieckiego dyktatora bardziej interesowało uzyskanie jednoznacznego zobowiązania Wielkiej Brytanii, że nie zawrze pokoju z Niemcami.

Nigdy nie wierzył „londyńskim sklepikarzom", jak nazywał polityków brytyjskich, a jego nieufność sięgnęła szczytu na wieść o przybyciu 11 maja 1941 roku do Szkocji Rudolfa Hessa. Był przekonany, że ta niezwykła wyprawa zastępcy Hitlera nie była następstwem szalonego pomysłu Hessa, którego władze umysłowe były zakłócone, jak to usiłowała przedstawić nazistowska propaganda, lecz wynikiem porozumienia między rządami obydwu państw. Dostrzegał w tym próbę zawarcia pokoju z Churchillem lub grupą brytyjskich polityków, którzy zamierzali obalić Churchilla, i zakończenia wojny na Zachodzie w przeddzień rozpoczęcia przez Niemcy wojny ze Związkiem Radzieckim. Był tak bardzo o tym przekonany, że jeszcze w październiku 1944 roku w czasie obiadu na Kremlu, w którym uczestniczył Churchill, wzniósł toast:

– Za brytyjskie tajne służby, które zwabiły Hessa do Anglii. On nie mógłby wylądować bez otrzymania odpowiednich sygnałów. Służba wywiadowcza musi stać za tym*.

Stalin opóźniał odpowiedź na brytyjską ofertę pomocy. Dopiero 18 lipca, a więc ponad trzy tygodnie po przemówieniu Churchilla i dziesięć dni po otrzymaniu osobistego listu od brytyjskiego premiera Stalin zdecydował się odpowiedzieć. Już dobrze wiedział, czego żądać od nowego sojusznika, pisał więc:

„Pana posłanie zainicjowało porozumienie między naszymi rządami. Teraz, jak Pan wyłożył to z pełnym przekonaniem, Związek Radziecki i Wielka Brytania stały się sojusznikami w walce przeciwko hitlerowskim Niemcom. Nie mam wątpliwości, że nasze dwa państwa są wystarczająco silne, aby pokonać naszego wspólnego wroga na przekór wszystkim trudnościom".

Krótko przedstawił trudne położenie wojsk radzieckich i przeszedł do sedna sprawy:

„Wydaje mi się, że militarne położenie Związku Radzieckiego, i z tej racji również Wielkiej Brytanii, uległoby znacznemu polepszeniu, jeśli przeciwko Hitlerowi zostałby utworzony front na Zachodzie (w północnej Francji) lub na Północy (Arktyka). Front w północnej Francji, poza odciągnięciem hitlerowskich sił ze wschodu, uniemożliwiłby Hitlerowi dokonanie inwazji na Wielką Brytanię. Utworzenie tego frontu byłoby zaakceptowane zarówno przez brytyjskich żołnierzy, jak i ludność południowej Anglii [tj. części Wielkiej Brytanii najbardziej zagrożonej inwazją i nalotami – B.W.]. Jestem świadomy trudności związanych z utworze-

*To przekonanie podzielał wywiad radziecki jeszcze w 1990 roku.

niem takiego frontu, ale należy to zrobić, nie tylko w naszym wspólnym interesie, ale we własnym interesie Wielkiej Brytanii. (...) Łatwiej byłoby utworzyć front na Północy. To wymagałaby akcji tylko brytyjskich wojsk morskich i powietrznych, bez desantu czy artylerii. Radzieckie siły lądowe, wodne i powietrzne mogłyby uczestniczyć w tej operacji. Bylibyśmy zadowoleni, gdyby Wielka Brytania mogła posłać, powiedzmy, jedną, lub więcej, lekką dywizję norweskich ochotników, którzy wyruszyliby do północnej Norwegii, aby tam prowadzić powstańcze działania przeciwko Niemcom".

Przyjmował ofertę pomocy gospodarczej, ale nalegał na jak najszybsze włączenie się wojsk brytyjskich do walk w Europie. Tylko takie przedsięwzięcia odsuwały groźbę dogadania się Brytyjczyków z Niemcami. Jak najszybciej drugi front! Jeszcze wtedy dla Stalina nie było ważne, czy zostanie on utworzony we Francji, Norwegii czy na Bałkanach. Dwa lata później domagał się utworzenia drugiego frontu w określonym miejscu europejskiego kontynentu.

Oczywiście tych wezwań Churchill nie mógł podjąć. British Army, podobnie jak marynarka i lotnictwo, były absolutnie niezdolne do rozpoczęcia w połowie 1941 roku dużej operacji inwazyjnej we Francji, gdzie Niemcy ulokowali 30 dywizji, ani w Norwegii, której brzegów broniło 13 niemieckich dywizji. Musiał jednak wykonać gest, który uspokoiłby podejrzliwego Gruzina i byłby dowodem dobrych intencji Wielkiej Brytanii. 26 lipca do Moskwy dotarł telegram, w którym Churchill informował, że wkrótce wyruszy transport 200 samolotów myśliwskich *Tomahawk*, dwa do trzech milionów par butów z cholewami, a ponadto „pokaźne ilości kauczuku, cyny, wełny i wełnianych ubrań, juty, ołowiu, szelaku".

W tym samym czasie Beria wydał Sudopłatowowi polecenie szukania za pośrednictwem Stamenowa kontaktu z Niemcami w sprawie pokojowych negocjacji. Mogłoby więc wydawać się, że celem tej akcji tajnej policji było w istocie przestraszenie Churchilla możliwością zawarcia porozumienia i zakończenia wojny radziecko-niemieckiej, czego rzeczywiście sojusznicy musieli się bać.

Stalin wiedział o tym z doniesień wywiadu. Rzeczywiście w Waszyngtonie i Londynie brano pod uwagę taką możliwość. W Białym Domu prezydent Roosevelt słuchał z uwagą byłego ambasadora w Moskwie Josepha Daviesa, który uważany był za jednego z najlepszych sowietologów, od czasu gdy przewidział zawarcie przez Stalina sojuszu z Hitlerem w 1939 roku.

– Stalin może ponownie wpaść w objęcia Hitlera, uznając to za mniejsze zło – ostrzegał Davies prezydenta w lipcu 1941 roku, dodając: – Dla Stalina nie ma sensu wyciąganie „kasztanów z ognia" za aliantów, z których nie będzie miał większego pożytku.

3. Misja generała Golikowa

Dziwna kariera szefa GRU. Nieprzyjemne przyjęcie generała Golikowa. Amerykański dylemat: co zrobić ze Stalinem? Harry Hopkins, najbardziej zaufany człowiek prezydenta, przybywa do Moskwy. Sojusz i pomoc.

Łódź latająca *Catalina** zaczęła obniżać lot i po chwili zza chmur wyłonił się urzekający widok szkockich gór. Generał Filip Golikow przysunął się bliżej wybrzuszonego okna z boku kabiny, aby lepiej widzieć krajobraz. To była jego pierwsza zagraniczna podróż w życiu, więc pomimo zmęczenia wielogodzinnym lotem nie mógł zasnąć. Być może dokuczała mu świadomość wagi misji, z jaką Stalin wysłał go do Wielkiej Brytanii.

Czterdziestojednoletni syn biednego felczera z kurgańskiego obwodu zrobił karierę, o jakiej nigdy nie marzyli jego rodzice, którzy chcieli, aby ich syn ukończył studia medyczne. Ukończył szkołę średnią i zamierzał rozpocząć studia, ale historia gwałtownie zmieniła jego los. Porwany ruchem rewolucyjnym wstąpił do partii bolszewickiej i w kwietniu 1918 roku został wydawcą lokalnego dziennika „Izwiestia", ale nie na długo, gdyż praca za biurkiem nudziła go. Zrezygnował z tej pracy i zaciągnął się do pułku piechoty noszącego dumną nazwę Czerwone Orły. W walkach na Uralu odznaczył się na tyle, że posłano go do Piotrogradzkiej Akademii Wojskowej. Więcej tam było o propagandzie niż taktyce, dlatego po ukończeniu kursu został skierowany jako oficer polityczny do 3. armii. Pierwszy awans przyszedł późno, dopiero w 1931 roku, gdy został dowódcą pułku, a wkrótce dywizji. Ukończył korespondencyjny kurs w Akademii Wojskowej im. Frunzego, co bez wątpienia przyspieszyło jego karierę. W 1938 roku rozpoczął służbę w Radzie Wojskowej Białoruskiego Okręgu, a następnie objął dowodzenie 6. armią, którą po

* ***Catalina*** *PBY, Consolidated* – latająca łódź zaprojektowana w 1933 r. na zamówienie US Navy okazała się najbardziej udanym w historii lotnictwa samolotem tego typu. Pierwsze seryjnie produkowane *PBY-1* wprowadzono do uzbrojenia w 1937 r. Dwa lata później Brytyjczycy zakupili 50 sztuk i nazwali te samoloty *Catalina*. Wiele egzemplarzy nabył także Związek Radziecki, który ostatecznie zdecydował się na zakup licencji i uruchomił produkcję tych samolotów pod nazwą *GST*. Latające łodzie w wersji *PBY-5A* wyposażono w trójkołowe podwozie, co umożliwiało lądowanie na lądzie. *Cataliny* okazały się doskonałymi samolotami bardzo pożytecznymi w ochronie konwojów, ratowaniu rozbitków, służbie patrolowej i zwalczaniu okrętów podwodnych.
Dane taktyczno-techniczne (*PBY-5A*): dwa silniki o mocy 1200 KM każdy, rozpiętość 31,7 m, długość 19,46 m, maks. masa startowa 16 066 kg, maks. prędkość 282 km/h, zasięg 3780 km, uzbrojenie 3 karabiny maszynowe kal. 7,62 mm i 2 najcięższe karabiny maszynowe kal. 12,7 mm oraz 1815 kg bomb.

17 września 1939 roku poprowadził do walk w Polsce. W lipcu 1940 roku nagle dowiedział się, że powołano go na stanowisko szefa wywiadu wojskowego GRU. Bez wątpienia zadecydowała o tym wierność Stalinowi, jaką Golikow deklarował w każdym momencie swojej służby w wojsku, i bliska znajomość z komisarzem obrony Siemionem Timoszenką. Być może do niespodziewanego awansu przyczynił się również pech jego poprzednika na stanowisku szefa GRU, Iwana Proskurowa. Ten młody i arogancki oficer, pewny swojej pozycji w Armii Czerwonej, w czasie wojny w Finlandii został wysłany na front przez komisarza obrony Klimenta Woroszyłowa. Kiedyś poczuł się urażony, że dowódca wojsk walczących w Finlandii, Siemion Timoszenko, źle się do niego odniósł, więc złajał go jak szeregowca, przesądzając o swoim losie, gdy bowiem w maju 1940 roku Timoszenko objął stanowisko komisarza obrony, przypomniał sobie o zniewadze sprzed paru miesięcy i zdymisjonował nielubianego szefa wywiadu. Nie poprzestał na tym, gdyż znalazł sposób, aby postawić Proskurowa przed plutonem egzekucyjnym.

Golikow nie miał żadnego doświadczenia w pracy, którą przyszło mu wykonywać, a tymczasem wielka czystka dotknęła ludzi z wywiadu wojskowego, w równym stopniu co z INO – wywiadu NKWD. Najbardziej doświadczeni funkcjonariusze i szpiedzy ściągnięci ze swych placówek do Moskwy zostali rozstrzelani lub znaleźli się w syberyjskich łagrach. Siatki szpiegowskie w państwach najważniejszych dla radzieckiej polityki przestały działać, gdyż odwołano rezydentów, a ci którzy pozostali, zerwali kontakty z agentami. Golikow nie miałby w tej sytuacji większych szans pozostania dłużej na stanowisku szefa wywiadu wojskowego, gdyby Stalin oczekiwał konkretnych wyników szpiegowskiej roboty. Jednakże było wprost przeciwnie. Sporządzane z wielkim trudem raporty o niemieckich przygotowaniach do wojny były przyjmowane przez dyktatora podejrzliwie i wrogo. Golikow wiedział, że 16 czerwca, a więc niespełna tydzień przed niemiecką agresją, Stalin zrugał szefa wywiadu NKWD, Pawła Fitina:

– Słuchaj, szefie wywiadu – powiedział do niego. – Nie musisz przedstawiać mi ostatnich raportów naszych agentów, znam je na pamięć [meldunki z Berlina i z Tokio – B.W.]. Zapamiętaj: nie ma Niemców, którym można byłoby wierzyć, poza Wilhelmem Pieckiem [organizator i od 1935 roku przewodniczący Komunistycznej Partii Niemiec – B.W.]. Czy to jest jasne?

– Jasne, towarzyszu Stalin!

I Fitin dbał, aby nie narazić się wodzowi, gdyż dobrze wiedział, czym to grozi. Podobnie postępował Golikow i był na tyle sprytny, że nie tylko zdołał ukryć swoją niekompetencję, ale nawet zyskał zaufanie Stalina, i to do tego stopnia, że ten zdecydował się wysłać go do Londynu. I tak

7 lipca 1941 roku Golikow wszedł na pokład brytyjskiego samolotu, który kilka dni wcześniej przywiózł do Moskwy brytyjskich wysłanników.

Catalina uderzyła o wodę jeziora tak silnie, że pasażerów rzuciło na burtę, co bez wątpienia było wynikiem nadmiernej prędkości przy lądowaniu. Golikow spojrzał zdumiony na siedzącego obok admirała Charłamowa, ale ten nie powiedział nic, zważając na obecność brytyjskiego oficera, który coś mówił o trudnych warunkach atmosferycznych.

Samolot powoli zbliżył się do przystani, gdzie na Rosjan czekał już samochód. Wskoczyli na tylne siedzenia zadowoleni, że długi i męczący lot zakończył się. Mieli jeszcze dotrzeć pociągiem do Londynu, gdzie przybyli wieczorem 8 lipca 1941 roku. Gospodarze oszczędzili im powitalnych ceremonii, więc mogli szybko udać się na nocleg do apartamentów radzieckiej ambasady.

Dlaczego z pierwszą misją do nowych sojuszników Stalin wysłał szefa wywiadu wojskowego? Być może odpowiedział w ten sposób na przyjazd do Moskwy na początku lipca pułkownika Noela Masson MacFarlane'a*, który również był funkcjonariuszem tajnych służb. Co więcej, był bliskim współpracownikiem Churchilla, a w rządowych kręgach brytyjskich wsławił się w 1938 roku, gdy będąc attaché wojskowym w Berlinie, opracował i zamierzał osobiście wykonać plan zamachu na Hitlera, do którego chciał strzelać z karabinu snajperskiego.

Bez wątpienia myśl obydwu przywódców, Churchilla i Stalina, biegła tym samym torem: wysyłali ludzi ze swojego kręgu, dobrze zorientowanych w robocie wywiadowczej, aby zdobyli jak najwięcej informacji o sytuacji politycznej, militarnej i gospodarczej i na miejscu ocenili zebrane wiadomości. Sojusznicy nie dowierzali sobie. Churchill wykonał co prawda pierwszy krok, ale nie wiedział, dokąd go on doprowadzi. Liczył, że MacFarlane zdoła rozejrzeć się w Moskwie na tyle, że po jego powrocie będzie można powiedzieć więcej o radzieckich planach i zamiarach wojennych. Podobnie zamierzał działać Stalin. Przyjął brytyjską ofertę pomocy, ale w tym czasie na Kremlu wciąż panowało przekonanie, że Brytyjczycy są o krok od sojuszu z Niemcami, i gdy tylko Wehrmacht zbliży się do Leningradu, na morzu pojawią się brytyjskie okręty, aby ostrzeliwać radzieckie pozycje! Deklaracje Churchilla mogły stanowić zasłonę dymną maskującą właściwe intencje rządu brytyjskiego. Do takich podejrzeń przyznał się w końcu 1941 roku Maksym Litwinow, nowy ambasador radziecki w Waszyngtonie.

* **Noel Masson MacFarlane** (1889-1946) w latach 1941-1942 był szefem brytyjskiej misji wojskowej w Moskwie. W 1942 r. objął stanowisko gubernatora Gibraltaru. W 1944 r. powrócił do Londynu, gdzie rok później wybrany został na posła do parlamentu.

Wojskowi z otoczenia premiera Churchilla niechętnie przyjmowali sojusz ze Związkiem Radzieckim

Być może podejrzenia co do brytyjskich intencji nasiliły się w pierwszych dniach wizyty Golikowa, gdyż wysłannik Stalina spotkał się z bardzo zimnym przyjęciem w Ministerstwie Wojny. Brytyjscy oficerowie i politycy nie potrafili zapomnieć, że nie tak dawno Związek Radziecki pozostawał w ścisłym militarnym i gospodarczym sojuszu z Niemcami. Byli też przekonani, że Armia Czerwona lada dzień skapituluje, a więc w ich ocenie pomoc dla ZSRR była marnowaniem cennych środków, na które czekali brytyjscy żołnierze w Afryce Północnej i na Dalekim Wschodzie.

Pierwsze spotkanie Golikowa z ministrem wojny Davidem Margessonem było dla Rosjanina wręcz upokarzające, gdyż Brytyjczyk nie podał gościowi ręki i nie poprosił go, aby usiadł. Kilkunastominutową rozmowę przeprowadzono na stojąco. Co więcej Margesson oświadczył, że „nie wierzy w zwycięstwo Armii Czerwonej ani w żywotność radzieckiego systemu politycznego".

Nie lepiej też wypadło spotkanie w Admiralicji, gdzie admirał Dudley Pound wyraźnie dał gościowi odczuć, że nie najlepiej czuje się w towarzystwie bolszewika.

Niechęć była tak widoczna, że musiało interweniować Ministerstwo Spraw Zagranicznych, upominając kolegów wojskowych, aby nie zrażali nowego sojusznika i starali się uprzyjemnić pobyt radzieckiej delegacji częstymi przyjęciami, co, zdaniem Brytyjczyków przyjmujących stereotyp, że Rosjanin to pijak, miało pomóc stworzyć dobrą atmosferę.

Jednakże mimo wszelkich przeszkód Golikow odniósł sukces dyplomatyczny. Gdy 13 lipca powrócił do Moskwy, aby zdać Stalinowi sprawozdanie z przebiegu wizyty, mógł już potwierdzić, że rzeczywiście Brytyjczycy gotowi są wspomagać Związek Radziecki. Miało to szczególne znaczenie, w czasie gdy Stalin wciąż podejrzewał możliwość istnienia tajnego sojuszu brytyjsko-niemieckiego. Trudno powiedzieć, czy ostatecznie pozbył się tych podejrzeń, słuchając relacji Golikowa, za najważniejsze bowiem uważał stanowisko prezydenta Roosevelta. Ten zaś nie był skory do deklarowania pomocy i poparcia, choćby dlatego, że Stany Zjednoczone wciąż pozostawały neutralne, jednakże wcześniej wysyłał sygnały mogące świadczyć o jego przychylnym nastawieniu.

Już 1 marca 1941 roku Laurence Steinhardt*, amerykański ambasador, w rozmowie z Mołotowem stwierdził, że „rząd Stanów Zjednoczonych, oceniając rozwój światowej sytuacji, wszedł w posiadanie autentycznych, jego zdaniem, informacji świadczących, iż zamiarem Niemiec jest atak na Związek Radziecki".

Harry Hopkins, zaufany doradca prezydenta

Nie było to wiele, ale dowodziło, że prezydent nastawiony jest przychylnie do Związku Radzieckiego, i tworzyło atmosferę sprzyjającą zawarciu sojuszu.

Podróż do Moskwy była dla Harry'ego Hopkinsa**, przyjaciela prezydenta Franklina D. Roosevelta, nie lada wyczynem. Jego zdrowie pogarszało się

*__Laurence Steinhardt__ (1892-1950), dyplomata amerykański, w latach 1939-1948 był ambasadorem Stanów Zjednoczonych kolejno w Szwecji, Peru, Związku Radzieckim, Turcji i Czechosłowacji.

**__Harry Lloyd Hopkins__ (1890-1946), najbliższy i najbardziej zaufany doradca prezydenta F. D. Roosevelta, uważany za człowieka niezwykłej odwagi i talentu. Od 1933 r. był jednym z głównych wykonawców polityki Nowy Ład, która przyczyniła się do zakończenia kryzysu ekonomicznego w Stanach Zjednoczonych. W 1938 r. został ministrem handlu, aczkolwiek trzy lata później zrezygnował ze stanowiska ze względu na stan zdrowia. Od maja 1940 r. do listopada 1943 r. mieszkał w Białym Domu i traktowany był przez prezydenta jak członek jego rodziny. W marcu 1941 r. prezydent powierzył mu rozeznanie potrzeb i kierowanie dostawami materiałów wojennych w ramach Lend-Lease'u i z tej racji wielokrotnie przebywał w Londynie i Moskwie, konferując z Winstonem Churchillem i Józefem Stalinem na temat amerykańskiej pomocy. Od sierpnia 1941 r., gdy zrezygnował ze stanowiska, stał się asystentem i doradcą prezydenta do spraw międzynarodowych. Po przystąpieniu Stanów Zjednoczonych do wojny objął funkcję prezesa Zarządu Rozdziału Amunicji, a później był członkiem Rady Wojennej Pacyfiku i Zarządu Produkcji Wojennej. Po śmierci Roosevelta działał na rzecz utrzymania dobrych stosunków z ZSRR i zrobił wiele dla przełamania impasu, jaki powstał po konferencji w San Francisco.

szybko, na co bez wątpienia miało wpływ tragiczne przejście, jakim była śmierć ukochanej żony w 1937 roku. Choroba, którą władze amerykańskie trzymały w tajemnicy, przejawiała się osłabieniem, częstymi krwotokami i migrenami. Hopkins słabł z roku na rok, co zmuszało go do rezygnowania z wielu prominentnych posad państwowych. Prezydent Roosevelt nie mógł jednak zgodzić się na odejście człowieka, który słusznie zasłużył na miano organizacyjnego geniusza. Zaproponował Hopkinsowi przeprowadzenie się do Białego Domu, gdzie o każdej porze mógł konsultować z nim swoje plany. Dlaczego jednak zdecydował się wysłać tego schorowanego człowieka w długą i niebezpieczną podróż do Moskwy?

Prezydent miał podjąć strategiczną decyzję: jak zachować się wobec nagłego zwrotu sytuacji w Europie? To była nadzwyczaj trudna decyzja. Musiał liczyć się z niebezpieczeństwem, jakie dla niego łączyłoby się z udzieleniem pomocy Stalinowi, mógł bowiem obawiać się, że liczna Polonia zaprotestuje przeciwko wspieraniu reżymu odpowiedzialnego za zagarnięcie wielkich obszarów Polski i eksterminację wielu setek tysięcy polskich obywateli. Podobnie zareagowaliby Finowie, Estończycy, Litwini, Łotysze i Ukraińcy mieszkający w USA. Izolacjoniści dostrzegliby w tym kolejny krok w stronę włączenia Stanów do wojny na odległym kontynencie.

Prezydent Franklin D. Roosevelt: Nowy Ład dla świata

Wielu prominentnych polityków i publicystów przestrzegało prezydenta przed zaangażowaniem się po stronie Stalina. Senator Taft ostrzegał, że bolszewizm jest niebezpieczniejszy od faszyzmu. John T. Flynn publicysta z „New Republic" wołał: „Czy zamierzamy walczyć o to, aby Europa stała się komunistyczna?!". Były prezydent Herbert Hoover protestował przeciwko pomocy dla ZSRR, twierdząc, że dzięki temu Rosjanie zajmą wielkie obszary Europy. Senator Harry Truman wydawał się bardziej pragmatyczny, nawołując do udzielenia pomocy Stalinowi, gdy Związek Radziecki będzie słabł w walce z Niemcami, zaś Niemcom, gdy Związek Radziecki zacznie zwyciężać.

W tak niejasnej i zagmatwanej sytuacji prezydent sięgnął po wyniki badań opinii publicznej przeprowadzone przez Hadleya Cantrilego, wiarygodnego i niezależnego naukowca z Princeton. Wyniki wskazywały, że sympatia przeważającej większości Amerykanów jest jednak po stronie Rosjan. Nie mieliby za złe prezydentowi, gdyby zdecydował się pomagać Stalinowi, ale pod warunkiem, że nie nastąpiłoby to kosztem zmniejszenia pomocy dla Wielkiej Brytanii. Prezydent musiał więc zachować priorytet dostaw atlantyckich, ale mógł jednocześnie zaangażować się w pomoc Moskwie.

Tak Roosevelt rozwiązał pierwszy problem. Musiał jednak wiedzieć więcej o sytuacji w Związku Radzieckim, niż wynikało to z raportów, bardzo pesymistycznych, ambasadora Laurence'a Steinhardta z Moskwy. Amerykański dyplomata oceniał, że Związek Radziecki runie za parę tygodni. Bardziej optymistycznie nastawiony był Joseph Davies*, który zakończył służbę dyplomatyczną w Moskwie w 1938 roku. Któż więc mógł przedstawić prezydentowi obiektywny, najbliższy prawdy obraz sytuacji w Rosji, jeśli nie zaufany Hopkins? On sam zresztą zaproponował, że pojedzie do Moskwy, a Roosevelt chętnie tę propozycję przyjął.

11 lipca 1941 roku Harry Hopkins wyruszył do Londynu, aby uzgodnić podstawy nowej amerykańskiej polityki z Churchillem, a następnie samolotem *Catalina* odbył długą podróż, okrążając od północy Norwegię, do Archangielska. Tam po czterogodzinnym bankiecie wydanym na jego cześć i dwugodzinnym odpoczynku wsiadł znowu do samolotu.

Lot do Moskwy trwał cztery godziny. Hopkins, choć zmęczony, nie spał. Jak urzeczony wpatrywał się w ziemię wolno przesuwającą się pod kadłubem samolotu. Lasy ciągnące się setkami kilometrów z rzadka przerywały wąziutkie pasemka dróg, jeszcze rzadziej pojawiały się chaty skupione na skraju lasu, w pobliżu pól. Zaczynał rozumieć, że tego kraju nie sposób podbić, gdyż wojsko idące w głąb tej wielkiej przestrzeni oddalało się od baz, a problem linii zaopatrzeniowych wydłużających się do tysięcy kilometrów wydawał się niemożliwy do rozwiązania kiedyś dla Napoleona, obecnie dla Hitlera. Być może wła-

*__Joseph Davies__ (1876-1958), dyplomata amerykański, był w latach 1919-1920 doradcą prezydenta W. Wilsona na konferencji pokojowej w Paryżu. W latach 1936-1938 był ambasadorem w ZSRR, a następnie w Belgii. W okresie wojny realizował wiele misji dyplomatycznych na polecenie prezydentów Roosevelta i Trumana.

śnie ten lot utwierdził Hopkinsa w przekonaniu, że warto zainwestować amerykańskie fundusze w pomoc dla Związku Radzieckiego.

Pierwszym jego rozmówcą w Moskwie był ambasador Steinhardt, ale Hopkins nie przywiązywał większej wagi do czarnego obrazu, jaki nakreślił dyplomata. O wszystkim miała przesądzić rozmowa ze Stalinem.

Gdy wszedł do jego gabinetu, ze zdziwieniem zobaczył, jak niepozorny z wyglądu jest radziecki dyktator. Oto pośrodku pokoju stał niski mężczyzna w szarym partyjnym mundurze, trzymając w dłoni wygasłą fajkę. Uśmiechnął się serdecznie na widok Hopkinsa. Zrobił kilka kroków w jego stronę i wyciągnął rękę na powitanie.

– Panie przewodniczący, przybywam jako osobisty przedstawiciel prezydenta Roosevelta – powiedział Hopkins. – Prezydent wierzy, że najważniejszym zadaniem do wykonania dzisiaj jest pokonanie Hitlera i hitleryzmu.

Stalin odpowiedział kilkoma uprzejmymi słowami i wskazał miejsce przy stole. Wciąż uśmiechał się, choć widać było, jak jest skupiony.

„To była rozmowa jak z perfekcyjnie zorganizowaną maszyną, inteligentną maszyną – zanotował później Hopkins. – Pytania, które zadawał, były jasne, mądre, bezpośrednie. Odpowiedzi – gotowe, przemyślane – czuło się, że wypowiada je człowiek, który stykał się z tymi problemami od lat. Nigdy nie tracił czasu na niepotrzebne słowa. Jeżeli chciał zmiękczyć nieprzyjemną odpowiedź, uśmiechał się przyjaźnie, szczerze, ciepło. Wydawało się, że nie ma wątpliwości".

Tak, Stalin doskonale wiedział, po co przyjechał Hopkins i z jakim obrazem nastawienia władz Związku Radzieckiego ma wrócić do Stanów Zjednoczonych. Musiał więc zrobić jak najlepsze wrażenie i przekonać wysłannika prezydenta, że Związek Radziecki przygotowany jest do długiej wojny, a amerykańska pomoc jest potrzebna. Ale chciał być równorzędnym sojusznikiem, a nie biednym, proszącym o wsparcie, a więc nie mogło być żadnego żebrania o dostawy broni i sprzętu, wyliczania braków i ofiar. Zaczekał, aż Hopkins zapyta, czego potrzebuje Armia Czerwona.

– Przede wszystkim – powiedział – dział przeciwlotniczych średniego kalibru i amunicji do nich, ponadto karabinów maszynowych dużego kalibru do obrony miast i miliona karabinów, a jeżeli okaże się, że ich kaliber jest taki sam, jak broni używanej w Armii Czerwonej, to będziemy mieli dużo amunicji do nich. Potrzebujemy również wysokooktanowej benzyny lotniczej i aluminium do budowy samolotów. Dajcie nam działa przeciwlotnicze i aluminium, a będziemy mogli walczyć przez trzy, cztery lata – powiedział z naciskiem.

Stalin osiągnął cel: zrobił jak najlepsze wrażenie na Hopkinsie, zaś determinacja, z jaką mówił o działaniach jego wojsk, stawała się dowodem, że nie zamierza kapitulować przed Niemcami. Utrwalił ten obraz podczas drugiej rozmowy, gdy przedstawiał sytuację na froncie.

– Starałem się nigdy nie lekceważyć niemieckiej armii – mówił. – Jej organizacja jest doskonała, ma wielkie rezerwy żywnościowe, ludzkie i materiałowe. Z tego powodu jest w stanie prowadzić zimową kampanię w Rosji. Myślę jednak, że Niemcom będzie trudno działać ofensywnie po pierwszym września, gdy zaczną się ulewne deszcze. A po pierwszym października ziemia będzie tak rozmokła, że będą musieli przejść do obrony. Zakładam, że w czasie zimowych miesięcy front będzie biegł pod Moskwą, Kijowem i Leningradem, prawdopodobnie nie dalej niż sto kilometrów od dzisiejszej linii frontu. Myślę, że ich wojska są zmęczone i nie mają ducha do ofensywy. Chociaż mogą wprowadzić na front czterdzieści dywizji tak, że w sumie będą mieli dwieście siedemdziesiąt pięć, to wszystkie te dywizje prawdopodobnie nie będą gotowe do walki przed nadejściem zimy.

Hopkins wychodził z gabinetu Stalina, pozostając pod wrażeniem jego osobowości i przekonany o prawdziwości słów, które usłyszał. Bardzo dobre wrażenie zrobiła na nim pewność, z jaką Stalin mówił o spowolnieniu postępów niemieckich wojsk. Był jednocześnie wściekły na ambasadora i attaché wojskowego za ich skrajnie pesymistyczne raporty, które, jak określił, były oparte „na zgadywance zabarwionej uprzedzeniami". Przez myśl mu nie przeszło, że ta rozmowa o rozwoju sytuacji na froncie w ciągu najbliższych tygodni spowoduje ogromne ofiary wśród radzieckich żołnierzy. Stalin powiedział: front będzie przebiegał pod Moskwą, Kijowem i Lenigradem. Nie mógł się mylić! Do końca roku te miasta musiały pozostać w radzieckich rękach. Za każdą cenę, byleby prognoza dyktatora spełniła się co do joty.

Hopkins wracał do Waszyngtonu zdecydowany nakłaniać prezydenta, aby Stany Zjednoczone udzieliły Związkowi Radzieckiemu jak najdalej idącej pomocy.

Stalin wiedział o tym i uznał, że należy wzmóc nacisk dyplomatyczny na prezydenta Roosevelta i premiera Churchilla.

„Położenie wojsk radzieckich uległo znacznemu pogorszeniu w tak ważnych rejonach jak Ukraina i Leningrad – pisał 3 września do Churchilla. – Utraciliśmy ponad połowę Ukrainy i co więcej wróg jest pod bramami Leningradu. Te okoliczności doprowadziły do utraty rejonu Krzywego Rogu* oraz wielu hut na Ukrainie, zmusiły do ewakuacji zakładów aluminiowych znad Dniepru i z Tichwinu, zakładów motoryzacyjnych i dwóch zakładów lotniczych z Ukrainy i dwóch motoryzacyj-

*Krzywy Róg – miasto na Ukrainie, centrum przemysłu wydobywczego rudy żelaza oraz hutnictwa.

nych i dwóch lotniczych, które podejmą produkcję nie wcześniej niż za siedem lub osiem miesięcy".

To oczywiście nie była prawda, ale Churchill nie mógł wiedzieć, jak szybko i sprawnie z europejskiej części wywożono zakłady przemysłowe, które na nowych miejscach podejmowały produkcję w ciągu 2-3 miesięcy.

„Powoduje to zmniejszenie naszych możliwości obronnych i stawia Związek Radziecki wobec śmiertelnego niebezpieczeństwa - pisał dalej Stalin. - Jedyną drogą wyjścia z tej niedobrej sytuacji jest otwarcie drugiego frontu w tym roku gdzieś na Bałkanach lub we Francji, gdzie Niemcy musieliby odesłać 20-40 dywizji, i równoczesne dostarczenie do Związku Radzieckiego do początków października 30 000 ton aluminium, a także minimum 400 samolotów i 500 czołgów (lekkich i średnich) miesięcznie. Bez tej pomocy Związek Radziecki będzie pokonany lub osłabiony do tego stopnia, że na długi czas utraci możliwość wspierania swoich sojuszników poprzez aktywne operacje na froncie walki z hitleryzmem".

Stalin wyraźnie groził nowym sojusznikom, a oni powinni myśleć, że nie są to groźby bez pokrycia. Musieli zrozumieć i uwierzyć w to, że Stalin nie musi wyczekiwać na anglo-amerykańskie konwoje z bronią, lecz, przyparty do muru, może zdecydować się na zawarcie pokoju z Hitlerem. Nie mógł jednak takiej groźby zawrzeć w piśmie do Churchilla czy Roosevelta. Poza tym byłoby lepiej, gdyby od własnych szpiegów dowiedzieli się, że wysłannicy Związku Radzieckiego próbują w Sofii nawiązać kontakty z niemieckimi przedstawicielami, aby podjąć rokowania w sprawie zakończenia działań wojennych. Żądania Stalina zyskałyby na sile!

4. Słowo Stalina

Niemcy pod Kijowem. Czy należy bronić miasta? Strategia, krew i sprawa honoru wodza. Dlaczego ginęły armie?

Była już późna sierpniowa noc, a Stalin wciąż jeszcze krążył nerwowo po tarasie willi w Kuncewie. Oczekiwał wyraźnie na wizytę i gdy zobaczył światła samochodu nadjeżdżającego leśną drogą, wyraźnie się ożywił.

- Są - sapnął i obejrzał się na Poskriebyszewa skromnie stojącego przy wejściu do domu. Ten podbiegł do zisa, aby otworzyć drzwi marszałkowi Borysowi Szaposznikowowi, niezdarnie gramolącemu się z wnętrza z rulonami map. Stalin odwrócił się i ruszył w stronę domu, gdzie w salonie odsunął papiery na bok stołu, czyniąc miejsce na mapy Szaposznikowa.

Terytorium ZSRR zajęte przez wojska niemieckie do 30 września 1941 roku

Przegraliśmy pierwszą fazę wojny...

– Możemy powiedzieć, że przegraliśmy pierwszą fazę wojny – zaczął szef Sztabu Generalnego, starając się nie patrzeć na Stalina. – Bitwy trwają na przedpolach Leningradu, w Obwodzie Smoleńskim i rejonie obronnym Kijowa. Nasza obrona wciąż nie jest silna. Zmuszeni byliśmy rozmieścić nasze oddziały wzdłuż frontu, nie wiedząc, gdzie nieprzyjaciel może przeprowadzić skoncentrowany atak.

Stalin słuchał tego bardzo przybity. Pochylony nad stołem wpatrywał się nieruchomym wzrokiem w mapę, na której sztabowcy wykreślili strzałki i linie wskazujące pozycje wojsk radzieckich i niemieckich. Wreszcie odszedł od stołu i zaczął krążyć po pokoju. Niepokoiła go sytuacja w rejonie Kijowa. W lipcu Front Południowo-Zachodni odnosił tam pewne sukcesy, spowalniając niemiecki marsz na południe, ale na początku sierpnia wróg wzmocnił swoje wojska i podjął ofensywę w stronę Kijowa. 17 sierpnia zdobył Dniepropietrowsk i posuwał się w stronę Dniepru. Sytuacja wojsk radzieckich pogorszyła się gwałtownie, gdy na południu od Kijowa wojska rumuńskie odcięły Odessę, a na północy Niemcy rozpoczęli ofensywę w stronę Połtawy i Charkowa. Stolica Ukrainy znalazła się w centrum wielkiego wybrzuszenia, które wojska niemieckie łatwo mogły odciąć, zamykając w nim setki tysięcy żołnierzy Armii Czerwonej. W takiej sytuacji najbardziej rozsądnym wyjściem było wycofanie radzieckich wojsk, które lada dzień mogły znaleźć się w okrążeniu i zostać zniszczone.

– Z naszych dwustu dwunastu dywizji tylko dziewięćdziesiąt ma osiemdziesiąt procent lub więcej stanu etatowego – mówił dalej Szaposznikow. Stalin nie przerywał, choć niecierpliwie oczekiwał, kiedy szef Sztabu przejdzie do omawiania sytuacji pod Kijowem. Szaposznikow mówił wciąż o Leningradzie i walkach pod Smoleńskiem, równie zaciętych, jak w innych rejonach frontu.

– Martwię się o Kijów i Dniepr... – przerwał mu wreszcie Stalin.

– Zostały wydane rozkazy uformowania twardej obrony na wschodnim brzegu Dniepru – odpowiedział Szaposznikow.

– Czy możemy nawiązać łączność z dowództwem Frontu Południowo-Zachodniego?

– Jeżeli Kirponos i Chruszczow* nie wyjechali w teren... – Szaposznikow odwrócił się do adiutanta, nakazując mu nawiązanie łączności.

Kilka minut później zameldował się generał Kirponos.

– Halo, towarzysz Kirponos? Stalin tutaj. Linia Dniepru musi być utrzymana za wszelką cenę. Nie możemy wpuścić Niemców do Kijowa!

Kirponos słuchał cierpliwie pouczeń, jak dowodzić piechotą i jakie efekty może dać wprowadzenie do walki kawalerii.

– Towarzyszu Stalin, robimy wszystko, co w naszej mocy, aby utrzymać Kijów – powiedział wreszcie. – Nie wpuścimy faszystów do Kijowa, ale potrzebujemy wzmocnienia. Niektóre dywizje mają już tylko po parę tysięcy ludzi.

Nie odważył się powiedzieć, że, jego zdaniem, należy jak najszybciej wycofać wojska z pułapki, którą formowały niemieckie armie.

– Posłaliśmy wam dziewiętnaście dywizji piechoty i pięć dywizji kawalerii. Poślemy następne, jak będzie potrzeba.

Prawdopodobnie Stalin nie zdawał sobie sprawy z małej wartości bojowej związków, o których mówił. Pośpiesznie formowane, składały się z żołnierzy niedostatecznie wyszkolonych i źle uzbrojonych. Wkrótce po wejściu do boju rozpadły się pod uderzeniami niemieckich wojsk. A sytuacja wokół Kijowa przekroczyła już punkt krytyczny. Niemieckie armie uchwyciły cztery przyczółki na lewym brzegu Dniepru gotowe wyprowadzić stamtąd uderzenia, które odcięłyby kijowskie wybrzuszenie.

*__Nikita Sergiejewicz Chruszczow__ (1894–1971), działacz partyjny, w latach 1935–1938 I sekretarz moskiewskiej organizacji partyjnej, a następnie I sekretarz KC Ukrainy; był również cywilnym członkiem Rady Wojennej Kijowskiego Okręgu Wojskowego. W latach 1941–1944 w stopniu generała porucznika był komisarzem i członkiem rady wojennej Kierunku Południowo-Zachodniego. W latach 1944–1947 był premierem rządu Ukrainy. Wezwany przez Stalina do Moskwy, ponownie stanął na czele moskiewskiej organizacji partii komunistycznej. Po śmierci Stalina w 1953 r. zorganizował spisek przeciwko Ł. Berii i przejął władzę w ZSRR, jako sekretarz generalny KPZR i premier (od 1958 r.), którą sprawował do czasu obalenia go w 1964 r.

Niemieckie wojska uchwyciły cztery przyczółki na lewym brzegu Dniepru

Dowódca Kierunku Południowo-Zachodniego* marszałek Siemion Budionny** uznał, że należy wycofać wojska radzieckie na wschód, za rzekę Psyol, co mogło zapobiec ich okrążeniu. Jego przyjaźń ze Stalinem dawała mu tak silną pozycję, że mógł otwarcie przedstawić sytuację. „Jakakolwiek zwłoka w ewakuacji frontu może prowadzić do utraty wojsk i ogromnych ilości sprzętu wojennego - pisał w raporcie do Stalina".

11 września, gdy Niemcy ruszyli do ataku, aby zamknąć drogę odwrotu radzieckich armii, dowódca Frontu zadzwonił do Stalina.

- Priłuki, halo, Kirponos, Burmistrenko i Tupikow na linii.

- Moskwa, halo, tu Stalin, Szaposznikow i Timoszenko. Wasza propozycja wycofania wojsk na brzeg rzeki, której nazwę znacie - Stalin, zachowując tajemnicę nie podał nazwy - wydaje mi się niebezpieczna. Musicie pamiętać, że kiedy wycofaliście wojska z rejonu Berdyczewa-Nowogrodu-Wołyńska mieliście [już wcześniej - B.W.] przygotowane stanowiska nad rzeką Dniepr, a mimo to straciliście dwie armie i nieprzyjaciel przebił się na wschodni brzeg Dniepru.

Stalin nakazywał zbudowanie linii obronnych nad rzeką Psyol i od tego uzależniał zgodę na wycofanie wojsk na wschód. Jednakże kopanie transzei, rowów łącznikowych, budowa schronów i podjazdów musiałoby trwać wiele dni, co wobec niemieckiej ofensywy, która ruszyła na wschód nie miało już sensu.

- Kijów nie może być opuszczony i jego mosty nie mogą być wysadzone bez zgody naczelnego dowództwa! To wszystko. Do widzenia - zakończył Stalin.

- Wasz rozkaz jest jasny. To wszystko. Do widzenia - odpowiedział Kirponos.

To była ostatnia rozmowa, jaką przeprowadził ze Stalinem. On najlepiej zdawał sobie sprawę, że od tego momentu los jego i jego żołnierzy został przesądzony. Mieli zginąć!

*W lipcu cały front był podzielony na trzy kierunki, z których każdy dzielił się na fronty. Dowódcą Kierunku Południowo-Zachodniego był marsz. Budionny, zaś dowódcą Frontu Południowo-Zachodniego gen. Kirponos.

****Siemion Budionny** (1883-1973), radziecki oficer, zasłużył się w czasie wojny domowej i wojny z Polską w 1920 r., gdy dowodził 1. armią konną. Był jednym z dwóch marszałków, obok Klimenta Woroszyłowa, którzy przeżyli stalinowskie czystki w wojsku w latach 1937-1938. W czerwcu 1941 r. wszedł w skład Stawki; otrzymał dowództwo Kierunku Południowo-Zachodniego obejmującego Front Południowo-Zachodni i Front Południowy oraz Flotę Czarnomorską. Nie mógł jednak sprostać umiejętnościom niemieckich dowódców, których armie nacierały na Ukrainę. 13 września 1941 r. zastąpił go marsz. Siemion Timoszenko, jednakże Budionny nie zakończył kariery wojskowej i w latach późniejszych zajmował dowódcze stanowiska (m.in. dowódcy Kierunku i później Frontu Północnokaukaskiego), a w 1943 r. objął utworzone specjalnie dla niego (w pewnym stopniu honorowe) stanowisko dowódcy kawalerii.

Czy generał Kirponos popełnił samobójstwo? Wiele na to wskazuje, choć według oficjalnej wersji zmarł w wyniku ran, gdy oddział 5. armii, z którym przebijał się na wschód, wpadł 20 września w niemiecką zasadzkę. On jednak wiedział, że jeżeli uda mu się wyrwać z okrążenia, to spotka go los generała Pawłowa. Stalin zrzuciłby na niego odpowiedzialność za katastrofę pod Kijowem.

Od 11 września niemieckie kleszcze zaczęły zaciskać się od północy i południa. Radzieckie armie wciąż mogły uchodzić na wschód przez lukę o szerokości około 40 kilometrów, jaka istniała między niemieckimi wojskami.

14 września generał Tupikow, szef sztabu Frontu Południowo-Zachodniego poinformował Szaposznikowa o tragicznej sytuacji. Ten uznał raport za panikarski i zalecił aby dowództwo Frontu nie traciło głowy i wykonywało rozkaz towarzysza Stalina: „Ani kroku wstecz!".

Dzień później ich sytuacja stała się krytyczna, gdy dwie niemieckie grupy pancerne zamknęły w okrążeniu armie 5., 26., 37. oraz oddziały z 21. i 28. armii. W takiej sytuacji dowództwo Frontu zdecydowało się

Klęska pod Kijowem

działać na własną odpowiedzialność i rozkazało swoim wojskom opuścić Kijów i przebijać się przez niemieckie linie, zanim nieprzyjaciel nie umocni okrążenia do tego stopnia, że jakiekolwiek próby wyrwania się na wschód staną się niemożliwe.

17 września o 23.40 Stalin zgodził się na ewakuowanie wojsk z Kijowa, ale w jego rozkazie nie było ani słowa o wyjściu z okrążenia. Nie miało to już żadnego znaczenia. Pierścień niemieckich wojsk był zbyt silny, aby oddziały, które nie miały kontaktu z dowództwem, zdezorganizowane, wykrwawione, bez zapasów mogły rozerwać go w jakimkolwiek miejscu. Na polu bitwy padł Kirponos. Zginęli Burmistrenko, członek Rady Wojennej, i generał Tupikow, szef sztabu Frontu. Padło kilkudziesięciu najwyższych oficerów. Inni dostali się do niewoli.

Pod Kijowem Armia Czerwona poniosła jedną z największych i najbardziej dotkliwych klęsk w tej wojnie. Niemcy ogłosili, że wzięli do niewoli 665 tysięcy radzieckich żołnierzy i zdobyli 884 czołgi oraz 3718 dział artyleryjskich. Tysiące czołgów i samochodów zostało zniszczonych w toku walk lub spalonych przez własne załogi, aby nie dostały się w ręce wroga. Rosjanie nigdy do tak wysokich strat się nie przyznali, twierdząc, że wszystkie wojska Frontu Południowo-Zachodniego liczyły 627 000 żołnierzy, z których zginęło w boju, zmarło z ran i chorób, zaginęło lub dostało się do niewoli 585 598 żołnierzy.

Kilku niemieckich dowódców utrzymywało, że za świetne zwycięstwo pod Kijowem Niemcy zapłacili bardzo wysoką cenę. Generałowie Heinz Guderian* i Franz Halder twierdzili, że uporczywa obrona wojska radziec-

*__Heinz Guderian__ (1888–1954), oficer niemiecki, w wojsku od 1907 r. W czasie I wojny światowej był oficerem sztabowym, po wojnie służył w straży granicznej, a następnie pracował w Ministerstwie Reichswehry. Skupił wokół siebie grupę młodych oficerów podzielających jego przekonania o przełomowym znaczeniu czołgów na przyszłym polu bitwy. W 1934 r. objął stanowisko szefa sztabu dowództwa wojsk pancernych, następnie dowódcy jednej z trzech pierwszych dywizji pancernych (2. dywizja pancerna w Würzburgu), a w 1938 r. został dowódcą wojsk szybkich. W 1937 r. napisał książkę *Achtung! Panzer!*, w której przedstawiał możliwości i przyszłość broni pancernej. We wrześniu 1939 r. w czasie walk w Polsce dowodził 19. korpusem pancernym. W maju 1940 r. korpus ten odegrał znaczącą rolę w sforsowaniu Mozy i błyskawicznym ataku przez północną Francję. W 1941 r. w czasie agresji na Związek Radziecki dowodził 2. grupą pancerną (później 2. armią pancerną) działającą na prawym skrzydle Grupy Armii „Środek"; grupa ta przyczyniła się do przełamania frontu radzieckiego w operacjach pod Białymstokiem, Mińskiem i Kijowem. 25 grudnia 1941 r. w wyniku klęski pod Moskwą został odwołany przez Hitlera. W 1943 r., przywrócony do czynnej służby, objął stanowisko generalnego inspektora wojsk pancernych. Po zamachu na Hitlera 20 lipca 1944 r. przewodniczył sądowi honorowemu, decydującemu o zwolnieniu ze służby oficerów zamieszanych w spisek, co umożliwiało postawienie ich przed sądem. W lipcu 1944 r. został mianowany szefem sztabu generalnego wojsk lądowych (pełnił wówczas dwie funkcje generalnego inspektora i szefa sztabu). 28 marca 1945 r. Hitler po raz drugi pozbawił go wszystkich funkcji wojskowych, gdyż Guderian sprzeciwiał się jego koncepcjom militarnym.

Generał Heinz Guderian

kich i przedłużające się walki opóźniły niemiecki marsz na Moskwę i w rezultacie uniemożliwiły zdobycie stolicy. Być może. Jednakże Stalin nie zastanawiał się, w jakim stopniu obrona Kijowa może opóźnić ofensywę na Moskwę. Dla niego najważniejsze było utrzymanie stolicy Ukrainy ze względu na rozmowę z Hopkinsem, którego zapewnił, że 1 października front przebiegać będzie pod Leningradem, Moskwą i pod Kijowem, zaś Niemcy będą musieli wstrzymać działania ofensywne i przejść do obrony, ze względu na deszcz i błoto. Tymczasem sytuacja rozwijała się całkowicie odmiennie, niż przewidywał Stalin. Mógł się obawiać, że zachodnie mocarstwa, widząc jak szybko i gwałtownie pogarsza się sytuacja na froncie, nie zechcą zawrzeć sojuszu i przysyłać broni, gdyż zostałaby zmarnowana. W pewnym sensie miał rację. Harry Hopkins po powrocie do Waszyngtonu rekomendował spotkanie przedstawicieli Stanów Zjednoczonych i Wielkiej Brytanii w Moskwie, do którego powinno dojść zgodnie z zapewnieniami dyktatora, i wskazywał na termin między 1 a 15 października, co bez wątpienia również wynikało z rozmowy ze Stalinem. Wojska niemieckie miały wówczas zakończyć działania ofensywne i front zamarłby co najmniej do wiosny 1942 roku, a więc prezydent Roosevelt i premier Churchill mogliby łatwiej przekonać swoje narody, że nadszedł decydujący czas odbudowania sił sojusznika, tak aby na wiosnę mógł on zadać decydujący cios hitleryzmowi.

Dlatego Stalin robił wszystko, aby delegacje przybywające do Moskwy zastały sytuację taką, jaką przewidział. Dlatego armie Frontu Południowo-Zachodniego musiały do ostatka bronić Kijowa, a gdy wreszcie zezwolił im na opuszczenie miasta, nie zgodził się, aby odeszły zbyt daleko na wschód.

5. Bezinteresowny prezydent Roosevelt

Prezydent Roosevelt oferuje pomoc. Nowy Ład w światowym wydaniu. Karta Atlantycka. Jak usidlić Stalina?

– Panie prezydencie – William C. Bullitt*, były ambasador Stanów Zjednoczonych w Moskwie uznał, że nadszedł czas, aby zabrał głos. Narada w Białym Domu trwała już od kilkudziesięciu minut – prezydent i jego ministrowie omawiali przebieg konferencji z premierem Winstonem Churchillem. Odbywała się ona w dniach od 9 do 12 sierpnia 1941 roku w kabinach dwóch okrętów: amerykańskiego krążownika *Augusta* i brytyjskiego pancernika *Prince of Wales*, którym Churchill pokonał Atlantyk i przybył do Placentia Bay. Przywódcy dwóch mocarstw dyskutowali o sytuacji na świecie, ale oczywiście polityka wobec Związku Radzieckiego zajmowała główne miejsce w ich rozmowach.

– W zamian za pomoc dla Rosji powinien pan zażądać ostatecznego, pisemnego i publicznego, przyrzeczenia ze strony Stalina, że Związek Radziecki zrzeka się wszelkich pretensji terytorialnych i przywilejów w Chinach i innych rejonach Dalekiego Wschodu – mówił Bullitt. – A także zachowania w powojennej Europie granic z sierpnia 1939 roku!

Roosevelt zdawał się słuchać tych słów z wyraźną niechęcią, lecz ambasador nie zwracał na to uwagi.

– Muszę ostrzec pana przed radzieckim imperializmem – mówił dalej, zamierzając rozwinąć temat, lecz Roosevelt przerwał mu:

– Nie kwestionuję logiki pana wywodu, ale odnoszę wrażenie**, że Stalin nie jest tego typu człowiekiem. Harry [Hopkins – B.W.] mówi, że taki nie jest. Sądzę, że jeżeli dam mu wszystko, to prawdopodobnie mogę prosić go o coś w zamian. *Noblesse oblige****.

* **William Christian Bullitt** (1891–1967), pierwszy amerykański ambasador w Moskwie. Interesował się sprawami radzieckimi od 1919 r., gdy po raz pierwszy przyjechał do Moskwy, aby zorientować się w zamierzeniach bolszewików. Po powrocie do Waszyngtonu rekomendował nawiązanie stosunków dyplomatycznych z Rosją Radziecką, a wobec odrzucenia tej propozycji przez prezydenta podał się do dymisji. W 1933 r., po uznaniu ZSRR przez rząd amerykański, pojechał do Moskwy jako ambasador i przebywał tam do 1936 r. Do 1940 r. był ambasadorem USA we Francji.

** Roosevelt użył sformułowania *I have a hunch* – mam przeczucie, podejrzewam, odnoszę wrażenie.

*** *Noblesse oblige* (franc.) – szlachectwo zobowiązuje.

Bullitt patrzył zaskoczony na Roosevelta, lecz nie śmiał przerwać prezydentowi.

– On będzie współdziałał ze mną dla stworzenia świata demokracji i pokoju!

– Panie prezydencie – Bullitt nie rezygnował z przekonania Roosevelta, że źle ocenia Stalina – kiedy pan mówi *noblesse oblige*, to proszę pamiętać, że nie chodzi o księcia Norfolk, lecz kaukaskiego bandytę, który, gdy dostanie coś za darmo, będzie uważać ofiarodawcę za osła.

Ta uwaga najwyraźniej dotknęła Roosevelta, gdyż poruszył się niespokojnie w fotelu.

– Ja ponoszę odpowiedzialność, nie pan – powiedział ostro, nieprzyjaźnie. – I mam zamiar działać według własnych przemyśleń!

Roosevelt oparł dłonie na kołach fotela, dając znać, że rozmowa jest skończona i zamierza opuścić gabinet. Nie miał zamiaru tłumaczyć się ze swojego postępowania. Uważał, że stawianie żądań Stalinowi w czasie tak dramatycznym byłoby niewłaściwe. Może nawet obawiał się odwrotnego ich skutku: zniechęcenia Stalina do negocjacji z mocarstwami zachodnimi i podjęcia próby dogadania się z Hitlerem. Prezydent miał już inny plan.

Roosevelt uważał się za następcę prezydenta Woodrowa Wilsona*, przywódcy Ameryki, który doprowadził do tego, że USA włączyły się w 1917 roku do światowej polityki, i zamierzał po zakończonej wielkiej wojnie budować nowy, sprawiedliwy świat. 8 stycznia 1918 roku Wilson, przemawiając na wspólnej sesji Kongresu przedstawił 14-punktowy program pokojowy zawierający zasady, które miały stać się podstawą budowania powojennego świata: jawność dyplomacji i międzynarodowych umów, wolność mórz, wolność handlu i usunięcie ekonomicznych barier, redukcja zbrojeń, rozstrzygnięcie sporów dotyczących kolonii, utworzenie międzynarodowej organizacji. Wilson poniósł klęskę, chociaż jego propozycje zostały uwzględnione w postanowieniach traktatu wersalskiego** (w tym utworzenie Ligi Narodów). Kongres USA odmówił jednak ratyfikowania traktatu pokojowego i przystąpienia Stanów Zjednoczonych do Ligi Narodów, co ostatecznie przesądziło o nieskuteczności

*__Thomas Woodrow Wilson__ (1856–1924), 28. prezydent Stanów Zjednoczonych, sprawował urząd w czasie dwóch kadencji (1913–1921), przeforsował przystąpienie USA do I wojny światowej w 1917 r. Był zwolennikiem utworzenia Ligi Narodów, lecz nie udało mu się przekonać parlamentu do ratyfikowania traktatu wersalskiego, co przesądziło o powojennym izolacjonizmie Stanów Zjednoczonych.

**__Traktat wersalski__ – najważniejszy z traktatów pokojowych kończących I wojnę światową, podpisany 28 czerwca 1919 r. w Wersalu, ustalał nowy kształt polityczny i terytorialny Europy, zawierał postanowienia dotyczące powołania Ligi Narodów oraz określał limity liczebności i uzbrojenia wojsk niemieckich, a także odszkodowań wojennych Niemiec.

Franklin D. Roosevelt – kontynuator dzieła wielkiego poprzednika

działań tej organizacji, zaś Stany Zjednoczone wycofały się ze Starego Świata, zamykając się w bezpiecznej twierdzy za oceanem. Izolacjonizm stał się oficjalną polityką rządu amerykańskiego, obwarowaną wieloma ustawami, których zmiana okazała się ogromnym problemem dla Franklina D. Roosevelta.

On zdecydowany był powrócić do idei wielkiego poprzednika, acz dostosowanej do realiów świata lat czterdziestych. W połowie roku 1941, gdy wielkie połacie Europy były w rękach Hitlera i rozpoczęła się batalia na wschodzie, co do której nikt nie miał wątpliwości, że przesądzi o powojennym świecie, rozpoczynał się czas, w którym Roosevelt musiał przystąpić do realizacji planu Wilsona. Uznał, że pierwszy krok powinien polegać na pozyskaniu Stalina, a nie można było tego dokonać, stosując wobec Związku Radzieckiego działania, które w dwudziestoleciu międzywojennym często stosowały mocarstwa demokratyczne, zresztą z fatalnym skutkiem. Tak było chociażby w czasie konferencji w Genui w kwietniu 1922 roku. Tam delegaci 28 państw debatowali nad włączeniem Rosji Radzieckiej do międzynarodowego systemu gospodarczego, ale stawiali warunek zwrotu pożyczek zaciągniętych przed wojną przez cara, którego to warunku Rosja przyjąć nie mogła. W efekcie konferencja w Genui zakończyła się niepowodzeniem, ale w Rapallo, dzielnicy Genui, delegacja radziecka podpisała układ z delegacją niemiecką, na mocy którego obydwa państwa zrzekły się odszkodowań i nawiązały stosunki dyplomatyczne. Zaczęła rozkwitać współpraca gospodarcza i militarna, która bez wątpienia przyczyniła się do wybuchu wojny, choćby dlatego, że Niemcy uzyskali dostęp do radzieckich poligonów i fabryk zbrojeniowych, gdzie mogli przygotowywać swoich dowódców i sprzęt do późniejszego podboju Europy.

Roosevelt nie miał zamiaru odpychać ani też upokarzać Stalina. Czy brał pod uwagę, że dotknięty dyktator może zwrócić się do Hitlera? Dochodziły takie wieści. W czasie konferencji w Placentia Bay do prezydenta zwrócił się Adlai Stevenson, młody asystent ministra marynarki wojennej, z raportem opartym na doniesieniach „z wiarygodnych źródeł wywiadowczych", że rozpoczęły się negocjacje radziecko-niemieckie.

– Nie wierzę – odpowiedział prezydent. – Nie martwi mnie to. A ciebie to niepokoi, Adlai?

Stevenson, przyszły kandydat Partii Demokratycznej na prezydenta, wymamrotał kilka słów, z których wynikało, że niecałkowicie zgadza się z prezydentem i wyszedł z kabiny.

Prezydent Roosevelt i premier Churchill w czasie konferencji w Placentia Bay

Roosevelt dostrzegał możliwość upieczenia dwóch pieczeni na jednym rożnie. Amerykański prezydent miał wiele za złe brytyjskiemu sojusznikowi, który uosabiał kolonializm, nazywany przez Roosevelta hańbą ludzkości. Mówił do swojego syna Elliota:

– Kolonializm oznacza wojnę. Eksploatuje się zasoby Indii, Birmy, Jawy, zabiera bogactwo tych krajów. A czy daje się im coś w zamian? Te kraje potrzebują edukacji, odpowiedniego poziomu życia, opieki zdrowotnej. Kolonializm jest negowaniem wartości wszelkiej organizacji, która ma służyć pokojowi, zanim zostanie stworzona.

Nie musiał wyjaśniać, przeciwko komu kierował te oskarżenia, gdyż w tym czasie Indie i Birma były koloniami brytyjskimi.

Roosevelt, przybywając na spotkanie z Churchillem, wiedział, że będzie miał okazję skłonić go do podpisania deklaracji, iż powojenny świat będzie światem demokracji, wolności i sprawiedliwości, a więc bez kolonializmu. Projekt takiej rezolucji przedstawił Churchillowi już w czasie pierwszego spotkania na pokładzie amerykańskiego pancernika.

Churchill nie mógł odrzucić takiej inicjatywy prezydenta. Jeszcze tej samej nocy zabrał się do pracy i następnego ranka przybył na spotkanie z projektem pięciu wytycznych deklaracji. Przez następne dwa dni trwały dyskusje nad rozwiązaniami, jakie należało określić w dokumencie, nazwanym później przez prasę brytyjską Kartą Atlantycką. Ostatecznie zawarli w niej osiem podstawowych zasad, które miały stać się wyznacznikiem rozwoju powojennego świata, sformułowanych jednoznacznie:

Pierwsze spotkanie premiera Winstona Churchilla i prezydenta Franklina D. Roosevelta, któremu towarzyszy syn Elliott

- żadnych terytorialnych zdobyczy;
- żadnych terytorialnych zmian bez zgody ludzi zamieszkałych na tych terytoriach;
- samostanowienie narodów;
- międzynarodowa współpraca gospodarcza;
- poprawienie warunków pracy, rozwój ekonomiczny i bezpieczeństwo socjalne dla wszystkich ludzi;
- wolność od strachu i niedostatku;
- wolność żeglugi na otwartych morzach;
- ogólne rozbrojenie.

Wtedy w sierpniu 1941 roku Churchill, którego państwo wciąż balansowało na krawędzi klęski, a jego przyszłość była uzależniona od pomocy gospodarczej i militarnej Stanów Zjednoczonych, nie mógł odmówić podpisania deklaracji przesądzającej o ostatecznym zerwaniu z kolonializmem. Roosevelt oceniał, że również Stalin, znajdujący się w gorszej niż Churchill sytuacji, nie będzie miał odwagi, aby odmówić podpisania Karty Atlantyckiej - podpisywałby przecież szczytne zobowiązanie, zamiast przyjmować amerykańskie ultimatum określające działania Związku Radzieckiego po wojnie, jak proponował ambasador Bullitt. Wynik byłby więc ten sam, ale osiągnięty w sposób, który nie zraziłby Stalina.

Tak w istocie się stało. 24 września 1941 roku Związek Radziecki został sygnatariuszem Karty Atlantyckiej*. Stalin zdawał sobie sprawę, że jest to warunek otrzymania zachodniej pomocy. Mógł jednak uznać tych, którzy taki warunek postawili za „osłów", jak to określił ambasador Bullitt.

*Jej ideały ożywiające koalicję antyhitlerowską stały się podstawą Deklaracji Narodów Zjednoczonych podpisanej przez 26 państw sojuszniczych (w tym Polskę) w Waszyngtonie 1 stycznia 1942 r.

6. Wielki sojusz

Negocjacje na Kremlu. Biedny tłumacz Litwinow. Teraz wygramy wojnę! Lend-Lease dla Związku Radzieckiego. Wehrmacht rusza na Moskwę. 7 października: załamanie czy wybieg Stalina? Stolica się przenosi. Bunkier w Kujbyszewie. Stalin pozostaje w Moskwie.

Lord Beaverbrook - wielki przyjaciel Związku Radzieckiego

Lord Beaverbrook*, wysłannik premiera Churchilla, i Averell Harriman**, reprezentujący prezydenta Stanów Zjednoczonych, zastępujący chorego Hopkinsa, przybyli do Moskwy 29 września i już tego samego dnia wieczorem zostali przyjęci przez Stalina.

Radziecki dyktator był w dobrym nastroju i robił wszystko, aby goście odnieśli wrażenie, że byli oczekiwani i zostaną przyjęci ze słynną rosyjską gościnnością. Tymczasem spojrzenia gości kierowały się w stronę niskiego, korpulentnego, o miłym wyrazie twarzy człowieka, który wyróżniał się ubraniem - miał na sobie tani wymięty garnitur wyświecony na łokciach i bardzo znoszone buty. Harriman starał się nie zwracać na to uwagi, ale Beaverbrook przyglą-

* **Lord Beaverbrook** (Maxwell Aitken) (1879-1964), brytyjski magnat prasowy objął stanowisko ministra produkcji lotniczej i członka gabinetu wojennego 10 maja 1940 r., w dniu, w którym Winston Churchill został premierem. Wywołało to wiele krytycznych komentarzy, gdyż źródeł nominacji doszukiwano się w wieloletniej przyjaźni i nie zaniechano krytyki, mimo oczywistego sukcesu Beaverbrooka, jakim było podwojenie produkcji samolotów z 850 do 2000; twierdzono, że produkcja wzrosła, gdyż zakłady wcześniej do tego zostały przygotowane. W czerwcu 1941 r. Beaverbrook otrzymał stanowisko ministra zaopatrzenia, w lutym 1942 r. - ministra produkcji, z którego szybko zrezygnował, ze względu na zły stan zdrowia. We wrześniu 1943 r. otrzymał tytuł lorda tajnej pieczęci (*Lord Privy Seal*); pełnił również funkcję pełnomocnika ds. Lend-Lease w Stanach Zjednoczonych.

** **Averell William Harriman** (1891-1986), biznesmen i dyplomata, uczestniczył w 1941 r. w Londynie w negocjacjach w sprawie Lend-Lease, a następnie koordynował wszystkie działania związane z amerykańską pomocą dla Wielkiej Brytanii. We wrześniu tego roku wyjechał z lordem Beaverbrookiem do Moskwy, aby ustalić zakres i sposób udzielania pomocy wojskowej dla ZSRR. W 1943 r. objął stanowisko ambasadora Stanów Zjednoczonych w Moskwie; był w stałym kontakcie ze Stalinem i brał udział we wszystkich konferencjach sprzymierzonych. Prawdopodobnie rozmowy z ludowym komisarzem spraw zagranicznych Wiaczesławem Mołotowem w Jałcie na temat Dalekiego Wschodu przekonały go, że Rosjanie mają zamiar rozszerzać swoje wpływy w Azji, o czym uprzedził prezydenta Franklina D. Roosevelta. Po wojnie był nieoficjalnym doradcą prezydenta Harry'ego Trumana do spraw polityki zagranicznej.

Maksym Litwinow

dał się tak natarczywie, że zauważył to ambasador Cripps. Pochylił się w stronę Beaverbrooka i wyjaśnił półgłosem.

– To były minister spraw zagranicznych Maksym Litwinow*.

Zapewne Stalin zwrócił również uwagę na reakcję Beaverbrooka, gdyż następnego dnia Litwinow, pełniący funkcję tłumacza, ubrany był już bardzo przyzwoicie. Wnet wydarzył się inny, zaskakujący incydent. Averell Harriman poprosił ambasadora Steinhardta, aby opuścił gabinet. Trudno to wytłumaczyć. Zapewne Harriman pamiętał uwagi Hopkinsa na temat niechęci ambasadora do współpracy amerykańsko-radzieckiej i obawiał się, że może on przeciwdziałać porozumieniu, a przynajmniej opóźniać jego zawarcie. Brytyjski ambasador obserwujący tę scenę z pewnym zdziwieniem po chwili postąpił podobnie. Stalin, Harriman, Beaverbrook pozostali jedynie w towarzystwie rosyjskiego tłumacza.

Litwinow doskonale wywiązywał się ze swojej roli. Beaverbrook zwrócił jednak uwagę, że w czasie całej rozmowy drugie drzwi w gabinecie, prowadzące do prywatnego apartamentu Stalina, były uchylone. Odnosił wrażenie, że za nimi jest ktoś, kto nadzoruje zachowanie Litwinowa i po zakończonej konferencji przedstawi Stalinowi swoją opinię na temat rzetelności tłumaczenia. Było to bardzo prawdopodobne, gdyż należy wykluczyć, żeby w tym gabinecie znajdowały się mikrofony podsłuchowe. Jeżeli więc Stalin nakazał, aby sprawdzano to, co mówił Li-

*__Maksym Litwinow__ (właśc. Meir Wallach) (1876–1952), radziecki polityk, uczestnik ruchu rewolucyjnego od 1907 r. przebywał na emigracji w Wielkiej Brytanii, gdzie poślubił Ivy Low, Angielkę, mającą rozległe koneksje w sferach politycznych. Po zwycięstwie rewolucji październikowej 1917 r. został mianowany posłem w Londynie. Od 1921 r. był zastępcą ludowego komisarza spraw zagranicznych. W 1930 r. został komisarzem spraw zagranicznych. Uważany był za zwolennika współpracy Związku Radzieckiego z Zachodem i antynazistę (był Żydem) i ta opinia przesądziła o odwołaniu go ze stanowiska, gdy Józef Stalin zdecydował się zacieśnić współpracę z Adolfem Hitlerem. Wykluczony z Komitetu Centralnego WKP(b) miał być aresztowany, przed czym uchronił go wybuch wojny z Niemcami. W 1941 r. Litwinow ponownie został mianowany zastępcą komisarza spraw zagranicznych i w tej randze wkrótce wyjechał jako ambasador do Stanów Zjednoczonych, gdzie pozostał do 1943 r.

Generał George Marshall

twinow, należy założyć, że jedyną taką możliwość dawało pozostawienie otwartych drzwi do pokoju, w którym mógł przebywać drugi tłumacz.

W czasie gdy trwały rozmowy w gabinecie Stalina, negocjacje prowadzili również wojskowi członkowie delegacji anglo-amerykańskiej. Generał Hasting L. Ismay* i generał George Marshall** dyskutowali z radzieckimi wojskowymi warunki i rodzaj pomocy, co okazało się nadzwyczaj trudnym przedsięwzięciem. Rosjanie byli tajemniczy do tego stopnia, że odmawiali udzielenia najbardziej podstawowych informacji.

- Ile dział przeciwpancernych potrzebuje wasza dywizja? -Zapytał generał Hasting Ismay i szybko dodał: - Nasza ma siedemdziesiąt dwa działa.

- To zależy, jaka dywizja - usłyszał odpowiedź.

- Powiedzmy: dywizja piechoty...

- To zależy, gdzie ma walczyć - odpowiedzieli Rosjanie i widać było, że zabroniono im udzielać jakichkolwiek informacji. Mieli tylko przedstawiać żądania.

*__Hastings Lionel Ismay (*Of Wormington*)__ (1887-1965), bliski współpracownik Winstona Churchilla; od maja 1940 r. był jego szefem sztabu (jako ministra obrony), oraz sprawował funkcję osobistego przedstawiciela premiera w Komitecie Szefów Sztabów (*Chiefs of Staff's Committee*) i w tym charakterze brał udział w większości konferencji międzynarodowych.

**__George Catlett Marshall__ (1880-1959), amerykański dowódca i polityk, w czasie I wojny światowej walczył we Francji jako szef operacji amerykańskiej 1. dywizji piechoty, a następnie 1. armii. W okresie międzywojennym był w sztabie gen. Johna Pershinga, w Chinach dowodził pułkiem i brygadą, a od 1938 r. był szefem wydziału ds. planowania strategicznego. W tym samym roku został zastępcą szefa Sztabu Generalnego. Od 1 września 1939 r. był szefem Sztabu Generalnego. Działał aktywnie na rzecz rozbudowy amerykańskich sił zbrojnych, unowocześnienia uzbrojenia i ustanowienia ścisłej współpracy z Wielką Brytanią, choć dążenie do jak najszybszej inwazji na kontynent doprowadziło do poważnych zatargów z rządem Winstona Churchilla. W 1942 r. wszedł do składu Połączonego Komitetu Szefów Sztabów. Brał udział we wszystkich najważniejszych konferencjach sprzymierzonych. W listopadzie 1945 r. na własną prośbę przeszedł w stan spoczynku, lecz wkrótce przyjął misję przedstawiciela USA w Chinach. W latach 1947-1949 był sekretarzem stanu. Opracował plan pomocy gospodarczej dla państw Europy Zachodniej (nazwany jego imieniem), za który w 1953 r. otrzymał Pokojową Nagrodę Nobla.

Członkowie anglo-amerykańskiej delegacji byli zniechęceni do tego stopnia, że któryś z nich wymyślił anegdotkę powtarzaną później w Londynie:

Radziecki przewodnik oprowadza amerykańskiego oficera po Moskwie i objaśnia:

- Oto hotel „Eden" [od nazwiska brytyjskiego ministra spraw zagranicznych Anthony'ego Edena] poprzednio nazywał się hotel „Ribbentrop". A to ulica Churchilla, poprzednio - Hitlera. To jest stacja Beaverbrooka, poprzednio Göringa. Macie coś do palenia? - Gdy otrzymał papierosa, powiedział:

- Dziękuję, towarzyszu broni, do niedawna imperialistyczny sukinsynu.

Negocjacje trwały trzy dni i podczas każdego spotkania atmosfera zrazu napięta poprawiała się. Było to bez wątpienia wynikiem przyjmowania przez Harrimana i Beaverbrooka radzieckich żądań dotyczących rodzaju i ilości uzbrojenia i sprzętu. Stalin dostrzegał w tym potwierdzenie, że demokratyczne mocarstwa porzuciły myśl zawarcia sojuszu z Hitlerem i zamierzają w wydatny sposób wspomagać Armię Czerwoną. Nigdy jednak do końca im nie uwierzył, tak jak nigdy do końca nie porzucił myśli o podjęciu negocjacji z Hitlerem.

Sytuacja osiągnęła apogeum trzeciego dnia, gdy opracowano już dokładny program pomocy. Nawet Maksym Litwinow nie powstrzymał się przed okrzykiem radości. Zerwał się z krzesła ze słowami:

- Teraz wygramy wojnę!

Stalin był wyraźnie zadowolony. Gdy żegnał się z Harrimanem i Beaverbrookiem, nagle zwrócił się do Mołotowa i powiedział parę słów po rosyjsku. Wymienili zdania i Stalin rzekł do gości:

- Mam nadzieję, że przyjmą panowie moje zaproszenie na kolację jutro wieczorem.

Kolacja okazała się wielkim bankietem, w którym wzięło udział ponad stu gości, zaś Beaverbrook, siedzący po prawej stronie Stalina, miał okazję przyjrzeć się dziwnym zwyczajom dyktatora. Obsługiwał go specjalny kelner, który podawał inne potrawy, niż otrzymywali pozostali goście. Nie nalewał też wina dyktatorowi, który postawił przed sobą butelkę i sam napełniał kieliszek. Gdy wypił, odwracał go do góry dnem i nakładał na szyjkę butelki.

Atmosfera stała się przyjacielska i swobodna do tego stopnia, że w pewnym momencie Beaverbrook zapytał Stalina:

- Niech mi pan powie, czy Kalinin ma kochankę? - wskazywał na Michaiła Kalinina, przewodniczącego Prezydium Rady Najwyższej.

- Nie - roześmiał się Stalin. - Jest na to za stary, a pan?

Beaverbrook nie odpowiedział. Ostatecznie był młodszy od 66-letniego Kalinina tylko o cztery lata.

Churchill wizytuje okręty grupujące się w konwoju do ZSRR

Protokół podpisany w Moskwie umożliwiał Związkowi Radzieckiemu skorzystanie z amerykańskiej pożyczki wojennej Lend-Lease* i przewidywał na początek dostawę 150 artykułów, od jeepów, czołgów i samo-

*__Lend-Lease__ – amerykańska pożyczka wojenna dla państw sprzymierzonych, udzielana na podstawie ustawy o pożyczce i dzierżawie (*Lend-Lease Act*) uchwalonej przez Kongres Stanów Zjednoczonych 11 marca 1941 r. Upoważniała prezydenta do sprzedaży, wydzierżawienia lub pożyczania materiałów wojennych państwom, których obronę uznał za ważną dla obrony Stanów Zjednoczonych. Pomoc realizowana była na podstawie dwustronnych porozumień. Z amerykańskiej pomocy, której ogólna wartość w czasie wojny wyniosła 50,7 mld dolarów skorzystało 38 państw; Wielka Brytania otrzymała sprzęt i kredyty na kwotę 28 mld dolarów, Związek Radziecki – ponad 11 mld dolarów, Chiny – 4 mld dolarów. W czasie wojny wysłano ze Stanów Zjednoczonych do Związku Radzieckiego m.in. 14 795 samolotów, 7065 czołgów, 8218 dział przeciwlotniczych, 51 503 samochody terenowe, ok. 700 000 ciężarówek, 1981 lokomotywy, oraz ok. 900 000 t materiałów wybuchowych, 4 478 000 t żywności, blisko 4 mln opon samochodowych, 900 000 t materiałów pędnych, środki łączności, odzież, kompletne huty aluminium, gumy syntetycznej, itp. Oficjalne dane radzieckie, wg których dostawy Lend-Lease stanowiły zaledwie 4% produkcji wojennej ZSRR nie oddają rzeczywistego znaczenia pomocy: np. dostawy amerykańskich ciężarówek, zwolniły moce produkcyjne w wielu radzieckich zakładach motoryzacyjnych i umożliwiły wytwarzanie innego sprzętu; szczególnie istotny był napływ nowoczesnej technologii. Ustawa Lend-Lease przestała formalnie obowiązywać 27 września 1945 r.

lotów po buty i medykamenty. Udział Związku Radzieckiego w dostawach Lend-Lease oceniono na miliard dolarów, co, jak się okazało, było niewielką częścią dostaw dla tego państwa, których wartość w czasie całej wojny przekroczyła jedenaście miliardów dolarów.

Wydawałoby się więc, że Stalin mógł mieć wszelkie powody do zadowolenia. Sojusz z dwoma najsilniejszymi państwami świata dysponującymi nieograniczonymi możliwościami gospodarczymi został zawarty. Lada tydzień miały zacząć napływać dostawy sprzętu, broni i surowców umożliwiających utrzymanie siły bojowej Armii Czerwonej. Również bardzo realne wydawało się utworzenie przez sojuszników drugiego frontu. Tymczasem 7 października stało się coś dziwnego i nie sposób ustalić, czy było to efektem załamania nerwowego, czy kontynuacją gry przeciw nowym sojusznikom, aby umocnić ich w przekonaniu, że nowe zobowiązania muszą realizować szybko, w jak największej ilości i bez wahania. A ponadto mają jak najszybciej przystąpić do tworzenia drugiego frontu.

Tego dnia o zmierzchu do Moskwy przybył wezwany z Leningradu generał Gieorgij Żukow. Sytuacja na froncie ustabilizowała się i zapewne z tego powodu mógł on na krótko opuścić swoje stanowisko na froncie i przyjechać do Moskwy, aby osobiście przedstawić przebieg walk i plany obrony miasta.

Stalin był chory. Leżał w łóżku, cierpiąc na silną grypę, a więc Żukow z sekretariatu na Kremlu, gdzie się zameldował, został skierowany do prywatnego apartamentu wodza*. Wszedł do pokoju i zobaczył Stalina pogrążonego w rozmowie z Berią. Nie śmiał przerywać, ani meldować się, więc stanął przy drzwiach i mimowolnie przysłuchiwał się rozmowie. Wynikało z niej jednoznacznie, że obydwaj obawiali się najgorszego, co zapewne wynikało z postępów wojsk niemieckich realizujących odkładaną od 15 września operację „Tajfun" – uderzenia na Moskwę.

Adolf Hitler, który początkowo zdecydowany był koncentrować wysiłki Wehrmachtu na kierunku północnym – w stronę Leningradu i południowym – w stronę Stalingradu i kaukaskich pól naftowych, po zwycięstwie pod Smoleńskiem dał się przekonać swoim generałom, że należy zdobyć Moskwę. Bez wątpienia miałoby to ogromne znaczenie propagandowe dla niemieckiego społeczeństwa wsłuchującego się z niepokojem w informacje o przedłużającej się wojnie, która pochłaniała coraz większe ofiary. Hitler zdawał już sobie sprawę, że planu podboju Związku Radzieckiego nie udało się zrealizować w terminie i Wehrmacht czekał najtrudniejszy czas rosyjskiej jesieni i zimy. Morale wojska i społeczeństwa miało więc ogromne znaczenie.

*Według innej wersji, pojechał do Kuncewa, lecz miejsce nie ma tu większego znaczenia.

Niemieckie dywizje były wyraźnie zmęczone i osłabione ciężkimi walkami, jakie toczyły od początku wojny. Do 30 września 1941 roku Niemcy stracili 551 tysięcy żołnierzy zabitych, rannych, zaginionych i w niewoli. Straty sprzętu były ogromne, czego przykładem był stan wyposażenia czternastu dywizji pancernych Grupy Armii „Środek", które posiadały mniej niż połowę pojazdów gąsienicowych. Tym większe znaczenie miały wielkie sukcesy w operacji moskiewskiej odniesione już w pierwszych dniach.

1 października 1941 roku korpus pancerny Guderiana rozerwał radzieckie linie i w ciągu dwóch dni wdarł się w głąb ZSRR na 170 kilometrów, zdobywając Orzeł - przypominało to wielkie sukcesy niemieckich dywizji z pierwszych dni wojny. Te zwycięstwa Guderiana umożliwiły postępującemu za nim 47. korpusowi pancernemu zdobycie Briańska. Na północy Panzergruppe IV posuwała się szybko w kierunku Wiaźmy i 7 października miasto zostało wzięte przez 40. korpus zmotoryzowany generała Stummego. Niemcy ogłosili, że w rejonie tych dwóch miast wzięli do niewoli 663 tysiące radzieckich żołnierzy i zdobyli 1242 czołgi oraz 5412 dział.

Bez względu na to, czy dane te były prawdziwe*, klęska wojsk radzieckich na centralnym kierunku była bardzo dotkliwa i zdawała się wskazywać, że Niemcy mogą szybko podejść do Moskwy.

- Armia Czerwona nie jest wystarczająco silna, aby odeprzeć niemiecki atak na Moskwę - Stalin mówił do Berii. - Stało się konieczne, abyśmy poszli za przykładem Lenina z marca osiemnastego roku, kiedy to nie mając innego wyjścia, podpisał w Brześciu upokarzający pokój z Niemcami.

Bez wątpienia musiał zauważyć Żukowa i zapewne chciał, aby i on poznał te plany.

- Musicie znaleźć drogę wynegocjowania nowego brzeskiego pokoju - powiedział z naciskiem do Berii. - Nawet za cenę utraty republik bałtyckich - mówił o Litwie, Łotwie i Estonii, wobec których Hitler od dawna zgłaszał pretensje - a nawet Białorusi, Mołdawii i części Ukrainy.

Gdy Beria wyszedł, Stalin zwrócił się do Żukowa:

- Popatrzcie - wskazał na mapę wiszącą na ścianie - mamy duże kłopoty z Frontem Zachodnim i nie sądzę, żeby udało mi się dostać dokładny raport na temat sytuacji w tamtym rejonie. Musicie jechać do dowództwa Frontu Zachodniego i przedstawić mi sytuację telefonicznie, o jakiejkolwiek porze dnia czy nocy. Będę czekać na wasz telefon.

*Według oficjalnych radzieckich danych od 1 października do 5 grudnia 1941 r. wojska wszystkich frontów broniących kierunku moskiewskiego liczące 1 250 000 żołnierzy straciły 514 338 żołnierzy zabitych, w niewoli, zaginionych oraz 143 941 rannych i chorych.

Rozmowa Stalina z Berią nie znalazła potwierdzenia w żadnym dokumencie ani relacji. Jedynym świadkiem był generał Żukow. Nie udało się też odnaleźć śladów działań Berii usiłującego nawiązać kontakty z Niemcami.

Żukow zadzwonił do Stalina jeszcze tej samej nocy, 8 października, o 2.30.

– Front został przerwany w wielu miejscach i wyrw nie można załatać, gdyż nie mamy rezerw – relacjonował. – Wróg przegrupowuje swoje siły i ma zdecydowaną przewagę w piechocie, czołgach, działach i samolotach. Główne niebezpieczeństwo polega na tym, że droga do Moskwy jest całkowicie bez ochrony. Fortyfikacje wzdłuż linii Możajska są za słabe, aby zatrzymać niemieckie czołgi...

Czyżby więc rzeczywiście Stalin przestraszył się, że Niemcy przedrą się do Moskwy, zanim zza oceanu nadejdą pierwsze dostawy? A może tylko chciał zyskać na czasie? Może liczył, że Hitler, wiedząc już jak wielkimi stratami opłacił dotychczasowe zwycięstwa, będzie bardziej skłonny do negocjacji? W pierwszej dekadzie października każdy dzień miał znaczenie. Zaczęły padać deszcze i gruntowe drogi zamieniały się w potoki błota, w którym grzęzły niemieckie działa, czołgi i ciężarówki, a rozmokłe lotniska polowe uniemożliwiały samolotom start. Już wkrótce Wehrmacht musiał zatrzymać się, dając Armii Czerwonej czas na wykorzystanie rezerw i przygotowanie się do wiosennej decydującej batalii.

Stalin skłonny był zgodzić się na ewakuację najważniejszych urzędów z Moskwy. Zapasowe stanowisko dowodzenia było już gotowe. Daleko od stolicy, w odległym o 850 kilometrów Kujbyszewie*, pod budynkiem ratusza, wybudowano dla niego podziemny schron. Nie wiadomo kiedy ruszyła budowa podziemnego kompleksu. Sądząc z liczby robotników, która przekroczyła sześć tysięcy, prace rozpoczęto dopiero w 1941 roku. Wydobyto na powierzchnię 24 tysiące metrów sześciennych ziemi, a do budowy stropów i ścian wlano w szalunki w ogromnym szybie 10 tysięcy metrów sześciennych betonu. Do października 1941 roku wybudowano dwa poziomy. Na pierwszym, na głębokości 14 metrów, umieszczono urządzenia niezbędne do normalnego funkcjonowania podziemnej kwatery: filtry przepuszczające 36 tysięcy metrów sześciennych powietrza na godzinę, agregaty prądotwórcze o mocy 50 kilowatów zasilające pomieszczenia mieszkalne, zasilane z podziemnych źródeł zbiorniki wody pitnej o pojemności 18 metrów sześciennych, centrale łączności itp. Pomieszczenia mieszkalne dla 110 osób zbudowano na głębokości 32 metrów, co całkowicie zabezpieczało je przed najcięższymi bombami i pociskami artyleryjskimi.

* Obecnie Samara.

Oczywiście swój apartament miał tam również Stalin. Obok jego gabinetu i sypialni znajdowało się największe pomieszczenie podziemnego bunkra - liczący 70 metrów kwadratowych pokój narad.

Podziemne komnaty, umeblowane luksusowo do tego stopnia, że na betonowych posadzkach ułożono dębowy parkiet, przeznaczono dla członków najwyższych władz radzieckich - rządu, Komisariatu Obrony, Biura Politycznego i Rady Najwyższej. W mieście miały też działać ewakuowane z Moskwy inne instytucje: Komitet Planowania, Komisariat Spraw Zagranicznych, Transportu i oczywiście NKWD. Inne ministerstwa zostałyby przewiezione do Kazania, Ulianowska, Gorki, Kirowa, Swierdłowska, Czelabińska, Ufy, Nowosybirska, Omska i Tomska. Zagraniczni pracownicy dyplomatyczni mieli zamieszkać w willach pod Kujbyszewem.

Na początku października wszystko było już gotowe do przyjęcia gości z Moskwy. Tam sytuacja pogarszała się z dnia na dzień.

Generał Gieorgij Żukow, który 10 października objął dowodzenie Frontem Zachodnim broniącym drogi do Moskwy, z niepokojem oceniał siły, które wypadło mu poprowadzić do walki. Cały Front liczył jedynie 90 tysięcy żołnierzy, a więc dużo mniej niż armia. Siły pancerne miały zaledwie 890 czołgów, a co gorsza wśród nich było tylko 90 nowoczesnych *T-34*. Armia na lewym skrzydle Frontu Zachodniego miała sześć dywizji piechoty, a w każdej było od 600 do 2 tysięcy żołnierzy, zamiast dziesięciu tysięcy. 58. dywizja pancerna liczyła jedynie 350 żołnierzy z piętnastoma lekkimi czołgami i pięcioma działami. W 54. armii była 21. dywizja pancerna - pancerna tylko z nazwy, gdyż nie było w niej ani jednego czołgu. 1 października otrzymała jednak wzmocnienie: przysłano 52 czołgi, z których połowę stanowiły *T-34* i *KW-1*, lecz niewiele z nich mogło wyruszyć w bój ze względu na uszkodzenia i awarie.

Nic więc dziwnego, że Żukow, mając tak mało ludzi i sprzętu, nakazał dowódcom zbierać ochotników i szukać żołnierzy w służbach tyłowych i szpitalach, aby formować z nich niezależne bataliony, które wyposażone w rusznice przeciwpancerne i granaty mogłyby zwalczać niemieckie czołgi. W Moskwie tworzono „robotnicze bataliony", z których każdy miał 675 żołnierzy, ale tylko 295 karabinów, 120 zdobycznych ręcznych granatów, 9 karabinów maszynowych i 145 pistoletów.

Z takimi siłami nie można było wygrać bitwy o Moskwę. Nic więc dziwnego, że niemieckie dowództwo, oceniając radzieckie wojska, doszło do wniosku, iż są już bez tchu (*um die letzte Krafteanstrengung*).

Panika w Moskwie narastająca w miarę przybliżania się niemieckich oddziałów wybuchła z całą siłą, gdy radio nadało ten oto komunikat:

„W nocy z 14 na 15 października pogorszyło się położenie wojsk Frontu Zachodniego. Niemiecko-faszystowskie oddziały rzuciły przeciwko naszym wojskom wielką liczbę czołgów i zmotoryzowanej piechoty, w rezultacie w jednym z sektorów przedarli się przez nasze linie obronne".

To już była kropla, która przepełniła czarę. Od kilku dni prasa zwiększała liczbę czarnych wiadomości. W organizacjach partyjnych nawoływano do „żelaznej dyscypliny i bezlitosnej walki przeciwko najmniejszym przejawom paniki, przeciwko tchórzom, dezerterom i panikarzom". Moskwianie doskonale wiedzieli, co oznaczają takie hasła i do czego prowadzą. Tłumy zapełniły dworce, gdzie dochodziło do zagorzałych walk o miejsca w wagonach. Ulice przemierzały długie szpalery uciekinierów, którzy w tobołkach i walizkach, na wózkach i rowerach taszczyli spakowany dobytek. Pomniejsi urzędnicy partyjni wystawiali sobie delegacje i z rodzinami zapakowanymi do służbowych samochodów lub na skrzynie ciężarówek wyruszali na wschód. W kilku zakładach przerwano produkcję, gdyż brakowało robotników. W chaosie ogarniającym stolicę zaczęły mnożyć się rabunki i napady, plądrowanie opuszczonych mieszkań i włamania do sklepów.

Atmosferę histerii podgrzewały działania specjalnych oddziałów, które przygotowywały do wysadzenia rządowe budynki i najważniejsze obiekty w mieście. Osiem grup saperskich przemierzało ulice ciężarówkami wypełnionymi materiałami wybuchowymi w drodze do obiektów, które miały zaminować. Do północy 15 października założono ogółem 584 tony materiałów wybuchowych w budynkach rządowych, stacjach i obiektach kolejowych i 56 mostach, w tym 16 mostach w mieście. Saperzy, którzy stanęli przy tych obiektach, otrzymali rozkaz natychmiastowego wysadzenia ich na „widok nieprzyjacielskich żołnierzy".

Rzeź rozpoczęła się w więzieniach NKWD. Nie sposób było ewakuować wszystkich więźniów, a ci, którzy musieli pozostać, nie mogli dostać się w ręce Niemców. W ciągu kilku dni rozstrzelano kilka tysięcy ludzi, wśród nich około czterystu wysokich oficerów aresztowanych przed wybuchem wojny lub w trakcie działań wojennych pod zarzutem poddania się panice, za zdradę czy opuszczenie stanowiska.

Zamieszanie i atmosferę zagrożenia pogłębiała ewakuacja zakładów przemysłowych. Ogółem 80 tysięcy ciężarówek wywiozło poza Moskwę maszyny z 498 stołecznych fabryk.

Wieczorem 16 października Stalin gdy wyszedł z gabinetu, na korytarzu spotkał zmierzającego w jego stronę Berię.

– Towarzyszu Stalin, wasz specjalny pociąg jest już podstawiony. Wasza dacza w Kuncewie została zaminowana – powiedział pospiesznie po gruzińsku; nie chciał, żeby ludzie z najbliższego otoczenia wodza usłyszeli, co miał do zakomunikowania. – Na lotnisku w Chodyncе stoją cztery samoloty, w tym wasz *DC-3*. Wszystko jest gotowe do ewakuacji.

Stalin spojrzał na niego ostro, nieprzyjaźnie. Nie podobał mu się pomysł opuszczenia Moskwy. Czuł, że tak długo, jak ludzie i wojsko wiedzą, że pozostał w stolicy, będzie można bronić miasta. Nie odpowiedział nic, lecz pospieszył do swojego samochodu. Musiał to rozważyć.

Stalin na froncie pod Moskwą (obraz K. Finogenowa)

Późno w nocy, gdy dojechał do willi w Kuncewie, niebo rozjarzyły łuny pożarów, wybuchy pocisków artylerii przeciwlotniczej i pasma reflektorów. Trwał nalot na Moskwę.

Stalin wysiadł z samochodu i stał wpatrzony w to przerażające widowisko.

– Towarzyszu Stalin, proszę wejść do daczy, tu jest niebezpiecznie – odezwał się pułkownik Własik. W daczy nie było jeszcze schronu przeciwlotniczego, a każdy z samolotów atakujących Moskwę mógł lada moment zrzucić bombę w pobliżu. – Wejdźcie do domu – ponaglał.

Stalin zniecierpliwiony machnął ręką.

Rozwój wydarzeń zdaje się wskazywać, że tego wieczora podjął decyzję o pozostaniu w Moskwie. I o stoczeniu w tym rejonie decydującej bitwy.

Nie mógł oddać stolicy Niemcom, gdyż oznaczałoby to, że przegrał wojnę. Byłby to atut propagandowy dla Hitlera, który wiedział, że zaufanie niemieckiego społeczeństwa rozgoryczonego wielkimi stratami na froncie wschodnim słabnie, mógł je odzyskać, pokazując w kronikach filmowych i w milionach gazet Kreml, przed którym stanęłaby niemiecka straż. Wojsko umęczone strasznymi bojami i wyjątkowo niekorzystnymi warunkami atmosferycznymi, jakie przyniosła surowa rosyjska jesień, wzmocniłoby się psychicznie i ponownie uwierzyłoby w swojego Führera.

Tyle samo, ile zyskałby Hitler, straciłby Stalin. Ludzie załamaliby się i nie sposób byłoby już zmusić ich do tak wielkiego wysiłku, jak w ciągu ostatnich miesięcy. Zachodni sojusznicy wciąż podejrzliwie przyglądający się rozwojowi sytuacji uznaliby, że Stalin nie jest wiarygodnym partnerem, skoro jego ocena wydarzeń nie była trafna. Zapewniał Hopkinsa, że Niemcy zatrzymają się pod Kijowem i Moskwą, tymczasem oni szybko zdobyli Kijów, byli o krok od zdobycia Moskwy, a nie można było wykluczyć, że po załamaniu morale Armii Czerwonej zajmą też Leningrad.

Bitwa pod Moskwą dawała jedyną szansę zatrzymania niemieckiej ofensywy i odebrania wrogowi inicjatywy strategicznej, jaką miał on od początku wojny. Położenie niemieckich wojsk było w istocie bardzo trudne. Taktyka spalonej ziemi stosowana przez oddziały Armii Czerwonej i NKWD uzależniła funkcjonowanie hitlerowskich armii od dostaw z Niemiec i Polski, a linie komunikacyjne wydłużyły się do 900 kilometrów. Tymczasem radzieckie oddziały partyzanckie stanowiły już siłę, która potrafiła bardzo utrudnić dowóz broni, amunicji i zaopatrzenia dla milionów żołnierzy. Jeszcze większym zagrożeniem dla niemieckiego transportu była pogoda. Wagony z zaopatrzeniem ciągnęły niemieckie lokomotywy – radzieckich niewiele udało się zdobyć – nie przystosowane do warunków rosyjskiej późnej jesieni. Plątanina rurek biegnących na zewnątrz kotłów parowozów nie wytrzymywała mrozów sięgających 30–40 stopni Celsjusza. Zaopatrzenie docierało do oddziałów frontowych z coraz to większym opóźnieniem i w mniejszej ilości. Nadchodził więc czas zadania uderzenia przez Rosjan, uderzenia, które mogłoby wpłynąć na bieg wojny. Stalin musiał jednak pamiętać, że wojska Frontu Zachodniego broniące dostępu do stolicy są słabe, a możliwości ich wzmocnienia – właściwie żadne. Nie można było ściągnąć na pomoc oddziałów z północy ani z południa, gdyż te, goniąc resztkami sił, prowadziły śmiertelny bój z niemieckimi armiami. Gdyby uszczuplono ich siły, front pękłby, a Niemcy zdobyliby Leningrad i natychmiast przerzuciliby stamtąd wojska do uderzenia na Moskwę.

A jednak Stalin dostrzegł szansę w boju o Moskwę.

17 października radio ogłosiło, że Stalin pozostanie w stolicy. Dwa dni później ogłoszono stan oblężenia. Dyktator przystępował do uporządkowania sytuacji w mieście z właściwą mu bezwzględnością.

Dowództwo obrony miasta przekazał w ręce generała P. Artiemiewa. On miał opanować falę rabunków i paniki przy pomocy swoich oddziałów NKWD wprawionych w masowych egzekucjach.

Zaczął od administratorów budynków, w których doszło do plądrowania mieszkań. Co dziesiątego, niezależnie od tego, czy był winien czy nie, rozstrzelano. Sądy wojskowe w ciągu kilku minut rozpatrywały sprawy o kradzieże i rabunki, ledwie zadając sobie trud, aby zapytać oskarżonego, czy przyznaje się do winy - odpowiedź nie miała żadnego znaczenia. Wyroki wykonywano natychmiast.

Nie wybaczono dyrektorom i wyższym urzędnikom, którzy w ogólnej panice po 16 października wyjechali z miasta. Radio moskiewskie podawało ich nazwiska i okoliczności porzucenia pracy. Należało sądzić, że lokalne oddziały NKWD starannie notowały te nazwiska, aby rozprawić się ze zdrajcami, którzy, uciekając z Moskwy, znaleźli się na ich terenie.

Wszystko to jednak nie mogło pomóc zwyciężyć niemieckich oddziałów nieubłaganie zbliżających się do Moskwy. Stalin potrzebował nowych oddziałów wojska. I wiedział, gdzie je znaleźć.

7. *Wielki przełom*

Czy można wierzyć wywiadowi? „Enigma" i purpurowy kod. Niezwykłe osiągnięcie zespołu Tołstoja. Podwójny szpieg Richard Sorge. Czy Japonia zaatakuje? Przełomowa narada w cesarskim pałacu. Syberyjskie dywizje.

Siergiej Tołstoj, korpulentny mężczyzna w wymiętym jasnym garniturze, przebiegł przez jezdnię tak szybko, że nawet milicjant nie zdążył wyjść ze swojej budki i sięgnąć po gwizdek, aby przywołać do porządku obywatela, który jawnie naruszył przepisy o ruchu drogowym. Być może rozpoznał niezdyscyplinowanego przechodnia, gdyż Tołstoj popełniał to wykroczenie każdego ranka, spiesząc do pracy. Nikt jednak nie potrafiłby powiedzieć, gdzie pracował, ponieważ duży gmach, w którym kiedyś mieścił się hotel „Select", na ulicy Dzierżyńskiego objęty był całkowitą tajemnicą. A każdy moskwianin wiedział, że nie należy zbytnio interesować się takimi obiektami, groziło to bowiem najsurowszymi konsekwencjami.

Tołstoj zniknął w drzwiach, za którymi podał przepustkę wartownikowi, i podszedł do wielkiej windy wyłożonej wiśniowym drewnem. To urządzenie pamiętające carskie czasy i zapewne od tamtych lat nie remontowane działało bardzo kapryśnie, aczkolwiek korzystanie z niego było mniejszym ryzykiem niż wspinanie się po schodach na czwarte piętro.

Jego gabinet mieścił się tuż obok windy, co miało tę zaletę, że mógł tam dotrzeć szybko, unikając zbędnych spotkań, które zabierały czas, a nie przynosiły żadnego pożytku. Dla Siergieja Tołstoja, szefa sekcji japońskiej V Zarządu (Szyfry) NKWD tylko jedno zajęcie miało sens: odczytywanie japońskiej korespondencji dyplomatycznej przechwytywanej przez radzieckie stacje nasłuchowe. Stało się to szczególnie ważne po 1936 roku, gdy Japonia przystąpiła do paktu antykominternowskiego*, deklarując tym samym wrogość wobec ZSRR, co było równoznaczne z zapowiedzią agresywnych działań.

Nieco wcześniej, w lecie 1936 roku, wywiad radziecki odniósł pierwszy wielki sukces: agentowi w Berlinie udało się uzyskać dostęp do korespondencji attaché militarnego japońskiej ambasady. Dzięki temu kryptolodzy z NKWD mogli łatwo odszyfrowywać wiele tajnych depesz wysyłanych z ambasady w Berlinie oraz z kilku innych przedstawicielstw dyplomatycznych, w których używano tego samego kodu. Prawdopodobnie wywiadowi radzieckiemu udało się zdobyć nawet książkę kodów. Z tego sukcesu Rosjanie nie mogli jednak długo korzystać, gdyż w 1938 roku uciekł do Japonii Gienadij Liuszkow, wysoki funkcjonariusz tajnej policji działający na Dalekim Wschodzie, który znał tajemnicę kryptologów. Bezcenna zdobycz w Berlinie stała się bezwartościowa.

Sytuacja skomplikowała się tym bardziej, że w 1937 roku Japończycy skonstruowali maszynę szyfrującą, którą nazwali 97-shiki O-bun In-ji-ki, co oznaczało „alfabetyczna maszyna do pisania 97". Dwie ostatnie cyfry pochodziły z daty 2597 odpowiadającej w kalendarzu juliańskim dacie 1937. Rok później zainstalowano ją w większości japońskich przedstawicielstw dyplomatycznych w Europie i Ameryce.

*__Pakt antykominternowski__ podpisany 25 listopada 1936 r. w Berlinie przez przedstawicieli rządów Niemiec i Japonii w celu koordynowania działań przeciwko Kominternowi (III Międzynarodówka Komunistyczna – organizacja utworzona w Moskwie w 1919 r., kierująca działalnością partii komunistycznych podporządkowanych partii radzieckiej). Tajny protokół dołączony do układu zobowiązywał sygnatariuszy do zachowania neutralności, gdyby jedna ze stron znalazła się w stanie wojny z ZSRR. Do 1941 r. do paktu przyłączyły się: Włochy, Węgry, Mandżukuo, Hiszpania, Bułgaria, Dania, Finlandia, Rumunia, rządy Chorwacji, Słowacji oraz rząd Wang Ching-weia z Nankinu (Chiny). Stanowił on podstawę późniejszych umów wojskowych zawieranych między Niemcami i Włochami (22 maja 1939 r.) oraz Japonią (11 grudnia 1940 r.).

Wiktoriański pałacyk w Bletchley Park – główna siedziba kryptologów (zdjęcie autora)

Bez wątpienia konstrukcja tej maszyny oparta była na niemieckiej „Enigmie"* i miała tę samą cechę: powstające w niej szyfry wydawały się nie do złamania. W istocie szyfrów z tej maszyny żaden kryptolog nie był w stanie rozwiązać bez pomocy wywiadu, dostępu do tajnych dokumentów związanych z działaniem takich maszyn. Polscy naukowcy: Marian Rejewski, Jerzy Różycki i Henryk Zygalski, korzystając ze współpracy z wywiadem francuskim, zbudowali kopię niemieckiej maszyny szyfrującej. Był to pierwszy i najważniejszy krok na drodze prowadzącej do złamania systemu niemieckiej tajnej korespondencji, co ostatecznie do-

*„Enigma" – niemiecka maszyna szyfrująca, powszechnie używana przez niemieckie wojska lądowe, morskie i powietrzne, została wynaleziona przez Hugo Alexandra Kocha w 1919 r. i udoskonalona przez dr. Arthura Scherbiusa. Od 1928 r. „Enigmę" zaczęto wykorzystywać do utajniania korespondencji wojskowej. Wyglądała jak maszyna do pisania. Nad klawiszami umieszczone były trzy wirniki, które zamiast liter wystukiwanych na klawiaturze podkładały inne znaki. Dzięki temu w szyfrowanym tekście nie było żadnej prawidłowości w powtarzaniu znaków, która umożliwiałaby kryptologowi odczytanie szyfru. Tekst był dodatkowo utajniany przez zastosowanie tzw. łącznicy. W 1934 r. trzej polscy kryptolodzy z Biura Szyfrów BS 4: M. Rejewski, J. Różycki i H. Zygalski, korzystając z dokumentów dostarczonych przez wywiad francuski, zbudowali kopię wojskowej wersji „Enigmy", co jednak nie gwarantowało stałego odczytywania szyfrogramów. Polscy naukowcy opracowali przyrząd nazwany bombą, umożliwiający odtworzenie ustawienia wirników, co było podstawowym zabiegiem niezbędnym do odczytania zaszyfrowanego tekstu. Tuż przed wojną do współpracy nad złamaniem systemu „Enigmy" włączył się wywiad brytyjski, który od kryptologów z BS 4 otrzymał kopię maszyny. Po wybuchu wojny prace przy udziale polskich kryptologów kontynuowano we Francji i w Wielkiej Brytanii. Odszyfrowywanie niemieckiej korespondencji radiowej dawało aliantom informacje o kluczowym znaczeniu dla wielu bitew.

Wnętrza pałacyku w Bletchley Park (zdjęcie autora)

konali brytyjscy kryptolodzy pracujący w ośrodku w Bletchley Park* w Anglii. Sukcesy polskich i brytyjskich kryptologów miały bezpośredni związek z wielkim osiągnięciem amerykańskiego naukowca Williama Friedmana**, którego zespół w sierpniu 1940 roku po dwudziestomiesięcznej pracy złamał japoński szyfr maszynowy, tzw. szyfr purpurowy. Była to tak szaleńcza i wyczerpująca praca, że po jej zakończeniu Friedman trafił na trzy miesiące do zamkniętego szpitala psychiatrycznego.

***Bletchley Park**, wiktoriańska willa usytuowana w odległości ok. 80 km na północny zachód od Londynu, od 1939 r. była siedzibą zespołu kryptologów liczącego początkowo 150 osób. Po wybuchu wojny zespół zdecydowanie powiększono (w 1942 r. było 3500 osób, a w 1945 r. - 10 000) i pomieszczenia willi przestały być wystarczające, w parku okalającym główny budynek postawiono więc kilkanaście drewnianych baraków. W czasie wojny pracownicy ośrodka odszyfrowali tysiące niemieckich depesz wojskowych i dyplomatycznych, co miało wpływ na przebieg działań wojennych.

****William Frederick Friedman** (1891-1969), wybitny kryptolog amerykański, objął w 1929 r. stanowisko dyrektora Signal Intelligence Service, której zadaniem było przygotowywanie szyfrów i kodów dla armii oraz łamanie szyfrów używanych przez wojska i placówki dyplomatyczne innych państw. W sierpniu 1940 r., po dwudziestomiesięcznej pracy, kierowany przez niego zespół złamał japoński szyfr maszynowy tzw. szyfr purpurowy, dzięki czemu Amerykanie mogli poznać najtajniejszą japońską korespondencję dyplomatyczną i wojskową, co miało znaczący wpływ na przebieg wielu bitew na Pacyfiku. Sukces złamania szyfru purpurowego Friedman okupił rozstrojem nerwowym i trzymiesięcznym pobytem w szpitalu. W 1955 r., gdy zdecydował się przejść na emeryturę, rząd przyznał mu *Medal for Merit* - najwyższe odznaczenie dla cywilów. W tym samym roku Kongres uznał, że Friedman, pracując dla wojska, poniósł duże straty finansowe, gdyż nie mógł sprzedawać swoich wynalazków (od 1933 do 1944 r. wynalazł 9 urządzeń, z których kilka było tak tajnych, że nie wydano nawet dokumentów patentowych) i przyznał mu nagrodę w wysokości 100 000 dolarów.

Amerykański kryptolog nigdy się nie przyznał, że korzystał z owoców pracy polskich i brytyjskich kolegów, ale nie znając „Enigmy", nie mógłby złamać tajemnicy japońskiej maszyny szyfrującej.

Jedną z pierwszych kopii japońskiej maszyny Amerykanie przekazali do ośrodka w Bletchley Park. Przywieziono ją w wielkiej tajemnicy w styczniu 1941 roku na pokładzie pancernika *King George V* wracającego ze Stanów Zjednoczonych po odwiezieniu tam nowego brytyjskiego ambasadora Lorda Halifaxa. Czy dostarczenie tajnej maszyny do Bletchley Park miało związek z niezwykłym osiągnięciem zespołu Siergieja Tołstoja?

Kilka miesięcy później, w październiku 1941 roku, Tołstoj został wezwany do pilnego stawienia się w swoim biurze. Telefonował jego najcenniejszy współpracownik profesor Szungski, wybitny znawca języka japońskiego. Ta wiedza uratowała go w czasach wielkiej czystki. Wywodził się z arystokratycznej rodziny, był carskim oficerem, a jednak bolszewicy potrafili zapomnieć o tym, ponieważ był im potrzebny. Bez takich ludzi jak Szungski nie można było myśleć o odczytywaniu japońskich telegramów. Znosili nawet obecność w sekcji kryptologów byłego oficera carskiej tajnej policji, ochrany, Romana Kriwosza. Co prawda, gdy jego przeszłość wyszła na jaw, aresztowano go i osadzono w więzieniu na Butyrkach, lecz nadal pracował tam nad szyframi, a po kilku miesiącach

„Bomba" – urządzenie umożliwiające kryptologom w Bletchley Park odgadywanie ustawienia wirników w maszynach „Enigma" (zdjęcie autora)

został zwolniony i powrócił do swojego pokoju w budynku przy ulicy Dzierżyńskiego.

Szungski, Iwan Kalinin, również wybitny znawca języka japońskiego, Jewdokia Pietrowa nazywana Dusią, studentka japonistyki, Wiera Płotnikowa, córka profesora japonistyki, która wiele lat spędziła w Tokio i Galina Podpałowa, zakochana w japońskiej kulturze oczekiwali na Tołstoja, aby pokazać mu tłumaczenie depeszy - najbardziej oczywisty dowód, że szyfr purpurowy przestał być tajemnicą.

Tołstoj patrzył na kartkę ze łzami w oczach. Nie mógł sobie nawet przypomnieć, od jak dawna marzył o dniu, w którym piekielny japoński szyfr odsłoni swoje tajemnice. Bardzo poruszony powiedział:

- Gratuluję wam! Ktoś kiedyś to doceni, ale teraz musimy zabrać się do roboty...

Nie mieli czasu na świętowanie osiągnięcia, któremu poświęcili dwa i pół roku wytężonej pracy. Czy pomógł im w tym John Cairncross*, radziecki agent działający w Bletchley Park, który miał dostęp do tajnej dokumentacji kopii japońskiej maszyny szyfrującej? Nie można tego wykluczyć. Złamanie szyfru maszynowego, odkrycie prawideł pozwalających dokonać, wydawałoby się, rzeczy niemożliwej - odczytania szyfrogramu, przekracza możliwości umysłu. Jeżeli nawet zespół Tołstoja otrzymał od Cairncrossa dokumenty, które przesądziły o jego sukcesie, to i tak główna zasługa przypadała im. W decydującym momencie historii znaleźli brakujący fragment łamigłówki, co przyczyniło się do zwycięstwa w wojnie z Niemcami. Jednakże Siergiej Tołstoj i jego koledzy nigdy się o tym nie dowiedzieli.

Z Tokio napływały depesze od „Ramseya". Był to pseudonim niemieckiego komunisty Richarda Sorgego, który przybył do Japonii we wrześniu 1933 roku jako korespondent dwóch niemieckich gazet. Był już uznanym specjalistą od spraw Dalekiego Wschodu. To otworzyło przed nim drzwi ambasady niemieckiej, gdzie zaprzyjaźnił się z attaché wojskowym pułkownikiem Eugenem Ottem. Z wielu znajomości, jakie Sorge zawarł w tym czasie, ta miała się okazać najbardziej owocna, gdyż w kwietniu 1938 roku pułkownik Ott objął stanowisko ambasadora. To umożliwiło Sorgemu dostęp do tajemnic ambasady, które były tajemnicami rządu niemieckiego.

*__John Cairncross__ (1913-1995), radziecki agent zwerbowany przez wywiad radziecki w czasie studiów w Cambridge; od 1936 r. pracował w Ministerstwie Spraw Zagranicznych. Od 1940 r. był sekretarzem lorda Hankeya odpowiedzialnego za nadzorowanie tajnych służb, dzięki czemu uzyskał dostęp do tajnych dokumentów. Wkrótce rozpoczął pracę w Bletchley Park, przekazując wiele odszyfrowanych materiałów radzieckiemu wywiadowi (twierdził, że przekazane przez niego informacje umożliwiły Armii Czerwonej zwycięstwo w bitwie pod Kurskiem). W 1951 r. opuścił Wielką Brytanię i powrócił z emigracji po 40 latach.

Już wtedy Sorge dowodził dużą, doskonale zorganizowaną i zakamuflowaną siatką wywiadowczą. Jednym z najbardziej cennych współpracowników był Hotsumi Otzaki, zagorzały komunista, choć pochodził ze starej i bogatej rodziny japońskiej. Był bliskim współpracownikiem księcia Fumimaro Konoye, premiera rządu japońskiego, od czerwca 1937 roku do stycznia 1939 roku i następnie od lipca 1940 roku do 16 października 1941 roku. Dzięki tym dwóm źródłom: ambasadorowi, w którego ręce trafiały depesze rządu niemieckiego informujące go o planach i działaniach Hitlera, oraz Hotsumi Otzaki, przed którym nie miał tajemnic premier japoński, Sorge doskonale orientował się w zamierzeniach dwóch potęg. Od 1938 roku codziennie przekazywał swojemu radiotelegrafiście, niemieckiemu przemysłowcowi Maxowi Klausenowi depesze dla radzieckiej stacji nasłuchowej zakodowanej kryptonimem „Wiesbaden" w Chabarowsku, skąd trafiały one do moskiewskiej centrali. W 1939 roku wysłał 23 139 depesz, a rok później - 29 179. To on 19 maja 1941 roku przekazał informację: „9 armii liczących 150 dywizji koncentruje się na granicach ZSRR". 15 czerwca depeszował: „Wojna rozpocznie się 22 czerwca".

Wiele z bezcennych materiałów zdobytych przez Sorgego zostało zlekceważonych w Moskwie przez Golikowa lub samego Stalina. Jednak zaczęli mu wierzyć i doceniać jego informacje, gdy przedstawiał plany japońskiego rządu.

Od kilku lat stosunki z Japonią wyraźnie się poprawiły. Bez wątpienia stało się to po zaciętych walkach nad rzeką Chałchyn-goł* na granicy z Mongolią, gdy wojska japońskie poniosły dotkliwą klęskę. W wyniku bitew toczonych tam od 11 maja do końca sierpnia 1939 roku wojska japońskie straciły (wg danych japońskich) 11 124 zabitych i rannych, zaś według danych radzieckich 61 tysięcy zabitych, rannych, zaginionych i wziętych do niewoli.

*__Chałchyn-goł__, rzeka na granicy Mongolii, gdzie 11 maja 1939 r. wojska japońskie niewielkimi siłami 300 żołnierzy zaatakowały oddział Armii Czerwonej. 28 maja do boju ruszyło 5500 żołnierzy wspieranych przez 40 samolotów, ale zostali zmuszeni do odwrotu. 2 lipca 1939 r. wojska japońskie liczące 38 tys. żołnierzy, 310 dział, 135 czołgów i 225 samolotów sforsowały rzekę Chałchyn-goł. W rejonie góry Bain-Cagan doszło do boju spotkaniowego, w którym Japończycy stracili wszystkie czołgi, większość artylerii i 10 tys. żołnierzy. Ponowny atak 8 lipca znowu zakończył się klęską. W sierpniu Japończycy wzmocnili siły; nowo utworzona 6. armia liczyła 75 tys. żołnierzy, 182 czołgi i 300 samolotów. Wzrosły również siły radzieckie: 57 tys. żołnierzy, 498 czołgów (w tym najnowocześniejszych *T-34*), 542 działa i 515 samolotów. 20 sierpnia wojska radzieckie i mongolskie rozpoczęły natarcie poprzedzone nalotami 153 bombowców i blisko trzygodzinnym przygotowaniem artyleryjskim. Po 4 dniach walk wojska japońskie zostały okrążone, a po tygodniu zniszczone. Straty radzieckie (bezpowrotne) w ciągu 3 miesięcy wyniosły 7,9 tys. zabitych i rannych; straty japońskie były znacznie wyższe; wg danych japońskich wyniosły 11 124 zabitych i rannych, zaś wg danych radzieckich: 25 tys. zabitych i 36 tys. rannych, zaginionych i w niewoli.

Klęska nad rzeką Chałchyn-goł była wstrząsem dla japońskiego rządu i najwyższego dowództwa. Jednakże nie przesądziła automatycznie o kierunku dalszej ekspansji japońskiej. Japońscy stratedzy i politycy podzielili się. Przeważali zwolennicy zrezygnowania z ekspansji na północy kontynentu azjatyckiego, w stronę Syberii, ze względu na zbyt duże siły, jakie Rosjanie tam zaangażowali, i determinację, z jaką zdecydowani byli bronić swojego terytorium. Zwolennicy tej koncepcji wskazywali, że łatwiej będzie opanować ziemie na południu, zasobne w surowce brakujące na wyspach japońskich, takie jak ropa naftowa czy kauczuk.

Ta koncepcja wydała się rządowi japońskiemu szczególnie atrakcyjna po upadku Francji w czerwcu 1940 roku i w związku z uwikłaniem Wielkiej Brytanii w ciężkie walki w Europie i Afryce Północnej. Oznaczało to, że kolonialne mocarstwa nie będą w stanie obronić swoich azjatyckich posiadłości, ani też przeszkadzać w japońskich podbojach w tej części świata. Jednakże przerzucenie wojsk z północy kontynentu azjatyckiego na południe wymagało pewności, że Związek Radziecki nie wykorzysta osłabienia północnych garnizonów japońskich i nie przejdzie do ofensywy. Taki był cel wizyty ministra spraw zagranicznych Japonii Yosuke Matsuoki*, który po tygodniowych negocjacjach w Moskwie 13 kwietnia 1941 roku podpisał japońsko-radziecki pakt o nieagresji. Traktatowe zapewnienie o pokojowym nastawieniu groźnego dotąd sąsiada na Dalekim Wschodzie miało wówczas dla Stalina mniejsze znaczenie niż zademonstrowanie Hitlerowi, jak bardzo popiera państwa osi i jest przeciwny Stanom Zjednoczonym i Wielkiej Brytanii. Żegnając Matsuokę na dworcu kolejowym, co już było niezwykłym wydarzeniem, gdyż nigdy dotąd Stalin nie odprowadzał żadnego polityka, deklarował:

– Każdy europejski problem może być rozwiązany w naturalny sposób, jeżeli Japonia i Związek Radziecki będą współpracować!

– Nie tylko europejski problem! – wykrzyknął rozochocony Matsuoka. – Azjatycki także!

Wymiana przyjacielskich gestów i deklaracji, podpisywanie układów niewiele jednak znaczyły w polityce tamtego czasu, której Hitler narzucił nowy standard: umowy należy zawierać tylko po to, aby wprowadzić w błąd partnera, zaś dotrzymywać ich tylko do czasu, gdy było to ko-

*__Yosuke Matsuoka__ (1880–1946), japoński polityk, od lipca 1940 r. do lipca 1941 r. był ministrem spraw zagranicznych. W kluczowym okresie dla rozwoju sytuacji na świecie opowiedział się za zbliżeniem z europejskimi mocarstwami faszystowskimi, sądząc, że w ten sposób zmusi Stany Zjednoczone do ustępstw. 27 września 1940 r. podpisał w imieniu rządu japońskiego sojusz z Włochami i Niemcami (tzw. pakt trzech). Jednakże starając się zachować samodzielność polityczną swojego kraju i tracąc wiarę w możliwość zwycięstwa Niemiec w II wojnie światowej, podpisał w Moskwie 13 kwietnia 1941 r. układ o nieagresji ze Związkiem Radzieckim. W 1945 r. został aresztowany pod zarzutem popełnienia zbrodni wojennych; zmarł w więzieniu przed procesem.

rzystne. Najbardziej widocznym przykładem takiej polityki było złamanie układu monachijskiego i wprowadzenie wojsk niemieckich do Czech w 1939 roku.

Stalin nie miał cienia wątpliwości, że Japonia może zachować się podobnie i ze względu na swoje interesy lub pod niemiecką presją zerwać pakt o nieagresji i ponownie skierować swoje dywizje w stronę radzieckiej Syberii. Gdy jednak wybuchła wojna z Niemcami, Stalin nie miał innego wyjścia, jak tylko raptownie ściągać z Dalekiego Wschodu niektóre jednostki i dowódców. Jednakże wojska, które pojechały bronić Ukrainy, pochodziły z tzw. uralskich rezerw. Główne siły na Dalekim Wschodzie pozostały nienaruszone, po to, aby w razie potrzeby przeciwstawić się japońskiej agresji.

W tym wypadku podejrzliwość Stalina była bardzo uzasadniona i nie można wykluczyć, że mądrość wodza wypływała z depesz Sorgego, który na przykład informował o telegramie ministra Joachima von Ribbentropa do niemieckiego ambasadora w Tokio:

„Zróbcie wszystko, aby nakłonić Japonię do rozpoczęcia wojny z Rosją. (...) Naszym celem jest uściśnięcie ręki Japończykom na magistrali transsyberyjskiej przed nadejściem zimy".

W istocie dwa dni po wybuchu wojny niemiecko-radzieckiej japoński Sztab Generalny przygotował dokument zatytułowany „Zarys japońskiej narodowej polityki wobec zmian sytuacji międzynarodowej". Proponował w nim co prawda skierowanie ekspansji na południe, ale przewidywał równoczesne rozwiązanie „północnego problemu". W dalszym ciągu obowiązywał plan wojny ze Związkiem Radzieckim Hochi-Go z 1937 roku, zmodyfikowany w 1940 roku.

Minister Matsuoka, ten sam, który podpisał układ w Moskwie i ściskał Stalina, wykrzykując, że wspólnie rozwiążą wszystkie problemy Europy i Azji, w czasie czerwcowej debaty rządowej na temat nowej polityki nalegał na rozpoczęcie wojny z ZSRR. Wojskowi byli jednak temu przeciwni. W czasie konferencji w pałacu cesarza 2 lipca 1941 roku generał Sugiyama sprzeciwiał się interwencji na północy. Ostatecznie zwyciężyli zwolennicy uderzenia na południe, ale całkowicie nie zrezygnowano z agresywnych planów wobec związku radzieckiego. Siły Armii Kwantuńskiej* zwiększono z 12 do 14 dywizji, liczbę samolotów - do 600,

*__Armia Kwantuńska__ - jednostki sformowane w 1907 r. dla ochrony południowomandżurskiej linii kolejowej, w 1919 r. otrzymały status samodzielnej armii, czemu towarzyszyła opinia elitarności ściągająca w szeregi Armii Kwantuńskiej najzdolniejszych oficerów. Działania Armii Kwantuńskiej miały istotny wpływ na rozwój sytuacji w Mandżurii; zorganizowany przez dowództwo tej armii akt sabotażu na południowomandżurskiej linii kolejowej stał się pretekstem do ściągnięcia posiłków z Korei (bez zgody rządu japońskiego) i podboju trzech prowincji Mandżurii, na których terenie utwo-

rozbudowano również jednostki pomocnicze, w wyniku czego liczebność tego związku podwoiła się z 350 tysięcy żołnierzy do 700 tysięcy. Wzmocniono również Armię Korei i Armię Północną stacjonowaną na Sachalinie i Hokkaido. W końcu września 1941 roku wojska japońskie, które mogły być użyte do zaatakowania Związku Radzieckiego osiągnęły maksimum swoich sił.

W tym miesiącu Stalin wciąż nie wiedział, czy i kiedy może nastąpić japońska agresja. Dlatego radzieckiej granicy liczącej ponad 3 tysiące kilometrów pilnowało ponad 750 tysięcy radzieckich żołnierzy: 30 dywizji piechoty, 3 brygady kawalerii, 16 brygad pancernych wyposażonych w dwa tysiące czołgów, w tym wiele nowoczesnych *T-34*. Jak wiele to znaczyło dla obrony europejskiej części Związku Radzieckiego, można łatwo zrozumieć, porównując siły pancerne kluczowego Frontu Zachodniego: 890 czołgów, w tym większość przestarzałych *T-26*.

We wrześniu 1941 roku Sorgemu udało się dotrzeć do materiałów lipcowej konferencji w pałacu cesarza, gdy zapadła decyzja o skierowaniu agresji na południe. Powiadomił natychmiast centralę w Moskwie, ale tam zastanawiano się, czy można mu wierzyć. Czy na podstawie informacji szpiegowskich z jednego źródła można było podjąć decyzję o wycofaniu wojsk z Dalekiego Wschodu? W środowisku wywiadowczym obowiązuje podstawowa zasada: nie wierzyć i sprawdzać, a sprawdzonym faktom również nie dowierzać. W przypadku Richarda Sorgego ta ostrożność była w pełni uzasadniona. Od 1940 roku był podwójnym agentem.

Walter Schellenberg

Został nim, gdy do Waltera Schellenberga, szefa wywiadu SD, przyszedł dyrektor agencji prasowej BND von Ritgen, dla którego Sorge przysyłał artykuły z Japonii, i zwierzył się z podejrzeń co do lewicowej przeszłości korespondenta. Schellenberg zaczął sprawdzać archiwa gestapo i SD. Znalazł tam bardzo niewiele danych na temat przeszłości Sorgego: ani słowa o jego działalności w partii komunistycznej w Hamburgu, żadnej wzmianki, że przez wiele lat mieszkał w ZSRR. Jedynie doszukał się in-

rzono marionetkowe państwo Mandżukuo. Siła Armii Kwantuńskiej wzrosła do 5 dywizji w 1937 r. i w tym roku jej oddziały skierowano do walk w północnych Chinach. W 1945 r. na terenie Mandżurii i Korei stacjonowało już 443 308 żołnierzy (31 dywizji piechoty, 9 brygad piechoty, 1 brygada specjalna i 2 brygady pancerne), ale w większości słabo wyszkolonych i niedostatecznie uzbrojonych. W sierpniu 1945 r. została pobita przez wojska radzieckie dysponujące zdecydowaną przewagą liczebną i wyposażenia i ostatecznie złożyła broń.

formacji o tym, że w kręgu znajomych Sorgego byli ludzie związani z ruchem lewicowym. Natomiast były tam doniesienia o działalności Sorgego w ruchu nacjonalistycznym i hitlerowskim. Uznał, że Sorge, ze względu na znakomitą znajomość problematyki Dalekiego Wschodu, byłby doskonałym agentem pracującym dla Służby Bezpieczeństwa. Z taką propozycją poszedł do swojego szefa Reinharda Heydricha. Ten zgodził się na zwerbowanie nowego agenta, ale zażądał, aby poddać go ścisłej inwigilacji. Zadanie to otrzymał bliski współpracownik Heydricha - Meisinger. To on później przesądził o losie Sorgego, kiedy pijany, wygadał się Japończykom, że przysłano go z Berlina, aby nadzorował Sorgego, gdyż istnieją dotyczące go poważne podejrzenia - to zwróciło uwagę japońskiego kontrwywiadu.

Sorge był więc podwójnym agentem. Istnieją materiały wskazujące, że bardzo sumiennie pracował dla obydwu stron. Informował wywiad radziecki, że wojska japońskie nie uderzą na Syberię, i jednocześnie taką samą informację wysyłał do Berlina. Jednakże fakt, że pozostawał pod ścisłą kontrolą wywiadu niemieckiego, sugeruje, że mógł być wykorzystywany do przesyłania do Moskwy fałszywych wiadomości.

Rewelacje szpiega były tylko jednym elementem w skomplikowanej układance dającej obraz pokojowego nastawienia rządu japońskiego wobec ZSRR. Decydujące znaczenie miało osiągnięcie Siergieja Tołstoja i jego zespołu, dzięki któremu Rosjanie mogli odczytywać depesze rządu japońskiego, takie jak instrukcja dla ambasadora w Berlinie:

„Proszę spotkać się z Hitlerem i Ribbentropem, aby objaśnić im w tajemnicy nasze stosunki ze Stanami Zjednoczonymi. (...) Proszę wyjaśnić Hitlerowi, że główne wysiłki Japonii będą koncentrowane na południu i że przewidujemy powstrzymanie się od podejmowania operacji na północy [tj. przeciw Związkowi Radzieckiemu - B.W.]".

Bez wątpienia radzieckie stacje nasłuchowe na Dalekim Wschodzie przechwyciły wiele japońskich szyfrogramów, których treść skonfrontowana z meldunkami Sorgego przesądziła o decyzji Stalina: ściągnąć z Dalekiego Wschodu wojska, które wzmocnią front pod Moskwą.

W okresie krytycznym dla rozwoju sytuacji na froncie do Moskwy przybyło 15 dywizji piechoty, 3 dywizje kawalerii, osiem brygad pancernych, około półtora tysiąca samolotów i tysiąc siedemset czołgów. Było to ogromne wzmocnienie dla skrajnie wyczerpanych wojsk. Siły Frontu Zachodniego wzrosły o połowę, a co najważniejsze na front przybyły jednostki wypoczęte, zaprawione w bojach, dobrze wyszkolone i wyposażone.

Jednocześnie, nie wierząc do końca informacjom o pokojowych zamiarach Japończyków wobec ZSRR, Stalin nakazał przeprowadzenie szybkiej mobilizacji w okręgach, z których wyjechały wojska. Miejsce oddziałów wysłanych do Europy zajęło osiem dywizji piechoty, jedna kawaleryjska i trzy brygady pancerne pochodzące z nowego poboru.

W 1941 roku Armia Czerwona straciła 4 miliony 473 tysiące żołnierzy, w tym tzw. straty bezpowrotne (zabici, ciężko ranni, w niewoli) wyniosły 3 miliony 137 tysięcy. A jednak w grudniu 1941 roku w dalszym ciągu w jej szeregach walczyło 4 miliony 200 tysięcy ludzi. Matka-Rosja miała jeszcze wiele dzieci, których mogła wezwać do walki. W czasie całej wojny przez Armię Czerwoną przeszło 34 miliony 476 tysięcy obywateli Związku Radzieckiego. Z nich 6 milionów 885 tysięcy zginęło, zmarło z ran, chorób, zaś 5 milionów 59 tysięcy zaginęło lub dostało się do niewoli.

Niemcy takich rezerw nie mieli, a zacięte, krwawe bitwy, choć zwycięskie, pochłaniały ogromne zasoby ludzkie i materiałowe. Do końca listopada 1941 roku stracili 743 112 żołnierzy zabitych, rannych i wziętych do niewoli. Luftwaffe od 22 czerwca do 1 listopada straciła 42,8% samolotów i załóg. Bilans wskazywał, że Stalin może odzyskać stracone pozycje.

8. *Kłamstwa i krew*

Listopadowe przemówienie. Tajna defilada na Placu Czerwonym. Wehrmacht pod Moskwą. Syberyjskie dywizje ruszają w bój. Przełomowa kontrofensywa. Początek końca. Stalin żąda nowych granic.

Tłumy zapełniły stację metra Majakowska, gdzie 6 listopada miała odbyć się akademia z okazji 24. rocznicy rewolucji. Wybór miejsca podyktowany był oczywiście zagrożeniem ze strony niemieckich samolotów. Było to całkowicie uzasadnione i nikt nie oczekiwał, że Stalin mógłby odważyć się zorganizować tradycyjną paradę. Jednak delegaci związków zawodowych, władz miejskich, reprezentanci moskiewskich zakładów pracy i przedstawiciele wojska czuli się dziwnie w podziemnej sali. Dostrzegali coś upokarzającego w tej ceremonii na cześć wydarzenia, które doprowadziło do tak wielkiego kataklizmu.

Stalin, jakby wyczuwając ciężką i napiętą atmosferę, zaczął mówić o perspektywach walki:

– W ciągu czterech miesięcy wojny straciliśmy trzysta pięćdziesiąt tysięcy zabitych, trzysta siedemdziesiąt osiem tysięcy zaginionych i milion dwadzieścia tysięcy

Stalin przemawia na stacji metra

rannych. W tym samym okresie wróg stracił cztery i pół miliona zabitych, rannych i jeńców. Nie może być wątpliwości, że Niemcy, których ludzkie rezerwy wyczerpują się, są osłabieni o wiele bardziej niż Związek Radziecki, którego rezerwy dopiero zaczynają być wykorzystywane.

Dlaczego Stalin zdecydował się na kłamstwa, w które mało kto mógł uwierzyć? Zapewne chciał za wszelką cenę przekonać zgromadzonych, że wojna błyskawiczna, która przynosiła Niemcom wielkie zwycięstwa, zakończyła się. Mówił, że złożyły się na to trzy przyczyny. Po pierwsze, Niemcom, jak wykazała misja Hessa, nie udało się uzyskać pomocy Wielkiej Brytanii i Stanów Zjednoczonych. Po drugie, zawiodły nadzieje na rozbicie Związku Radzieckiego, który „jest dzisiaj bardziej zwarty niż kiedykolwiek". Po trzecie, Niemcy oczekiwali, że rozbiją Armię Czerwoną, a to się nie udało.

– Niemieccy najeźdźcy chcą wojny wyniszczającej ludność Związku Radzieckiego. Dobrze! Jeżeli chcą wojny na wyniszczenie, będą ją mieli!

Długotrwałe oklaski przerwały przemówienie Stalina.

– Naszym zadaniem będzie zniszczenie każdego Niemca, który przyszedł, aby okupować nasz kraj. Nie ma litości dla niemieckich najeźdźców! Śmierć niemieckim najeźdźcom!

Burza oklasków i okrzyków popierających Stalina odbijała się echem o marmurowe stropy i ściany podziemnej stacji. Niezwykłe widowisko trwało. Przywódca wielkiego narodu grzmiał, że należy zabić każdego niemieckiego żołnierza, kryjąc się w podziemnym schronie, gdy niemieckie wojska, szykujące się do decydującej ofensywy, były w odległości kilkudziesięciu kilometrów od murów Kremla.

Zapewne Stalin zdał sobie sprawę z paradoksalności tej imprezy. Tuż po zakończeniu wiecu na stacji Majakowska powiedział do Mołotowa i Berii:

– A gdybyśmy mieli wojskową paradę? Może dwie lub trzy godziny wcześniej?

Mołotow spojrzał na Stalina wyraźnie zaskoczony. Również Beria miał taki wyraz twarzy, jakby się przesłyszał. Stalin nie zwracał na to uwagi. Mówił:

– Obrona przeciwlotnicza wokół Moskwy musi być wzmocniona. Główni dowódcy wojskowi są na froncie. Budionny przyjmie defiladę, a generał Artiemiew będzie dowodził. Jeżeli nastąpiłby nalot w czasie defilady i byliby zabici i ranni, musieliby zostać szybko usunięci i defilada trwałaby nadal. Kroniki filmowe powinny być nakręcone i rozpowszechniane w całym kraju. Gazety muszą poświęcić paradzie wiele miejsca. Ja odczytam raport na akademii i wygłoszę przemówienie na defiladzie. Co o tym sądzicie?

Mołotow był niezdecydowany.

– Ale co z ryzykiem? To będzie ryzykowne, chociaż muszę przyznać, że polityczne znaczenie w kraju i za granicą będzie kolosalne.

Ta opinia zdawała się zadowalać Stalina.

– A więc postanowione! Zacznijcie działać – powiedział do Berii. – Oczywiście nikt poza Artiemiewem i Budionnym oraz paroma zaufanymi osobami nie może wiedzieć o paradzie do ostatniej chwili.

Stalin czuł, że nadchodził jego czas, i chciał nadać zmianie losów wojny jak najświetniejszą oprawę.

Dywizje z Syberii były już pod Moskwą. Trzysta tysięcy żołnierzy wypoczętych, twardych, nawykłych do najtrudniejszych warunków, dobrze wyszkolonych i zaprawionych w bojach z Japończykami stanowiło siłę, która mogła zadać ostateczny cios słabnącym Niemcom.

O godzinie piątej nad ranem, w przejmującym mrozie na Placu Czerwonym stanęły równe szeregi żołnierzy w kożuchach i białych kombinezonach maskujących. Czekali kilka godzin, aż z kremlowskiej bramy wyjechał na białym koniu marszałek Siemion Budionny. Okrzyk witający dowódcę defilady – jak za dawnych dobrych czasów – odbił się potężnym echem od kremlowskich murów.

– Cały świat patrzy na was, jako na siłę zdolną zniszczyć niemieckie hordy! Zniewolone narody Europy patrzą na was jako na swoich wyzwolicieli – mówił Stalin. To już nie było wezwanie do walki. To był program polityczny, który miał zamiar zrealizować. – Bądźcie godni wielkiej misji! Wojna, którą prowadzicie, jest wojną o wyzwolenie.

Defilują syberyjskie dywizje

Kadr z filmu nakręconego w kremlowskiej sali

Ekipa kroniki filmowej nie nagrała przemówienia Stalina wygłoszonego na Placu Czerwonym. Spóźniła się, zapewne dlatego, że filmowców ze względów bezpieczeństwa poinformowano o innej godzinie rozpoczęcia defilady. Sfilmowano więc równe szeregi żołnierzy defilujących przed trybuną Stalina, a jego przemówienie dograno już na Kremlu. Tam w sali otwarto okna, aby widać było parę unoszącą się z ust wodza odzianego w ciepły szynel i w czapce na głowie – miało to sprawiać wrażenie, że przemawia on na trybunie do maszerujących żołnierzy.

Wtedy, na początku listopada, Stalin wciąż nie był pewny wyniku starcia pod Moskwą. Domagał się od Żukowa zapewnienia, że stolicę uda się obronić. Tymczasem Niemcy po przegrupowaniu swoich wojsk 16 listopada wznowili natarcie. Jedenaście dni później 3. grupa pancerna doszła do kanału Moskwa–Wołga w odległości 60 kilometrów na północ od stolicy Związku Radzieckiego, zaś jedna z dywizji 4. grupy pancernej została zatrzymana w odległości zaledwie 20 kilometrów od moskiewskich przedmieść.

Ale zbawienny dla Niemców mróz, który utwardził drogi i lotniska i umożliwił sprawny ruch wojsk, nasilał się z dnia na dzień. Już w końcu listopada termometry wskazywały w dzień minus 30 stopni Celsjusza, a w nocy nawet minus 40 stopni, lub jeszcze więcej. Samochody i czołgi, dla których nie przygotowano zimowych olejów, płynu do chłodnic i smarów stanęły i nie było ludzkiej siły, która mogłaby uruchomić te maszyny po mroźnej nocy. Zakrzepnięty olej uniemożliwiał obrócenie wałów w silnikach, których bloki pękały, jakby były ze szkła, akumulatory traciły całkowicie pojemność i nie dawały prądu, gąsienice czołgów przymarzały do kół i trzeba było rozpalać ogniska pod pancerzami, aby można było uruchomić silniki i ruszyć z miejsca. Żołnierze nie mieli ciepłych mundurów, butów, nauszników i rękawic. Pociągi z zimowym wyposażeniem i kożuchami zbieranymi wśród mieszkańców niemieckich miast stały pod Smoleńskiem, gdyż mróz unieruchomił lokomotywy. W szczytowym okresie 70% lokomotyw było niezdatnych do użytku. Wagony z amunicją, lory z czołgami i ciężarówkami zamierały na bocznicach przykryte grubą warstwą śniegu. Gdy wreszcie pierwszy zimowy ekwipunek zaczął docierać do zmarzniętych wojsk, okazało się, że w Niemczech nikt

Niemieckie wojska nie były przygotowane do rosyjskiej zimy

nie wpadł na to, żeby uszyć odpowiednio ciepłe ubrania. Odmrożenia stały się przekleństwem frontowych wojsk. W jednym tylko korpusie w czasie jednego tylko dnia zanotowano 1500 odmrożeń, a 3050 żołnierzom amputowano sczerniałe od mrozu ręce i stopy.

Feldmarszałek Fedor von Bock*, dowódca Grupy Armii „Środek", która miała uderzać na Moskwę, skarżył się w telefonicznej rozmowie z feldmarszałkiem Walterem von Brauchitschem**, dowódcą wojsk lądowych:

*__Fedor von Bock__ (1880-1945), potomek starej pruskiej rodziny wojskowej; odznaczył się odwagą w czasie I wojny światowej. W okresie międzywojennym u boku gen. Hansa von Seeckta pomagał tworzyć niemieckie siły zbrojne. W 1939 r. w czasie niemieckiej agresji na Polskę dowodził Grupą Armii „Północ". Podczas wojny na zachodzie Europy dowodził Grupą Armii „B". W uznaniu zasług, jakie odniósł w czasie walk we Francji w lipcu 1940 r., otrzymał stopień feldmarszałka. Jego szczęśliwa gwiazda wojenna zgasła w czasie inwazji na Związek Radziecki. W czerwcu 1941 r. dowodził Grupą Armii „Środek" atakującą z centrum Polski na kierunku moskiewskim. W grudniu 1941 r. po załamaniu się uderzenia na Moskwę został zwolniony ze stanowiska, ale już 17 stycznia 1942 r. objął dowództwo Grupy Armii „Południe". Utracił je w lipcu 1942 r. i nie powrócił już do czynnej służby. Zginął w maju 1945 r., gdy jego samochód został ostrzelany przez brytyjski samolot.

**__Walter von Brauchitsch__ (1881-1948), od 1938 r. naczelny dowódca wojsk lądowych, kierował kampaniami w Polsce, Danii Norwegii, na zachodzie Europy i na Bałkanach. W lipcu 1940 r. otrzymał awans do stopnia feldmarszałka. Od 1940 r. kierował przygotowaniami do agresji na Związek Radziecki i działaniami wojennymi rozpoczętymi 22 czerwca 1941 r. 19 grudnia 1941 r., obarczony przez Hitlera winą za niepowodzenia pod Moskwą, został usunięty ze stanowiska dowódcy wojsk lądowych. Do końca wojny nie powrócił do czynnej służby. Zmarł w więzieniu w 1948 r., tuż przed rozpoczęciem procesu, w którym miał zostać osądzony za zbrodnie wojenne.

Zimowe wyposażenie dla armii niemieckiej zbyt późno dotarło pod Moskwę

– Od wielu tygodni żebrzemy o zimowe mundury i zaopatrzenie. W tej chwili temperatura wynosi czterdzieści pięć stopni poniżej zera. Niemieccy żołnierze ubrani tylko w polowe płaszcze walczą z wrogiem odpowiednio przygotowanym do niezwykle surowej zimy.

– Ale zimowe dostawy już wysłano!

– Zapewniam pana, feldmarszałku von Brauchitsch, że ich nie otrzymaliśmy. Stan zaopatrzenia jest bardzo zły od początku października. Będziemy bardzo szczęśliwi, jeżeli dojdzie zaopatrzenie absolutnie niezbędne do prowadzenia operacji: amunicja, paliwo, żywność. Fakt, że dostawy zimowe nie dotarły, jest najlepszym wskaźnikiem, iż najwyższe dowództwo nie zna rzeczywistej sytuacji, jaka tutaj panuje.

– Dostawy zimowego zaopatrzenia dla Grupy Armii „Środek" trwają od początku października. Nie mam statystyk pod ręką, ale Wagner zajął się tym.

– Statystyki wykażą, że niezbędne zimowe zaopatrzenie dla moich ludzi utknęło w magazynach daleko od frontu. Tak musi być, jeżeli rzeczywiście te dostawy nastąpiły. Powtarzam, feldmarszałku, poczyniono wiele błędnych ocen. Dowództwo wojsk lądowych i sam Führer nie doceniają [powagi – B.W.] sytuacji... Brauchitsch, czy jest pan tam? Halo! Czy połączenie zostało przerwane? Brauchitsch, czy pan mnie słyszy?

– Co pan mówił, Bock?

– Powiedziałem, że najwyższe dowództwo źle ocenia sytuację. Proszę poinformować Führera, że Grupa Armii „Środek" nie jest w stanie zrealizować zadania, jakie przed nią postawiono. Nie mamy odpowiednich sił. Czy pan mnie słucha, Brauchitsch?

– Tak, słucham. Führer chce wiedzieć, kiedy Moskwa upadnie.

Feldmarszałek Fedor von Bock usłyszał szczęk odkładanej słuchawki.

Obydwaj najwyżsi oficerowie niemieccy zdawali sobie sprawę, jak trudna i paradoksalna jest sytuacja ich wojsk, które zaszły tak daleko i nie były w stanie zadać decydującego ciosu. Rozumieli, że nawet gdyby udało się zebrać siły i przystąpić do szturmu na Moskwę, to rozpoczęłaby się następna faza długotrwałych, coraz bardziej wyczerpujących walk. Jak krwawa byłaby to kampania, mogli ocenić po przebiegu walk o Kijów i Leningrad. Zmęczeni i zmarznięci żołnierze musieliby dzień po dniu zdobywać moskiewskie ulice, a każdy dowódca wiedział, że jest to najtrudniejsze zadanie dla wojska. W walkach na ulicach miasta przestawała się liczyć potęga broni pancernej, na której Niemcy opierali dotychczas swoje zwycięstwa. Na nic zdawała się wspaniała taktyka. W takich warunkach najbardziej doświadczeni, wyszkoleni i uzbrojeni żołnierze nie mieli większych możliwości niż robotnik z karabinem, który ukryty za zwaloną ścianą z łatwością mógł trafić żołnierza niepewnie poruszającego się po nie znanym mu mieście. Zapowiadała się długa walka, w której położenie niemieckich wojsk nie byłoby lepsze niż przed rozpoczęciem szturmu. W dalszym ciągu brakowałoby ciepłych mundurów i kwater, a mrozy trzymające w tej części Rosji do marca tak samo paraliżowałyby działalność broni pancernej i lotnictwa.

Naczelny dowódca wojsk lądowych i dowódca Grupy Armii, która miała zdobyć Moskwę, rozumieli, że czas błyskotliwych zwycięstw zakończył się i jedyne, co mogą zrobić, to próbować zrzucić z siebie odpowiedzialność, gdyż Hitler nie wybaczy im załamania pod Moskwą. I tak się w istocie stało. W grudniu obydwaj zostali odwołani ze stanowisk.

Następnego dnia po rozmowie telefonicznej feldmarszałków Fedor von Bock wysłał depeszę do von Brauchitscha:

„Pogląd Naczelnego Dowództwa Wojsk Lądowych, że nieprzyjaciel załamuje się, jest, jak wskazują wydarzenia ostatnich dni, nieuzasadniony. U bram Moskwy wróg ma liczebną przewagę (...). Jeżeli nawet zdarzyłoby się coś nieprawdopodobnego i moje oddziały weszłyby do miasta, jest wątpliwe, że zdołają je utrzymać".

Stalin też to rozumiał. Nie mógł oczywiście wykluczyć sytuacji, że Niemcy wedrą się do Moskwy i rozpoczną długotrwałe boje o jej zdobycie. Naczelne Dowództwo było przygotowane na taką ewentualność. Marszałek Siemion Timoszenko mówił na posiedzeniu Najwyższej Rady Obrony Moskwy:

– Jeżeli Niemcy zdołają zająć Moskwę, to uznamy, że stało się wielkie nieszczęście. Jednak nie zdoła to w żadnej mierze pokrzyżować naszego planu strategicznego. Liczy się tylko ropa naftowa. Jak pamiętamy, Niemcy wciąż mówili nam o swoich problemach z tym surowcem, kiedy w latach trzydzieści dziewięć–czterdzieści jeden negocjowaliśmy z nimi na temat kwestii gospodarczych.

Timoszenko nie wspomniał o politycznej i militarnej współpracy Związku Radzieckiego z Niemcami, czego koronnym dowodem była wspólna agresja na Polskę.

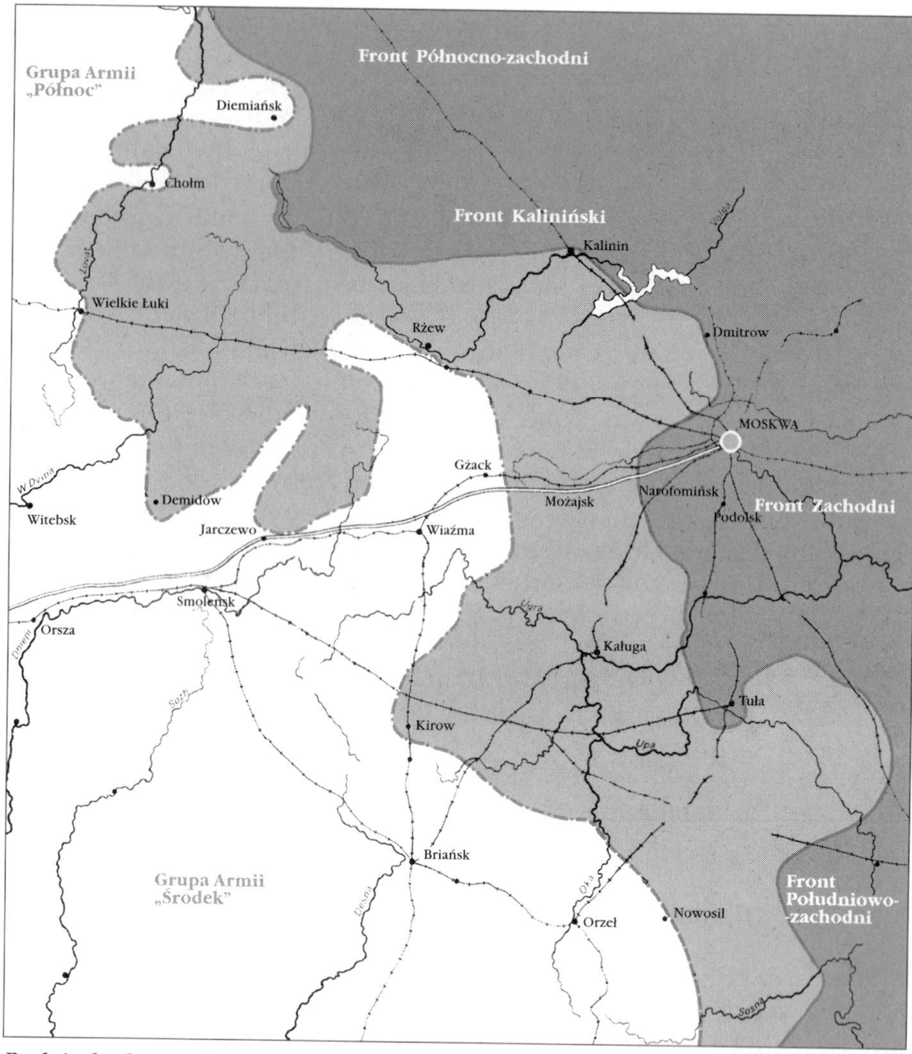

Radziecka kontrofensywa pod Moskwą; 5 grudnia 1941 – koniec kwietnia 1942

– Musimy dołożyć wszelkich wysiłków, aby w Niemczech wzrosło zużycie ropy naftowej – mówił dalej, myśląc o wciąganiu wojsk niemieckich do długotrwałych bojów, które w ogromnym tempie wypalały zapasy benzyny zmotoryzowanych dywizji. – Musimy utrzymać Niemców jak najdalej od Kaukazu.

Los Moskwy, i całej wojny, miał się rozstrzygnąć lada dzień.

O godzinie trzeciej nad ranem 5 grudnia 1941 roku niemieckie oddziały na północ od Moskwy zostały wyrwane ze snu artyleryjską kanonadą. Setki dział wystrzeliwało pociski na ich pozycje. To nie mogła być

6 grudnia 1941 roku pod Moskwą

zwykła wymiana artyleryjskiego ognia. Nie o tej porze! Intensywność ostrzału świadczyła, że Rosjanie rozpoczęli wielką operację. Jak wielką? Na jakim froncie? Tego niemieckie dowództwo nie wiedziało, zaskoczone, że wróg, wydawałoby się, pobity i dogorywający, zdolny jedynie do zorganizowania rozpaczliwej obrony na podejściach do Moskwy, nagle otrząsnął się i zadał cios.

Z podmoskiewskich lasów dał się słyszeć huk czołgowych silników. Nowoczesne *T-34* o pochyłych pancerzach, wielkie i ciężkie *T-38*, potężne *KW-1* z pancerzami pomalowanymi na biało ruszyły w stronę niemieckich pozycji. Za nimi podążały długie sznury żołnierzy w białych kombinezonach. Wielu z nich mknęło na nartach, ciągnąc za sobą na saneczkach ciężkie karabiny maszynowe. Rozwijali tyralierę i fala za falą posuwali się w stronę niemieckich pozycji, z których przez kilka godzin odpierano atak, aż obrona pękła i Niemcy rzucili się do ucieczki.

Radziecka ofensywa przerwała front na odcinku pięćdziesięciu kilometrów. Niemieccy dowódcy, spanikowani i zaskoczeni tak gwałtowną zmianą sytuacji, zaczęli wywierać naciski na Hitlera, aby wyraził zgodę na wycofanie wojsk na linie bardziej dogodne do obrony.

„Zabraniam dokonywania odwrotów na dużą skalę. Takie posunięcia prowadzą nieuchronnie do utraty ciężkiej broni i sprzętu. Obowiązkiem zarówno dowódców związków taktycznych, jak i wszystkich bez wyjątku oficerów jest nakłanianie żołnierzy do stawiania zdecydowanego oporu, nawet jeżeli nieprzyjaciel dokonuje przełamania ich frontu (...). Tylko dzięki takiemu oporowi zdołamy zyskać czas potrzebny nam na przerzucenie posiłków, które nakazałem ściągać z ojczyzny, jak i z terytoriów zajętych przez Niemcy na Zachodzie".

Taki był rozkaz Hitlera przerażonego skalą radzieckiej ofensywy i nastawieniem niemieckich dowódców. Obawiał się, że odwrót jego wojsk może zamienić się w chaotyczną ucieczkę. Dlatego kazał trwać w obronie, ale nie udało mu się zatrzymać odwrotu. W grudniu niemieckie wojska zostały odrzucone o 150 do 200 kilometrów na zachód.

Oczywiście ta ofensywa była jedynie skokiem, desperacką próbą odepchnięcia wroga i przejęcia inicjatywy strategicznej. Sukces był możliwy tylko dzięki temu, że Rosjanom udało się ściągnąć wojska i sprzęt z Syberii, a surowa zima, z którą Rosjanie umieli sobie radzić, zmniejszyła siłę bojową niemieckich dywizji. Jednakże Armia Czerwona była bardzo wyczerpana półrocznymi krwawymi bojami. Przemysł ewakuowany do nowych miejsc dopiero zaczynał odtwarzać produkcję. W czwartym kwartale 1941 roku dostawy czołgów i samolotów spadły do najniższego poziomu. Radziecka siła zademonstrowana pod Moskwą musiała szybko się wyczerpać. Hitler był o tym przekonany. Uważał, że do wiosny 1942 roku on wzmocni swoje wojska, które podejmą ofensywę we właściwym kierunku, to jest na Kaukaz, i odniosą ostateczne zwycięstwo.

Nie chciał przyjąć do wiadomości, że wielka i krwawa wojna w Rosji nie przyniosła jego wojskom niczego, co mogłoby przesądzać o zwycięstwie. Zdobył tylko przestrzeń, która stawała się największym wrogiem jego wojsk.

Hans Hausmann, szef szwajcarskiej półoficjalnej agencji wywiadowczej, tak oceniał wyniki półrocznych walk na wschodzie:

„Niemcy nie wygrały nic w militarno-politycznym sensie i nie wygrają nic poza przestrzenią, przestrzenią i jeszcze raz przestrzenią. Przestrzenią, która pożera siły, w której znikają niemieckie armie, która nie daje żadnej korzyści. (...) Dla przywódców Rzeszy sytuacja jest beznadziejna! Nie mogą zrobić nic więcej, jak tylko walczyć do śmierci. Jeżeli na Zachodzie powstanie drugi front w ciągu kilku tygodni, wtedy klęska będzie miała miejsce szybciej; jeżeli drugi front nie powstanie, nastąpi później. I wszystko to z powodu Rosjan, którzy potrafili ściśle wykonać strategiczny plan: poświęcić ziemię i zachować strategiczne rezerwy na 1943 rok lub nawet 1944 rok, dla – jak mówią ze stoickim spokojem – radzieckiej strategicznej ofensywy".

Stalin rozumiał to. Straty w jego państwie były ogromne. Na terenach zajętych przez Niemców znalazło się 60 milionów obywateli ZSRR, 42% ziem uprawnych, setki zakładów przemysłowych i kopalń. Niemcy nie mieli jednak z tego wielkiego pożytku. Bezwzględna polityka czystości rasowej, jaką zastosowali wobec Ukraińców, Łotyszy, Litwinów i wielu innych narodowości Związku Radzieckiego witających Wehrmacht jak wybawiciela spod stalinowskiego panowania, obróciła te narody przeciwko nim. Zamiast sojuszników i rezerw dla armii stworzyli promoskiewską partyzantkę. Niemcy zdobywali zniszczone fabryki i zalane kopal-

Niemieccy żołnierze zdobywali tylko przestrzeń...

nie, wysadzone tory, spalony tabor kolejowy, spalone pola i spichlerze. Zdobywali tylko przestrzeń, która była tym bardziej wroga, im dalej się w nią zagłębiali.

Najważniejsze było to, że Niemcy nie potrafili zniszczyć źródeł radzieckiej siły: bazy surowcowej i przemysłowej. Nie mogli też tego dokonać w przyszłości. Nie mieli środków.

Ich najcięższe bombowce Heinkel *He 177 Greif**, które miały wystarczający zasięg 4000–5500 kilometrów i zabierały wystarczający ładunek bomb, aby niszczyć zakłady ewakuowane za Ural, okazały się samolotami tak bardzo złymi, że używano ich głównie do transportu zaopatrzenia. Inne samoloty Luftwaffe budowane w zakładach Junkersa, Dorniera czy Heinkla były przeznaczone do wspierania wojsk lądowych i nie mogły

*__Heinkel *He 177*, *Greif*__, niemiecki ciężki bombowiec opracowany w końcu lat trzydziestych w zakładach Heinkla. W tym czterosilnikowym samolocie para silników ustawionych jeden za drugim napędzała jedno śmigło. Sterowanie silnikami wymagało niesłychanej wprawy, powtarzające się groźne usterki układu olejowego powodowały pożary, zawodziło podwozie, a cała konstrukcja kadłuba była bardzo słaba. W efekcie 50 prototypów rozbiło się w czasie lotów lub spłonęło. Z 1094 samolotów wyprodukowanych do 1944 r. zaledwie 200 użyto na froncie, i to głównie do transportu zaopatrzenia.
Dane taktyczno-techniczne (*He 177A-5*): silniki o mocy 2950 KM, rozpiętość 31,44 m, długość 22,0 m, maks. masa startowa 31 000 kg, maks. prędkość 488 km/h, zasięg 4000–5500 km, uzbrojenie 3 karabiny maszynowe kal. 7,9 mm, 3 najcięższe karabiny maszynowe kal. 13 mm, 2 działka kal. 20 mm, 3 pociski sterowane radiem *Hs* 293 i 2 pociski *Hs* 294 lub 2 *Fritz X* (inne wersje – do 6000 kg bomb).

W połowie 1942 roku radzieckie fabryki odtworzyły pełną zdolność produkcyjną. Zakłady lotnicze wyprodukowały wówczas 7200 szturmowców Ił-2, trzykrotnie więcej niż rok wcześniej

być użyte do nalotów na odległe rejony przemysłowe, o czym Niemcy przekonali się rok wcześniej w okresie powietrznej bitwy o Anglię. Miały za mały zasięg i zabierały za mały ładunek bomb.

W rezultacie radziecka produkcja zbrojeniowa, której nie groziły już naloty, rosła. Zakłady lotnicze w 1941 roku wyprodukowały o cztery tysiące samolotów więcej niż zakłady niemieckie, a produkcja czołgów w drugim półroczu tego roku była wyższa niż w pierwszym (I półrocze - 1848 czołgów, II - 4742). W grudniu Armia Czerwona dysponowała 32 194 działami i moździerzami, gdy wszystkie wojska niemieckie (łącznie z oddziałami na zachodzie Europy i w Afryce Północnej) miały 36 430 dział i moździerzy.

Łatwo więc było przewidzieć rozwój wydarzeń, gdy w wyniku odepchnięcia Wehrmachtu spod Moskwy i załamania niemieckiej ofensywy Armia Czerwona zyskała trzy miesiące na odbudowę sił. Był to wystarczający okres dla zakładów przeniesionych za Ural, aby osiągnęły pełną moc produkcyjną, i tak w istocie się stało. Na przykład produkcja samolotów, która zmniejszyła się z 1039 w styczniu 1942 roku do 915 w lutym, już w marcu 1942 roku wzrosła do 1647 samolotów, a co najważniejsze budowano nowe typy; w marcu 1942 roku oblatano prototyp jednego z najlepszych radzieckich samolotów myśliwskich *Ła-5**.

Cóż więc powinno stać się w następnych miesiącach? Niemcy musieli prowadzić wojnę na wyczerpanie, której wygrać nie mogli, gdyż nie mieli tak wielkich zasobów surowcowych, przemysłowych i ludzkich jak Związek Radziecki.

Stalin odzyskiwał nadzieję. Już wtedy, w końcu grudnia 1941 roku, zaczął planować podział Niemiec w wyniku zwycięskiej wojny! Zakładał utworzenie Niemieckiego Komitetu Narodowego, który byłby zalążkiem komunistycznego rządu w radzieckiej strefie okupacyjnej Niemiec! Stało się to na początku 1943 roku, wkrótce po zwycięstwie pod Stalingradem, gdy utworzono Komitet „Wolne Niemcy", do którego weszli niemieccy generałowie więzieni przez Rosjan w obozach jenieckich oraz niemieccy komuniści chroniący się od przedwojennych czasów w Związku Radzieckim.

* ***Ła-5*** - skonstruowany przez radzieckiego konstruktora Siemiona Ławoczkina jednomiejscowy myśliwiec o drewnianej konstrukcji, przewyższał pod względem zwrotności niemieckie samoloty myśliwskie Messerschmitt *Bf 109* i Focke Wulf *Fw 190A* w locie na wysokości do 3600 m. Konstruktor zdecydował się na zastosowanie silnika o mocy 1775 KM, tj. o 175 KM większej niż pierwotnie instalowany, co wymagało wprowadzenia zmian konstrukcyjnych w kadłubie. Pozytywne wyniki prób skłoniły Ławoczkina do opracowania w 1943 r. wersji rozwojowej *Ła-7*. Do końca wojny wyprodukowano 5753 samoloty tego typu.
Dane taktyczno-techniczne (*Ła-5FN*): silnik o mocy 1775 KM, rozpiętość 9,8 m, długość 8,5 m, maks. masa startowa 3360 kg, maks. prędkość 647 km/h, zasięg 765-850 km, uzbrojenie 2 działka kal. 20 mm, 150 kg bomb.

W 1942 roku zakłady czołgowe wyprodukowały 27 900 czołgów

Stalin już planował budowę pasa państw satelickich wzdłuż radzieckich granic, czemu dał wyraz podczas spotkania z brytyjskim ministrem Anthonym Edenem, który 19 grudnia 1941 roku przybył do Moskwy. Wówczas Stalin zażądał odtworzenia po wojnie granic z 1941 roku, co oznaczało, że Związek Radziecki chce zachować zdobycze z lat 1939 i 1940: wschodnie rejony Polski, Litwę, Łotwę i Estonię oraz ziemie zabrane Finlandii i Rumunii. Jednakże nie chodziło mu o odtworzenie przedwojennej Europy, gdyż oznaczałoby to, że Związek Radziecki pozostałby jedynym państwem socjalistycznym, ale w gorszym położeniu niż przed wojną. Sąsiadowałby z państwami, którym zabrał wielkie połacie ziemi (Polska straciła ponad połowę swojego przedwojennego terytorium i 13 milionów obywateli), a więc wrogimi, żądnymi odwetu za terytorialne straty, a także cierpienia milionów obywateli.

Stalin przystąpił do realizacji dawnego projektu Lenina: utworzenia wzdłuż radzieckich granic państw socjalistycznych, o ograniczonej suwerenności, pozostających w sojuszu ze Związkiem Radzieckim. Metoda realizacji była taka sama, jak za czasów Lenina: wejście do tych państw Armii Czerwonej. Tyle, że tym razem bolszewickie wojska miały wkroczyć na terytoria sąsiednich państw nie jako agresorzy, lecz wyzwoliciele, a to tworzyłoby całkowicie odmienną sytuację.

9. *Słowianie wszystkich krajów łączcie się*

Nowa polityka polskiego rządu wobec Stalina. Układ polsko-radziecki. Co dla Wielkiej Brytanii? Gdzie są polscy oficerowie? Rokowania na Kremlu: Sikorski i Anders u Stalina. Afrika Korps zwycięża. Polska armia jedzie do Persji. Słowiański komintern.

Generał Władysław Sikorski*, premier rządu polskiego na wychodźstwie spieszył się. Wybuch wojny radziecko-niemieckiej tworzył niezwy-

*__Władysław Sikorski__ (1881 - 1943), oficer zasłużony w czasie wojny polsko-bolszewickiej, od 1921 r. szef Sztabu Generalnego WP. Od 1922 r. był premierem i ministrem spraw wewnętrznych, od 1924 r. - ministrem spraw wojskowych. Po przewrocie majowym, jako przeciwnik Józefa Piłsudskiego, został w 1928 r. odsunięty od stanowisk kierowniczych w wojsku. We wrześniu 1939 r. wyjechał z Polski przez Rumunię do Francji. 30 września otrzymał od prezydenta Władysława Raczkiewicza misję utworzenia rządu. 7 listopada 1939 r. objął stanowisko naczelnego wodza. 4 stycznia 1940 r. podpisał umowę z rządem francuskim w sprawie odtworzenia polskiego wojska. Po upadku Francji zawarł porozumienie z premierem Winstonem Churchillem w sprawie przeniesienia polskiego wojska i władz na terytorium Wielkiej Brytanii. 29 lipca 1941 r. zwrócił się do prezydenta o udzielenie pełnomocnictwa do podpisania układu

Generał Władysław Sikorski

kłą okazję do zmiany stosunków ze Związkiem Radzieckim, co uważał za absolutnie konieczne ze względu na los Polaków, którzy znaleźli się w ZSRR, jak i powojenny los Polski. Przygotowywał się do tego już od maja, już wtedy bowiem dzięki informacjom napływającym od rządu brytyjskiego i od wywiadu Armii Krajowej ze wschodnich terenów Polski zyskał pewność, że wybuch wojny jest sprawą niedługiego czasu.

20 maja 1941 roku Sikorski konferował z premierem Churchillem na ten temat. Brytyjczycy mogli być wygodnym pośrednikiem w godzeniu wrogich stron. I tak się stało. Każdy z rządów dostrzegał w tym korzyść.

Dla Churchilla poprawa stosunków między dwoma sojusznikami Wielkiej Brytanii, wrogimi wobec siebie, była bardzo istotna. Ponadto dostrzegał jeszcze inne korzyści we współpracy Polski i Związku Radzieckiego.

Stalin chętnie zmieniłby swój wizerunek w społeczeństwach Wielkiej Brytanii i Stanów Zjednoczonych i prezentowałby się jako przywódca, który zmuszony do złych posunięć w przeszłości, gotów jest błędy te naprawić.

Dla Sikorskiego była to niepowtarzalna możliwość doprowadzenia do uwolnienia setek tysięcy Polaków wywiezionych w głąb Związku Radzieckiego, z których ogromna liczba trafiła do łagrów i więzień. Od lutego 1940 roku Rosjanie rozpoczęli masowe deportacje polskiej ludności z terenów, które zajęli w 1939 roku. Ocenia się, że wywieźli łącznie ponad 600 tysięcy polskich obywateli. Sikorski, uzyskując zgodę na ich uwol-

z ZSRR, na co prezydent nie zgodził się ze względu na brak rozstrzygnięcia podstawowej kwestii polskich ziem wschodnich. W tej sytuacji 30 lipca 1940 r. podpisał układ samodzielnie, co wywołało kryzys w polskim rządzie. 14 sierpnia na podstawie zawartej polsko-radzieckiej umowy wojskowej wyznaczył na dowódcę armii polskiej w ZSRR gen. Władysława Andersa. W marcu 1942 r. musiał zgodzić się na ewakuowanie ze Związku Radzieckiego części żołnierzy, dla których brakowało żywności, był jednak przeciwny ewakuowaniu całego wojska. W lipcu 1942 r. wobec uzgodnienia przez rządy Wielkiej Brytanii i ZSRR ewakuacji reszty polskich oddziałów na Bliski Wschód musiał zaakceptować to rozwiązanie. Po ujawnieniu 13 kwietnia 1943 r. zbrodni katyńskiej podjął kroki zmierzające do wyjaśnienia wszystkich okoliczności, co stało się dla rządu radzieckiego pretekstem do zerwania stosunków dyplomatycznych z rządem polskim. 4 lipca 1943 r. zginął w katastrofie samolotu nad Gibraltarem; przyczyny wypadku nie zostały wyjaśnione.

nienie, liczył na wcielenie ich do polskiej armii, która stałaby się gwarantem polskich interesów po zakończonej wojnie. Pozostawała jeszcze kwestia powojennych granic polsko-radzieckich. Rosjanie nie mieli bowiem zamiaru zadeklarować, że zgadzają się na powrót do granic z 1939 roku. Ta kwestia mogła zniweczyć szanse na porozumienie. Dlatego Sikorski postanowił nie nalegać, uznając, że sprawą tą można zająć się w przyszłości. Przeciwko takiemu podejściu protestowali niektórzy członkowie polskiego rządu, i prezydent Władysław Raczkiewicz*, którzy wychodzili z założenia, że czas osłabienia Związku Radzieckiego jest jedynym okresem, gdy groźnego sąsiada można skłonić do ustępstw.

Jednakże Sikorski zdecydowany był nie zwracać na to uwagi do tego stopnia, że mimo protestów ministra Augusta Zaleskiego**, generała Kazimierza Sosnkowskiego*** i prezydenta zdecydował się podpisać układ ze Związkiem Radzieckim. Stało się to w Londynie 30 lipca 1941 roku. Stronę polską reprezentował premier Sikorski, radziecką - ambasador Iwan Majski.

Układ przewidywał utworzenie armii polskiej w ZSRR, co z punktu widzenia Stalina było zaskakujące. Nikt bardziej niż on nie zdawał sobie sprawy z nienawiści, wrogości, poczucia krzywdy ludzi, którzy do tej armii mieli wstąpić. Przecież to żołnierze NKWD wyciągali ich z domów, dając niewiele czasu na spakowanie najbardziej niezbędnych rzeczy i pędzili na stacje, gdzie ładowano ich do bydlęcych wagonów. Jechali tak przez wiele tygodni, zatrzymując się tylko po to, aby pogrzebać tych, którzy

* **Władysław Raczkiewicz** (1885-1947), prawnik i polityk, od 1921 r. był trzykrotnie ministrem spraw wewnętrznych oraz wojewodą. W latach 1930-1935 był marszałkiem Senatu, a w latach 1934-1939 prezesem Światowego Związku Polaków z Zagranicy. 29 września 1939 r. w Paryżu objął urząd prezydenta RP przekazany mu przez Ignacego Mościckiego. Od 1940 r. przebywał w Wielkiej Brytanii. Był przeciwny zbyt daleko idącej, jego zdaniem, polityce kompromisów ze Związkiem Radzieckim, prowadzonej przez Władysława Sikorskiego i Stanisława Mikołajczyka.

** **August Zaleski** (1883-1972), polityk i dyplomata, w okresie międzywojennym był m.in. ambasadorem w Grecji i Włoszech oraz ministrem spraw zagranicznych (1926-1932). Od 1939 r. do 1941 r. był ministrem spraw zagranicznych w rządzie Sikorskiego. W latach 1943-1945 był szefem kancelarii prezydenta. W latach 1947-1972 pełnił urząd prezydenta RP na emigracji.

*** **Kazimierz Sosnkowski** (1885-1969), bliski współpracownik J. Piłsudskiego, w okresie międzywojennym był m.in. wiceministrem i ministrem spraw wojskowych, członkiem Rady Obrony Państwa (1920-1924), Rady Wojennej i dowódcą Okręgu Korpusu VII Poznań. W czasie zamachu majowego 1926 r. usiłował popełnić samobójstwo. We wrześniu 1939 r. objął dowodzenie Frontem Południowym. Od listopada 1939 r. był zastępcą prezydenta (do sierpnia 1944 r.), wicepremierem i komendantem Związku Walki Zbrojnej. Był przeciwny współpracy ze Związkiem Radzieckim i nie akceptował linii politycznej premiera Władysława Sikorskiego; w związku z tym w lipcu 1941 r. ustąpił z rządu. Po śmierci Sikorskiego objął stanowisko naczelnego wodza i sprawował je do 30 września 1944 r. Zdymisjonowany za krytykę aliantów, wyjechał do Kanady, gdzie pozostał do śmierci.

Generał Władysław Anders

nie znieśli głodu, zimna i chorób. Wysadzano ich gdzieś na pustkowiach w Kazachstanie, każąc tam budować nowe życie i socjalizm. Tysiące innych trafiło do obozów, gdzie zdani byli na łaskę strażników, pastwiących się nad nimi, zmuszających do pracy ponad siły.

Ci, którym zabrano wszystko: rodzinę, dom, dobytek, narodowość, mieli otrzymać mundur, broń i stworzyć siłę liczącą się w stosunkach międzynarodowych! Na ich czele miał stanąć oficer, który miał równe jak oni powody, aby nienawidzić stalinowskich oprawców – generał Władysław Anders*, więziony przez dwadzieścia miesięcy w Wilnie i Moskwie.

Wydawałoby się, że Stalin musiał zgodzić się na formowanie polskiego wojska na terenie Związku Radzieckiego ze względu na załamanie na froncie i konieczność odbudowy sił Armii Czerwonej, chociaż jedyne, czego mu nie brakowało, to byli rekruci. Miał wystarczająco wielkie rezerwy ludzkie, aby nie sięgać po obcokrajowców. Gdyby jednak musiał to zrobić, ludzi tych wcielono by do radzieckich oddziałów, nie pytając o zgodę rządu polskiego ani nie czekając na zawarcie umowy wojskowej z Polską. Ale więźniowie pracujący w obozach lub Polacy pozostający na wolności i zatrudnieni w fabrykach byli cenniejsi, gdyż byli wykwalifikowaną siłą roboczą dającą Związkowi Ra-

*__Władysław Anders__ (1892–1970), bojową karierę rozpoczął w 1914 r. jako porucznik dragonów armii rosyjskiej. Po utworzeniu 1. Korpusu Polskiego wstąpił do niego. W wojnie polsko-bolszewickiej był dowódcą 15. Pułku Ułanów Poznańskich. W okresie międzywojennym ukończył École Superieure de Guerre w Paryżu. W 1925 r. pełnił obowiązki komendanta Warszawy, a w latach 1926–1928 – szefa sztabu w Generalnym Inspektoracie Kawalerii. W czasie zamachu majowego w 1926 r. opowiedział się po stronie rządowej, ale nie zaszkodziło to jego karierze wojskowej. W latach 1928–1937 dowodził Wołyńską Brygadą Kawalerii, a następnie Nowogródzką Brygadą Kawalerii, z którą wyruszył do walki przeciwko Niemcom. Od 12 do 28 września dowodził Grupą Operacyjną Kawalerii. Ranny w starciu z oddziałem Armii Czerwonej, był więziony we Lwowie i Moskwie. Zwolniony 4 sierpnia 1941 r., po zawarciu 30 lipca 1941 r. polsko-radzieckiego układu, tego samego dnia mianowany naczelnym dowódcą Polskich Sił Zbrojnych w ZSRR. Po ewakuacji w marcu i sierpniu 1942 r. oddziałów do Persji 12 września 1942 r. objął stanowisko dowódcy Armii Polskiej na Wschodzie. Od 19 sierpnia 1943 r. dowodził 2. Korpusem Polskim i w ślad za jego oddziałami 25 stycznia 1944 r. przybył do Włoch, gdzie wojska 2. Korpusu wsławiły się zdobyciem Monte Cassino. Pod koniec wojny pełnił obowiązki Naczelnego Wodza i Generalnego Inspektora Polskich Sił Zbrojnych. Po wojnie pozostał w Wielkiej Brytanii, gdzie pełnił funkcje Naczelnego Wodza i Generalnego Inspektora Polskich Sił Zbrojnych na Zachodzie. Władze w Warszawie pozbawiły go obywatelstwa polskiego.

dzieckiemu produkty, których potrzebował. Jako żołnierze musieli dostać broń, mundury, środki transportu. Stawali się ciężarem dla radzieckiego państwa. A nade wszystko byli „niepewnym elementem".

Stalin doskonale rozumiał, jaki cel przyświecał Sikorskiemu, gdy tak zabiegał o sformowanie armii polskiej, gotów odłożyć na dalszy plan uzyskanie gwarancji powrotu po wojnie do granic z 1939 roku. W zwycięskiej wojnie polskie wojska weszłyby na terytorium swojego państwa z Armią Czerwoną. Tam połączyłyby się z silną i dobrze zorganizowaną podziemną Armią Krajową liczącą około 300 tysięcy żołnierzy. Jeżeli Sikorskiemu udałoby się zrealizować ten zamiar, to w końcowym okresie wojny, gdy Wehrmacht uchodziłby z Polski, stanęłoby tam co najmniej pół miliona polskich żołnierzy. To byłaby siła tak wielka, że bez wątpienia przesądziłaby o ustroju w powojennej Polsce. Stalin nie mógł do tego dopuścić! Byłoby to sprzeczne z jego planem, który tak uporczywie realizował od chwili, gdy przejął władzę.

Zanimby jednak do tego doszło, pojawiłby się inny problem: Polacy, tworząc siły zbrojne w Związku Radzieckim, musieliby zauważyć, że nie mogą odnaleźć kilkunastu tysięcy oficerów wziętych do niewoli przez Armię Czerwoną we wrześniu 1939 roku. Zaczęliby dociekać, co się z nimi stało.

Stalin nie musiał długo czekać na przewidywany rozwój wydarzeń.

Wydaje się, że pierwszy pytanie w tej sprawie zadał nowy ambasador polski w ZSRR Stanisław Kot*, który 14 listopada 1941 roku spotkał się ze Stalinem, gdy w gabinecie Mołotowa omawiał sprawy związane z realizacją umowy**.

– Jest pan autorem amnestii dla polskich obywateli w ZSRR – zwrócił się do Stalina. – Uczynił pan gest i byłbym bardzo wdzięczny, jeżeli mógłby pan wywrzeć wpływ, aby została wykonana całkowicie.

– Czy jeszcze jacyś Polacy nie zostali zwolnieni? – Stalin wydawał się zdziwiony.

– Nie widzieliśmy żadnego oficera z obozu w Starobielsku, który został rozwiązany na wiosnę 1940 roku. Ani też z dwóch innych obozów w Kozielsku i Ostaszkowie. Nie ma żadnych śladów jeńców, którzy zostali przewiezieni w nieznane miejsca.

– Zajmę się tym – zapewnił Stalin, ale natychmiast dodał: – Różne sprawy zdarzają się zwolnionym...

*__Stanisław Kot__ (1885–1975), historyk, działacz polityczny. W latach 1939–1941 był ministrem bez teki w rządzie na wychodźstwie. Od 1941 r. do 1942 r. sprawował stanowisko ambasadora w ZSRR. W latach 1943–1944 był ministrem informacji. Po wojnie został ambasadorem w Rzymie. W 1947 r. nie powrócił do kraju i do śmierci przebywał na emigracji.

**Stenogram rozmowy tłumaczony z jęz. angielskiego.

– Mamy ich nazwiska.

– Czy takie listy istnieją?

– Wszystkie nazwiska były rejestrowane przez rosyjskich komendantów obozów, którzy wzywali więźniów na apele każdego dnia. W dodatku NKWD przesłuchiwało każdego więźnia oddzielnie. Żaden z oficerów sztabu armii generała Andersa, którą dowodził w Polsce, nie został nam przekazany.

Stalin, który przechadzał się po pokoju, paląc papierosa, podszedł do telefonu i podniósł słuchawkę.

– NKWD? Tu Stalin. Czy wszyscy Polacy zostali zwolnieni z więzień?

Słuchał przez chwilę odpowiedzi.

– Jest tu polski ambasador, który mówi, że nie wszyscy zostali zwolnieni.

Ponownie wysłuchał odpowiedzi i odłożył słuchawkę. Po kilku minutach telefon zadzwonił. Ambasador Kot nie mógł usłyszeć, jaki meldunek otrzymał Stalin, ale wydawał się zadowolony.

On doskonale wiedział, że nigdy polska strona nie doliczy się piętnastu tysięcy oficerów, gdyż 5 marca 1940 roku podpisał pismo, które przygotował Ławrientij Beria:

„W naszych obozach dla jeńców wojennych przetrzymywanych jest ogółem (nie licząc żołnierzy i kadry podoficerskiej) 14 736 byłych oficerów, urzędników, obszarników, policjantów, żandarmów, służby więziennej, osadników i agentów wywiadu. Według narodowości: ponad 97% Polaków. W więzieniach zachodnich obwodów Ukrainy i Białorusi przetrzymywanych jest ogółem 18 632 aresztowanych, wśród nich 10 685 Polaków. Są oni zatwardziałymi, nie rokującymi poprawy wrogami władzy radzieckiej. NKWD uważa za niezbędne rozpatrzyć [ten problem] w trybie specjalnym z zastosowaniem wobec nich najwyższego wymiaru kary – rozstrzelania".

3 kwietnia rozpoczęło się „rozładowywanie" trzech obozów jenieckich Starobielska, Kozielska i Ostaszkowa, do których NKWD skierowała odpowiednio wyselekcjonowanych jeńców, uznawanych za najgroźniejszych dla władzy radzieckiej. Następnego dnia rozpoczęły się egzekucje w lesie w Katyniu, gdzie strzałami w tył głowy mordowano jeńców przywiezionych z Kozielska. Więźniowie dwóch innych obozów zginęli w piwnicach siedzib Zarządów Obwodowych NKWD w Kalininie i Charkowie też od strzałów w tył głowy. Ich ciała, przewożone nocą, przykryte plandekami na skrzyniach ciężarówek, spoczęły w masowych grobach w Miednoje i Piatichatkach pod Charkowem.

Major bezpieczeństwa państwowego Piotr Soprunienko 1 grudnia 1940 roku sporządził ściśle tajną notatkę, w której oświadczył:

„Skierowano do dyspozycji Zarządów Obwodowych NKWD w kwietniu i maju 1940 roku 15 131 osób".

Zwrot: „skierowano do dyspozycji" oznaczał - zamordowano. 15 131 osób. W więzieniach Ukrainy i Białorusi zginęło ponadto około 11 tysięcy Polaków.

- Mówią, że wszyscy zostali zwolnieni - powiedział Stalin, gdy wrócił do stołu, przy którym siedział Kot.

Nie sądził zapewne, że ta odpowiedź zadowoli Polaków. 3 grudnia 1941 roku problem zaginionych polskich oficerów podjął generał Władysław Sikorski, gdy w towarzystwie ambasadora Kota i generała Andersa spotkał się ze Stalinem w Moskwie.

- Muszę panu powiedzieć, panie przewodniczący, że deklaracja o amnestii nie została wprowadzona w życie - powiedział Sikorski do Stalina. - Wielu ludzi, a w tym najbardziej cenni, ciągle pozostaje w obozach pracy i więzieniach.

- To niemożliwe. Amnestia dotyczy wszystkich Polaków i wszyscy zostali zwolnieni - odpowiedział Stalin i spojrzał na Mołotowa, który ochoczo potwierdził słowa szefa.

- Nie jest naszą sprawą dostarczać radzieckiemu rządowi dokładne spisy naszych ludzi, skoro komendanci obozów mają kompletne listy. Mam przy sobie listę około czterech tysięcy oficerów, którzy zostali uwięzieni i wciąż przebywają w więzieniach i obozach pracy. Nawet ta lista nie jest kompletna, gdyż zawiera tylko nazwiska, które możliwe były do ustalenia z pamięci. Wydałem polecenie, aby sprawdzić, czy nie wrócili do Polski, z którą mamy stały kontakt. Okazało się, że nie ma tam żadnego z nich, nie ma ich też w obozach jenieckich w Niemczech. Ci ludzie są tutaj. Żaden z nich nie wrócił.

- To niemożliwe! - zaoponował Stalin. - Oni uciekli.

- Dokąd mogliby uciec? - zapytał generał Anders.

- Choćby do Mandżurii.

- Nie jest możliwe, aby wszyscy uciekli, zwłaszcza, że od momentu przeniesienia ich z obozów jenieckich do obozów pracy urwała się korespondencja z rodzinami - mówił Anders. - Większość oficerów, wymienionych na tej liście, znam osobiście. Wśród nich są moi oficerowie sztabowi i dowódcy. Ci ludzie zaginęli i umierają tutaj w straszliwych warunkach.

- Musieli zostać zwolnieni, tylko nie dotarli jeszcze - upierał się Stalin.

- Rosja to wielki kraj i trudności są wielkie. Prawdopodobnie lokalne władze nie działają zgodnie z instrukcjami - wtrącił Sikorski pojednawczym tonem, aby złagodzić ostrość wypowiedzi Andersa.

- Proszę zrozumieć, że rząd radziecki nie ma powodu, aby zatrzymywać jakiegokolwiek Polaka - powiedział Stalin.

Ta rozmowa nie mogła przynieść rozstrzygnięcia w kwestii zaginionych więźniów. Zresztą nie o to Stalinowi chodziło. Jeszcze długo mógł się upierać, że wszyscy więźniowie zostali zwolnieni, ale zapodzieli się gdzieś w wielkiej Rosji objętej wojną, uciekli na Daleki Wschód albo pochowali się w odległych zakątkach, aby uniknąć wcielenia do wojska. Polskie władze nie tylko nie miały najmniejszych dowodów zbrodni w Katyniu, ale nawet nie mogły przypuszczać, że rząd radziecki wydał rozkaz zlikwidowania piętnastu tysięcy polskich oficerów.

Stalin wydawał się przejęty zupełnie inną sprawą: losem armii polskiej powstającej na terenie jego państwa i planów wyprowadzenia jej do Persji. Liczebność Armii Polskiej formowanej w okręgu orenburskim wzrastała bardzo szybko: 15 października 1941 roku było już 38 273 żołnierzy, dziesięć dni później już – 41 561 żołnierzy.

– Jestem człowiekiem doświadczonym i starym – mówił Stalin do Sikorskiego, nie tając irytacji. – Wiem, że jak do Persji wyjedziecie, to już tutaj nie wrócicie. Widzę, że Anglia ma dużo roboty i potrzebuje polskich żołnierzy.

Po raz pierwszy w czasie tej rozmowy był na swój sposób szczery. Mówił prawdę. Za ewakuacją Polskiej Armii stał Churchill, który wprowadzając do Persji polskich żołnierzy, mógł upiec dwie pieczenie: skłonić Stalina do wycofania z Persji sześciu radzieckich dywizji i wzmocnić słabe brytyjskie wojsko o kilkadziesiąt tysięcy polskich żołnierzy. Taki był zamiar rządu brytyjskiego od samego początku. Sformowanie polskiego wojska w Związku Radzieckim nie dawało Brytyjczykom nic poza uciążliwymi wydatkami. Stalin przecież odmawiał wyposażenia polskich dywizji. Mołotow argumentował:

– My uzbrojenia dać nie możemy, nie tylko ekwipunku. Prowadzimy najstraszniejszą wojnę z ogromnymi stratami. Tracimy nie tylko wiele tysięcy żołnierzy, ale i masy broni. Straciliśmy pewną liczbę fabryk, a inne musimy przenosić, co zmniejsza naszą zdolność produkcyjną. Niechże Wielka Brytania i Ameryka zrozumieją, że wykrwawiamy się za nich, że dźwigamy na sobie cały ciężar wojny. Niech oni za swój spokój zaopatrzą was w broń.

I Rosjanie ograniczali racje żywnościowe, dostawy broni i środków transportu. Czyżby od samego początku wiedzieli, że ta armia nie będzie walczyć w ich sprawie, lecz wyruszy poza ich granice?

– Możemy wszystkich was oddać. Sami sobie damy radę. Zdobędziemy Polskę i wtedy wam ją oddamy – mówił dalej Stalin. W pewnym momencie zaczął udawać urażonego. – Jak pojedziecie do Iranu, to będziecie musieli bić się może w Turcji przeciwko Niemcom. Jutro wystąpi Japonia, to przeciw Japonii – tak, jak wam rozkażą Anglicy. Może w Singapurze. A ja widzę, że Anglicy potrzebują polskich żołnierzy. Otrzymałem przecież żądania od Harrimana i Churchilla, aby ewakuować polską armię.

Chciał dotknąć Sikorskiego, urazić go, dowodząc, że szef polskiego rządu i Naczelny Wódz nie może decydować o własnych żołnierzach, którzy będą walczyć w brytyjskiej sprawie, nie polskiej. A jakie interesy

Premier Churchill wizytuje brytyjskie oddziały w Afryce Północnej

Polska miała na Bliskim Wschodzie? W jątrzących słowach Stalina było wiele racji.

Dla Winstona Churchilla w końcu 1941 roku najważniejszymi rejonami były Afryka Północna, gdzie ważyły się losy panowania nad Morzem Śródziemnym, i Atlantyk, przez który Amerykanie dostarczali materiały wojenne dla słabnącej Wielkiej Brytanii.

W Afryce działo się bardzo źle i od 1940 roku Churchill miał powody do największego niepokoju. W tamtym rejonie świata Brytyjczycy mieli 100 tysięcy żołnierzy, ale do nich należało utrzymywanie kolonialnego porządku i ochrona ogromnego obszaru obejmującego Egipt, Sudan, Palestynę, Jordanię, Cypr, Brytyjską Somalię, Irak, Aden, państewka nad Zatoką Perską, Kenię, Ugandę, Tanganikę, Syrię i Liban. W rejonie najbardziej zagrożonym – Egipcie, stacjonowało zaledwie 36 tysięcy żołnierzy, których morale po klęskach wojsk brytyjskich we Francji w 1940 roku, Grecji i na Krecie w 1941 roku było niskie. Tymczasem Włochy, które miały największy apetyt na brytyjskie posiadłości w Afryce i na Bliskim Wschodzie utrzymywały w Libii 236 tysięcy żołnierzy i Afryce Wschodniej 100 tysięcy żołnierzy dysponujących 1811 działami, 339 lekkimi czołgami i 151 samolotami w gotowości bojowej. Nie trzeba było długo czekać na ich atak...

Dowodzący tymi wojskami marszałek Rodolfo Graziani*, ponaglany przez Benito Mussoliniego, rzucił je do ataku 13 września 1940 roku. Wobec ogromnej przewagi liczebnej wojsk włoskich wynik łatwy był do przewidzenia: trzy dni później cztery dywizje i grupa pancerna zdobyły Sidi Barrani. Od następnego celu - strategicznej twierdzy Marsa Matruh, dzieliło włoskich żołnierzy zaledwie 120 km, a do głównej brytyjskiej bazy w Aleksandrii pozostało nieco ponad 400 km. Brytyjczycy mieli jednak szczęście, gdyż Graziani zatrzymał swoje dywizje, aby uzupełniły straty i podreperowały stan zapasów. Ta przerwa w ofensywie okazała się katastrofalna dla Włochów. Brytyjczycy potrafili to wykorzystać - w grudniu 1940 roku wojska alianckie uderzyły na włoskie pozycje i do lutego 1941 roku wdarły się na głębokość tysiąca kilometrów w terytorium Libii. W tym samym czasie we włoskiej Afryce Wschodniej nieliczne wojska brytyjskie rozgromiły Włochów, biorąc do niewoli 50 tysięcy jeńców. Na tym jednak brytyjskie sukcesy skończyły się. Do Afryki Północnej przybyły niemieckie oddziały wysłane przez Hitlera na pomoc nieudolnemu sojusznikowi. W lutym 1941 roku do Libii przybył niemiecki korpus ekspedycyjny Deutsches Afrika Korps**, który miesiąc później podjął ofensywę i, łamiąc opór alianckich oddziałów, doszedł do granic

*__Rodolfo Graziani__ (1882-1955), włoski oficer, od 1930 r. był wicegubernatorem Cyrenajki i zyskał sławę jako bezwzględny dowódca, krwawo tłumiący powstanie plemienia Senussi. W czasie wojny w Abisynii w latach 1935-1936 dowodził armią południową, a od maja 1936 r. pełnił funkcję generalnego gubernatora i wicekróla tego państwa. W styczniu 1938 r. powrócił do Włoch i po wielu miesiącach bezczynności mianowano go w październiku 1939 r. szefem sztabu generalnego wojsk lądowych, jednocześnie od czerwca 1940 r. był gubernatorem Libii i naczelnym dowódcą sił zbrojnych w Afryce Północnej. Jego wojska odniosły zwycięstwa w wyniku ofensywy we wrześniu 1940 r., jednakże w grudniu tego roku wojska włoskie zostały wyparte z Egiptu i utraciły Cyrenajkę, co stało się przyczyną zdymisjonowania Grazianiego w lutym 1941 r. Powrócił do czynnego życia politycznego we wrześniu 1943 r., gdy objął stanowisko ministra obrony w faszystowskiej Republice Salo. W 1945 r. stanął przed sądem pod zarzutem zdrady. Skazany na 19 lat więzienia został zwolniony w 1955 r.

**__Deutsches Afrika Korps__ (Afrika Korps) niemiecki korpus ekspedycyjny, wysłany w lutym 1941 r. do Tripolitanii miał wspomóc Włochów cofających się pod naporem wojsk brytyjskich. Od 18 lutego dowódcą był gen. Erwin Rommel. Trzon pancerny Afrika Korps utworzyły 5. dywizja lekka (w sierpniu 1941 r. przekształcona w 21. dywizję pancerną) i 15. dywizja pancerna. Stan liczebny Afrika Korps wzrósł w 1941 r. z 19 tys. żołnierzy w kwietniu do 48,5 tys. w październiku. Od 24 marca 1941 r. jednostki Afrika Korps podjęły akcję zaczepną, zaskakując Brytyjczyków, i do połowy kwietnia odbiły Cyrenajkę, ale nie zdążyły zdobyć Tobruku. Hitler zajęty inwazją na Związek Radziecki nie miał zbyt wielu możliwości rozbudowy Afrika Korps. 23 października 1942 r. Brytyjczycy, dysponując zdecydowaną przewagą, rozpoczęli ofensywę pod el Alamejn i zadali wojskom osi poważne straty; Afrika Korps, choć znacznie uszczuplony, zachował zdolność bojową i 5 listopada wycofał się do Tunezji. Stanowił tam główną siłę manewrową wojsk osi. W maju 1943 r. po anglo-amerykańskiej inwazji na Afrykę Północną („Torch") wszystkie oddziały państw osi w Afryce skapitulowały.

Jeńcy alianccy w Libii

Egiptu. Do Aleksandrii, głównej brytyjskiej bazy morskiej w tym rejonie Morza Śródziemnego, było już blisko. Utrata tego portu byłaby ogromnie dotkliwa dla brytyjskiego imperium. Niedaleko też oddziały niemieckie i włoskie miały do Kanału Sueskiego, a utrata tej drogi wodnej prowadzącej do Indii i kolonii na Dalekim Wschodzie, skąd brytyjska gospodarka czerpała surowce i materiały niezbędne do prowadzenia wojny, byłaby katastrofą.

Pomoc nadchodzi: generał Erwin Rommel wita się z generałem Garibaldim

W takiej sytuacji wzmocnienie brytyjskich oddziałów kilkudziesięcioma tysiącami polskich żołnierzy miało ogromne znaczenie. Ponadto, wprowadzając armię Andersa do Persji, Churchill mógł się pozbyć stamtąd sześciu dywizji radzieckich, jakie 17 września 1941 roku, wspólnie z wojskami brytyjskimi rozpoczęły okupację tego państwa, aby zapobiec wejściu tam wojsk niemieckich i wykorzystaniu przez nie złóż naftowych Persji i położenia tego państwa do ataków na Związek Radziecki.

Dla Stalina wyjście polskich wojsk było rozwiązaniem najlepszym. Zademonstrował mocarstwom demokratycznym swoją dobrą wolę, wznawiając stosunki dyplomatyczne z Polską, zgodził się na utworzenie polskiej armii na radzieckim terytorium, co wydawało się być najlepszą gwarancją jego uczciwych zamiarów wobec powojennej Polski. A skoro wojska te z woli własnego rządu postanowiły opuścić Związek Radziecki, mógł znakomicie wykorzystać to propagandowo, co w istocie czynił zarówno w czasie wojny, jak i po wojnie.

Poprawa stosunków z Polską była ogromnie ważna dla powojennych planów Stalina. Zakładał, że przyjdzie czas, gdy wojska radzieckie zatrzymają pochód Niemców i odrzucą ich poza granice Związku Radzieckiego. Było oczywiste, że Armia Czerwona nie stanie na Bugu, lecz spychając wojska niemieckie dojdzie do Berlina, zajmując Polskę, a na południu Czechosłowację, Węgry, Bułgarię, Rumunię, a może nawet Jugosławię i Grecję. Dokona się to, co nie udało się w 1920 roku, gdy czerwonoarmiści idący na podbój Europy zostali odrzuceni spod Warszawy. Armie Stalina wkraczające na terytorium innych państw w pościgu za cofającym się Wehrmachtem nie mogły być uznane za wojska nowego okupanta. Powinny być przyjmowane jako oddziały wyzwoleńcze, i to wydawało się oczywiste, zważywszy na niemiecką politykę eksterminacyjną wobec narodów słowiańskich. Stalin, myśląc o realizacji tego planu, musiał przygotować nie tylko ludzi, którzy utworzyliby nowe władze, ale przede wszystkim ich zaplecze polityczne.

W tym samym czasie, gdy polski rząd wystąpił z propozycją sojuszu, zrobili to Czesi. Prezydent Edward Beneš*, przewodzący emigracyjnemu Komitetowi Narodowemu, nie stawiał Stalinowi żadnych warunków i doprowadził do podpisania 18 lipca 1941 roku przez Jana Masaryka** i radzieckiego ambasadora Iwana Majskiego układu o wzajemnej pomocy. Umowa przewidywała utworzenie czeskiej jednostki na terenie Związku Radzieckiego. Tej siły militarnej Stalin nie musiał się obawiać tak, jak wielu dziesiątków tysięcy polskich żołnierzy, gdyż czeski korpus nie przekroczył trzech tysięcy żołnierzy.

Umowy z emigracyjnymi rządami państw sąsiadujących ze Związkiem Radzieckim nie wystarczały. Stalin potrzebował związków sięgających poza oficjalne protokoły. Rozwiązanie podsunął Mołotow, proponując zwołanie w Moskwie wszechsłowiańskiej konferencji, co stało się 10 i 11 sierpnia 1941 roku. Uczestnicy wystosowali apel, podpisany przez „przedstawicieli narodów Rosji, Białorusi, Ukrainy, Polski, Czechosłowacji, Jugosławii i Bułgarii", wzywający do prowadzenia świętej wojny przeciwko niemieckiemu faszyzmowi. Utworzono również „Komitet Wszechsłowiański", na którego czele stanął generał Gundorow. Komitet w istocie był słowiańskim kominternem i miał tworzyć właściwą atmosferę dla realizacji powojennych planów Stalina. Jego czas miał dopiero nadejść.

*__Edward Beneš__ (1884-1948), minister spraw zagranicznych Czechosłowacji w latach 1918-1935, po śmierci Tomáša Garrigue Masaryka w 1935 r. objął urząd prezydenta Czechosłowacji, z którego ustąpił w październiku 1938 r. po podpisaniu przez cztery państwa europejskie układu monachijskiego oddającego Niemcom część Czechosłowacji. W tym samym miesiącu wyjechał do Stanów Zjednoczonych. Po zajęciu Czechosłowacji przez Niemców zorganizował Komitet Narodowy (działał najpierw w Paryżu, potem w Londynie) i objął urząd prezydenta. W marcu 1945 r. udał się do Moskwy, skąd powrócił do Pragi wraz z utworzonym w Związku Radzieckim Korpusem Czeskim. Ponownie wybrany w 1946 r. na prezydenta Czechosłowacji w czerwcu 1948 r. odmówił podpisania nowej konstytucji i 7 czerwca został zmuszony do rezygnacji z urzędu przez tworzące się władze komunistyczne. Zmarł trzy miesiące później.

**__Jan Masaryk__ (1886-1948), czeski polityk, w latach 1925-1938 był ambasadorem w Londynie. Od 1940 r. zajmował urząd ministra spraw zagranicznych rządu emigracyjnego w Londynie, a od 1941 r. do końca wojny - wicepremiera tego rządu. W latach 1945-1948 był ministrem spraw zagranicznych Czechosłowacji. Zginął, wypadając z okna. Okoliczności śmierci nie zostały wyjaśnione, choć wszystko wskazuje, że został zamordowany.

10. Drugi front teraz!

Rok 1942 – nowa ofensywa radziecka. Stany Zjednoczone przystępują do wojny. Radzieckie nadzieje na drugi front. Dlaczego Roosevelt się spieszył? Niemieckie plany wygrania wojny w 1942 roku.

W połowie grudnia po raz pierwszy od wielu miesięcy nastrój w gabinecie na Kremlu był radosny. Japoński atak na Flotę Pacyfiku w Pearl Harbor i następująca po tym ofensywa japońska na wielkim froncie Pacyfiku były jednoznacznym potwierdzeniem wiadomości wywiadu, że państwo to nie pośle swoich armii przeciwko radzieckim granicom, trudno bowiem sobie wyobrazić, że Japonia, uwikłana w walki w Chinach, przystępując do kampanii w Indochinach i na wyspach Pacyfiku, mogła jeszcze wysyłać wojska na północ kontynentu azjatyckiego, aby przekroczyły syberyjską granicę. Zaś wypowiedzenie wojny Stanom Zjednoczonym przez Niemcy zapowiadało, że prezydent Roosevelt, już nie skrępowany ustawami o neutralności, będzie mógł w pełni zaangażować amerykański potencjał militarny i gospodarczy po stronie aliantów.

Nastrój był tym lepszy, że ofensywa, którą Armia Czerwona rozpoczęła 5 grudnia pod Moskwą, przynosiła zwycięstwa, a wojska niemieckie cofały się na zachód. Jak donosił wywiad, Hitler zwalniał najwyższych dowód-

Płonie Pearl Harbor; Stany Zjednoczone przystępują do wojny

ców, nie zgadzał się na wycofanie wojsk i domagał się, aby stawiały desperacki opór. Stalin, widząc już wyłaniające się zwycięstwo, zdecydował się podjąć sprawę powojennego kształtu Europy i przebywającemu w Moskwie ministrowi Anthony'emu Edenowi 19 grudnia przedstawił swój plan utrzymania granic z 1941 roku, co oznaczało, że Związek Radziecki zamierza wchłonąć ziemie polskie zaanektowane w wyniku umowy z Niemcami, w zamian za co oferował oddanie Polsce terenów na zachodzie, do Odry. Zaskoczony Eden argumentował, że jego rząd zobowiązał się nie akceptować żadnych zmian terytorialnych podczas wojny, ale Stalin nie zamierzał podejmować dyskusji. Potraktował swoją wypowiedź jako sygnał kwestii, do której miał zamiar wrócić, gdy zwycięstwo nabierze realniejszych kształtów. On planował już następną ofensywę. Czy zdawał sobie sprawę, że radzieckie siły są jeszcze za małe, aby rozpocząć zwycięski marsz na zachód? Bez wątpienia tak. Mimo to nie rezygnował ze swoich planów.

Był 5 stycznia 1942 roku, gdy Stalin wezwał członków Stawki oraz Komitetu Obrony, a także Sztabu Generalnego, aby stawili się u niego w gabinecie.

Marszałek Szaposznikow przedstawił projekt nowej kontrofensywy w rejonie Leningradu, na zachód od Moskwy i na południu.

– Niemcy wydają się zaskoczeni odwrotem spod Moskwy i źle przygotowani do zimy – powiedział Stalin, gdy Szaposznikow zakończył swoje wystąpienie. – Teraz jest czas na przejście do generalnej ofensywy. Co o tym sądzicie?

– Front Zachodni, gdzie są najbardziej sprzyjające warunki i gdzie nieprzyjaciel nie odzyskał pełnej wartości bojowej, może kontynuować ofensywę. Jednak dla pełnego sukcesu operacji ważne jest wzmocnienie naszych sił ludźmi, sprzętem oraz budową rezerw, przede wszystkim jednostek pancernych, bez których trudno oczekiwać zwycięstw – powiedział Żukow. Wiedział, że wzmocnienia, jakie otrzymały jego armie w listopadzie stopniały w toku zaciętych walk, gdy każdego dnia tracił ponad siedem i pół tysiąca żołnierzy*. – Jeżeli chodzi o ofensywne operacje w rejonie Leningradu i na południowym zachodzie, to trzeba wskazać, że tam nasze oddziały stoją wobec silnej nieprzyjacielskiej obrony. Bez silnego wsparcia artyleryjskiego nie będą w stanie przełamać linii wroga, zostaną zatrzymane i poniosą wiel-

Marsz. Borys Szaposznikow

*Wg radzieckich oficjalnych danych wszystkie armie biorące udział w operacji moskiewskiej (a więc również Frontu Kalinińskiego, Briańskiego i część Frontu Południowo-Zachodniego) liczące ogółem 1 021 700 żołnierzy straciły 370 955 żołnierzy, co oznacza, że dziennie traciły 10 910 żołnierzy.

kie, żeby nie powiedzieć, nieuzasadnione straty. Jestem za wzmocnieniem wojsk Frontu Zachodniego i podjęcia potężnej ofensywy.

Zapadła cisza, gdyż wszyscy czuli, że wypowiedź ta była sprzeczna z oczekiwaniami Stalina.

– Towarzysz Żukow, w mojej ocenie, ma rację – odezwał się Wozniesienski. – Nie mamy możliwości zapewnienia rytmicznego i adekwatnego zaopatrzenia. Dostawy uzbrojenia z zakładów przeniesionych na wschód są jeszcze za małe, gdyż 58% z nich nie osiągnęło zamierzonej zdolności produkcyjnej. Przyjmujemy, że zauważalny, zgodny z planem wzrost produkcji zacznie być widoczny na przełomie pierwszego i drugiego kwartału.

Szef Gospłanu bez wątpienia miał rację. On najlepiej wiedział, jak duże straty poniosła Armia Czerwona w sprzęcie i uzbrojeniu.

Do końca 1941 roku z 28 200 czołgów, jakie wojska radzieckie miały na początku wojny (22 600) i jakie otrzymały już w czasie działań wojennych straciły 20 500, a więc 73%. Z 29 900 samolotów bojowych, którymi wojska powietrzne dysponowały na początku wojny (20 000) i które dosłano w czasie walk straciły prawie 18 000, a więc 60%. Z 11 200 000 sztuk broni strzeleckiej (pistoletów, karabinów, pistoletów i karabinów maszynowych) stracono ponad 6 000 000, a więc 56%.

Tych strat nie można było nadrobić z miesiąca na miesiąc, zwłaszcza że ewakuacja i uruchamianie zakładów przemysłowych w nowych miejscach jeszcze trwało, wiele zaś, wcześniej przeniesionych, nie osiągnęło pełnej mocy. Wozniesienski spodziewał się, że pierwsze miesiące 1942 roku przyniosą spadek produkcji. W takiej sytuacji posyłanie do walki armii, które nie miały wystarczających rezerw i nie mogły liczyć na stałe dostawy uzbrojenia i amunicji, było bardzo ryzykowne.

Stalin milczał niezadowolony, a Mołotow znakomicie wyczuwający jego nastrój postanowił zaatakować Wozniesienskiego, którego nienawidził całym sercem.

– Towarzysz Wozniesienski, jak zwykle znajduje nieprzewidziane trudności tam, gdzie mogą być przezwyciężone – zauważył kwaśno.

– Rozmawiałem z Timoszenką i on opowiada się za atakiem – powiedział Stalin. – Musimy szybko rozbić Niemców, tak aby nie mogli podjąć ofensywy, kiedy nadejdzie wiosna.

Żukow nagle zrozumiał, że Stalin zebrał ich po to, aby zakomunikować decyzję o podjęciu nowej ofensywy, a nie zastanawiać się, czy należy to zrobić.

Gdy po zakończeniu narady szli korytarzem, Szaposznikow nagle powiedział:

– To było nierozsądne sprzeciwiać się – mówił o wystąpieniu Żukowa. – Wódz już zadecydował. Dyrektywy zostały wysłane niemalże do wszystkich frontów i ofensywa ruszy bardzo szybko...

– To po co Stalin pytał o moją opinię? – zdziwił się Żukow.
– Nie wiem – wzruszył ramionami Szaposznikow. – Po prostu nie wiem...
Tak, Stalin nie chciał słyszeć ani o konieczności odbudowy sił, ani o oczekiwaniu na osiągnięcie przez przemysł pełnej zdolności produkcyjnej. Zdawał sobie sprawę, że udana kontrofensywa pod Moskwą przerwała niemiecką wojnę błyskawiczną i rozpoczęła wojnę na wyczerpanie. A skoro tak się stało, należało ją kontynuować i zadawać wrogowi jak największe straty. Zima temu sprzyjała. Niemcy nie ochłonęli jeszcze z moskiewskiego uderzenia i kolejne ciosy mogły ich dużo kosztować. Bez wątpienia Stalin miał rację, ale tylko w odniesieniu do jednego, centralnego odcinka wielkiego frontu ciągnącego się od Morza Bałtyckiego do Morza Czarnego. Podejmowanie ofensywy na północy i na południu frontu, gdzie wojska niemieckie były w dobrej formie, mogło być bardzo ryzykowne. Żukow i Wozniesienski słusznie ostrzegali go przed takim działaniem. Stalin nie chciał ich słuchać. Nie dlatego, że lekceważył ich doświadczenie i umiejętność trzeźwej oceny sytuacji. On miał wielki plan, który hołubił od pierwszych dni sojuszu ze Stanami Zjednoczonymi i Wielką Brytanią, i dla zrealizowania go był gotów poświęcić wielu żołnierzy: drugi front! Wielka ofensywa, choćby nawet w wielu miejscach zakończyła się klęską, mogła mieć decydujące znaczenie. Jakże bowiem lepiej mógłby przekonać sojuszników, niż wskazując im: patrzcie, uderzyliśmy i daleko zaszliśmy, ale jeżeli nie pomożecie, zabraknie nam sił i ofensywa utknie, a wówczas cała sytuacja na decydującym froncie wojny może przybrać fatalny obrót.

Utworzenie drugiego frontu wymagającego zmasowanych sił nie było możliwe do zrealizowania, dopóki Stany Zjednoczone pozostawały państwem neutralnym. Jednakże przystąpienie do wojny 8 grudnia 1941 roku – w następstwie japońskiego ataku na Pearl Harbor* przeprowadzonego przez japońskie samoloty dzień wcześniej – oraz wypowiedzenie wojny Stanom Zjednoczonym przez Niemcy tworzyło całkowicie nową

*__Pearl Harbor__ – amerykańska baza Floty Pacyfiku na Hawajach (stacjonowało tam 70 okrętów wojennych, w tym 8 pancerników) 7 grudnia 1941 r. stała się celem niespodziewanego ataku japońskich samolotów i okrętów podwodnych. Co prawda wywiad amerykański rozszyfrował japońskie depesze kierowane do ambasady japońskiej w Waszyngtonie, z których wynikał termin planowanego ataku, jednakże ostrzeżenie wysłane z Waszyngtonu cywilnymi łączami radiowymi RCA nie dotarło na czas do dowódcy Floty Pacyfiku adm. Husbanda E. Kimmela. Atak pierwszej grupy 183 samolotów, które wystartowały z pokładów lotniskowców z odległości ok. 250 mil od Hawajów, trwał od godz. 7.57 do 8.25 i po 15-minutowej przerwie rozpoczął się drugi nalot. W ich następstwie zginęło 2403 żołnierzy amerykańskich, 1178 odniosło rany, spośród 8 pancerników – 2 (*Arizona* i *Oklahoma*) zostały zniszczone, a 6 innych – poważnie uszkodzonych, zniszczeniu uległy 164 samoloty, a 128 zostało uszkodzonych. Japończycy stracili 29 samolotów i 6 okrętów podwodnych. W następstwie ataku prezydent Franklin D. Roosevelt wystąpił do Kongresu o wypowiedzenie wojny Japonii.

sytuację i Stalin zdecydowany był jak najszybciej ją wykorzystać. Nie wiedział, jak długo w Stanach Zjednoczonych utrzyma się atmosfera sprzyjająca zaangażowaniu tego państwa w wojnę w Europie. Dla amerykańskiego społeczeństwa zagrożenie ze strony Niemiec było abstrakcją, gdy faktem stała się ofensywa wojsk japońskich. Amerykańscy marynarze ginęli od pocisków i bomb japońskich. Amerykanami wstrząsały nie zdjęcia z Europy, lecz z Pearl Harbor, pokazujące płonące okręty i hangary, trupy pod białymi prześcieradłami równo ułożone na nabrzeżach portu.

Dla Stalina było oczywiste, że w miarę jak nasilać się będą walki na Pacyfiku, takich zdjęć będzie coraz więcej w amerykańskich kronikach filmowych i prasie. Prezydent mógł zostać zmuszony przez opinię publiczną i wpływowe koła polityki i gospodarki do zrezygnowania z polityki „Germany first" na rzecz „Japan first". Ugrupowania w amerykańskim parlamencie i władzach wojskowych opowiadające się za takim rozwiązaniem były bardzo silne. Stalin musiał więc stworzyć fakty, które skłaniałyby Roosevelta do podtrzymania polityki „Niemcy najpierw", a rozpoczęcie przez Armię Czerwoną ofensywy na wielkim froncie było takim faktem. Ryzyko było duże, ale Stalin chciał widzieć tylko zalety: zadanie Niemcom nowych dotkliwych strat, odepchnięcie ich dalej na zachód, zyskanie poparcia zachodnich społeczeństw, skłonienie sojuszników do otwarcia drugiego frontu i zakończenie wojny w 1942 roku. Ofiary nie liczyły się, skoro rozpoczynał się nowy etap wojny – wojny na ofiary.

Dziennik „Prawda" zamieszczał artykuły o braku aktywności Zachodu:

„Dla nas, narodów Związku Radzieckiego, niosącego cały ciężar tej wojny z bestialskim faszyzmem, czymże są potyczki nad Morzem Śródziemnym czy na Pacyfiku?".

W istocie, w czasie największej i decydującej bitwy w Afryce Północnej pod el Alamejn, trwającej od 23 października do 5 listopada 1942 roku, a więc 13 dni, zginęło lub odniosło rany 7300 żołnierzy włoskich i niemieckich oraz 13 500 żołnierzy alianckich; pod Moskwą, w czasie obrony stolicy w listopadzie i grudniu 1941 roku każdego dnia ginęło i odnosiło rany 9825 żołnierzy, a w czasie ofensywy, która rozpoczęła się w grudniu atakujące radzieckie armie traciły każdego dnia 10 910 żołnierzy.

W Waszyngtonie nowy ambasador Maksym Litwinow z ogromną gorliwością zabiegał o utworzenie drugiego frontu.

– Tylko równoczesna ofensywa na wschodzie i na zachodzie może pokonać Hitlera – dowodził podczas oficjalnych spotkań. – Wiele słyszymy o wspólnych wysiłkach narodów zjednoczonych, ale czym są wspólne wysiłki bez wspólnej walki?

Prezydent Roosevelt i generał Eisenhower – zwolennicy jak najszybszego otwarcia drugiego frontu

Szybko znalazł sojuszników w Białym Domu. Co ciekawe najbardziej zagorzałymi orędownikami utworzenia drugiego frontu stali się trzej konserwatywni i antykomunistyczni politycy i dowódcy: minister wojny Henry Stimson*, generałowie George Marshall i Dwight Eisenhower**. Zwłaszcza Eisenhower, który od grudnia 1941 roku był szefem departamentu planowania w Ministerstwie Wojny, nalegał na zgromadzenie wielkiej ilości wojsk amerykańskich w Wielkiej Brytanii i uderzenie na kontynent.

– Musimy wejść do Europy i walczyć! – przekonywał prezydenta. – Musimy skończyć z marnowaniem naszych zasobów rozrzuconych po całym świecie i z marnowaniem czasu. Jeżeli mamy zamiar utrzymać Rosję w wojnie, zabezpieczyć Bliski Wschód, Indie i Birmę, musimy zacząć uderzać z powietrza na Zachodnią Europę i w ślad za tym jak najszybciej przeprowadzić atak lądowy.

* **Henry Lewis Stimson** (1867–1950), amerykański prawnik, w latach 1911–1913 był sekretarzem wojny, w latach 1929–1933 – sekretarzem stanu (ministrem spraw zagranicznych). W lipcu 1940 r. został powołany przez prezydenta F. D. Roosevelta na stanowisko ministra wojny. Jego pierwszym zadaniem było wprowadzenie obowiązkowej służby wojskowej. Był gorącym zwolennikiem uchwalenia Lend-Lease i udzielenia Wielkiej Brytanii jak najdalej idącej pomocy, uważał, że należy jak najszybciej dokonać inwazji na Francję. W 1945 r. opowiedział się za użyciem bomby atomowej przeciwko Japonii.

****Dwight David Eisenhower** (1890–1969), absolwent szkoły wojskowej w West Point, w 1915 r. rozpoczął służbę w piechocie. Przeniesiony do wojsk pancernych otrzymał zadanie sformowania pierwszego korpusu czołgów, co wykonał w 1918 r. W latach 1933–1939 służył na Filipinach, gdzie zyskał bardzo dobrą opinię wśród żołnierzy. W 1939 r. powrócił do USA i szybko awansował na szefa sztabu 3. armii. W grudniu 1941 r. rozpoczął pracę na stanowisku szefa departamentu planowania (*War Plans Division*) w Ministerstwie Wojny nad zorganizowaniem operacji desantowej na Francję. Na początku 1942 r. wyjechał do Londynu z zadaniem przygotowania inwazji. W czerwcu 1942 r. objął stanowisko dowódcy sił amerykańskich na europejskim teatrze działań wojennych (ETO-USA). W listopadzie 1942 r. dowodził wojskami amerykańskimi w czasie lądowania w Afryce Północnej (operacja „Torch"). Następnie uczestniczył w planowaniu operacji inwazyjnej na Sycylię i dowodził wojskami amerykańskimi w pierwszej fazie walk we Włoszech. Po powrocie w grudniu 1943 r. do Waszyngtonu wziął udział w decydującej

Niemieckie stanowisko karabinu maszynowego na francuskim wybrzeżu

Minister wojny Stimson pisał w marcu 1942 roku do prezydenta: „John Sherman* powiedział w 1877 roku: jedynym sposobem podjęcia wypłaty jest jej podjęcie. Podobnie: jedynym sposobem przejęcia inicjatywy w tej wojnie jest jej przejęcie. Moja rada: natychmiast, gdy tylko szef sztabu ukończy planowanie północnej ofensywy powinieneś wysłać przez zaufanego posłańca i adwokata [takiego rozwiązania – B.W.] do Churchilla i jego Rady Wojennej, amerykański plan, który zatwierdziłeś i zamierzasz wprowadzić w życie, jeżeli zostanie zaakceptowany przez Wielką Brytanię. (...) A wtedy powinieneś przyłożyć całą swoją moc do bezwzględnego przerzucenia wojsk i przygotowań sprzętu do decydującej inwazji. (...) To powinno być wykonane z wojenną werwą, aby realizacja nastąpiła nie później niż we wrześniu".

fazie planowania inwazji na Europę. 15 stycznia 1944 r. przybył do Londynu jako najwyższy dowódca alianckich ekspedycyjnych sił zbrojnych w Europie; zorganizował kwaterę główną alianckich sił ekspedycyjnych (SHEF), której zadaniem było planowanie, kierowanie przygotowaniami i dowodzenie inwazją. W czerwcu 1944 r. dowodził operacją lądowania w Normandii, a następnie działaniami wojsk sprzymierzonych w Europie Zachodniej. Po wojnie sprawował funkcję naczelnego dowódcy amerykańskich sił zbrojnych w Europie. W grudniu 1945 r. objął stanowisko szefa sztabu US Army. Od 1950 r. był naczelnym dowódcą wojsk NATO. W 1952 r. został wybrany na prezydenta USA i sprawował ten urząd przez dwie kadencje, tj. do 1962 r.

***John Sherman** (1823–1900), amerykański polityk i finansista, autor wielu projektów ustaw dotyczących spraw fiskalnych i handlowych.

To musiało się podobać prezydentowi. Było bardzo amerykańskie: dobry szeryf przebywa wielką wodę, wjeżdża do miasteczka opanowanego przez złoczyńców, kładzie ich celnymi strzałami z colta i zaprowadza prawo i porządek.

W końcu marca 1942 roku plan utworzenia drugiego frontu był gotowy i 1 kwietnia Stimson i Marshall przybyli z nim do Owalnego Gabinetu. Prezydent był nastawiony entuzjastycznie do całego przedsięwzięcia; zdecydował, że zaufany Harry Hopkins i generał Marshall muszą jak najszybciej wyruszyć do Londynu, aby przekonać do niego Churchilla. „To, co Harry i George Marshall przedstawią, ma w sobie moje serce i umysł. Twój naród i mój żądają utworzenia drugiego frontu, aby ulżyć Rosjanom".

Z trzech sojuszników prowadzących wojnę przeciwko Niemcom każdy miał inne cele, ale Stalin był najbliższy przeciągnięcia na swoją stronę Roosevelta, a było oczywiste, że decydujący głos należał do prezydenta Stanów Zjednoczonych, ze względu na potencjał gospodarczy i militarny tego państwa.

Czy Stalin wiedział o decyzjach, jakie zapadły w Owalnym Gabinecie? Oficjalnie nie został o tym poinformowany, gdyż było niemożliwe, aby prezydent powiadomił go o tym, zanim nie przedyskutował sprawy z Churchillem. Jednakże łatwo mógł to wywnioskować z podejścia Roosevelta, który w lutym 1942 roku łatwo zgodził się przyznać Związkowi Radzieckiemu następny miliard dolarów na zakup materiałów wojennych i słał nad wyraz uprzejme depesze. Wyrażał w nich żal, że dzieli ich zbyt duża odległość, aby mogli spotkać się i przedyskutować najważniejsze problemy, oraz nadzieję, że Stalin wyśle swojego przedstawiciela, aby ten podjął „bardzo ważne wojskowe propozycje obejmujące użycie naszych sił zbrojnych, aby ulżyć krytycznej sytuacji na froncie". Czy potrzebne było jeszcze bardziej oczywiste przedstawienie zamiarów amerykańskiego prezydenta?

Tymczasem zimowa ofensywa wojsk radzieckich, jak przewidywał Żukow, zakończyła się klęską. Nie mogło być inaczej. Rezerwy wystarczyły na gwałtowny zryw w grudniu 1941 roku i wyczerpały się szybko. Zabrakło ludzi i sprzętu, przede wszystkim artylerii i amunicji, aby rozbić silną niemiecką obronę. Magazyny Frontu Zachodniego miały zapasy żywności tylko na jeden dzień. Zapasów paliwa nie było w ogóle. Wiele armii z Frontów Zachodniego i Kalinińskiego nie miało żadnych rezerw amunicji przeciwczołgowej.

W czasie tej ofensywy z miliona żołnierzy obu tych frontów zginęło lub odniosło rany 776 889 żołnierzy. Ale Stalina nie martwiło to niepowodzenie – straty wroga też były bardzo duże. Zrealizował ważne cele polityczne: zachodni alianci zgodzili się otworzyć drugi front, a to oznaczało, że wkrótce Niemcy będą musieli wycofać ze Związku Radzieckie-

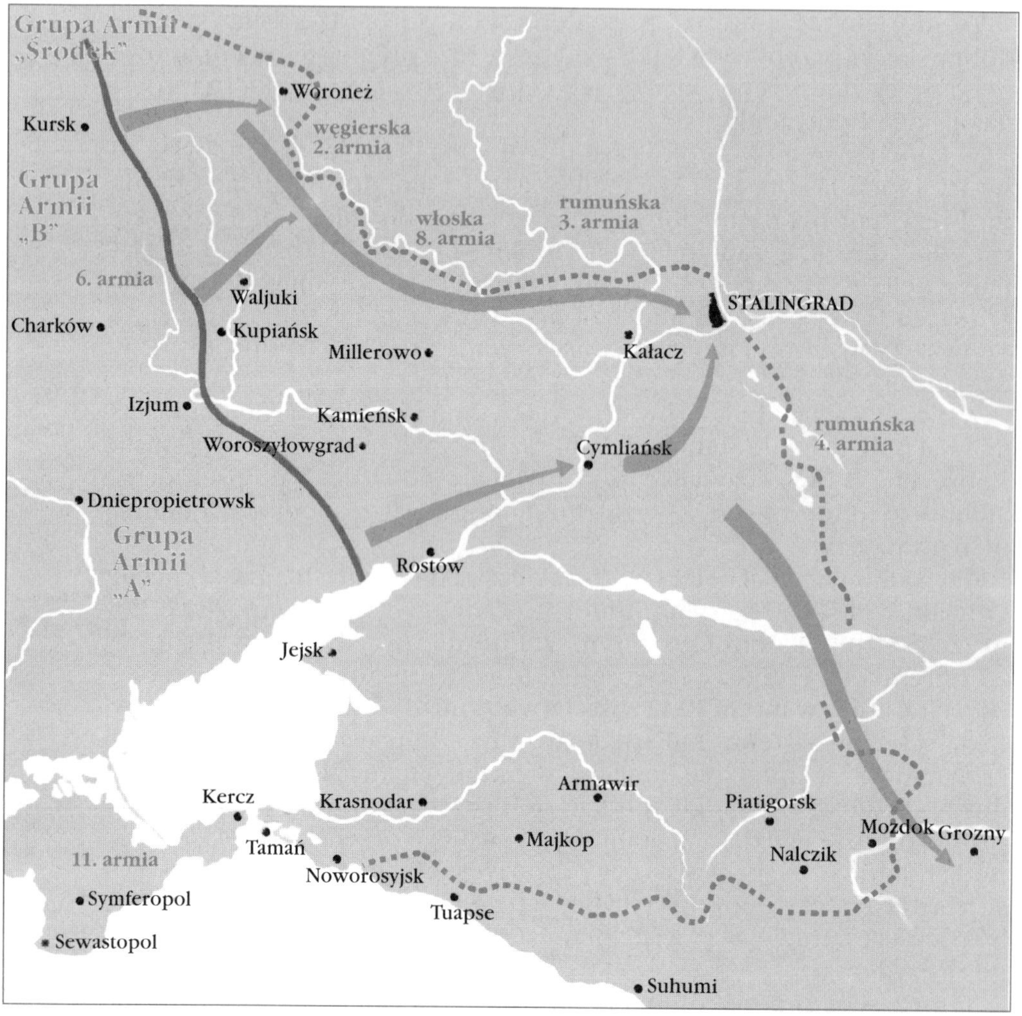

Ofensywa wojsk niemieckich na południe ZSRR wg planu z 5 kwietnia 1942 r.

go wiele dywizji, a wówczas Armia Czerwona ruszy, aby wyzwolić Europę! Tak przynajmniej Stalin sądził w kwietniu 1942 roku.

Jednakże nadszedł czas na ruch Hitlera. Jego wojska nie zostały osłabione tak bardzo, jak na to liczył Stalin. Wehrmacht dysponował 233 dywizjami, a więc o 25 więcej, niż kiedy rozpoczynała się operacja „Barbarossa". Z nich trzy kończyły szkolenie w Niemczech, a 46 stacjonowało na innych frontach (12 w Danii i Norwegii, 26 we Francji i Belgii, 5 na Bałkanach i 3 w Afryce Północnej). Tak więc na froncie wschodnim było 179 dywizji niemieckich wspartych przez 65 dywizji sojuszniczych. Tak optymistyczny obraz sił niemieckich zakłócał brak pełnych stanów etatowych. Obliczano, że brakuje 308 tysięcy żołnierzy, ale nie niepokoiło to zbytnio Hitlera, gdyż braki te miały zostać uzupełnione do 1 sierpnia 1942 roku. Nie zwracał również uwagi na utyskiwania generała E. Wagnera, głównego kwatermistrza, który ostrzegał, że w połowie września 1942 roku skończą się zapasy paliwa.

– Nie mógłbym spodziewać się innej oceny od jednego z moich generałów – Hitler sarkastycznie skwitował raporty Wagnera.

Zawsze działał na granicy maksymalnego ryzyka: w Polsce, Norwegii, Francji, i zwyciężał. Tak samo miało być w Związku Radzieckim. Nadchodził czas zadania decydującego uderzenia i musiał to zrobić, bez względu na to, co twierdzili jego generałowie. On już miał plan, który przedstawił im 5 kwietnia 1942 roku.

W pierwszym etapie lewe skrzydło Grupy Armii „Południe" miało ruszyć w stronę Woroneża, a następnie, posuwając się wzdłuż Donu na południe, spotkać się z oddziałami 6. armii idącej z południa i zamknąć w okrążeniu radzieckie wojska, co kończyłoby drugi etap wielkiego przedsięwzięcia. W trzeciej fazie prawe skrzydło Grupy Armii „Południe", przemianowane na Grupę Armii „A", ruszyłoby wzdłuż Donu na wschód, aby tam napotkać Grupę Armii „B", jak nazwano resztę wojsk dawnej Grupy Armii „Południe". W tych stalowych kleszczach znalazłby się Stalingrad, który zostałby zdobyty lub pozbawiony swojego gospodarczego, komunikacyjnego i strategicznego znaczenia w wyniku bombardowania z powietrza i lądu.

Następnie, w czwartej fazie, niemiecka machina wojenna zwróciłaby się na południe i ruszyła w stronę Kaukazu. Tymczasem między Woronężem a Kałaczem sojusznicze armie włoska, rumuńska i węgierska, a niżej niemieckie armie, 2. i 6., osłaniałyby tę wielką operację od wschodu, skąd mogły nastąpić kontrataki Armii Czerwonej. Gdyby ten plan udało się zrealizować, Niemcy wygraliby wojnę.

11. Krew i polityka

Co Gehlen wiedział o radzieckich planach? Tragedia pod Charkowem. Dlaczego Stalin nie zgodził się przerwać ofensywy?

Czy Stalin mógł wiedzieć o niemieckich planach? Bez wątpienia tak. Jego wywiad docierał do największych tajemnic Wehrmachtu, a pozostałe, których nie zgłębili szpiedzy z siatek w Berlinie, Genewie i Paryżu, poznawał dzięki brytyjskim kryptologom z Bletchley Park odczytującym niemieckie szyfrogramy, pozwalające mu zorientować się, jaki był stan przygotowań do ofensywy. Musiał więc uprzedzić zamiary Niemców i wbić klin w miejsce, gdzie planowali rozpocząć swój marsz na południe: w rejonie Charkowa.

Reinhard Gehlen

– Nie możemy tak siedzieć i czekać, aż wróg zada pierwsze uderzenia – powiedział podczas narady na Kremlu. Żaden z najwyższych oficerów: Żukow, Szaposznikow, Timoszenko, Woroszyłow słuchający tego planu, nie zaprotestował, choć zapewne zdawali sobie sprawę, że jest to przedsięwzięcie tak ryzykowne, że nie należałoby go podejmować.

O ile Stalin docenił informacje o przygotowaniach Niemców do letniej ofensywy, o tyle całkowicie zlekceważył sygnały, że również radzieckie plany stały się znane wrogowi. Trudno wyjaśnić, dlaczego z uporem odrzucał wszelkie ostrzeżenia. Nawet gdy za radzieckimi liniami rozbił się niemiecki samolot łącznikowy, w którego kabinie znaleziono materiały wskazujące, że Niemcy wiele wiedzą o radzieckich zamierzeniach, uznał to za prowokację Abwehry mającej na celu zakłócenie radzieckich przygotowań.

Tymczasem sukces niemieckiego wywiadu miał bezpośredni związek z objęciem 1 kwietnia 1942 roku stanowiska szefa wywiadu Fremde Heere Ost przez pułkownika Reinharda Gehlena*, który zastąpił generała Eberharda Kinzla, który, w ocenie szefów, przestał właściwie wykonywać swoje obowiązki.

Nowy szef wywiadu, niepozorny i skromny oficer, miał duże doświadczenie w zbieraniu materiałów wywiadowczych, gdyż od wybuchu wojny przebywał na terenie Związku Radzieckiego. Dopiero jednak gdy stanął na czele organizacji wywiadowczej, mógł wprowadzić w życie swoje pomysły. A miał ich mnóstwo i, jak się okazało, bardzo dobrych. Nakazał

*__Reinhard Gehlen__ (1902–1979), oficer łącznikowy w czasie kampanii francuskiej, od 1941 r. służył na froncie wschodnim. W kwietniu 1942 r. w stopniu podpułkownika przejął kierowanie *Fremde Heere Ost* – wywiadem wojskowym w Związku Radzieckim. W grudniu 1944 r. promowany do stopnia generała. Jego placówka zebrała wiele cennego materiału dotyczącego siły Armii Czerwonej. Realistyczne raporty zostały uznane przez Hitlera za defetyzm, co doprowadziło do zdymisjonowania go 9 kwietnia 1945 r. 22 maja tego roku oddał się wojskom amerykańskim. Wywiad USA doceniał jego wiedzę na temat Związku Radzieckiego i materiały szpiegowskie, jakie ukrył w 50 blaszanych beczkach, w następstwie czego w lipcu 1946 r. powrócił do amerykańskiej strefy okupacyjnej Niemiec, gdzie utworzył organizację wywiadowczą o nazwie *Gehlen Organisation* z siedzibą w Pullach, na południe od Monachium. W 1956 r. stanął na czele BND, wywiadu RFN, którym kierował do 1968 r.

na przykład, aby oddziały frontowe co dziesięć dni składały raporty na temat radzieckich stanowisk artyleryjskich. W ten sposób mógł łatwo zorientować się, gdzie Armia Czerwona zamierza uderzyć. Nakazał przesyłać raporty o schwytanych radzieckich agentach i dywersantach, co pozwalało ustalić, który rejon jest najbardziej interesujący dla Rosjan. We wszystkich obozach jenieckich zorganizował oddziały wywiadowcze, których zadaniem było pozyskiwanie agentów. Tak właśnie w ręce Gehlena trafił komisarz, a w cywilu wysoki funkcjonariusz moskiewskiej organizacji partyjnej Miszinski (lub Myszynski). Zgodził się na współpracę z niemieckim wywiadem i został przerzucony poza linie radzieckie. Tak dobrze spreparowano jego papiery i nauczono tak wiarygodnej wersji wyjaśniającej zniknięcie z oddziału, że nie wzbudził podejrzeń NKWD. Wkrótce powrócił do Moskwy, gdzie rozpoczął pracę w Sztabie Generalnym i stamtąd jako „Flamingo" przesyłał do organizacji Gehlena najtajniejsze informacje. Niemcom udało się również wprowadzić swoich agentów do dowództwa wielu oddziałów frontowych.

System Gehlena umożliwił zbieranie, kojarzenie i przetwarzanie informacji z bardzo wielu źródeł: nasłuchu radiowego, prasy, zeznań jeńców i szpiegów. Na początku kwietnia 1942 roku zaczął się rysować obraz wielkiej ofensywy. 10 kwietnia Gehlen przesłał do Oberkommando der Wehrmacht plik dokumentów pod wspólną nazwą: *Angriff Charkow: Chi Abwehrmeldung* ostrzegający o przygotowaniach do ofensywy na południu. Trzy tygodnie później nadesłał jedenastostronicowy raport wskazujący, że radziecka ofensywa przygotowywana na całym froncie rozpocznie się od uderzenia w kierunku Charkowa.

Nie mylił się. Marszałek Siergiej Timoszenko, dowódca Frontu Południowo-Zachodniego, miał już plan wielkiej ofensywy w rejonie Charkowa, do której przygotowano 640 tysięcy żołnierzy, 1200 czołgów, 13 tysięcy dział i 956 samolotów.

Plan przewidywał, że na północ od Charkowa, z rejonu Wołczańska uderzy 28. armia licząca 16 dywizji piechoty, trzy dywizje kawalerii i pięć brygad pancernych. Na południe od miasta z rejonu Izyjum miała ruszyć 6. armia ze swoimi 11 dywizjami piechoty, 6 dywizjami kawalerii i 13 brygadami pancernymi.

Te dwa wielkie ramiona radzieckich Frontów Południowo-Zachodniego i Południowego ruszyły z dużym impetem o świcie 9 maja 1942 roku i wbiły się głęboko w niemieckie linie. Posuwały się tak szybko do przodu, że utworzyły wielkie wybrzuszenie, co grodziło tym, że Niemcy mogą uderzyć na nie z północy i południa, i odcinając je, zamknąć radzieckie armie w okrążeniu. Niedługo trzeba było czekać na taki rozwój sytuacji.

17 maja o godzinie 3.15 jedenaście dywizji niemieckich i cztery rumuńskie z grupy von Kleista przypuściły pierwsze uderzenie na południową

część wybrzuszenia osłanianą przez słabe związki radzieckie. Radziecka 9. armia miała tylko cztery dywizje, których zadaniem było utrzymanie frontu o długości 130 kilometrów. Nie mogła powstrzymać niemieckich wojsk, które do południa wbiły się na 15 kilometrów w jej pozycje i zagroziły tyłom 57. armii. Sytuacja pogarszała się z godziny na godzinę, gdy niemieckie i rumuńskie dywizje posuwały się w stronę brzegów Dońca.

Tego wieczora Timoszenko wysłał pierwszy meldunek do Stawki, domagając się uzupełnień. Stalin zgodził się, lecz oddziały idące z odsieczą mogły przybyć najwcześniej po trzech dniach, a ponadto były słabe i pozbawione zapasów. Niemcy tymczasem naciskali coraz mocniej. Jedynym wyjściem z coraz trudniej-

Genialny naczelny wódz; za wojskową edukację Stalina zapłaciło najwyższą cenę wiele milionów żołnierzy.

szej sytuacji było zatrzymanie wojsk kontynuujących ofensywę na Charków i skierowanie ich do obrony.

Stalin nie zgodził się jednak, i wciąż nie udaje się jednoznacznie wyjaśnić jego odmowy, która miała kosztować życie setek tysięcy żołnierzy i przynieść ogromne straty sprzętu.

Niewykluczone, że dowództwo frontu nie informowało go, jak dramatyczna jest sytuacja na tyłach dwóch armii, do czasu, gdy stała się katastrofalna. Tak po wojnie usiłował wyjaśniać zachowanie Stalina marszałek Żukow. Mało to jednak prawdopodobne, aby Stalin nie wiedział, co się dzieje z wojskami wykonującymi tak ważny dla niego plan. Rację miał raczej Nikita Chruszczow, wówczas członek Rady Frontu Południowo-Zachodniego. W 1956 roku oświadczył:

– Wbrew zdrowemu rozsądkowi Stalin odrzucał nasze propozycje [wstrzymania ofensywy – B.W.] i rozkazywał, żeby charkowska operacja była kontynuowana, nawet wtedy gdy kilka naszych związków było zagrożonych okrążeniem i zniszczeniem. (...) Telefonowałem do szefa sztabu Wasilewskiego* i błagałem go, aby wyjaśnił sytuację towarzyszowi Stalinowi. Ale Wasilewski odpowiedział, że towarzysz Stalin nie chce więcej o tym słyszeć. Wtedy zatelefonowałem do willi Stalina. Odebrał Malenkow. Powiedziałem, że chcę rozmawiać ze Stalinem. Odpowiedź Stalina była taka, że mogę mówić z Malenkowem. Ponownie poprosiłem o rozmowę ze Stalinem. Ale odmówił, choć był kilka kroków od telefonu. (...) Ostatecznie Stalin rozkazał: „Pozostawcie sprawy tak, jak są".

Jedno może być tylko wyjaśnienie uporu Stalina: w tym samym czasie, gdy ważyły się losy operacji charkowskiej, wysłannik Stalina, Wiaczesław Mołotow, wyruszył w podróż, której celem miało być przekonanie sojuszników, że powinni utworzyć drugi front. Czy kiedy będzie wchodził do gabinetu Churchilla, a potem do Owalnego Gabinetu prezydenta Roosevelta można było pozbawić go koronnego argumentu, jakim były za-

*__Aleksandr Wasilewski__ (1895–1977), oficer radziecki, w 1938 r. w stopniu pułkownika otrzymał przydział do Sztabu Generalnego. W maju 1942 r. objął stanowisko szefa Sztabu. We wrześniu 1942 r., wspólnie z gen. Gieorgijem Żukowem zaplanował zimową ofensywę, w wyniku której Armia Czerwona odniosła zwycięstwo pod Stalingradem, odzyskała Kaukaz i odrzuciła daleko na wschód wojska niemieckie; w lutym 1943 r. Wasilewski awansował o dwa stopnie do rangi marszałka Związku Radzieckiego. Kolejne sukcesy odniesione przy współpracy z Żukowem obejmowały zaplanowanie zwycięskich ofensyw pod Kurskiem w 1943 r., letnią ofensywę tego roku oraz zimową i wiosenną ofensywę 1944 r., w czasie których Wasilewski koordynował działania 3. i 4. Frontu Ukraińskiego. W czerwcu i lipcu 1944 r., wspólnie z Żukowem, koordynował działania frontów, które zniszczyły najsilniejszą z niemieckich Grupę Armii „Środek". Do lutego 1945 r. koordynował działania 3 frontów na wschodnim i południowym wybrzeżu Bałtyku. W lutym 1945 r. został członkiem Stawki i dowódcą 3. Frontu Białoruskiego, który zdobył Królewiec. Od 9 sierpnia do 2 września dowodził wojskami radzieckimi na Dalekim Wschodzie w operacjach przeciwko wojskom japońskim.

Erich von Manstein

cięte walki toczone przez Armię Czerwoną? Dlatego bez względu na zagrożenie, ofiary i straty sprzętu ofensywa musiała być kontynuowana. Choćby przez kilka dni. Dopóki Mołotow nie powróciłby z komunikatem podpisanym przez zachodnich polityków, który oznaczał: otwieramy drugi front w Europie, gdyż jest to jedyny sposób, aby pomóc w walce toczonej z takim poświęceniem na froncie wschodnim!

Dlatego dopiero 19 maja wieczorem Timoszenko uzyskał zgodę na zatrzymanie ofensywy. Był to czas, gdy w Londynie wylądował wysłannik Stalina.

Jak żmija schwytana za ogon, radzieckie armie dokonały zwrotu i uderzyły w niemieckie kleszcze zamykające się w nocy z 22 na 23 maja. Niewiele już mogły dokonać, gdyż kończyły się ich zapasy paliwa i amunicji. Ataki ponawiane przez piechotę przynosiły tylko ogromne straty. Niemiecki pierścień był już tak silny, że próby przełamania go tylko powiększały ofiary.

Operacja charkowska kosztowała Armię Czerwoną 239 tysięcy jeńców. Na polu bitewnym zginęli generałowie: Kostenko, Bobkin, Podlas. Zginął generał Gorodnianski, znany z szaleńczej odwagi, o którym żołnierze mówili, że kule go omijają. Zastrzelił się.

Z frontu dochodziły coraz gorsze wiadomości. Armia feldmarszałka Ericha von Mansteina* rozbiła radziecką obronę na półwyspie Kercz

*__Erich von Manstein__ (1887–1973), wybitny strateg niemiecki, służbę wojskową rozpoczął w 1906 r. Od 1936 r. był zastępcą szefa sztabu wojsk lądowych Wehrmachtu. W 1938 r. był szefem sztabu wojsk zajmujących Sudety. Podczas niemieckiej agresji na Polskę we wrześniu 1939 r. był szefem sztabu Grupy Armii „Południe" i potem szefem sztabu Grupy Armii „A" w zachodnich Niemczech. Zwrócił na siebie uwagę Hitlera w lutym 1940 r., gdy przedstawił plan ataku na Francję przez Ardeny, który stał się podstawą sukcesu sił niemieckich w kampanii na zachodzie Europy. W czasie walk we Francji dowodził 38. korpusem. W 1941 r. w czasie agresji na Związek Radziecki dowodził 56. korpusem pancernym, a następnie 11. armią, która zajęła Krym, a w lipcu 1942 r. zdobyła Sewastopol. Awansowany do stopnia feldmarszałka, od sierpnia 1942 r. dowodził wojskami nacierającymi na Leningrad. W listopadzie tego roku objął dowodzenie Grupą Armii „Don", z zadaniem deblokady 6. armii okrążonej pod Stalingradem. W lutym 1943 r. stanął na czele Grupy Armii „Południe". W lipcu tego roku

i skoncentrowała dziesięć dywizji pod Sewastopolem. Czarnomorska twierdza broniła się zaciekle, ale wobec niemieckiej przewagi jej los wydawał się przesądzony.

12. Mr Brown jedzie na Zachód

Komisarz Mołotow leci do Londynu. Podejrzliwi enkawudziści w Chequers. Wizyta w Waszyngtonie. Zapewnienia prezydenta Roosevelta. Amerykański plan inwazji na kontynent europejski. Churchill mówi „nie". Kryzys w sojuszu.

Wielkie śmigła radzieckiego bombowca *Pe-8** znieruchomiały, lecz nikt nie otwierał drzwi. Dopiero, gdy podjechały jeepy i czarne limuzyny, z samolotu zaczęli wysiadać ludzie w cywilnych ubraniach. Pierwszy zszedł po drabince niski mężczyzna w czarnym płaszczu i brązowej skórzanej pilotce na głowie, przypominający postać z komedii braci Marx. Trudno było w nim rozpoznać ludowego komisarza spraw zagranicznych Wiaczesława Mołotowa. Zresztą przybywał do Londynu 19 maja 1942 roku pod nazwiskiem Brown, co miało utrudnić wywiadowi niemieckiemu odkrycie, kiedy tak ważna figura opuści Moskwę w swoim osobistym samolocie.

Minister Anthony Eden i stojący obok niego ambasador Majski oczekujący na powitanie gości z zainteresowaniem przyglądali się wielkiemu samolotowi. Rzeczywiście *Pe-8* robił wrażenie rozmiarami kadłuba, wielkością silników, w których z tyłu umieszczono gondole dla strzelców

poniósł klęskę w bitwie pod Kurskiem. W 1944 r. popadł w niełaskę Hitlera, gdyż opowiadał się za elastyczną strategią, która w ocenie Führera prowadziła do utraty zdobytych terenów, i w marcu tego roku przeszedł w stan spoczynku. Po wojnie uwięziony i skazany w 1949 r. przez sąd brytyjski na 18 lat więzienia za zbrodnie popełnione przez podległe mu jednostki na terenie ZSRR, wyszedł na wolność w 1952 r.

**Pe-8*, jedyny czterosilnikowy radziecki samolot bombowy skonstruowany przez Andrieja Tupolewa i Władymira Petlakowa, nazwany ANT-42, wystartował 27 grudnia 1936 r. Pierwsze seryjnie produkowane samoloty dostarczono jednostkom w maju 1940 r. Pierwszy lot bojowy wykonały 7 sierpnia 1941 r., dokonując nalotu na Berlin, zakończonego niepowodzeniem: z 11 samolotów wyznaczonych do akcji jeden rozbił się podczas startu, cztery inne zawróciły ze względu na awarie silników, a dwa zostały zestrzelone przez obronę przeciwlotniczą. W lipcu 1942 r. rozpoczęły naloty na Królewiec i Berlin, bez większych sukcesów. W czasie wojny wyprodukowano zaledwie 79 samolotów tego typu, co wynikało z braku zainteresowania radzieckiego dowództwa bombardowaniami strategicznymi.
Dane taktyczno-techniczne: 4 silniki o mocy 1350 KM każdy, rozpiętość 39,1 m, długość 23,59 m, maks. masa startowa 26 800–33 420 kg, maks. prędkość 427 km/h, zasięg 4700 km, uzbrojenie 3 działka kal. 20 mm, 2 najcięższe karabiny maszynowe kal. 12,7 mm, 2 karabiny maszynowe kal. 7,62 mm, 4000 kg bomb.

mogących bronić samolotu przed myśliwcami. Aby dostać się do tych gondoli lotnicy musieli pełznąć wewnątrz skrzydeł. Zdziwienie brytyjskich gospodarzy, jakie towarzyszyło przybyciu radzieckiej delegacji rosło niemal z każdą godziną.

Mołotow, obawiając się nalotów na Londyn, poprosił o znalezienie mu bezpiecznego miejsca i dlatego premier Winston Churchill zdecydował się oddać do dyspozycji radzieckiego ministra i jego 15-osobowej delegacji rządowy pałacyk w Chequers leżący wystarczająco daleko od celów niemieckich nalotów, aby goście nie obawiali się wybuchów bomb ani nie musieli uciekać do schronu. Nie przypuszczał zapewne, że ten gest wzbudzi podejrzliwość ludzi z ochrony Mołotowa. Bardzo starannie sprawdzili przydzielone im pokoje, szukając podsłuchu i ukrytych aparatów fotograficznych. Każdy z nich spał z pistoletem pod poduszką, a kiedy Mołotow i jego doradcy wyjeżdżali do Londynu, radzieccy ochroniarze starannie zamykali pokoje i trzymali przy nich straż, pilnując, aby nikt tam nie wszedł.

– Zrozumiałe jest, zwłaszcza w czasie wojny, zachowywanie ostrożności, ale każde przedsięwzięcie powinno mieścić się w granicach rozsądku – powiedział Churchill, gdy doniesiono mu o budzącym zdumienie zachowaniu enkawudzistów. – Jeśli chodzi o mnie, gdy zdecyduję się pojechać do Moskwy, zaufam całkowicie radzieckiej gościnności.

Nie to jednak było jego największym zmartwieniem. Mołotow przybywał, aby uzyskać zapewnienie rządu brytyjskiego, że drugi front zostanie otwarty w Europie lada miesiąc. Stalin zabiegał o to od dawna. Pisał o tym już w pierwszym liście, wysłanym 18 lipca 1941 roku do premiera Churchilla. Doradzał wówczas utworzenie drugiego frontu w Północnej Francji lub w Norwegii. Powracał do tego tematu w każdym kolejnym liście. Wspominał w każdym przemówieniu. Być może Churchill nie przywiązywał do tego większej wagi, do czasu kiedy dowiedział się, że pomysł spodobał się prezydentowi Rooseveltowi. Brytyjski premier wciąż nie usiłował przeciwdziałać, aż 10 kwietnia 1942 roku do Londynu przybyli wysłannicy prezydenta: jego zaufany doradca Harry Hopkins i generał George Marshall, aby uzyskać od Brytyjczyków zapewnienie, że wspólnie z Amerykanami przygotują inwazję na kontynent.

Plan był taki: 15 września 1942 roku sześć dywizji (w tym pięć amerykańskich – trzy dywizje piechoty i dwie pancerne) na pokładach brytyjskich okrętów wyruszy do ataku na brzeg Francji. Wspierać je będzie 5800 samolotów (w tym 2550 brytyjskich). Po wdarciu się na brzeg żołnierze wojsk desantowych utworzą silnie bronione przyczółki. Wkrótce wspomoże ich dwanaście dywizji dosyłanych z Anglii. Na tym miał się zakończyć pierwszy etap operacji wyzwalania Europy, któremu nadano nazwę „Sledgehammer". W następnych miesiącach siły we Francji miały być rozbudowywane do 100 tysięcy żołnierzy tygodniowo, aż liczebność wojsk alianckich osiągnie milion żołnierzy. Wówczas ruszą w głąb Francji, wyzwolą ją i skierują się do stolicy Trzeciej Rzeszy. Ten etap operacji, który miał być decydującym dla losów drugiej wojny nazwano „Roundup".

Churchill uważał ten plan za graniczący z szaleństwem. Przede wszystkim wiedział, że ani Wielka Brytania, ani tym bardziej Stany Zjednoczone nie mają wojsk desantowych. Co prawda w czasie pierwszej wojny Brytyjczycy rozbudowywali wojska inwazyjne, które w 1918 roku liczyły 55 tysięcy żołnierzy, ale w czasie pokoju siły te zmalały do 15 tysięcy żołnierzy piechoty morskiej - Royal Marines. Na dodatek, byli to żołnierze bez desantowego sprzętu. Okręty desantowe opracowane w latach trzydziestych w centrum rozwoju i szkolenia (Inter-Service Training and Development Centre) w Fort Cumberland, okazały się bardzo nieudane. Potwierdziły to ćwiczenia w rejonie Slapton Sands w 1938 roku, które zakończyły się kompletnym fiaskiem.

A Winston Churchill dobrze wiedział, co oznacza źle przygotowana operacja inwazyjna.

W 1915 roku jako Pierwszy Lord Admiralicji doszedł do wniosku, że opanowanie przez brytyjskie oddziały desantowe tureckiego brzegu zmusi Niemców do wycofania z Francji i przerzucenia do Turcji dużych jednostek, a wówczas żołnierze ententy uderzą na froncie francuskim i zwyciężą osłabione wojska niemieckie. 25 kwietnia 1915 roku oddziały angielskie, australijskie i nowozelandzkie podjęły próbę opanowania brzegu w rejonie Gallipoli. W czasie desantu zginęło kilka tysięcy żołnierzy zdziesiątkowanych ogniem karabinów maszynowych i dział. Ci, którzy wdarli się na brzeg, przez kilka miesięcy bronili się dzielnie, ale w nocy z 8 na 9 stycznia 1916 roku musieli się ewakuować. Ta operacja kosztowała życie 30 tysięcy żołnierzy, 74 tysiące odniosło rany, 8 tysięcy dostało się do niewoli lub zaginęło. Tak ogromne ofiary poszły na marne; desant nie zmienił sytuacji na głównym froncie we Francji. Winston Churchill musiał podać się do dymisji, choć podobno zawinili dowódcy oddziałów inwazyjnych, działając niezdecydowanie i bez wyobraźni.

Churchill nie wierzył też, że Amerykanom uda się przygotować w ciągu kilku miesięcy do tak dużej operacji. Znał dobrze raport brytyjskiego przedstawiciela wojskowego w Waszyngtonie generała Johna Dilla, który pisał:

„Ten kraj jest najlepiej przygotowany do pokoju, jak tylko możesz sobie wyobrazić. (...) Obecnie ten kraj nie ma, powtarzam: nie ma, najmniejszego pojęcia o wojnie. Prawdopodobnie w przyszłości dokonają rzeczy wielkich, ale (...) obecnie cała organizacja [sił zbrojnych - B.W.] pochodzi z czasów George'a Washingtona".

Generał Dill w swoim raporcie nie wspominał o morale amerykańskich sił zbrojnych, które po dotkliwych klęskach na Pacyfiku osiągnęło niski poziom. Trudno było sobie wyobrazić, że w atmosferze przygnębienia po Pearl Harbor i utracie Filipin setki tysięcy młodych ludzi wyruszą ochoczo, z wiarą w zwycięstwo do Europy. Zresztą problem tkwił i w tym, jak mieliby wyruszyć. Wody Atlantyku roiły się od niemieckich okrętów podwodnych, które mogły zatopić wiele amerykańskich transportowców, a Royal Navy i US Navy nie miały odpowiedniej liczby jednostek eskortowych, by skutecznie zwalczać U-Booty i zapewnić bezpieczeństwo konwojom z wojskiem i sprzętem dla wojsk inwazyjnych.

A jak wedrzeć się na francuski brzeg? Chroniły go bunkry wału atlantyckiego i trzydzieści dywizji, które Niemcy stacjonowali w tym państwie. W połowie 1942 roku Luftwaffe miała 4942 samoloty bojowe, z których 69% było w gotowości bojowej. Mniej więcej połowa z nich walczyła na froncie wschodnim, reszta stacjonowała w Niemczech, Europie Zachodniej i w rejonie Morza Śródziemnego. Była to więc siła zdolna rozpędzić flotę inwazyjną i przetrzebić oddziały, którym udałoby się stanąć na francuskiej ziemi. Zapewne nie byłyby tam długo. Tylko do czasu, w którym Niemcy rzuciliby do walki swoje pancerne dywizje z czołgami *PzKpfw III* i *IV*, którym nie mógł dorównać żaden czołg brytyjski ani amerykański.

Czemu prezydent Roosevelt nie miał takich obaw, jak brytyjski sojusznik. Przede wszystkim on wierzył w niezwykłą moc amerykańskiej gospodarki, i nie mylił się.

Jego kraj gwałtownie przebudzony z błogiego snu o całkowitym bezpieczeństwie z tygodnia na tydzień przeistaczał się w potęgę militarną. W zakładach zbrojeniowych, które w 1940 roku zatrudniały 22 tysiące pracowników, rok później pracowało już 160 tysięcy, a dwa lata później - bez mała pół miliona, i to na dwie lub trzy zmiany. Równocześnie specjaliści zarywali noce, zastanawiając się, jak zorganizować produkcję, aby maksymalnie wykorzystać możliwości nowych pracowników. W rezultacie w 1945 roku amerykańskie stocznie, aby zbudować okręt potrzebowały o 2/3 roboczogodzin mniej niż w 1940 roku. Zakłady motoryzacyjne wstrzymały produkcję samochodów osobowych i przystąpiły do budowania samolotów, silników czołgowych i czołgów. Rząd hojną ręką finansował budowę fabryk dla wielkich koncernów, jak na przykład Willow Run dla Forda. Ulokowane 48 km na zachód od Detroit, powstały w błyskawicznym tempie: koparki wjechały na plac budowy w marcu 1941 roku, a w grudniu tego roku ukończono pierwszy bombowiec strategiczny *B-24 Liberator*. W ciągu pierwszych 43 miesięcy istnienia te największe zakłady lotnicze świata wyprodukowały 8685 samolotów - co 103 minuty powstawał jeden. W rezultacie amerykańskie siły lotnicze, które przystępowały do wojny w grudniu 1941 roku z 2864 samolotami bojowymi, rok później miały ich już 33 304. Równie błyskawiczny był rozwój sił zbrojnych. W grudniu 1941 roku liczyły one 1 657 157 ludzi, rok później - już 5 398 888. Marynarka wojenna, która w połowie 1941 roku miała 1899 jednostek wszystkich typów, rok później dysponowała już 5612 okrętami, a dwa lata później 18 493 jednostkami.

Prezydent miał więc wszelkie podstawy, aby uznać, że w ciągu paru miesięcy US Army będzie gotowa do inwazji na kontynent, a działa amerykańskich okrętów i bomby amerykańskich samolotów zrównają z ziemią niemieckie stanowiska obronne na wybrzeżu Francji. Nawiasem mówiąc, w połowie 1942 roku prawie ich nie było, gdyż dopiero 23 marca tego roku Hitler podpisał dyrektywę numer 40 nakazującą budowę systemu umocnień tzw. wału atlantyckiego.

Roosevelt mógł więc uwierzyć, że wojska alianckie łatwo wedrą się na kontynent europejski i dojdą do Berlina, zanim Armia Czerwona przekroczy Bug. Zrealizowałby swój zamiar utrzymania sojuszu ze Związkiem Radzieckim, na podstawie którego zamierzał budować bezpieczny powojenny świat, ale Europa byłaby pod kontrolą mocarstw demokratycznych, a nie Armii Czerwonej.

Brytyjczycy nie powiedzieli jednak rozentuzjazmowanym tym planem Amerykanom, że inwazja nie jest możliwa bez długotrwałych przygotowań. Być może nie zorientowali się, jak bardzo ich atlantyccy sojusznicy są zdecydowani przystąpić do otwarcia drugiego frontu. Nie można również wykluczyć, że bali się powiedzieć twardo „nie". Wielka Brytania była bardzo uzależniona od szczodrości Stanów Zjednoczonych.

Kredyty i transport materiałów wojennych w ramach Lend-Lease ratowały Wielką Brytanię w najtrudniejszym dla niej okresie wojny – w roku 1941 i nabierały coraz większego znaczenia, w miarę jak wzrastał brytyjski wysiłek wojenny. Na przykład w 1941 roku co dziesiąty pocisk wystrzelony przez żołnierza brytyjskiego pochodził z amerykańskich fabryk, w 1943 roku już co trzeci pocisk był wyprodukowany w USA. W 1942 roku brytyjska 8. armia w Egipcie z utęsknieniem oczekiwała na transport amerykańskich czołgów M3 *Grant**, kiepskich, ale mimo to lepszych niż brytyjskie, a wkrótce połowa wszystkich czołgów w brytyjskich dywizjach pancernych została sprowadzona z USA. Royal Navy potrzebowała amerykańskich okrętów i amerykańskich stoczni, aby tam budować i remontować swoje jednostki. Fleet Air Arm (Powietrzna Broń

* ***General Grant**, M3*, amerykański czołg średni, którego prototyp zbudowano w styczniu 1941 r. W kadłubie zamontowano haubicę kal. 75 mm, a w wieży – działo kal. 37 mm; na niej znajdowała się jeszcze jedna wieżyczka z karabinem maszynowym kal. 7,69 mm (0,30 cala). Seryjnie produkowane czołgi rozpoczęły służbę w połowie 1941 r. i do końca roku w amerykańskich zakładach powstało ich 6528. Już w 1941 r. Wielka Brytania zakupiła 1000 tych czołgów, które nazwano *Grant*. Następne wozy bojowe (*Mark I-VI*) dostarczane w ramach Lend-Lease otrzymały nazwę *Lee*.
Dane taktyczno-techniczne (*M3A5*): załoga 6 osób, dwa silniki o mocy 375 KM, ciężar 28,8 t, pancerz 30–50 mm, uzbrojenie 1 działo kal. 75 mm, 1 działo kal. 37 mm, 3 karabiny maszynowe kal. 7,62 mm, prędkość 40 km/h.

Floty) była całkowicie uzależniona od dostaw samolotów myśliwsko-bombowych (*Corsair*) i rozpoznawczych *Catalina*. Royal Air Force wyczekiwały na dostawy doskonałych samolotów transportowych *Dakota*, lekkich bombowców, szturmowców i myśliwców. Obydwa państwa połączyły się w ogromnym wysiłku wojennym i każdy z brytyjskich generałów rozumiał, że tej więzi nie może naruszyć w imię najlepiej pojętego interesu swojej ojczyzny.

Poza tym Churchill nie chciał zniechęcać sojuszników do idei inwazji. Planował, że zostanie dokonana, ale w innym miejscu, bardziej odpowiadającym strategicznym założeniom Wielkiej Brytanii. Inwazja wojsk anglo-amerykańskich na wybrzeże Afryki Północnej, które oczywiście nie było tak silnie bronione, jak wybrzeże francuskie, pozwoliłaby zrealizować wiele celów za jednym zamachem: przede wszystkim dawała szansę rozgromienia wojsk niemiecko-włoskich zagrażających Kairowi, pozwalała Wielkiej Brytanii objąć w mocne władanie wybrzeże Morza Śródziemnego, przez które prowadziły najważniejsze szlaki komunikacyjne do brytyjskich kolonii na Bliskim i Dalekim Wschodzie, dawała bazę, z której mogły wyruszyć wojska do Europy – najpierw do Włoch, a później na Bałkany, aby stamtąd rozpocząć zwycięski marsz do Berlina.

Churchill zdecydował się kluczyć, licząc, że z czasem rozgorączkowani dowódcy amerykańscy sami zrozumieją, że plan inwazji na Północną Francję jest zbyt ryzykowny, aby wykonać go w 1942 roku. Zgodził się na przeprowadzenie w tym rejonie niewielkiej operacji desantowej o charakterze rozpoznawczym, ale generał Marshall zrozumiał to inaczej. Po powrocie do Waszyngtonu poinformował prezydenta, że londyńskie rokowania w sprawie inwazji na kontynent zakończyły się zawarciem porozumienia.

W Londynie brytyjscy planiści pod dowództwem generała Bernarda L. Montgomery'ego przystąpili do planowania rajdu kilku tysięcy żołnierzy na wybrzeże francuskie w rejonie portu Dieppe. Atak miały przeprowadzić dwie brygady z kanadyjskiej 2. dywizji wspomagane przez niewielki oddział komandosów brytyjskich i 28 nowych czołgów *Churchill*. Z morza miało ich wspierać dwieście okrętów (wśród których największymi jednostkami były niszczyciele), a z powietrza dwieście samolotów, głównie myśliwców.

Żołnierze alianccy mieli zniszczyć urządzenia w niewielkim porcie, schwytać paru Niemców, może zdobyć maszynę szyfrującą „Enigma", rozejrzeć się po okolicy, zanotować, jak zorganizowana jest obrona wybrzeża, i po półtora lub dwóch dniach powrócić do Anglii.

Tymczasem w Waszyngtonie generał Marshall zakreślał główne kierunki wielkiej operacji „Bolero" – przerzucenia do Wielkiej Brytanii żołnierzy i sprzętu, niezbędnego do zwycięskiego podboju wybrzeży Francji. Prezydent Roosevelt natychmiast zawiadomił Stalina, że alianci zachodni planują utworzenie drugiego frontu we wrześniu 1942 roku.

Stalin miał zbyt pewne informacje od swojego wywiadu w Londynie, żeby nie wiedzieć, iż Churchill zamierza storpedować ten plan: chce wykpić się niewielką akcją desantową na wybrzeżu Francji, a właściwą operację przeprowadzić w Afryce. Dlatego wysłał Mołotowa, aby przywiózł z Waszyngtonu jasne zapewnienie, że inwazja, a za nią otwarcie drugiego frontu, nastąpi lada miesiąc. Mołotow nie mógł jednak w drodze do Waszyngtonu ominąć Londynu.

– Czynimy przygotowania do lądowania na kontynencie w sierpniu lub wrześniu 1942 roku – mówił Churchill w czasie spotkania z Mołotowem, ale te słowa były czczym zapewnieniem. – Jak już wyjaśniono, głównym czynnikiem ograniczającym wielkość operacji inwazyjnej jest brak specjalnych okrętów desantowych. Zrozumiałe jest, że nie byłoby z korzyścią dla Rosjan ani dla aliantów w całości, podejmować za wszelką cenę akcję inwazyjną, która zakończyłaby się katastrofą, dając nieprzyjacielowi okazję do chwały z powodu naszej klęski. Jest niemożliwe obecnie określenie, kiedy sytuacja dojrzeje do przeprowadzenia takiej operacji. Z tego względu nie możemy w tej sprawie składać żadnych obietnic, ale jeżeli okoliczności na to pozwolą, nie zawahamy się przed wprowadzeniem w życie naszych planów.

Churchill nie mógł jednak dopuścić, aby Mołotow wyjechał z pustymi rękami, dlatego zaproponował, aby układ zawarty w Moskwie w październiku 1941 roku zamienić w dwudziestoletni pakt, bez określania powojennych granic Związku Radzieckiego. Mołotow po konsultacji ze Stalinem oczywiście zaakceptował szczodrą propozycję sojuszu na dwadzieścia lat. Był przekonany, że decyzja utworzenia drugiego frontu i tak

Pe-8, samolot Mołotowa, na lotnisku w Waszyngtonie

Drugi front przesądzony: prezydent Roosevelt i komisarz Mołotow

zapadnie w Waszyngtonie, dokąd wyruszył z przystankami w Szkocji i Kanadzie.

Przybył do Białego Domu po południu 29 maja w towarzystwie ambasadora Litwinowa i bardzo rozczarował prezydenta, który zobaczył nagle sztywnego urzędnika, pozbawionego poczucia humoru i najwyraźniej nie najlepiej czującego się Waszyngtonie. Nieco korzystniej wypadł Mołotow na wieczornym przyjęciu, ale następnego dnia znów był sztywny i bardzo oficjalny.

– Jeżeli odłoży pan decyzję [dokonania inwazji na Europę – B.W.], będzie musiał pan prawdopodobnie przejąć cały ciężar wojny – powiedział do Roosevelta – a gdy Hitler stanie się niekwestionowanym panem kontynentu, przyszły rok będzie bez wątpienia znacznie gorszy niż obecny [do przeprowadzenia inwazji – B.W.].

Mołotow wiedział doskonale, jakich argumentów używać. Wywiad radziecki informował go, że prezydent bardzo obawia się załamania Związku Radzieckiego.

Roosevelt zwrócił się do generała Marshalla z pytaniem, czy przygotowania do inwazji są już zaawansowane w takim stopniu, aby można zapewnić Stalina, że stanie się to w najbliższym czasie.

– Tak – odpowiedział z przekonaniem Marshall.

– Upoważniam pana do poinformowania pana Stalina, że oczekujemy utworzenia drugiego frontu w tym roku – powiedział prezydent do Mo-

Wiaczesław Mołotow z Georgem Marshallem: decyzja o utworzeniu drugiego frontu zapadła

łotowa. Jemu to jednak nie wystarczało. Chciał mieć takie zobowiązanie na piśmie. Zaproponował, aby w oficjalnym komunikacie, jaki miał zostać wydany na zakończenie jego wizyty, znalazło się zdanie: „W czasie rozmów osiągnięto pełne porozumienie w sprawie pilnego utworzenia drugiego frontu w Europie w 1942 roku".

Generał Marshall proponował pewne złagodzenie tak kategorycznego oświadczenia. Doradzał prezydentowi, aby w dokumencie nie określać daty. Roosevelt uznał, że nie ma przeszkód, aby oficjalny komunikat zawierał zdanie zaproponowane przez Mołotowa.

Stalin nakazał zorganizować uroczyste posiedzenie Rady Najwyższej. Formalnym powodem było zawarcie układu z Brytyjczykami, ale Mołotow, który stanął na trybunie w granatowym garniturze przywiezionym ze Stanów Zjednoczonych, zaczął mówić o oświadczeniu podpisanym przez prezydenta USA:

– Towarzysze! Ta deklaracja ma najwyższe znaczenie dla narodów Związku Radzieckiego. Utworzenie drugiego frontu w Europie postawi hitlerowskie armie na naszym froncie w obliczu klęski.

Burza oklasków, starannie wcześnie przygotowana, trwała wiele minut. Kroniki filmowe i prasa miały nadać tej wypowiedzi największy rozgłos. Jakże prezydent Roosevelt mógł wycofać się z takiego zobowiązania?

Churchill znalazł się w trudnym położeniu. Próba zaatakowania francuskiego wybrzeża we wrześniu 1942 roku musiała zakończyć się masakrą lądujących oddziałów. Flota inwazyjna zostałaby przetrzebiona na kanale La Manche przez niemieckie lotnictwo i okręty podwodne. Oddziały, którym udałoby się dotrzeć do francuskiego brzegu, zostałyby zepchnięte do morza przez niemieckie jednostki pancerne, przed którymi, nie mając czołgów, nie mogłyby się obronić. W tej operacji musiałyby zginąć dziesiątki tysięcy żołnierzy amerykańskich, jako że plan zakładał, że to oni będą szturmować francuski brzeg. Konsekwencje można było łatwo przewidzieć. Klęska w Europie dałaby nadzwyczaj mocne argumenty silnej i wpływowej grupie opowiadającej się za skoncentrowaniem amerykańskich wysiłków wojennych na Pacyfiku. Prezydent, o ile przetrzymałby burzę, jaką wywołałaby w Stanach Zjednoczonych śmierć tylu tysięcy amerykańskich chłopców, musiałby zaakceptować zmianę polityki militarnej. W ten sposób Wielka Brytania, grzebiąc nadzieje na zdobycie przyczółków w Afryce Północno-Zachodniej, opanowanie brzegów Morza Śródziemnego i wyprowadzenie stamtąd uderzenia na Europę Południową, straciłaby uprzywilejowaną pozycję w amerykańskiej polityce realizującej zasadę „Germany first".

Premier Churchill uznał, że musi osobiście porozmawiać z prezydentem Rooseveltem i 17 sierpnia wyruszył do Stanów Zjednoczonych. Nie zamierzał prowadzić dyskusji, ani namawiać prezydenta do zmiany decyzji, nie mając w zanadrzu kompromisowego rozwiązania. Wychodził z założenia, że odrzucając możliwość inwazji na Europę, musi jednocześnie przedstawić prezydentowi alternatywę. Przygotował memorandum w tej sprawie:

„Jesteśmy przekonani, że tego roku nie powinno dojść do dużej akcji inwazyjnej na francuskim wybrzeżu. (...) Ale, co innego możemy zrobić? Czy możemy pozwolić sobie na bezczynność na atlantyckim teatrze wojny przez cały 1942 rok? Czy nie powinniśmy przygotować w ramach struktury planu „Bolero" operacji, w której wyniku uzyskalibyśmy przewagę, a także bezpośrednio lub pośrednio zdjęlibyśmy z Rosji ciężar prowadzenia wojny? Powinniśmy przestudiować możliwość operacji we Francuskiej Afryce Północno-Zachodniej".

Spotkanie w Białym Domu rozpoczęło się 21 czerwca o godzinie 16.30. Przy owalnym stole sali konferencyjnej zasiedli po jednej stronie prezydent Roosevelt, generał Marshall i Harry Hopkins, po drugiej – Churchill, generałowie Alan Brooke i John Dill.

Ucichły wstępne grzecznościowe formułki i do sali wszedł jeden z sekretarzy. Podał prezydentowi kartkę. Roosevelt przebiegł po niej wzrokiem i bez słowa przekazał Churchillowi. Ten długo wpatrywał się w tekst. Nie potrafił ukryć, że wiadomość zrobiła na nim ogromne wrażenie: „Tobruk* został zdobyty!". Upadek twierdzy bronionej z ogromnym uporem i bohaterstwem przez alianckie oddziały miał ogromne znaczenie dla sytuacji w Afryce Północnej. Namawianie prezydenta, aby zaakceptował inwazję na Francuską Afrykę Północno-Zachodnią stało się nierealne. Ponadto Churchill przyjął bardzo boleśnie fakt, że o klęsce swo-

*__Tobruk__, miasto i port we wschodniej Cyrenajce (Libia), 150 km od granicy libijsko-egipskiej. 21 stycznia 1941 r. miasto zdobyła australijska 6. dywizja piechoty, i Tobruk stał się bazą dla brytyjskich operacji. 11 kwietnia wojska niemiecko-włoskie przystąpiły do oblężenia i do 5 maja dwukrotnie bez powodzenia szturmowały twierdzę. W sierpniu do obrony twierdzy skierowano przetransportowaną morzem z Aleksandrii Samodzielną Brygadę Strzelców Karpackich. 10 grudnia 1941 r., po trzech tygodniach zaciętych walk Tobruk został odblokowany przez brytyjską 8. armię. 21 czerwca 1942 r. twierdza poddała się wojskom niemiecko-włoskim, a 13 listopada wojska osi po klęsce pod el Alamejn wycofały się z twierdzy.

ich wojsk dowiedział się od Amerykanów, a nie z własnych źródeł. Niewiele pozostało mu do powiedzenia, aby uzasadnić niechęć wobec planu inwazji na wybrzeże francuskie. Mógł jedynie roztaczać wizję totalnej klęski, „rzeki krwi", w jaką zamieniłby się kanał La Manche.

Nie przekonał prezydenta, ale i nie przegrał tej dyskusji. Jej wynik był równie mglisty i pozbawiony konkretów, jak dotychczasowe ustalenia w sprawie inwazji na Francję.

Porozumienie w sprawach militarnych, jakie zawarli Roosevelt i Churchill głosiło:

„Operacje we Francji lub w Belgii i Holandii w 1942 roku mogłyby, gdyby zakończyły się sukcesem, doprowadzić do osiągnięcia ważniejszych celów politycznych i strategicznych niż operacje prowadzone na jakimkolwiek innym teatrze wojny. Plany i przygotowania do takich operacji będą prowadzone z największą szybkością, energią i pomysłowością. Najbardziej zdecydowane wysiłki należy podjąć, aby zażegnać oczywiste niebezpieczeństwa i trudności. Jeżeli opracowany zostanie mądry plan, nie powinniśmy wahać się, czy go zrealizować. Jeżeli jednak szczegółowe sprawdzenie wykaże, że mimo wszystkich wysiłków sukces jest mało prawdopodobny, musimy być gotowi przyjąć alternatywne rozwiązanie".

To ostatnie zdanie było niezwykle ważne. Dawało Churchillowi możliwość wycofania się z wielkiej operacji inwazyjnej, pod warunkiem, że udowodniłby, iż „sukces jest mało prawdopodobny". Od dawna już myślał o wysłaniu na francuski brzeg „próbnego" desantu, jednak doskonale zdawał sobie sprawę z ryzyka, jakie towarzyszyło takiemu przedsięwzięciu.

Przygotowania do operacji „Rutter" były w pełnym toku. Wystarczało więc bezzwłocznie wysłać kilka tysięcy żołnierzy na francuski brzeg (najlepiej gdyby wśród nich byli Amerykanie – prasa amerykańska ubóstwiała opisywać, jaki ginęli obywatele tego państwa), a potem liczyć trupy i rannych. Niechby wtedy Roosevelt odważył się nalegać na posłanie do Francji kilkuset tysięcy żołnierzy!

Nie! To byłby prostacki plan. Gdyby Churchill zagrał tą kartą, straciłby wszystko: opozycja oskarżyłaby go o wysłanie na śmierć brytyjskich żołnierzy, aby przekonać Roosevelta o nierealności inwazji, straciłby zaufanie Roosevelta, co bez wątpienia natychmiast wykorzystałby Stalin, wreszcie mógłby utracić chwalebne miejsce w historii.

Nagle 8 lipca 1942 roku Churchill nakazał przerwać przygotowania do operacji „Rutter". Jednocześnie wysłał depeszę do prezydenta Roosevelta:

„Żaden odpowiedzialny brytyjski dowódca wojsk lądowych, morskich lub powietrznych nie jest przygotowany do rekomendowania operacji „Sledgehammer", jako możliwej do przeprowadzenia w 1942 roku. (...)

Szefowie sztabów raportują: niewielkie są szanse, aby wystąpiły warunki, w których „Sledgehammer" mógłby być rozsądnym przedsięwzięciem".

Churchill powiedział twardo „nie"! Ale czy Roosevelt mógł się wycofać z zobowiązania, któremu Stalin nadał taki rozgłos?

Waszyngton zareagował groźnie. Prezydent powiadomił Churchilla, że wysyła do Londynu swoich przedstawicieli: generała Marshalla, Hopkinsa i admirała Ernesta J. Kinga*. Informacji o przyjeździe delegacji towarzyszyła depesza, która nie pozostawiała żadnych wątpliwości co do zdecydowania Amerykanów. Prezydent pisał, że wszystkie wydarzenia nakazują rządowi Stanów Zjednoczonych zmienić dotychczasową strategię i skoncentrować siły amerykańskie na Pacyfiku, pozostawiając Wielkiej Brytanii niewielką pomoc.

Churchill postanowił ratować sytuację. Jedynym wyjściem było pokazanie Amerykanom, co znaczy próba wdarcia się na francuski brzeg. Delegacja amerykańska miała przybyć do Londynu 18 lipca. Trzy dni wcześniej Churchill wydał polecenie przeprowadzenia rajdu na wybrzeże francuskie. Operacji, która miała być przeprowadzona zgodnie z ustaleniami poczynionymi do operacji „Rutter", nadano kryptonim „Jubilee".

W tym samym czasie Adolf Hitler podpisał rozkaz:

„(...) jest wysoce prawdopodobne, że wkrótce nastąpią nieprzyjacielskie inwazje w rejonie OB West, (...) przede wszystkim na brzegu kanału La Manche w rejonie między Dieppe i La Havre, w Normandii, gdyż obszary te znajdują się w zasięgu nieprzyjacielskich samolotów myśliwskich, oraz ze względu na to, że leżą w zasięgu większości okrętów inwazyjnych".

Skąd wiedział, że alianci planują uderzenie w rejonie Dieppe?

Niemiecki wywiad został poinformowany przez swojego agenta o pseudonimie „Tate". Nadesłał on depeszę, w której informował o przygotowaniach wojsk alianckich do inwazji:

„Z najlepszych źródeł uzyskałem informacje o tajnych przygotowaniach dużych sił alianckich do desantu na francuskie wybrzeże w rejonie La Havre-Dieppe. Termin jeszcze nie jest znany".

Nie byłoby w tym nic dziwnego, gdyby nie fakt, że „Tate", jeden z wielu źle przygotowanych niemieckich szpiegów, został schwytany przez policję tuż po tym, jak z okrętu podwodnego przedostał się na brytyjski

*__Ernest Joseph King__ (1878-1956), wybitny amerykański dowódca morski, w lutym 1941 r. w randze admirała objął dowodzenie nowo utworzonej amerykańskiej Floty Atlantyku, a od 20 grudnia 1941 r. był głównodowodzącym marynarki wojennej Stanów Zjednoczonych. W latach 1943-1944 uczestniczył w konferencjach sprzymierzonych, gdzie występował jako zwolennik koncentrowania wysiłku wojennego Stanów Zjednoczonych na Pacyfiku. 15 grudnia 1945 r. zrezygnował z zajmowanego stanowiska.

brzeg. Mając do wyboru szubienicę lub współpracę z brytyjskim wywiadem, wybrał oczywiście drugą opcję. Pracował pod nadzorem brytyjskiej organizacji London Controlling Section zajmującej się kierowaniem podwójnymi agentami. Polecenie wysłania depeszy ostrzegającej przed desantem wydał mu szef LCS pułkownik Oliver Stanley!

Można oczywiście założyć, że ze względu na tajemnicę otaczającą przygotowania do operacji „Jubilee" Stanley nic o tym nie wiedział i jedynie w wyniku nadzwyczajnego zbiegu okoliczności wskazał na miejsce planowanego desantu. Jest to jednak bardzo mało prawdopodobne.

Tymczasem amerykańsko-angielskie stosunki pogarszały się z dnia na dzień.

Amerykańscy wysłannicy, którzy wylądowali 18 lipca 1942 roku na lotnisku Prestwick w Szkocji, wsiedli do specjalnego pociągu, aby dotrzeć do posiadłości premiera w Chequers pod Londynem, gdzie oczekiwał ich Winston Churchill. Nie zgodzili się jednak na postój i zażądali, aby najbliższym przystankiem był Londyn. Był to dla Churchilla afront, ale amerykańska delegacja nie była w nastroju do wymiany grzeczności z brytyjskim premierem.

Pierwsze spotkanie w sali konferencyjnej siedziby rządu na Downing Street 10 odbyło się 20 lipca. Do delegacji amerykańskiej dołączył przebywający dotychczas w Londynie ze względu na przygotowania do inwazji generał Dwight Eisenhower oraz dowódcy wojsk lądowych, morskich i powietrznych. Już po pierwszych wypowiedziach było jasne, że strony nie osiągną kompromisu. Dwudniowe negocjacje nie przyniosły żadnego rozstrzygnięcia.

22 lipca nastrój w sali konferencyjnej był przytłaczający. Amerykanie zajęli miejsca wyraźnie poirytowani. Marshall napisał na kartce, którą podał Hopkinsowi: „Czuję się cholernie przygnębiony". Już po pierwszych słowach potwierdziły się najgorsze przewidywania. Żadna ze stron nie zamierzała zmienić stanowiska. W pewnym momencie Hopkins wstał.

– Panie premierze – zwrócił się do Churchilla – proszę o zarządzenie przerwy. Sądzę, że zanim podejmiemy ostateczne decyzje, nasza delegacja musi skontaktować się z prezydentem Rooseveltem.

Churchill zgodził się. Hopkins wyszedł szybko z sali i skierował się

Amerykańska delegacja w Londynie: jak potoczą się losy sojuszu?

do pokoju łączności. Powrócił do sali konferencyjnej po kilkudziesięciu minutach. Przez chwilę rozmawiał z innymi członkami delegacji amerykańskiej, a gdy przyszedł Churchill, Hopkins przekazał mu tekst depeszy Roosevelta:

„Dowódcy amerykańskich sił zbrojnych mają podjąć prace nad przygotowaniem alternatywnej operacji przeciwko Niemcom, która pozwoli na ofensywne zaangażowanie wojsk amerykańskich w 1942 roku".

Kryzys został zażegnany. Prezydent Stanów Zjednoczonych zgodził się na odłożenie inwazji na kontynent europejski i rozpoczęcie przygotowań do uderzenia na Afrykę Północno-Zachodnią. Na czele wojsk alianckich miał stanąć generał Dwight Eisenhower. Było to wyraźne ograniczenie roli dowódców brytyjskich, ale Churchill nie zwracał na to uwagi – każde zwycięstwo ma swoją cenę. Wygrał długą i męczącą batalię z przyjaciółmi. Operacja „Jubilee" nie była już potrzebna. Można było odwołać przygotowania do ataku na Dieppe. Churchill nie zrobił tego. Wzbudziłoby to podejrzenia Amerykanów, że cała akcja była przygotowywana jedynie w celu wykazania im, że nie umieją prowadzić wojny. Ponadto dowódcy alianccy musieli zdobyć wiedzę na temat przygotowania i kierowania wojskami lądowymi, morskimi i powietrznymi w desancie na silnie broniony brzeg.

Przygotowania do operacji „Jubilee" miały dla Churchilla ważne znaczenie. Pozwalały mu odroczyć konflikt ze Stalinem, jaki bez wątpienia musiał pojawić się po ujawnieniu, że inwazja na kontynent europejski nie nastąpi w 1942 roku. Premier miał przecież do załatwienia ze Stalinem coraz bardziej palącą sprawę Bliskiego Wschodu i Afryki Północnej. Tam sytuacja nieustannie się pogarszała.

Wojska niemiecko-włoskie szły jak pustynna burza w stronę granicy Egiptu i w czerwcu 1942 roku ponownie zagroziły głównej brytyjskiej bazie zaopatrzeniowej w Aleksandrii oraz Kairowi. Wojska alianckie wycofały się pod el Alamejn, ledwie 80 kilometrów od Aleksandrii. Dalej na wschód cofnąć się nie mogły. Oddziały niemiecko-włoskie podeszły tam 30 czerwca 1942 roku i 1 lipca rozpoczęły się zażarte boje, toczone przez parę miesięcy ze zmiennym szczęściem.

Dla Churchilla nowe polskie dywizje sformowane w Związku Radzieckim liczyły się już na wagę złota. 18 lipca 1942 roku zdecydował się wysłać list do Stalina, w którym pisał:

„Jestem pewien, że będzie w naszym wspólnym interesie, Premierze Stalin, aby trzy dywizje Polaków, jak uprzejmie Pan zaoferował, dołączyły do ich rodaków w Palestynie, gdzie możemy je całkowicie wyposażyć. Oni odegrają najbardziej istotną rolę w przyszłych walkach (...). Mam nadzieję, że ten Pana projekt, który bardzo cenimy, nie upadnie ze względu na to, że Polacy chcą zabrać z żołnierzami określoną liczbę ich kobiet i dzieci, które w dużej mierze uzależnione są od racji [żywnościowych – B.W.]

Niemiecka armata kal. 88 mm – najskuteczniejsza niemiecka broń na pustyni

polskich żołnierzy. Wyżywienie tych ludzi będzie poważnym ciężarem dla nas. Sądzimy jednak, że należy ponieść ten ciężar w imię sformowania polskiej armii, która zostanie wykorzystana dla wspólnej korzyści. Mamy duże kłopoty z żywnością w Lewancie*, ale jest jej pod dostatkiem w Indiach, skąd możemy ją dowieźć".

W Persji była już pierwsza grupa Polaków ewakuowanych na początku 1942 roku. Do uzyskania zgody Stalina na wyjście polskich oddziałów przyczynił się brak żywności dla żołnierzy i ich rodzin, tłumnie koczujących wokół obozów wojskowych. Na przykład w październiku 1941 roku, gdy w polskich obozach wojskowych było 38 273 żołnierzy oraz 1747 kobiet i dzieci, i 1103 mężczyzn nie przyjętych do wojska, władze radzieckie przyznały tylko 26 tysięcy racji żywnościowych. Po interwencji generała Andersa u Stalina zwiększono liczbę racji do 44 tysięcy, ale liczba żołnierzy i osób cywilnych też znacznie się zwiększyła (15 lutego 1942 roku - 48 411 ludzi, 15 marca - 66 750). Od 24 lutego do 3 kwietnia 1942 roku wyszło ze Związku Radzieckiego 33 069 żołnierzy i 10 789 osób cywilnych. Do obozów na terenie Związku Radzieckiego napływały nowe tłumy Polaków, którym udało się wyrwać z łagrów.

*__Lewant__ – historyczna nazwa krajów na wschodnim wybrzeżu Morza Śródziemnego; nazwa ta została nadana po I wojnie światowej francuskim terytoriom mandatowym w Syrii i Libanie.

„Jeżeli nie dostaniemy Polaków* - pisał dalej Churchill w liście do Stalina - będziemy musieli zapełnić ich miejsca rekrutacją [w Wielkiej Brytanii - B.W.], ograniczając postępujące na masową skalę przygotowania do anglo-amerykańskiej inwazji na kontynent. Te przygotowania już doprowadziły do tego, że Niemcy wycofali dwie grupy ciężkich bombowców z południowej Rosji do Francji. Proszę mi wierzyć, nie ma niczego użytecznego i rozumnego, czego my i Amerykanie nie zrobilibyśmy, aby wam pomóc w waszej wielkiej walce. Prezydent i ja bez ustanku poszukujemy środków, aby przezwyciężyć nadzwyczajne trudności, jakie narzucają geograficzne położenie, morze i wrogie siły powietrzne".

Stalin chętnie wyraził zgodę na ewakuowanie polskich wojsk. Umowa w tej sprawie została podpisana przez rządy polski i radziecki 26 lipca 1942 roku, osiem dni po tym, jak Stalin przeczytał list Churchilla. Polscy żołnierze zaczęli opuszczać terytorium ZSRR 9 sierpnia 1942 roku. W rezultacie na Bliskim Wschodzie znalazło się 114 tysięcy Polaków.

Czy Winston Churchill posunął się jeszcze dalej, aby zapobiec zbyt gniewnej reakcji Stalina na wieść o odłożeniu na przyszłość utworzenia drugiego frontu?

27 czerwca 1942 roku z Reykiawiku w Islandii wyszedł konwój, w którego składzie były 33 statki z materiałami wojennymi dla Związku Radzieckiego, trzy jednostki ratownicze, zbiornikowiec i okręty eskorty. Bezpośrednią osłonę na odcinku od Islandii do Wyspy Niedźwiedziej miały zapewnić trzy krążowniki i trzy niszczyciele, zaś daleką osłonę gwarantowały okręty Floty Macierzystej: dwa pancerniki *Duke of York* i amerykański *Washington*, lotniskowiec *Victorious*, dwa krążowniki i 14 niszczycieli pod dowództwem admirała Johna Toveya.

Niemcy poinformowani przez wywiad o wyruszeniu konwoju, postanowili wyprowadzić z norweskich baz potężne siły morskie: pancernik *Tirpitz*, pancernik kieszonkowy *Admiral Scheer* i ciężki krążownik *Admiral Hipper*.

Ten manewr zauważyła admiralicja brytyjska, która z rozszyfrowanych depesz niemieckich dowiedziała się o planach ataku na konwój. Właśnie wtedy rozpoczęła się tragedia konwoju oznaczonego kryptonimem *PQ-17*. W Londynie uznano, że siły eskorty alianckiej są zbyt słabe i starcie z potężnymi okrętami niemieckimi zakończy się zatopieniem krążowników. Pierwszy lord morski admirał Dudley Pound podjął 4 lipca wieczorem decyzję o wycofaniu okrętów eskorty i rozproszeniu konwoju.

Tego dnia o godzinie 22.15 komandor „Jackie" Broom, dowódca eskorty konwoju *PQ-17* odebrał rozkaz z Londynu: „Najbardziej pilne. Wycofać krążowniki w kierunku zachodnim z dużą szybkością".

*W oryginale: *If we do not get the Poles (...).*

Po kilku minutach napłynęły następne rozkazy: „Pilne. Z powodu zagrożenia ze strony okrętów nawodnych konwój powinien się rozproszyć i płynąć w stronę rosyjskich portów. DTG 2132 B/4". „Bardzo pilne. Rozproszyć konwój. DTG 2136 B/4".

Komandor Broom zdawał sobie sprawę, że jego zwierzchnicy popełniają straszliwy błąd, ale rozkaz musiał wykonać. Konwój opuściły krążowniki i sześć niszczycieli, a statki pozbawione osłony płynęły pojedynczo w stronę oddalonego o 800 mil Murmańska.

Oficer HMS *Norfolk* napisał:

„Z szybkością 26 węzłów cztery krążowniki i wszystkie niszczyciele przeszły obok konwoju. Widzieliśmy, jak konwój z wolna otwiera się i statki się rozpraszają. Efekt tego był niszczący. Dwadzieścia cztery godziny wcześniej wszystkich łączyła jedna myśl: w końcu zmusiliśmy niemieckie okręty nawodne do akcji. Nigdy dotąd nie widziałem ludzi tak gotowych do walki. Potem w ciągu zaledwie paru godzin opuszczaliśmy konwój. Panowało zamieszanie, wszyscy wrzeli. (...) To był najczarniejszy dzień w moim życiu - to było zwyczajne morderstwo".

Statki uzbrojone w karabiny maszynowe, pozostawione same sobie, nie miały żadnej szansy obrony przed niemieckimi samolotami i okrętami podwodnymi. Te zbierały straszliwe żniwo.

Po południu 5 lipca *Tirpitz*, *Admiral Scheer* i *Admiral Hipper* oraz sześć niszczycieli wypłynęły z fiordu Alten, kierując się na północny wschód w stronę konwoju. Nie musiały jednak przystępować do walki. O godzinie 21.30 na wiadomość o sukcesach, jakie odnosiły niemieckie samoloty i okręty podwodne, zawróciły do fiordu. Według innej wersji, *Tirpitz* został zaatakowany przez radziecki okręt podwodny *K-21* i dlatego uciekł do fiordu. Załoga radzieckiego okrętu raportowała, że odpalono dwie torpedy, z których jedna trafiła pancernik, jednak Niemcy nie potwierdzili tej wiadomości.

Kontradmirał L. Hamilton dowodzący okrętami bezpośredniej osłony zanotował: „Podnosząc kotwicę, *Tirpitz* dokonał tego, czego nie mogły zrobić masy samolotów i okrętów podwodnych: złamał spoistość konwoju, podstawową zasadę obrony przeciwko takim atakom".

Konwój zapłacił wysoką cenę za błąd admiralicji. Z 33 statków handlowych i 3 okrętów ratowniczych do Murmańska dotarło tylko jedenaście statków i dwa okręty ratownicze; ze 188 tysięcy ton ładunku na dno poszło 123 000 ton, w tym 3350 pojazdów, 430 czołgów, 210 samolotów.

Premier Winston Churchill napisał w liście do Stalina, w tym samym, w którym proponował wycofanie wszystkich polskich oddziałów ze Związku Radzieckiego:

„Zanim wyruszył majowy konwój [tj. poprzedni, *PQ-16* - B.W.] Admiralicja ostrzegała nas, że straty będą bardzo dotkliwe, jeżeli, jak oczekuję, Niemcy wprowadzą do akcji okręty nawodne na wschód od Wyspy Niedźwiedziej. Zdecydowaliśmy się wysłać konwój. Atak okrętów nawodnych nie nastąpił i konwój przeszedł ze stratą 1/6, głównie w wyniku ataków lotniczych. W przypadku ostatniego konwoju, oznaczonego *PQ-17*, Niemcy ostatecznie zdecydowali się użyć swoich sił, i to w sposób, którego zawsze się obawialiśmy. Skoncentrowali U-Booty na zachód od Wyspy Niedźwiedziej i przygotowali siły nawodne do ataku na wschód od tej wyspy. Ostateczny los *PQ-17* nie jest jeszcze znany. Obecnie tylko cztery statki przybyły do Archangielska, a sześć innych jest w portach Nowej Ziemi. (...) W najlepszym wypadku tylko jedna trzecia przeżyła. (...)

Moi doradcy morscy mówią mi, że jeżeli Niemcy będą tak prowadzić swoje nawodne, podwodne i powietrzne siły, to gwarantują kompletne zniszczenia każdego konwoju do północnej Rosji".

Churchill konkludował:

„Z tego powodu, z największym żalem doszliśmy do wniosku, że próba wysłania następnego konwoju *PQ-18* nie przyniesie wam żadnej korzyści, a na dodatek spowoduje poważne szkody naszej wspólnej sprawie".

Churchill wstrzymywał wysyłanie do Związku Radzieckiego konwojów najkrótszą trasą. Obiecywał wzmożenie ruchu na innych trasach, między innymi do Zatoki Perskiej, ale wiedział, że będzie to oznaczać opóźnienia dostaw. Czyżby kierowała nim tylko troska o los alianckich marynarzy i okręty Royal Navy? Czy może chciał, aby Stalin w najbardziej bolesny sposób zrozumiał, jak bardzo Armia Czerwona zależna jest od decyzji premiera rządu brytyjskiego?

13. Mr Churchill jedzie na Wschód

Jak ułagodzić Stalina? Państwowa willa numer 7. Churchill kontra Stalin. Podsłuch szkodzi polityce. „Nic takiego nie przydarzyło się w historii Związku Radzieckiego". Kolacja w mieszkaniu Stalina. Lekcja z Dieppe.

O szóstej rano 12 sierpnia 1942 roku Wielki *Liberator B-24** z hukiem silników wzbił się z betonowego pasa lotniska w Teheranie. Na wysoko-

****B-24 Liberator**, Consolidated*, prototyp bombowca oblatano 29 grudnia 1939 r. Zastosowano w nim wiele innowacji: m.in. nową konstrukcję skrzydeł, podwozie z kołem przednim, komorę bombową tak wysoką, że mogła pomieścić pionowo ustawione bomby i wciągnąć do góry roletę zastępującą drzwi bombowe, co eliminowało dodatkowy opór powietrza podczas zrzucania bomb. W 1940 r. Wielka Brytania zamówiła 164 samoloty, ale nie były one wykorzystywane jako bombowce, lecz jako samoloty transportowe. Na początku 1942 r. 139 bombowców *Liberator MKII* rozpoczęło służbę w Royal Air Force, ale nie zyskały one najlepszej opinii. Bardzo rozbudowane systemy hydrauliczne wewnątrz kadłuba po trafieniu pociskiem wybuchały i zamieniały samo-

ści kilkuset metrów premier Winston Churchill odpiął pasy i pochylił się w stronę niewielkiego okienka w kadłubie, za którym mógł obserwować perski krajobraz. Szybko jednak ukryte wśród palm osiedla, w których domy były ulepione z szarej gliny pozostały z tyłu, zaś teren pod samolotem nabierającym wysokości zaczął się fałdować i wnet znaleźli się nad górami.

– To będzie trudny okres – Churchill oderwał wzrok od okna i zwrócił się do siedzącego obok generała Alana Brooke'a*. Mówił oczywiście o wizycie w Moskwie i rozmowach ze Stalinem.

Po storpedowaniu planu inwazji, o który Stalin tak zabiegał, a który tak przypadł do gustu Rooseveltowi, postanowił spotkać się z radzieckim dyktatorem, aby nie dopuścić do załamania stosunków,

Winston Churchill witany na lotnisku przez Wiacze-sława Mołotowa

lot w pochodnię; ponadto łatwo rozbijały się w czasie startu, gdy malała moc zewnętrznych silników. Pomimo wszystkich wad, masowo używano ich w Europie, Afryce Północnej i na Dalekim Wschodzie, gdzie do momentu wprowadzenia B-29 były podstawowymi ciężkimi bombowcami amerykańskich sił powietrznych.
Zakłady Consolidated wyprodukowały ponad 18 000 samolotów *B-24* dla US Army Air Force oraz brytyjskiego lotnictwa obrony wybrzeża i lotnictwa bombowego.
Dane taktyczno-techniczne (*B-24M*): 4 silniki o mocy 1200 KM każdy, rozpiętość 33,53 m, długość 20,47 m, maks. masa startowa 29 257 kg, maks. prędkość 483 km/h, zasięg 3380 km, uzbrojenie 10 km kal. 12,7 mm (0,5 cala) i 3992 kg bomb.

***Alan Brooke**, wicehrabia Alanbrooke (1883–1963), jeden z najbardziej interesujących strategów II wojny światowej. Jego wojenna kariera rozpoczęła się w 1940 r., gdy jako dowódca II korpusu Brytyjskich Sił Ekspedycyjnych we Francji kierował obroną Dunkierki. Odwołany do Londynu przed ewakuacją wojsk brytyjskich z Francji, wkrótce objął stanowisko dowódcy Home Forces (armia broniąca metropolii). Od 1941 r. szef Imperialnego Sztabu Generalnego, w marcu 1942 r. został Przewodniczącym Komitetu Szefów Sztabów. Był jednym z najbliższych doradców premiera Winstona Churchilla i uzyskał znaczący wpływ na decyzje szefa rządu. Był przy premierze w czasie najważniejszych wydarzeń politycznych, np. konferencji w Teheranie. Podczas wojny otrzymał wiele honorów nagradzających zasługi: w 1940 r. otrzymał tytuł szlachecki, w 1944 r. – stopień marszałka polnego, we wrześniu 1945 r. – tytuł Barona Alanbrooke of Brookeborough, a później – tytuł wicehrabiego (*viscount*).

zaproponował więc spotkanie w Astrachaniu lub gdzieś na Kaukazie, ale Stalin uznał, że ze względu na sytuację wojenną nie może wyjechać z Moskwy nawet na parę dni.

– Obawiam się, panie premierze, że trudny okres dopiero nadejdzie – odpowiedział Brooke. Uważał, że afera z otwarciem drugiego frontu może zmienić politykę Stalina. Wywiad donosił o kontaktach między wysłannikami radzieckimi i niemieckimi w Sztokholmie.

Lot minął spokojnie i po południu wylądowali na lotnisku w Chodynce, gdzie przygotowano powitanie z największymi honorami. Na czele tłumu, który tworzyli członkowie korpusu dyplomatycznego, pomniejsi radzieccy oficjele, reporterzy i ekipy filmowe, stał uśmiechnięty Mołotow, który podszedł do Churchilla, gdy tylko ten wyszedł spod kadłuba samolotu, jako że drzwi do kabiny znajdowały się na samym dole.

Kolumna samochodów ruszyła szybko w stronę drogi możajskiej, gdzie w pięknym podmoskiewskim lesie, niedaleko Kuncewa, przygotowano dla brytyjskiej delegacji „państwową willę numer 7".

W czasie przejazdu przez miasto Churchill opuścił szybę, dostrzegając z pewnym zdziwieniem, że ma ona pięć centymetrów grubości.

– Pan premier sądzi, że tak będzie właściwie – wyjaśnił Mołotowowi tłumacz siedzący na foteliku tyłem do kierunku jazdy.

Tymczasem Churchill, unosząc palce w kształcie litery V, pozdrawiał ludzi na chodnikach. Patrzyli ze zdumieniem na dłoń wystawioną przez okno, a ponieważ w ich języku pierwszą literą słowa „zwycięstwo" (*pobieda*) jest nie „V" lecz „P" sądzili, że dwa palce Churchilla oznaczają utworzenie drugiego frontu. Przecież prasa tak dużo o tym pisała!

Churchill, wbrew radzie lekarza, nie chciał odpoczywać w apartamencie na pierwszym piętrze willi, którą oddano do dyspozycji jego delegacji. Być może piękna letnia pogoda i urok brzozowego lasu otaczającego dom podziałały na niego tak relaksująco, że zdecydował, iż kąpiel i zmiana ubrania wystarczą, aby odzyskać siły po długim locie, i zdecydował bezzwłocznie wyruszyć na Kreml na spotkanie ze Stalinem. Sielska atmosfera otoczenia sprawiła, że zaniedbał ostrożności; miał tego wkrótce pożałować.

Stalin był w lepszym nastroju, niż brytyjska delegacja mogła oczekiwać. Powitał gości uśmiechnięty i przyjazny, jedynie Mołotow i Woroszyłow stojący za jego plecami wydawali się ponurzy i oficjalni. Widocznie taką kazał im grać rolę.

– Trudno jest mi o tym mówić – zaczął Churchill.

– Tu nie ma ludzi o słabych nerwach, panie premierze – zauważył Stalin z uśmiechem.

– Inwazja na Europę nie jest możliwa w tym roku – wypalił Churchill, aby jak najszybciej mieć za sobą trudny początek.

Wizyta w Moskwie: Churchill, Stalin, Harriman i Mołotow

– Trzeba zauważyć, że angielscy i amerykańscy przywódcy odrzucają solenną obietnicę, którą dali nam na wiosnę – powiedział kwaśno Stalin.

Churchill z pomocą Averella Harrimana i Johna Dilla rozłożył na stole wielką mapę północnej Francji i zaczął wyjaśniać, że inwazja nie może dojść do skutku tego roku, jeżeli przywódcy alianccy nie chcą doprowadzić do katastrofy.

Stalin stawał się coraz bardziej ponury. Widać było, że argumenty Churchilla nie przekonują go.

– Mój pogląd jest odmienny – powiedział wreszcie. – Ktoś, kto nie jest przygotowany, aby podejmować ryzyko, nie może wygrać wojny. Czemu to Brytyjczycy tak bardzo boją się Niemców? Nie mogę tego zrozumieć. Moje doświadczenie wykazuje, że wojsko musi krwawić w bitwie. Jeżeli nie wykrwawi się swoich wojsk, nie można mieć pojęcia o ich wartości.

– Czy zadał pan sobie pytanie, dlaczego Hitler nie przyszedł do Anglii w 1940 roku, gdy był u szczytu siły? – zapytał Churchill. – Brytyjczycy mieli wtedy tylko dwadzieścia tysięcy wyszkolonych żołnierzy, dwieście dział i pięćdziesiąt czołgów. Nie przyszedł. Obawiał się tej operacji. Nie jest tak łatwo przekroczyć Kanał.

– Nie widzę tu analogii – odpowiedział Stalin.– Lądowanie Hitlera w Anglii spotkałoby się z oporem ludności, a w przypadku brytyjskiego desantu we Francji ludzie byliby po stronie Brytyjczyków.

– Ważniejsze jest, aby po wycofaniu się wojsk nie narażać Francuzów na represje Hitlera, gdyż będą oni potrzebni w czasie wielkiej operacji w 1943 roku – Churchill nie dał się zbić z tropu.

– Jeżeli Brytyjczycy nie mogą dokonać inwazji w 1942 roku, nie będę tego żądać, ani upierać się przy tym, aczkolwiek nie zgadzam się z pana argumentami – ugodowo powiedział Stalin.

– Zapewniam, że operacja taka nastąpi w czterdziestym trzecim roku – Churchill był zadowolony, że tak konfliktowa sprawa była prawie załatwiona, i szybko przeszedł do przedstawienia planów operacji inwazyjnej „Torch" w Afryce Północno-Zachodniej.

Nic nie wskazywało, że załamanie dobrej atmosfery nastąpi nagle. Nikt też z brytyjskiej delegacji nie wiedział, dlaczego podczas drugiego spotkania, które rozpoczęło się następnego dnia o godzinie 19.00 Stalin stał się opryskliwy i złośliwy. Nadmiernie często pozwalał sobie na uwagi: „Kiedy wreszcie zaczniecie walczyć?", albo „Czy macie zamiar nam pozostawić całą robotę i przyglądać się temu?".

Tak gwałtownej zmianie winien był Churchill, który zapomniał o uwagach, że w willi oddanej do ich dyspozycji, mikrofony są wszędzie, i przy obiedzie powiedział:

– Stalin to chłopek, wiem, jak z nim postępować.

Zrozumiał to zbyt późno, gdy tego samego wieczora lord Tedder, chcąc przypomnieć premierowi o konieczności zachowania maksymalnej ostrożności w pomieszczeniach zapełnionych mikrofonami, podsunął kartkę z uwagą *Méfiez-vous*.

„Spojrzał na mnie wzrokiem, którego nigdy nie zapomnę, ale obawiam się, że było za późno. Stało się!" – zanotował Tedder w swoim pamiętniku.

– Przebyłem Europę w szczycie moich problemów. Tak, panie Stalin, ja także mam problemy, podobnie jak pan! – Wybuchnął Churchill. – Mając nadzieję, mając nadzieję – powtórzył – napotkać przyjacielską dłoń...

Wyciągnął dłoń w stronę Stalina i mówił dalej podniesionym głosem:

– Jestem gorzko zawiedziony, że nie napotkałem takiej dłoni.

Stalin nagle przerwał tę tyradę, mówiąc do tłumacza, który nie zdążył przełożyć słów rozsierdzonego Brytyjczyka:

– Nie rozumiem, co on mówi, ale, na Boga, podoba mi się jego charakter!

W ocenie generała Alana Brooke'a, który przyglądał się tej scenie, Stalin umyślnie prowokował Churchilla, aby poznać charakter brytyjskiego przywódcy. Jednakże po tej scysji atmosfera zaczęła z wolna poprawiać się. Stalin, jakby dostrzegając, że nie może dłużej przeciągać struny, stał się bardziej przyjacielski i nastawiony na ugodę.

Konflikt szybko rozgorzał na nowo, a to za sprawą Churchilla, który zapewne nie mógł zapomnieć ostrych wyrzutów Stalina godzących w jego brytyjską dumę.

Na wieczornym bankiecie Churchill, który przyszedł w swoim zapinanym na suwak kombinezonie, jaki zwykł zakładać w czasie alarmów lotniczych w Londynie, w pewnym momencie stwierdził, że uczył się walczyć podczas interwencji w czasie wojny domowej. W rzeczywistości Churchill, zajadły antykomunista, gdy tylko w 1919 roku objął urząd ministra wojny, ze szczególnym uporem zabiegał o zwiększenie udziału wojsk brytyjskich w interwencji, która miała na celu obalenie bolszewickich władz.

– Wszystko to jest przeszłością, a przeszłość należy do Boga – skomentował Stalin. Nie dał się sprowokować.

Dobra atmosfera, wspomagana ogromną ilością wódki (tak dużą, że Anasts Mikojan opuszczał bankiet uwieszony u ramienia marszałka Klimenta Woroszyłowa) nagle się załamała, i to w najbardziej nieoczekiwanym momencie. Po kolacji Churchill, Harriman i Mołotow siedzieli przy okrągłym stoliku z boku, zajęci lekturą jakiegoś dokumentu. Przysiadł się do nich Stalin, ale jak zauważył Charles Wilson, lekarz Churchilla, premier nie odzywał się do niego i z niechęcią odpowiadał na próby nawiązania rozmowy. W pewnym momencie wstał i mówiąc „do widzenia" podał rękę Stalinowi. Ten powiedział:

– Wszystkie różnice, jakie między nami istnieją, dotyczą tylko metody.

– Powinniśmy próbować usunąć nawet te różnice – burknął Churchill, odwrócił się i szybkim krokiem podążył do wyjścia. Stalin ruszył za nim, a wszyscy patrzyli na tę scenę oniemiali – nigdy nie widzieli, aby Stalin tak się zachowywał. Znali go z setek narad, tysiące razy spotykali go na korytarzu, gdy lekko zgarbiony, z kaleką ręką ukrytą za plecami poruszał się powoli, jakby z rozwagą, bez pośpiechu. A tymczasem szedł za Churchillem i, jak określił to Charles Wilson, wyglądał jak „mały chłopiec, który chce dostać kartkę papierosową* i nie przyjmował odpowiedzi „nie". Prawdopodobnie Stalin zorientował się, że posunął się za daleko i to może być koniec".

Późnym wieczorem, gdy Churchill kładł się do łóżka, powiedział do Wilsona przygotowującego porcję leków:

– Stalin nie chciał ze mną rozmawiać. Zakończyłem to postępowanie. Mam dość. Jedzenie było obrzydliwe. Nie powinienem tam przychodzić.

Po chwili dodał jednak:

– Ciągle czuję, że mógłbym współpracować z tym człowiekiem – mówił o Stalinie – ale nie mogę przełamać bariery językowej. To jest okropnie trudne.

*W pudełkach papierosów często znajdowały się kartki z obrazkami samolotów, samochodów itp. do kolekcjonowania.

Przyczyna scysji pozostała tajemnicą czterech polityków, którzy po bankiecie siedzieli przy okrągłym stoliku.

Żaden z nich nie ujawnił, jaki był powód tak gwałtownej reakcji Churchilla. Wyglądało na to, że brytyjski premier został dotknięty do żywego i zamierza opuścić Moskwę, nie żegnając się z gospodarzami, co wprawiało w przerażenie nowego ambasadora Clarka Kerra. Udało mu się przekonać premiera, że nie powinien tak postępować, aczkolwiek decydujące znaczenie miała informacja o wypowiedzi Mołotowa, który komentując zachowanie Stalina drepczącego obok Churchilla miał powiedzieć:

– Nic takiego nie przydarzyło się w historii Związku Radzieckiego.

Tym razem Stalin był naburmuszony.

– Pan Stalin jest na spacerze – odpowiadano w jego sekretariacie, gdy brytyjski ambasador dzwonił, aby ustalić godzinę pożegnania. Dopiero o 18.00 zdecydował się przyjąć Brytyjczyków.

Stał za biurkiem, patrząc na Churchilla nieprzyjaznym wzrokiem. Kiedy podawał rękę, odwrócił głowę i wskazał ręką na krzesła przy stole konferencyjnym. Rozmowa nie dotyczyła żadnych ważniejszych spraw. Można było odnieść wrażenie, że Stalin ponownie doszedł do wniosku, że nie powinien robić sobie wroga z Churchilla i zamierzał wprowadzić gościa w dobry nastrój, zanim ten wyjedzie z Moskwy. Dlatego po półtoragodzinnej konferencji Stalin powiedział nagle:

– Może poszlibyśmy do mojego domu i napili się czegoś...

– W zasadzie zawsze popierałem taką politykę – odparł Churchill.

Ruszyli długimi kremlowskimi korytarzami, mijając drzwi, na których widniały nazwiska Berii, Kaganowicza, Malenkowa i innych członków Biura Politycznego. Długo trwało, zanim wyszli na niewielką uliczkę, wciąż wśród zabudowań Kremla. Po stu metrach Stalin wskazał na wejście w pałacowym budynku.

Mieszkanie nie było duże: cztery pokoje, każdy średniego metrażu. W salonie stara pokojówka, nieco speszona widokiem gości, stawiała na środku dużego stołu przykrytego białym obrusem butelki z alkoholem, które Stalin zaczął otwierać. W tym momencie w bocznych drzwiach stanęła szczupła rudowłosa dziewczyna, która podeszła do Stalina i cmoknęła go w policzek.

– To moja córka – wyjaśnił i dodał, nie wiadomo dlaczego: – Jest ruda.

Churchill uśmiechnął się.

– Też byłem rudowłosy – powiedział do Swietłany – w młodości. A teraz... – przejechał ręką po łysinie.

Dziewczyna odpowiedziała uśmiechem i spłoszona szybko wyszła z pokoju, ale wnet powróciła, pomagając gosposi nakrywać stół, na którym stawiała talerze z kawiorem i wędzonym łososiem.

Stalin nalał do kieliszka Churchilla brązowego płynu i uniósł rękę do ust, jakby zachęcając gościa do wypicia.

Pożegnanie na lotnisku. Od prawej: Churchill, Harriman, Szaposznikow i Mołotow

– Musi pan spróbować mojej piercowki – powiedział z uśmiechem.– To jest najlepsza wódka, jaką mamy. Zwykła wódka jest dobra, ale za słaba. Ta jest najlepsza...

W tym momencie tłumacz, major H. Birse pochylił się do Churchilla i szepnął:

– Czy mogę powiedzieć sir, że to jest wściekły trunek i nie polecam go...

Ręka Churchilla zawisła w powietrzu i szybko zmieniła kierunek, mijając kieliszek z brązowym płynem i sięgając po szklankę z wodą. Stalin uśmiechnął się, widząc, jak Anglik unika rekomendowanego alkoholu.

– Dlaczego nie ma Mołotowa? – zapytał Stalin i od razu sobie odpowiedział: – Głowi się nad końcowym komunikatem. Możemy ustalić to tutaj. Jedno trzeba powiedzieć o Mołotowie – potrafi pić.

Niechęć obydwu przywódców, jaką demonstrowali od pierwszych chwil spotkania, zanikła. Atmosfera stała się tak bezpośrednia, że Churchill zapytał Stalina:

– Czy wie pan, dlaczego Mołotow opóźnił powrót ze Stanów Zjednoczonych? Pojechał do Nowego Jorku...

– Ależ nie! – zaprzeczył Stalin ze śmiechem. – Pojechał do Chicago, gdzie mieszkają inni gangsterzy!

Koło północy Churchill poprosił o wskazanie toalety, więc Stalin podniósł się z miejsca, aby poprowadzić premiera i postępującego za nim tłumacza przez swoje mieszkanie. Przeszli przez sypialnię, która zaskoczyła Anglików skromnym wyposażeniem: proste łóżko pod ścianą, obok nocna szafka, dwa dywany na podłodze i duża biblioteka. Major Birse zdążył przyjrzeć się książkom i stwierdził, że najwięcej było dzieł Marksa, kilka książek historycznych i kilka w języku gruzińskim. Zdążył również zauważyć, że w biblioteczce Stalina nie było ani jednej książki z rosyjskiej literatury.

Około godziny 1.30 gosposia podała kolację, przyzwyczajona, że gospodarz jadał o tej porze. Wniosła na półmisku pieczone prosię i postawiła na środku stołu. Churchill grzecznie odmówił, podobnie jak major Birse i Aleksander Cadogan, który wcześniej przybył z komunikatem końcowym. Stalin przysunął więc półmisek do siebie i zaczął jeść prosiaka, odkrawając duże kawały i nadziane na nóż wkładając do ust.

Churchill uznając, że nadszedł czas pożegnania, wstał zza stołu i zwrócił się do Mołotowa.

- Nie będę pana trudził pożegnaniem na lotnisku. Powiem do widzenia tutaj.

- O nie - zaprotestował Stalin. - On jest młodym człowiekiem i chętnie was pożegna.

17 sierpnia o 4.30 nad ranem Churchill najwyraźniej niewyspany po nocnej libacji uścisnął rękę Mołotowowi, który zgodnie z poleceniem Stalina przybył na lotnisko, i wsiadł do samolotu. Mógł być zadowolony z przebiegu wizyty, gdyż uchronił sojusz przed poważniejszym wstrząsem. Tymczasem w brytyjskich portach trwały przygotowania do operacji „Jubilee".

O świcie 19 sierpnia 1942 roku, 4961 żołnierzy kanadyjskich, 1075 żołnierzy brytyjskich oraz 50 amerykańskich rangersów zaatakowało niemieckie stanowiska w trzech miejscach na wybrzeżu w rejonie francuskiego miasteczka Dieppe. Najtrudniejsze zadanie miał oddział, który otrzymał rozkaz wdarcia się na nadmorski bulwar i zdobycia niewielkiego portu.

Nie mieli żadnych szans. Niemcy byli tak dobrze przygotowani do obrony, że łatwo odparli atak. Tym bardziej że zawiodły czołgi *Churchill**, z których 28 wyładowano na plaży, ale tylko trzy dotarły do nadmorskie-

****Churchill***, ciężki czołg brytyjski skonstruowany w zakładach Vauxhall. Pierwsze seryjnie produkowane czołgi dostarczono do jednostek w 1941 r. Pojazdy te po usunięciu wielu usterek okazały się przydatne do wykonywania zadań pomocniczych: trałowania min, ustawiania kładek nad przeszkodami terenowymi, rozkładania „dywanów" dla ciężkiego sprzętu na plażach i miękkim gruncie, niszczenia przeszkód terenowych itp. Pierwsze czołgi *Churchill I* uzbrojone w armatę kal. 40 mm (w wieżyczce) i haubicę 76,2 mm (w kadłubie) użyte zostały w walkach pod Dieppe w sierpniu 1942 r.
Dane taktyczno-techniczne (*Mk I*): załoga 5 osób, silnik Bedford o mocy 350 KM, ciężar 38,5 t, pancerz 16-102 mm, uzbrojenie 1 działo kal. 40 mm, 1 haubica 76,2 mm, 2 karabiny maszynowe, prędkość 25 km/h.

Plaża w Dieppe po zakończeniu walk

go bulwaru. Były za ciężkie, grzęzły w płytkiej wodzie i utknęły na kamienistej plaży; nie potrafiły wesprzeć ogniem swoich dział komandosów szturmujących niemieckie stanowiska na nadmorskiej promenadzie. Tylko trzy z nich wyrwały się z plaży, ale szybko zostały zniszczone ogniem niemieckich dział przeciwpancernych.

Lądującym oddziałom zabrakło odpowiedniego wsparcia ogniowego ze strony okrętów. Działa niszczycieli miały za mały kaliber, aby skutecznie zwalczać baterie nabrzeżne. Zabrakło również bombowców, które mogłyby osłabić niemiecką obronę.

Po sześciu godzinach walk oddziały, które wdarły się na brzeg, zostały zmuszone do ewakuacji. Z 6018 żołnierzy alianckich zginęło lub dostało się do niewoli 4350, w tym 3363 żołnierzy kanadyjskich, 247 angielskich i amerykańskich oraz 550 marynarzy Royal Navy i 190 lotników RAF. Wojska inwazyjne straciły 33 jednostki desantowe, 33 czołgi i 106 samolotów. Straty niemieckie wyniosły 600 zabitych i rannych oraz 48 samolotów.

Dieppe; klęska desantu

Niepowodzenie akcji udowodniło, że otwarcie drugiego frontu bez długotrwałych przygotowań nie jest możliwe. Państwa alianckie nie dysponowały sprzętem niezbędnym do dokonania inwazji: amfibiami, które mogłyby dowieźć żołnierzy do brzegu i potem dostarczać zaopatrzenie dla oddziałów, czołgami pływającymi, specjalistycznymi pojazdami, które ułatwiałyby pokonywanie przeszkód itd. Ponadto akcja w Dieppe wykazała, że oddziały inwazyjne nie zdołają zdobyć silnie bronionych portów. Dlatego, planując lądowanie dużych sił, należało rozwiązać problem dowiezienia i rozładowania ogromnych ilości amunicji, paliwa i zaopatrzenia poza nabrzeżami portowymi.

Już żaden dowódca amerykański nie śmiał nalegać na dokonanie inwazji na Francję we wrześniu 1942 roku.

Część III – W stronę nowego świata

1. Załamanie

Hitler zmienia rozkaz. Niemcy pod Stalingradem. 6. armia słabnie. Najważniejsza bitwa w tej wojnie. Terror – niezawodny środek Stalina.

Poskriebyszew zastukał delikatnie do drzwi sypialni Stalina, a nie usłyszawszy odpowiedzi, wszedł, starając się zachowywać jak najciszej. W pokoju panował mrok ledwo rozświetlany promieniami przedzierającymi się przez szpary kotar.

– Towarzyszu Stalin – powiedział cicho, zbliżając się do łóżka pod ścianą. – Już pora wstawać...

Przez ostatnie kilka dni Stalin nie opuszczał gabinetu i pozwalał sobie jedynie na krótkie drzemki w fotelu. Zmęczenie osiągnęło jednak taki poziom, że poszedł wreszcie do sypialni, ale nakazał sekretarzowi, aby obudził go po dwóch godzinach.

Stalin otworzył oczy i przez chwilę nieprzytomnym wzrokiem spoglądał to na zaciągnięte kotary, to na Poskriebyszewa, aż jego wzrok padł na zegar. Zerwał się z łóżka.

– Filantrop, do wszystkich diabłów! – warknął.

Był wściekły, gdyż sekretarz, kierując się współczuciem wobec zmęczonego szefa, pozwolił mu spać pół godziny dłużej.

– Dawaj Wasilewskiego do telefonu! – Stalin narzucił kurtkę. – Szybko! Przeklęty filantrop!

Zasiadł przy stole w salonie, czekając na połączenie z generałem Wasilewskim, który dwa dni wcześniej wrócił ze Stalingradu. Ta chwila oczekiwania sprawiła, że zapadł w drzemkę, z której wyrwał go dzwonek.

– Towarzysz Wasilewski? Czy pierwsza gwardyjska, dwudziesta czwarta i sześćdziesiąta szósta armie już weszły w kontakt z nieprzyjacielem i czy nadszedł transport amunicji?

Wasilewski raportował, że oddział pancerny nieprzyjaciela wdarł się na przedmieścia.

– Co z nimi?! – krzyknął Stalin. – Czy nie rozumieją, że jeżeli poddamy Stalingrad, południe kraju będzie odcięte od centrum, i prawdopodobnie nie będziemy w stanie obronić tej części Związku Radzieckiego? Czy nie rozumieją, że to będzie katastrofa nie tylko dla Stalingradu? Możemy stracić główną drogę wodną, a wkrótce także naszą ropę!

W połowie 1942 roku sytuacja była o wiele groźniejsza niż rok wcześniej. Wtedy, gdy rozpoczynała się wojna, niemieckie wojska miały do przejścia szmat drogi, aby uderzyć w główne ośrodki przemysłowe Związku Radzieckiego. W połowie 1942 roku mieli już je w swoich rękach, jak Donbas, lub szturmowali, jak Leningrad. Sukcesy, jakie Niemcy zaczęli odnosić, posuwając się na południe, przeraziły Stalina. Tam był najważniejszy ośrodek radzieckiej gospodarki – Stalingrad*, w którym krzyżowały się najważniejsze połączenia drogowe, kolejowe i wodne łączące Moskwę z Kaukazem, a samo miasto ze swoimi fabrykami zbrojeniowymi odgrywało ogromną rolę w zaopatrywaniu wojsk. Stalin nie mylił się: utrata Stalingradu oznaczałaby przegraną wojnę.

Tymczasem do obrony miasta mógł skierować tylko dwie armie, z których jedna miała sześć dywizji, a druga zaledwie dwie. Rezerwy starczyły na wsparcie ich przez trzy dywizje, co oznaczało, że dwustukilometrowego frontu miało bronić jedenaście dywizji. Los Stalingradu, w którego stronę ciągnęły dwie niemieckie Grupy Armii wydawał się przesądzony.

Tymczasem Hitler, który 16 lipca 1942 roku przeniósł się do nowej kwatery polowej w lasach pod Winnicą nazwanej Wilkołak, z nieznanych powodów zmienił plan z 5 kwietnia. Nowa dyrektywa numer 45, nakazywała Grupie Armii „A” ruszyć na południe, dojść do wybrzeży Morza Czarnego i opanować je od Tamania do Batumi, a następnie zdobyć Majkop. Dwie armie pancerne tej Grupy miały zaatakować Grozny, a następnie Baku. Wojska Grupy Armii „B” miały osłonić całą operację, tworząc linie obronne wzdłuż Donu od Woroneża do Kałacza, a w miarę postępów wojsk Grupy Armii „A” rozciągać obronę dalej na południe.

*__Stalingrad__, miasto założone pod nazwą Carycyn w 1578 r. nad Wołgą, w czasie wojny domowej (1918–1920) obroną przed wojskami białych kierował Stalin, co przesądziło o nazwaniu miasta w 1925 r. jego imieniem. Ważny ośrodek przemysłowy (przemysł metalowy, maszynowy, spożywczy) był rejonem zaciętych walk, w których wyniku miasto zostało całkowicie zniszczone. Odbudowane ciągnie się przez 65 kilometrów wzdłuż Wołgi.

Stalingrad; październik 1942 roku

Tylko jedna armia, 6. armia dowodzona przez generała Friedricha Paulusa*, miała przystąpić do szturmowania Stalingradu.

Miasto, które według poprzedniego planu miały zdobywać dwie Grupy Armii, zostało oddane tylko jednej armii, jakby Hitler zapomniał, jak desperacko Rosjanie potrafią się bronić. Co gorsza dla Niemców, generał Edouard Wagner, generalny kwatermistrz, zdecydował się zaopatrywać wojska biorące udział w operacji kaukaskiej, zaniedbując całkowicie 6. armię, której zapasy wyczerpywały się w błyskawicznym tempie. W decydującym okresie armia Paulusa, której zaczęło brakować amuni-

*__Friedrich Paulus__ (1890–1957), niemiecki oficer, uczestnik I wojny światowej, od 1938 r. był szefem sztabu XVI korpusu i 4. grupy armijnej. W czasie agresji na Polskę był szefem sztabu 10. armii. W maju 1940 r. został zastępcą szefa sztabu generalnego wojsk lądowych. Od stycznia 1942 r. dowodził 6. armią odnoszącą sukcesy w bitwie o Charków w maju 1942 r. W lipcu 1942 r. jego armia została skierowana do walk o Stalingrad, gdzie ostatecznie znalazła się w okrążeniu wojsk radzieckich. W przeddzień kapitulacji, którą Paulus, wbrew rozkazowi Hitlera, podpisał 31 stycznia 1941 r., został mianowany feldmarszałkiem. W niewoli radzieckiej wstąpił do Związku Oficerów Niemieckich utworzonego w lecie 1943 r., będącego częścią Komitetu Narodowego „Wolne Niemcy". Wystąpił w kilku audycjach propagandowych dla żołnierzy niemieckich, za co Gestapo aresztowało jego rodzinę. W 1946 r. zeznawał jako świadek oskarżenia przed Trybunałem w Norymberdze. Zwolniony z niewoli w 1953 r. został zmuszony do osiedlenia się w Dreźnie, w Niemieckiej Republice Demokratycznej.

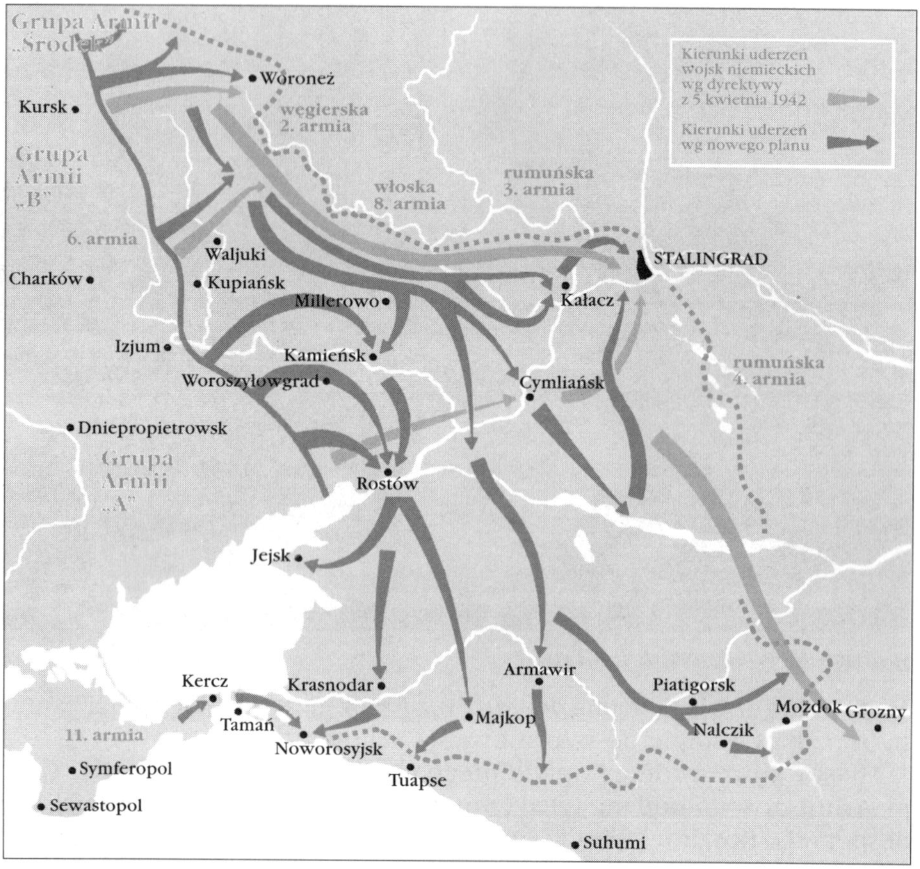

Plany niemieckie z 5 kwietnia 1942 roku i ich realizacja

cji i paliwa straciła siłę bojową, a gdy w wyniku interwencji dowódcy Grupy Armii generała Maximiliana von Weichsa wznowiono dostawy, było już za późno; Rosjanie zdołali zorganizować silną obronę na zachód od miasta i zatrzymać szturmujące oddziały.

Błąd Hitlera, który zdecydował się przesunąć główne siły na południe, pomijając miasto, był tak oczywisty, że były szef sztabu LII korpusu generał Hans Doerr napisał:

„23 lipca musi być uznany za dzień, w którym stało się jasne, że niemieckie Naczelne Dowództwo odrzuciło podstawowe zasady prowadzenia działań wojennych, aby przyjąć nowe, wywodzące się raczej z irracjonalnej i diabolicznej siły Adolfa Hitlera niż z racjonalnej praktyki wojskowej. Jeszcze raz historia udowodniła, że wiara i diabeł triumfują nad rozsądkiem. Wykształceni oficerowie z otoczenia Hitlera okazali się bezwolni, pod wpływem diabła”.

Radzieccy dowódcy też wydawali się zdziwieni taką zmianą niemieckich planów. Marszałek Jeremienko zauważył:

„Najważniejszą sprawą było to, że Hitler zdążał równocześnie w stronę Stalingradu i Kaukazu, mając niewystarczające siły, aby prowadzić obie bitwy naraz. Narzucił to niewykonalne zadanie swoim armiom tylko po to, aby sojusznikom i potencjalnym sojusznikom pokazać siłę Wehrmachtu".

To nie był jedyny błąd w tej kampanii.

Groźne, świetnie wyposażone i wyszkolone dywizje „SS Leibstandarte" i „Grossdeutschland" zostały odesłane do Francji, gdyż Hitler obawiał się, że alianci zachodni mogą rozpocząć inwazję. Armia generała Ericha von Mansteina, która w całości miała przekroczyć Cieśninę Kerczeńską otrzymała rozkaz wysłania tylko jednego korpusu i jednej dywizji. W rezultacie siły dwóch Grup Armii, zmniejszyły się z 68 dywizji w końcu czerwca 1942 roku do 57 dywizji w końcu lipca, zaś linia frontu, na którym miały walczyć, wydłużyła się wielokrotnie: z ośmiuset kilometrów, jakie obsadzały w końcu czerwca, do czterech tysięcy kilometrów, jeśli uwzględnić tereny, jakie miały zająć.

Dlaczego Führer popełnił błędy, które miały zaważyć na przebiegu całej wojny? Dlaczego zmienił plan z 5 kwietnia, którego realizacja bez wątpienia umożliwiłaby zdobycie Stalingradu, a później zajęcie roponośnych terenów?

Wiedział, że Armia Czerwona jest poważnie osłabiona po dwóch nieudanych ofensywach. Wiedział, że do obrony Stalingradu radzieckie dowództwo może przeznaczyć niewielkie siły i tym bardziej nie spodziewał się poważniejszego oporu na południu Związku Radzieckiego. W błędnym przekonaniu ugruntowywał go generał Franz Halder*, szef sztabu wojsk lądowych, który nie docenił liczebności

Generał Franz Halder

*__Franz Halder__ (1884-1972), oficer sztabowy z I wojny światowej, pozostał w Reichswehrze i był m.in. wykładowcą taktyki, oficerem sztabu dywizyjnego i szefem Truppenamt (Sztabu Generalnego Reichswehry, nazwanego tak, ze względu na zakazy traktatu wersalskiego). W 1938 r. awansował na stanowisko szefa sztabu wojsk lądowych. Kierował przygotowaniem planów operacyjnych działań przeciwko Polsce w 1939 r., Norwegii, Zachodniej Europie, Grecji, Jugosławii oraz części lądowej inwazji na Wielką Brytanię. Pod jego kierownictwem opracowano plan „Barbarossa" – agresji na Związek Radziecki. 24 września 1942 r. został zdymisjonowany ze względu na odmienne koncepcje strategiczne. Po zamachu na Hitlera 20 lipca 1944 r. aresztowano go i zesłano do obozu koncentracyjnego we Flossenburgu, a następnie do Dachau, gdzie doczekał wyzwolenia przez wojska amerykańskie. Po wojnie przez 14 lat pracował w wydziale historycznym armii amerykańskiej.

Armii Czerwonej, jej rezerw i zdolności uzupełniania strat w ludziach i sprzęcie. Nie przypuszczał, że fabryki ewakuowane z terenów zajmowanych przez Wehrmacht mogą tak szybko osiągnąć pełną zdolność produkcyjną i dostarczą wojsku odpowiedniej ilości broni i sprzętu. W rezultacie Hitler uznał, że obrona Stalingradu załamie się po silnym ostrzale artyleryjskim i bombardowaniu, gdyż obrońcy nie będą mieli dość sił, sprzętu i amunicji, aby prowadzić długotrwałe boje. Jedna armia powinna więc szybko poradzić sobie ze Stalingradem.

Hitler popełnił też inny błąd: ponownie nie docenił warunków terenu, który kazał opanować swoim armiom.

Niebotyczne góry Kaukazu, ciągnące się przez tysiąc sto kilometrów, wielokrotnie w historii zatrzymywały najeźdźców. Mongołowie, Seldżukowie, Turcy Osmańscy musieli obchodzić górski masyw od wschodu. Hitler jednak uznał, że prawa historii go nie dotyczą, gdyż jego armie wyposażone są w sprzęt dający im siłę i mobilność, o jakiej nie mogli marzyć dowódcy w minionych wiekach. Nie docenił tego, lub zignorował ten fakt, że z Aramwiru do Tuapse prowadziła tylko jedna droga, przyroda sprzyjała więc obrońcom.

Stalin początkowo przerażony sytuacją na południu kraju, z wolna zaczynał rozumieć, że niewielka liczebność wojsk, jakie mógł przeznaczyć do obrony Stalingradu, wprowadziła w błąd Hitlera. Z niedowierzaniem słuchał raportów o osłabnięciu aktywności niemieckiej 6. armii, która zamiast przystąpić z całym impetem do szturmowania Stalingradu, gdy miasto nie było jeszcze gotowe do obrony, zatrzymała się, aby uzupełnić zapasy. Nie tylko Armia Czerwona wykrwawiła się. Również Wehrmacht, mimo że nie przerwał ofensywy, doszedł do granic swoich możliwości i rezerw.

W tym Stalin dostrzegł szansę stoczenia decydującej bitwy, która mogłaby przesądzić o dalszym biegu wojny. Czy jednak wojsko było do tego gotowe? Bez wątpienia po roku niewyobrażalnych ofiar wojsko, nie widząc szansy na zwycięstwo, traciło zapał do walki. Czas upojenia zwycięską kontrofensywą pod Moskwą szybko minął, a wielkie klęski, jakie przyniosły wiosenne ofensywy 1942 roku, załamały morale żołnierzy – skłonni byli rzucić broń i uciekać przed niechybną śmiercią, jaką niosła dalsza walka.

Oficjalne statystyki wojenne głęboko ukryły obraz zwątpienia, załamania, upadku dyscypliny, niskiego morale żołnierzy. Niewiele jest śladów wskazujących, w jak znacznym stopniu Armia Czerwona utraciła swoją moralną siłę. Źródła historyczne, do których można dotrzeć, wskazują, że był to problem ogromny, być może nawet grożący załamaniem obrony.

Według oficjalnych statystyk, w czasie całej wojny sądy polowe skazały 994 300 żołnierzy, w tym za dezercję, ukarano 376 300 żołnierzy.

Należało więc uchwycić wojsko żelazną ręką i, jak na początku wojny, opanować rozprzężenie. Na zwątpienie Stalin miał metodę, która, jak uważał, zapewniała sukces w najbardziej kryzysowych sytuacjach: terror.

2. Ani kroku wstecz

Pamiętnik Czujkowa. Rozkaz 227. Karne bataliony i karne kompanie. Jak upilnować „niepewne dywizje"? Śmierć zdrajcom!

Rankiem 28 lipca 1942 roku generał Aleksandr Wasilewski jak co dnia stawił się w gabinecie Stalina, aby przedstawić raport z sytuacji na froncie. Stalin zdawał się go nie słuchać. Krążył nerwowo po pokoju zatopiony w myślach. Nagle zatrzymał się.

– Oni zapomnieli o rozkazie numer dwieście siedemdziesiąt z szesnastego sierpnia czterdziestego roku! – wykrzyknął.

Wybuch spowodowany był zapewne lekturą raportów dowódcy 62. armii generała Wasilija Czujkowa*, który na froncie pod Stalingradem z niepokojem obserwował liczne oznaki rozprzężenia wojska.

Generał Wasilij Czujkow

„Na stacji kolejowej Frołowo [na zachód od Stalingradu – B.W.] wszedłem do kwatery głównej 21. armii. Cała kwatera główna była na kołach. Wszystko, włączając sypialnię dowódcy Gordowa, umieszczono w samochodach osobowych i na ciężarówkach. Nie podoba mi się taki nadmiar mobilności. Można wyczuć brak stabilności, brak determinacji" – notował Czujkow

*__Wasilij Czujkow__ (1900–1982), absolwent Akademii Wojskowej im. M. Frunzego, w latach 1926–1937 był doradcą wojskowym Czang Kaj-szeka. Po powrocie do ZSRR dowodził do 1939 r. brygadą i korpusem, a następnie 4. armią, która okupowała wschodnie tereny Polski. W wojnie radziecko-fińskiej (1939-1940) dowodził 9. armią, która poniosła poważne straty, co przesądziło o odebraniu mu dowodzenia i wysłaniu w grudniu 1940 r. do Chin jako attaché wojskowego. W marcu 1942 r. powrócił do ZSRR i objął stanowisko dowódcy 1. armii rezerwowej, a 22 lipca tymczasowego dowódcy 62. armii broniącej Stalingradu. Uważany był za specjalistę od walk w miastach i dowódcę, który potrafi wywiązać się z najtrudniejszego zadania, choć nie szczędził krwi żołnierzy. W styczniu 1943 r. jego armia brała udział w likwidacji północnej grupy 6. armii niemieckiej. Następnie przemianowana na 8. armię gwardii walczyła na Łuku Kurskim, Ukrainie, Białorusi i w Polsce. W 1945 r. Czujkow przyjął kapitulację garnizonu berlińskiego od gen. Krebsa. Od 1949 r. do 1953 r. dowodził wojskami radzieckimi w Niemczech, a następnie Kijowskim Okręgiem Wojskowym. W 1955 r. został awansowany do stopnia marszałka.

Radziecka placówka na przedmieściu Stalingradu

i należy przyjmować, że taki właśnie obraz przedstawiał w raportach dla Stalina.

„Widziałem, jak żołnierze przemieszczają się po stalingradzkich stepach z zachodu na wschód, wyjadając ostatnie rezerwy. (...) Kiedy pytałem ich: «Dokąd idziecie? Czego szukacie?», dawali bezsensowne odpowiedzi. (...) Na stepie spotkałem sztaby dwóch dywizji, które twierdziły, że poszukują kwatery głównej 9. armii. Było to kilku oficerów siedzących w trzech lub czterech samochodach załadowanych po brzegi kanistrami z benzyną. Na moje pytania: «Gdzie są Niemcy? Gdzie nasze oddziały? Dokąd zmierzacie?», nie wiedzieli, co odpowiedzieć. Niełatwo odbudować morale tych ludzi i bojowego ducha cofających się wojsk".

– Zapomnieli! – Stalin był bardzo wzburzony. – Napiszcie nowy rozkaz według tych samych założeń: odwrót bez zezwolenia jest zbrodnią, która będzie karana ze wszystkimi rygorami czasu wojny!

– Kiedy mam stawić się z nowym rozkazem? – zapytał Wasilewski.

– Dzisiaj! Wróćcie, jak tylko będziecie gotowi.

Wasilewski przyszedł do gabinetu jeszcze tego wieczora. Stalin starannie przeczytał projekt i naniósł wiele poprawek, zanim uznał, że nowy rozkaz numer 227 Komitetu Obrony jest odpowiednio zredagowany.

„Wróg rzuca więcej i więcej nowych sił do walki i, nie zważając na straty, posuwa się do przodu i wdziera w głąb Związku Radzieckiego, zajmując nowe obwody, zamieniając w gruzy nasze miasta i wsie, gwałcąc, rabując i mordując ludność. Część wojsk Frontu Południowego za przykładem panikarzy opuściła Rostów i Nowoczerkask, nie stawiając poważniejszego oporu, okrywając swoje mundury niesławą. Niektórzy usprawiedliwiają się, mówiąc, że możemy wycofywać się na wchód, a skoro mamy tak duże terytorium, tak dużo ziemi, tak dużo ludności, to nie zabraknie nam zboża. Chcą w ten sposób usprawiedliwić swoje haniebne zachowanie na froncie. Ale takie gadanie jest z gruntu fałszywe i nieprawdziwe i służy tylko naszym wrogom.

Po utracie Ukrainy, Białorusi, republik bałtyckich, Donbasu i innych rejonów mamy dużo mniej ziem, niż mieliśmy. W następstwie tego jest dużo mniej ludzi, zboża, żelaza, fabryk i hut. Straciliśmy ponad 70 milionów ludzi [na terenach zajętych przez Niemców – B.W.], a roczna produkcja spadła o ponad 12 milionów ton zboża i 10 milionów ton żelaza. Straciliśmy naszą przewagę nad Niemcami w ludzkich rezerwach i zbo-

Związek Radziecki po pierwszym roku wojny, zniszczenia, których nie sposób opisać

żowych zapasach. Dalszy odwrót oznacza zgubę dla nas, a z nami naszej ojczyzny.

Ani kroku wstecz! To musi być nasze główne hasło!

Nie będziemy dłużej tolerować oficerów i komisarzy, działaczy politycznych i żołnierzy opuszczających stanowiska z własnej woli. Nie będziemy dłużej tolerować oficerów, komisarzy i działaczy politycznych pozwalających kilku panikarzom przesądzać o sytuacji na polu bitewnym i skłaniać innych żołnierzy do odwrotu i otwarcia frontu przed nieprzyjacielem. Panikarze i tchórze muszą być likwidowani na miejscu".

Stalin nie ograniczył się do wydania odezwy i rozkazu karania tych, którzy się cofali. Wymyślił system ujęcia w karby wojsk, w których dyscyplina łamała się.

Za tchórzostwo w obliczu wroga, za opuszczenie oddziału była tylko jedna kara: śmierć. Ale Stalin, orientując się w skali zjawiska, zdecydował się nie marnować żołnierzy, z których wielu miało już za sobą długą służbę. Rozkazał:

„Jeden do trzech karnych batalionów (po 800 ludzi każdy) powinien być sformowany w ramach Frontu; do nich należy odsyłać oficerów i oficerów politycznych odpowiedniej rangi".

Dziwny to batalion liczący 800 żołnierzy, a więc o liczebności pułku. Skąd ta pomyłka w nazwie? Zapewne Stalin chciał ukryć rozmiary karnej akcji i dlatego zdecydował się nazwać pułki batalionami. Zdawał sobie sprawę, że liczebność karnego batalionu zmniejszy się bardzo szybko. Nakazywał ponadto tworzenie karnych kompanii, też wielkich, liczących dwa, trzy razy więcej żołnierzy niż regularne kompanie:

„W zależności od warunków pięć do dziesięciu karnych kompanii (150 do 200 ludzi każda) powinno być sformowanych w ramach każdej armii i wysłanych na trudne odcinki, aby mieli szansę zapłacić krwią za zbrodnie, które popełnili wobec ojczyzny".

Tak zaczęły powstawać „sztrafbaty", oddziały, w których żołnierz mógł zmazać swoją winę tylko krwią. Posyłano je tam, gdzie niemiecka obrona była najsilniejsza, gdzie załamywały się ataki, lub tam, gdzie wróg dobrze zabezpieczywszy się polami minowymi, nie spodziewał się ataku. Żołnierze karnych oddziałów nie mogli się cofnąć. Mogli tylko iść pod ogień, przez pola minowe, patrząc, jak koledzy giną rozszarpani wybuchami, tracą nogi, krwawią, dogorywając w strasznych cierpieniach. Gdyby się zawahali, usiłowali uciekać w bok lub cofnąć się, odezwałyby się ciężkie karabiny maszynowe ustawione za ich plecami. Im była pisana śmierć, od kuli wroga lub własnej. Ci, którzy przeżyli, którym udało się wykonać rozkaz, gdy wracali ranni do swoich linii, uzyskiwali darowanie kary. Mogli wrócić do jednostki, oczyszczeni z winy. Mogli nawet dostać order za męstwo. Tak się zdarzało. Stalin w jakiś sposób był uczciwy wobec nich.

Dowódcy walczący na najtrudniejszych odcinkach cenili oddziały straceńców i zabiegali o ich przysłanie. Mieli wtedy większą szansę, że wykonają zadanie i oszczędzą własnych żołnierzy.

Nie sposób określić, ilu czerwonoarmistów trafiło do karnych kompanii i batalionów. Oficjalne statystyki mówią, że 422 700 skazanym odłożono wykonanie wyroku po wojnie lub odesłano do karnych kompanii. Można przyjąć, że w warunkach wojennych odkładanie wykonania kary było rzadkością, a więc ogromna większość z 422 700 skazanych została wcielona do karnych batalionów i kompanii. Ilu z nich przeżyło?

Stalin kazał również formować bataliony uderzeniowe z oficerów z rozbitych oddziałów, schwytanych przez NKWD i osadzonych w obozach. Gdy przesłuchania wykazały, że nie byli zdrajcami ani dezerterami, lecz wojenna zawierucha zepchnęła ich na terytorium zajęte przez wroga, z którego udało im się powrócić, otrzymywali szansę rehabilitacji w walce. Pierwszy taki „batalion" liczył 929 oficerów, którzy pozbawieni stopni, jako szeregowi żołnierze zostali wysłani w bój. Po trzech dniach pozostało ich 300. Ale na froncie wschodnim nie było to niczym nadzwyczajnym.

Stalin był zadowolony. Nauczył się nie marnować żołnierzy, stawiając ich przed plutonami egzekucyjnymi. Musieli walczyć, aby zginąć.

To rozwiązanie dotyczyło jednak pojedynczych żołnierzy, którzy nie potrafili wytrwać w okopie przed nacierającym wrogiem. A jeżeli cały pododdział nie wytrzyma nieprzyjacielskiego ognia i wbrew wysiłkom dowódcy, zacznie uciekać, rozpierzchnie się po lasach? Takie wypadki zdarzały się często. Stalin pamiętał, jak skuteczne w lipcu i sierpniu 1941 roku były oddziały zaporowe NKWD. Żołnierz, mając świadomość, że próba ucieczki z pola walki zakończy się śmiercią zadaną przez żołnierzy NKWD obsadzających tyły lub przeszukujących okolice, wolał zginąć od kuli wroga. Jednakże oddziały zaporowe nie wszędzie mogły dotrzeć. Frontowe wojsko musiało więc pilnować się samo.

„Trzy do pięciu dobrze uzbrojonych oddziałów (po 200 żołnierzy każdy) powinno być sformowanych w ramach każdej armii i umieszczonych za „niepewną" dywizją, aby strzelać do panikarzy i tchórzy w przypadku wybuchu paniki lub niezorganizowanego odwrotu".

W jaki sposób rekrutowano żołnierzy do takich oddziałów zaporowych? W jaki sposób nagradzano ich za wykonanie rozkazu? To kolejna tajemnica wschodniego frontu.

Należy sądzić, że zjawisko załamania woli walki i obrony wystąpiło także w przemyśle, może na to wskazywać podjęcie w połowie 1942 roku represji wobec szefów resortów gospodarczych i zakładów przemysłowych.

Konstruktorów lotniczych zaniepokoiło nagłe zniknięcie Wasilija Bałandina, zastępcy komisarza przemysłu lotniczego. Doświadczenia z niedawnej przeszłości kazały podejrzewać, że został aresztowany. Wiedzieli, że zastąpienie tego człowieka przez niedoświadczonego mogło fatalnie odbić się na ich pracy w okresie, gdy front żądał coraz więcej i coraz lepszych samolotów.

Na odwagę zdobył się Aleksander Jakowlew*, zastępca komisarza przemysłu lotniczego, którego Stalin bardzo cenił.

- Nie wiemy, za co został aresztowany, ale nie możemy uwierzyć, że był wrogiem - powiedział Jakowlew przy pierwszej okazji, gdy został wezwany przez Stalina w celu omówienia produkcji lotniczej. - Potrzebny jest w ludowym komisariacie. Zarządzanie produkcją silników [należało do Bałandina - B.W.] znacznie się pogorszyło. Prosimy, abyście przeanalizowali ten przypadek. My nie mamy wątpliwości.

Stalin doskonale wiedział, o co chodzi, gdyż trudno sobie wyobrazić, aby zastępca komisarza mógł zostać aresztowany bez jego wiedzy.

- Może on w ogóle nie jest winny - powiedział z namysłem. - To jest możliwe. Mogło się zdarzyć...

Następnego dnia Bałandin, więziony od czterdziestu dni, wychudły, z poszarzałą twarzą i ogoloną głową stawił się w pracy. Nic nie mówił o aresztowaniu. Nikt go nie pytał. Niewielu miało takie szczęście jak on.

Na terenach odbitych Niemcom rozpoczął się upiorny spektakl ludowej sprawiedliwości. Kara musiała być wymierzona. Przygotowywano się do tego jak do akademii pierwszomajowej. Na rynku oczekiwał tłum odświętnie ubranych ludzi. Za ustawionym stolikiem siedziało dwóch oficerów i cywil. Dwie ciężarówki zis 5 stały pośrodku, pod rusztowaniem z belek, jakby przygotowanym do wciągnięcia pierwszomajowych transparentów mówiących o nienawiści do zdradzieckich band faszystowskich i pewności osiągnięcia zwycięstwa. Na ich skrzyniach ładunkowych ustawiono długie proste ławki jaśniejące świeżością sosnowego nieheblowanego drewna. Nawet orkiestra stała z boku, ale nie grała. Wisząca nad wszystkim cisza, niezwykła przy tak dużym zgromadzeniu, tworzyła dziwną atmosferę w powiatowym miasteczku pod Charkowem.

Nagle tłum zafalował. Ludzie przepychali się bliżej placu, inni wspinali się na palcach, aby dojrzeć coś ponad głowami stojących bliżej. Z szopy przylegającej do budynku rady miejskiej, gdzie zazwyczaj trzymano łopaty i kilofy używane do robót publicznych, żołnierze wyprowadzili kilku mężczyzn. Ci zatrzymali się na moment, przyzwyczajając oczy do sierp-

*__Aleksander Jakowlew__ (1906-1989), absolwent Akademii Technicznej Wojsk Powietrznych w 1931 r. Tuż przed wybuchem wojny zaprojektował myśliwiec Jak-1. W latach 1940-1956 był zastępcą komisarza przemysłu lotniczego. W 1945 r. kierowany przez niego zespół opracował pierwszy odrzutowy myśliwiec Jak-15. Po wojnie projektował wiele typów samolotów cywilnych i wojskowych. Był siedmiokrotnie nagradzany nagrodami stalinowskimi i ośmiokrotnie Orderem Lenina.

niowego słońca i ruszyli równo, w nogę, w stronę stolika pokrytego suknem. Podeszli na kilka metrów i stanęli z opuszczonymi głowami, starając się nie patrzyć na tłum ani na oficera, który wstał, obciągnął pas i zaczął coś odczytywać z kartki.

– Głośniej! – padł okrzyk z tłumu. – Nie słychać!

– Przemówienia będą potem! – Oficer krzyknął do tłumu i odczytywał treść wyroku, nie dbając, czy ktokolwiek go usłyszy. Tylko na koniec powiedział głośniej:

– Wykonać!

Czterej pierwsi skazani ruszyli w stronę ciężarówek, przed którymi żołnierze dostawili taborety, aby ułatwić im wejście na skrzynie. Gdy już wspięli się tam, inni żołnierze pomogli im wejść na ławę. To samo działo się na drugiej ciężarówce.

Oficer, który odczytywał wyrok, wstał i podszedł bliżej miejsca egzekucji, zapewne nie chcąc, aby błąd któregoś z jego podwładnych zepsuł ceremonię. Enkawudziści zakładający pętle skazanym na szyje byli młodzi, spłoszeni obecnością tłumu, łatwo więc mogli się pomylić albo nie zapanować nad skazanymi, gdyby ci zaczęli się bronić. Wszystko jednak przebiegało zgodnie z planem, a skazańcy przyjmowali pokornie swój los. Może zdawali sobie sprawę, że opór na nic się nie zda, a może byli oszołomieni alkoholem.

– Gotowe, towarzyszu dowódco! – krzyknął któryś z żołnierzy, co wyraźnie nie spodobało się oficerowi.

– Wykonać!

Enkawudziści, którzy ustawili się już za skazanymi stojącymi na ławkach, równocześnie kopnęli je. Jedna przewróciła się i skazańcy zawiśli rzucając nogami, lecz druga, widocznie pchnięta za słabo pozostała na miejscu. Trzeba było jeszcze jednego kopniaka, aby wymknęła się spod nóg mężczyzn stojących na niej.

Po chwili ciężarówki odjechały, pozostawiając ośmiu wisielców wciąż jeszcze wijących się na linach zwisających z belki ugiętej pod ich ciężarem.

– Towarzysze i towarzyszki! – rozległ się wysoki, piskliwy głos. Z tłumu wysunęła się kobieta okutana mimo upału grubą chustą. Stanęła przed wisielcami.

– Te gadziny, żmije faszystowskie zdradziły socjalistyczną ojczyznę-matkę i towarzysza Stalina, i partię naszą. Wysługiwali się bandom okupantów. Zasłużyli na śmierć i dotknęła ich ręka naszej socjalistycznej sprawiedliwości.

Ludzie znali ją. Kilka tygodni wcześniej w tym samym miejscu Niemcy powiesili jej dwóch synów, których złapali w lesie. Poszli po drewno, ale Niemcy nie pozwolili sobie niczego wytłumaczyć. Byli w lesie – są więc partyzantami. Przywieźli ich na rynek i powiesili. Właśnie na tej szubienicy.

Kobieta, podekscytowana coraz bardziej swoimi słowami biegała w jedną i drugą stronę przed skazańcami, wygrażając im pięściami.

– Niech będą przeklęci za zdradę ojczyzny naszej i naszego Stalina!

Tłum rozchodził się powoli. Enkawudziści, którzy wskoczyli na skrzynie ciężarówek, też szykowali się do odjazdu. W sierpniowym słońcu na środku rynku pozostały tylko zwłoki ośmiu straconych.

3. Rysy na sojuszu

Stalingradzkie piekło. Nowa akcja Stalina przeciwko Churchillowi. Radziecko-niemieckie tajne negocjacje w Sztokholmie. Alianci lądują w Afryce. Projekt Ribbentropa. Hitler odrzuca porozumienie ze Stalinem.

Sytuacja pod Stalingradem pogarszała się. Armia Paulusa została wsparta całą mocą wielkiego związku – 4. armii pancernej generała Hermanna Hotha*. Ta potęga powoli, lecz nieustannie parła do przodu, zgniatając opór obrońców. Do 27 września południowa część miasta, którą szturmowały dwie dywizje piechoty i dwie pancerne była już w niemieckich rękach. To zwycięstwo okupili jednak ogromnymi stratami. Najmniejsze sukcesy Niemcy odnosili na północy miasta, gdzie Rosjanie z niebywałym poświęceniem bronili trzech fabryk.

Generał Czujkow uczył ich, jak atakować:

– Przygotowuj się do ataku niewidzialnie, bez hałasu. Powieś pistolet maszynowy na ramieniu, weź dziesięć do dwunastu granatów. Szybkość i zaskoczenie mają być podstawą twojego działania. Do budynku musicie wchodzić we dwóch, ty i granat. Obydwaj lekko odziani, ty bez plecaka, granat odbezpieczony. Najpierw granat, potem ty. Granat w każdy

*__Hermann Hoth__ (1885–1971), oficer armii niemieckiej od 1905 r., w 1938 r. objął dowodzenie XV korpusem armijnym (zmotoryzowanym), który w czasie walk w Polsce w 1939 r. wchodził w skład 10. armii. W kampanii zachodniej w 1940 r. dowodził nadal tym korpusem, a następnie XXXIX korpusem pancernym w składzie 4. armii. W końcu 1940 r. objął dowództwo 3. grupy pancernej, przekształconej w 3. armię pancerną, z którą rozpoczął zwycięski marsz w wojnie przeciw ZSRR, w ramach Grupy Armii „Środek". Od października 1941 r. do czerwca 1942 r. dowodził 17. armią w ramach Grupy Armii „Południe". Od czerwca 1942 r., jako dowódca 4. armii pancernej brał udział w marszu na Stalingrad, a od 22 listopada w ramach Grupy Armii „Don" dowodził atakami, których celem było odblokowanie 6. armii gen. Friedricha Paulusa. 4. armia poniosła poważne straty, a mimo to w lipcu 1943 r. brała udział w bitwie pod Kurskiem, po której od listopada tego roku Hoth pozostawał w dyspozycji dowództwa wojsk lądowych. Uznany za winnego zbrodni wojennych przez Międzynarodowy Trybunał Wojskowy w Norymberdze. Skazany na 15 lat więzienia, wyszedł na wolność w 1954 r.

Radziecki kontratak w Stalingradzie – do zdobycia są tylko ruiny

róg pokoju i do przodu. I tak przez cały dom. Zawsze: najpierw granat, potem ty.

Porucznik z niemieckiej 24. dywizji pancernej zanotował:

„Walczymy przez piętnaście dni o jeden dom, używając moździerzy, granatów, karabinów maszynowych i bagnetów. Już trzeciego dnia pięćdziesiąt cztery ciała naszych ludzi leżały w piwnicach, na podejściu i klatce schodowej. Fronton runął, ukazując wypalony korytarz z cienkim stropem między piętrami. Pomoc dla obrońców nadchodzi z sąsiednich domów przez schody przeciwpożarowe i kominy. Walka trwa bez ustanku od południa do północy. Z piętra na piętro twarze czarne i spocone – obrzucamy się nawzajem granatami, wśród eksplozji, kłębów dymu i kurzu, ciał, zalewu krwi, strzępów mebli i ludzi. Zapytajcie żołnierza, co oznacza pół godziny takiej walki. I wyobraźcie sobie Stalingrad: osiemdziesiąt dni i osiemdziesiąt nocy walki wręcz. Długość ulicy nie mierzy się metrami, lecz ciałami.

Stalingrad już nie jest miastem. W dzień jest gigantycznym słupem dymu (...). A kiedy nadchodzi noc, jedna z tych wyjących, krwawych nocy, psy wskakują do Wołgi i płyną na drugi brzeg. Noce Stalingradu są dla nich koszmarem. Zwierzęta uciekają z tego piekła. Najtwardszy kamień nie wytrzyma tu długo. Tylko człowiek wytrzyma".

Każdego dnia nad miastem pojawiały się niemieckie samoloty. Zrzucały bomby, wracały na lotniska po amunicję i znowu nadlatywały nad miasto, systematycznie zamieniając je w rozległe rumowisko. Każdego dnia niemieckie samoloty wykonywały trzy tysiące nalotów. Wybuchy bomb wyrywały głębokie leje w jezdniach, zwalały ściany domów, zasypywały gruzem przejścia, przegradzały plątaniną zwalonych konstrukcji całe ulice. Ruiny stawały się naturalnymi schronami dla obrońców, a głębokie leje zatrzymywały czołgi.

Gdy odlatywały samoloty, gdy milkła artyleria, a na ulice miasta wjeżdżały niemieckie czołgi, obrońcy wychodzili z piwnic i prowizorycznych schronów. Znali miasto i obiekty, których przyszło im bronić. Mieli wypatrzone miejsca z najlepszym polem ostrzału. Wspinali się na piętra wypalonych domów, zgarniali gruz, aby zapewnić osłonę przed pociskami, i czekali, doskonale ukryci, zamaskowani wapiennym pyłem, zasłonięci dymem dopalających się resztek, niewidoczni dla załóg czołgów, a nawet dla posuwającej się za nimi piechoty.

Czołgi jechały wolno, omijając głębokie wyrwy w jezdniach, przedzierając się przez zagruzowane ulice. Obrońcy wiedzieli, z której strony nadjadą i dokąd będą zdążać. Mogły posuwać się tylko trasami wolnymi od zwalonych latarń i ścian domów. Dlatego radzieccy dowódcy bez trudu przewidywali kierunki natarcia i tam organizowali obronę, której przełamanie kosztowało Niemców wiele ofiar.

Wszędzie byli ukryci strzelcy. Czekali.

Czołg jadący wolno między wysokimi domami odsłaniał i wystawiał na strzał najsłabsze miejsca swojego pancerza. Na przykład w *PzKpfw III Ausf J*, jednym z najliczniej produkowanych niemieckich czołgów tamtego czasu, załogę chroniły płyty o grubości 5 cm, ale tylko w miejscach najbardziej narażonych na wybuchy pocisków: z przodu wieżyczki i kadłuba. Konstruktorzy, których najwyższym nakazem było zmniejszenie ciężaru wozu bojowego, od czego zależała jego prędkość, zwrotność, zużycie mechanizmów i paliwa, ograniczali opancerzenie w miejscach, gdzie pociski wystrzelone z wrogiego działa przeciwpancernego lub czołgowego dotrzeć nie mogły: na górze wieżyczki i kadłuba. Tam grubość płyty pancernej wynosiła tylko 10 mm (wieżyczka) lub 17 mm (kadłub), za mało, aby skutecznie ochronić załogę przed pociskami z rusznic przeciwpancernych *PTRD** i granatami przeciwpancernymi, które w tych warunkach okazały się nadzwyczaj skuteczną bronią.

Straszne żniwo zbierali doskonale zamaskowani strzelcy wyborowi polujący na oficerów, kierowców transporterów opancerzonych lub czołgów, którzy otwierali włazy, aby zaczerpnąć powietrza lub rozejrzeć się w okolicy.

* ***PTRD*** wz. 41, radziecka rusznica przeciwpancerna skonstruowana przez Diegtiariowa w 1932 r. na bazie wcześniej produkowanej rusznicy kal. 12,7 mm. W pociskach znajdowała się niewielka ilość materiału zapalającego, wybuchającego po uderzeniu w pancerz, co wskazywało strzelcowi miejsce trafienia. Od 1941 r. używano pocisków z trzpieniem wolframowym, o znacznie większej sile przebicia. Równocześnie produkowano rusznice *PTRS* wz. 41 konstrukcji Simonowa z magazynkiem na 5 nabojów, jednakże poprzedni model okazał się łatwiejszy w produkcji i użyciu, co sprawiło, że rusznice Diegtiariowa były głównym typem tej broni Armii Czerwonej do końca wojny. Dane taktyczno-techniczne: kaliber 14,5 mm, ciężar broni 17,3 kg, prędkość początkowa pocisku 2000 m/s, pocisk przebijał pancerz o grubości do 25 mm, trafiając z odległości 500 metrów pod kątem 90°.

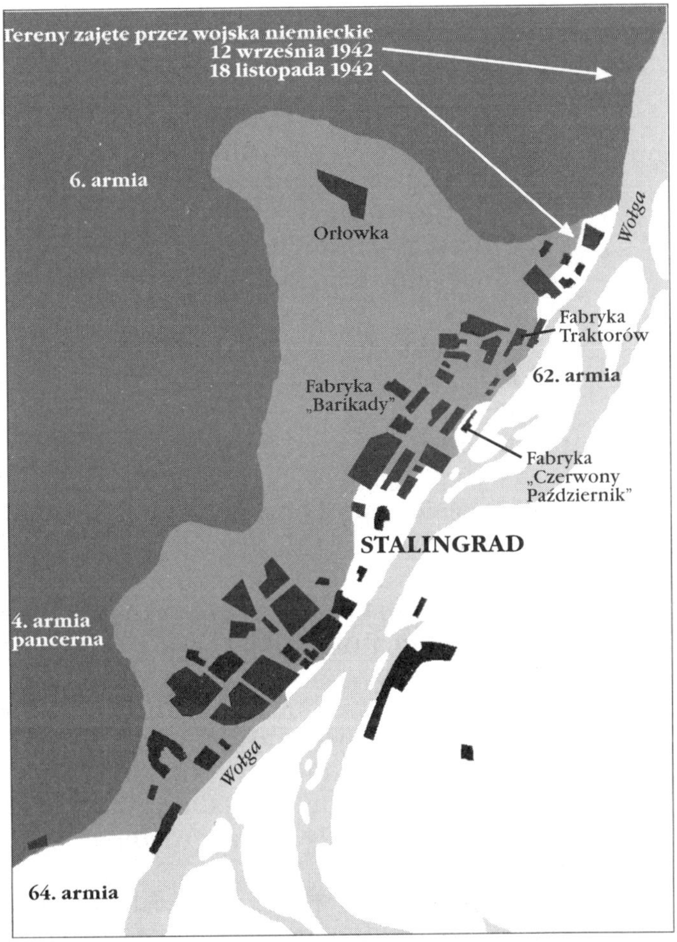

Niemieckie ataki na Stalingrad 12 września – 18 listopada 1942 roku

Gdy wreszcie Niemcom udawało się wedrzeć do atakowanych domów, znajdowali puste stanowiska strzeleckie. Obrońcy wyparci ze swoich punktów oporu, znający teren, szybko biegli do nowych stanowisk przez zagruzowane podwórka, podziemne przejścia i kanały. Generał Czujkow zaczął tworzyć ośrodki oporu okrężnego, między którymi działały grupy szturmowe natychmiast atakujące obiekt zdobyty przez nieprzyjaciela, zanim zdążył on umocnić się i przygotować do obrony. Dlatego domy w Stalingradzie przechodziły z rąk do rąk wiele razy w ciągu dnia. Za każdym razem rosła liczba zabitych.

Od 13 do 26 września Niemcy stracili sześć tysięcy żołnierzy, 170 czołgów i 200 samolotów. Generał Franz Halder zanotował: „Coraz bardziej odczuwamy stopniowe wyczerpywanie się nacierających wojsk".

14 października Niemcy ruszyli do wielkiej ofensywy, licząc, że będzie to ostatni szturm, po którym zdobędą miasto.

Zapiski w dzienniku wojennym radzieckiej 62. armii pod datą 14 października zawierają obraz walk:

„8.00. Nieprzyjaciel atakuje piechotą i czołgami. Bitwa toczy się na całym froncie.

9.30. Nieprzyjacielski atak na Fabrykę Traktorów odparty. 10 czołgów płonie na dziedzińcu fabryki.

10.00. Czołgi i piechota rozbiły 109. pułk z 37. dywizji (gen. Żeludowa).

11.30. Lewa flanka 524. pułku piechoty z 95. dywizji rozbita. Około 50 czołgów posuwa się w stronę pozycji pułku.

11.50. Nieprzyjaciel zajął stadion przy Fabryce Traktorów. Nasze oddziały odcięte na stadionie usiłują się przebić.

12.00. Dowódca 117. pułku gwardii, gen. Andriejew, zabity.

12.20. Wiadomość radiowa z oddziału 416. pułku z zespołu domów: „okrążeni; mamy wodę i amunicję; zginiemy, ale nie poddamy się".

12.30. Stukasy atakują sztab gen. Żeludowa. Generał w zawalonym schronie bez łączności. Nawiązaliśmy łączność z oddziałami dywizji.

13.10. Dwa schrony kwatery sztabu armii zawaliły się. Jeden z oficerów uwięziony z nogami przyciśniętymi ruinami; nie można go uwolnić.

15.25. Oddział ochrony sztabu włączony do walki.

16.35. Ppłk Ustinow dowodzący pułkiem piechoty prosi o skierowanie ognia artylerii na jego sztab – został okrążony przez nieprzyjacielską piechotę z pistoletami maszynowymi".

Krwawe, zacięte walki przygasły w końcu października, gdy obydwie strony, nacierający i obrońcy, byli już skrajnie wyczerpani.

Niemiecki oficer z 14. dywizji pancernej notował w dywizyjnym dzienniku:

„To była wstrząsająca i wyczerpująca bitwa na powierzchni, w podziemiach ruin, piwnicach i kanałach tego wielkiego miasta. Mężczyzna przeciwko mężczyźnie, bohater przeciwko bohaterowi. Nasze czołgi wspinały się na wielkie kupy gruzów, z gąsienicami łomoczącymi, gdy przedzierały się przez zrujnowane warsztaty, otwierały ogień, mając cele tuż przed lufami w wąskich uliczkach blokowanych przez ściany rozbitych domów lub na fabrycznych dziedzińcach. Kilka z naszych pancernych kolosów zostało rozbitych lub wyleciało w powietrze na minach".

W końcu października wydawało się, że wszystkie ofiary obrońców poniesione przez miesiące walki na nic się nie zdały. Zostali zepchnięci do nadbrzeżnego pasa Wołgi i walczyli w kilku rejonach. Zakłady „Krasnyj Oktiabr" zostały zdobyte przez Niemców. Na terenie zakładów „Barykady" trwały zażarte boje. W Fabryce Traktorów obrońcy walczyli w trzech oddzielnych rejonach.

Czy Stalin liczył się z możliwością utraty Stalingradu? Oznaczałoby to przegraną wojnę. Dwie armie – Paulusa i Hotha, po zdobyciu miasta mogłyby wzmocnić wojska walczące na Kaukazie i zrealizować strategiczny cel, jaki Hitler postawił przed swoimi armiami na ten rok. Wiele wskazuje, że w październiku 1942 roku Stalin zwątpił w możliwość uratowania miasta. Chyba że okazałoby się, iż alianci zaczęli przygotowania do inwazji na Francję. Pamiętał, jak nerwowo zareagował Hitler na wieść o przygotowaniach do desantu na Dieppe, gdy odesłał do Francji dwie dywizje, być może uniemożliwiając tym samym swoim wojskom zdobycie Stalingradu z marszu.

Stalin postanowił więc wzmóc presję na sojuszników, a pomysł taki podsunął mu Wendell Willkie*, osobisty wysłannik prezydenta Roosevelta, który przybył do Moskwy 20 września 1942 roku. Nieformalny status pozwalał mu zachowywać się bardzo naturalnie i nie liczyć z reakcją, jakie jego poglądy mogą wywołać w Waszyngtonie czy Londynie. Nie uwzględnił jednak, jaki wpływ będzie miał na plany Stalina.

Willkie podziwiający radziecki wysiłek wojenny 26 września po powrocie z wycieczki na front złożył oświadczenie:

„Jestem przekonany, że możemy pomóc Rosjanom przez utworzenie wspólnie z Wielką Brytanią prawdziwego drugiego frontu w Europie w najwcześniejszym możliwym czasie, który zaakceptują nasi wojskowi przywódcy".

Za takimi wypowiedziami Stalin dostrzegał przyzwolenie prezydenta Roosevelta, a może nawet pewną zachętę, aby wywrzeć presję na brytyjskiego premiera i zmusić go do zaakceptowania amerykańskich planów inwazji na Europę.

Radziecka prasa ruszyła do ataku. Stalin, udzielając wywiadu korespondentowi amerykańskiej agencji Associated Press opublikowanego przez moskiewskie gazety, mówił, że „drugi front w obecnej sytuacji ma szczególne znaczenie", „pomoc aliantów dla Związku Radzieckiego jest za mało efektywna", „ważne jest, aby alianci wypełnili swoje zobowiązania całkowicie i w terminie".

Atak skierowany przeciwko Brytyjczykom nasilał się. Wiaczesław Mołotow wywołał ducha Rudolfa Hessa, o którym, wydawałoby się, prasa radziecka całkowicie zapomniała.

„Rząd radziecki uważa za istotne, żeby każdy z przywódców nazistowskich Niemiec, któremu przydarzyło się wpaść w ręce państw walczących przeciw Niemcom Hitlera, został osądzony bezzwłocznie przez specjalny sąd ze wszystkimi rygorami prawa karnego".

Dziennik „Prawda" podchwycił temat.

„Okazuje się, że Rudolf Hess przybył do Anglii w ubraniu niemieckiego lotnika. Dlatego nie jest traktowany jako zbrodniarz, lecz jako jeniec wojenny. Wystarczy więc, że zbrodniarz wojenny przebierze się, może uniknąć odpowiedzialności za swoje niezliczone zbrodnie. W ten sposób Anglia staje się miejscem azylu dla gangsterów".

*__Wendell Willkie__ (1892–1944), polityk amerykański, gorący krytyk „Nowego Ładu" Roosevelta, w 1940 r. był kandydatem Republikanów na prezydenta (mimo spóźnionej kampanii zebrał 22 mln głosów, co było najlepszym wynikiem osiągniętym w tamtym czasie przez kandydata Partii Republikańskiej). W 1941 roku odwiedził Wielką Brytanię, Bliski Wschód, ZSRR i Chiny. W 1942 r. objął stanowisko prezesa zarządu 20th Century-Fox Film Corporation. Jego książka *One World* wydana w 1943 r., będąca wezwaniem do porzucenia izolacjonizmu, miała duży wpływ na kształtowanie powojennej polityki Partii Republikańskiej.

Intryga rozwijała się coraz szybciej.

„Nie przypadkiem żona Hessa apelowała do pewnego brytyjskiego przedstawiciela, aby pozwolono jej połączyć się z mężem. Wynika z tego, że *Frau* Hess nie uważa go za jeńca wojennego. Czy więc Hess jest zbrodniarzem, czy może pełnomocnym przedstawicielem nazistowskiego rządu w Anglii, ze wszystkimi przywilejami dyplomatycznej nietykalności?".

Czy rzeczywiście żona Rudolfa Hessa zwróciła się do władz brytyjskich z prośbą o umożliwienie jej odwiedzenia męża? Nie wiadomo, ale nie miało to żadnego znaczenia.

Dziwnym zbiegiem okoliczności Brytyjczycy sami pomogli w tej antybrytyjskiej kampanii, publikując w tym samym czasie w biuletynie „Britanskij Sojuznik" - pisemku Ministerstwa Informacji dla radzieckich czytelników, zdjęcie pianistki z podpisem informującym, że „*Madame* Hess" dała koncert w London Royal Exchange. Dla każdego Anglika było oczywiste, że chodzi o znaną pianistkę Myrę Hess*. Rosjanie, nie znając brytyjskiej pianistki, byli przekonani, że żona Rudolfa Hessa przybyła do Londynu i tam koncertuje.

W tym czasie depesze Stalina do Churchilla stały się oschłe i lakoniczne. Stosunki radziecko-brytyjskie osiągnęły najgorszy stan od czasu, gdy Churchill zaproponował pomoc.

Stalin pamiętał, że sojusznicy boją się zarówno upadku Związku Radzieckiego, jak i ponownego sojuszu z Hitlerem, do którego mogłoby dojść, gdyby klęska Armii Czerwonej stała się oczywista. A sytuacja na froncie była równie zła, jak w lipcu 1941 roku, gdy Paweł Sudopłatow podejmował rozmowy z ambasadorem Stamenowem, aby namówić go do pośrednictwa w nawiązaniu rokowań z Niemcami. Stalin ponownie postanowił sięgnąć po ten straszak, choć nie sposób ocenić, czy traktował to tylko jako środek nacisku na aliantów, czy, tym razem, obawiając się, że los Stalingradu jest przesądzony, dostrzegał konieczność paktowania z Hitlerem.

W Niemczech minister Joachim von Ribbentrop wiedział, że Rosjanie poszukują możliwości nawiązania rokowań pokojowych. Informował go o tym Peter Kleist, ekspert do spraw wschodnich jego ministerstwa, który w końcu września 1942 roku w Sztokholmie spotkał się z Edgarem Klausem, tamtejszym rezydentem Abwehry. Dowiedział się od niego, że już 7 lipca 1942 roku Aleksandra Kołłontaj, której towarzyszył Andriej Aleksandrow, rezydent radzieckiego wywiadu NKWD przedstawiła propozycję dyskusji na temat powrotu do granic z 1939 roku między Związ-

*__Myra Hess__ (1890-1965), angielska pianistka znana z interpretacji utworów Bacha, Mozarta, Beethovena i Schumanna. Debiutowała w Londynie w 1907 r. W latach 1939-1946 dawała stałe koncerty w National Gallery, nawet w okresie najsilniejszych bombardowań Londynu.

kiem Radzieckim i Niemcami. We wrześniu 1942 roku Kleist już bezpośrednio spotkał się z panią Kołłontaj, której towarzyszył radca ambasady Władimir Siemionow. I tym razem rozmowa dotyczyła możliwości negocjacji pokojowych. Było oczywiste, że radzieccy dyplomaci działają dokładnie według instrukcji z Moskwy, i to z najwyższego szczebla. Nikt z urzędników przedstawicielstwa dyplomatycznego nie odważyłby się pomyśleć o takich propozycjach bez rozkazu Kremla.

Stalin informowany przez swój wywiad, że w Bletchley Park Brytyjczycy odczytują niemieckie depesze dyplomatyczne zakładał, iż niemieccy rezydenci i dyplomaci przekazują do Berlina informacje o spotkaniach z dyplomatami radzieckimi. Tym samym Churchill musiał natychmiast dowiadywać się o radzieckich knowaniach.

Minister Ribbentrop początkowo nie zwracał uwagi na radzieckie propozycje. W lipcu, gdy w Sztokholmie doszło do pierwszego spotkania, radzieckie ofensywy załamały się, a Niemcy przystępowali do realizacji planu zdobycia Stalingradu i opanowania Kaukazu. Uważał więc, że najpierw należy rzucić Rosjan na kolana, a dopiero później można pertraktować o warunkach zawarcia pokoju. Również we wrześniu 1942 roku nie uznał za stosowne zająć się sygnałami ze Sztokholmu i schował do sejfu raport o radzieckich propozycjach pokojowych. Wydobył go dopiero w listopadzie i poszedł z nim do gabinetu Hitlera.

Czy rzeczywiście Stalin zamierzał rozpocząć negocjacje z Hitlerem? Sytuacja w Stalingradzie po 14 października była bardzo trudna, ale nie beznadziejna. Obrońcy spychani do Wołgi, walczyli. Wynik bojów o miasto nie był jeszcze przesądzony. Na Kaukazie Niemcom też się nie powodziło najlepiej. Zdobyli co prawda Majkop, ale szyby naftowe i zbiorniki ropy płonęły, wysadzone przez radzieckie oddziały dywersyjne. Ugaszenie pożarów, remont urządzeń wydobywczych i rozpoczęcie normalnej eksploatacji ropy zajęłoby Niemcom wiele miesięcy. A jednak Stalin rozkazał swoim dyplomatom szukać kontaktu z Niemcami. Być może, jak zwykle jego gra miała wiele celów, ale głównym było uśpienie czujności wroga i wprowadzenie go w błąd. W październiku i na początku listopada potrzebował tego, jak nigdy dotąd, aby móc zrealizować wielki plan rozstrzygnięcia bitwy o Stalingrad. Podstawowym warunkiem powodzenia było zachowanie tajemnicy i zaskoczenie Niemców. Nie mogli się domyślać, że lada dzień ruszy na nich potężna ofensywa.

Wczesnym popołudniem 7 listopada 1942 roku Adolf Hitler wsiadł do swojego specjalnego pociągu na stacyjce „Wilczego Szańca", aby pojechać do Monachium. Tam w starej piwiarni każdego roku spotykał się z towarzyszami partyjnymi, którzy w 1923 roku u jego boku szli na Odeonsplatz, aby opanować gmachy rządowe i przejąć władzę w Bawarii, a potem w całych Niemczech.

Dręczyła go myśl o niepewnej sytuacji w Afryce Północnej. Kilka dni wcześniej feldmarszałek Erwin Rommel raportował, że musi wycofać swoje oddziały spod el Alamejn, i zrobił to, nie czekając na zgodę Führera.

Tuż potem nadeszły informacje, że w pobliżu Gibraltaru zauważono duży konwój aliancki, ale nikt nie potrafił wskazać, dokąd on zmierza. Opinie Kriegsmarine, Luftwaffe i Abwehry były całkowicie rozbieżne. Sam Hitler uznał, że alianckie okręty kierują się do Trypolisu i Benghazi.

Tymczasem na Morzu Śródziemnym okręty alianckie podzielone na dwa zespoły operacyjne dokonały gwałtownego zwrotu i skierowały się do wybrzeża Algierii i Maroka. W tym też czasie na Atlantyku do plaż Maroka podchodziły okręty trzeciego zespołu realizujące plan wielkiej inwazji oznaczony kryptonimem „Torch"*.

8 listopada pociąg Hitlera zatrzymał się na małej stacji w Turyngii, gdzie odebrano wiadomość z radia BBC: wojska alianckie wylądowały w Algierze, Oranie i Casablance. Nikt jeszcze nie wiedział, jak wielka jest to operacja.

Na stacji w Bambergu do pociągu Hitlera wsiadł minister Joachim von Ribbentrop, który na wieść o alianckiej inwazji wyruszył natychmiast z Berlina, aby osobiście omówić z Führerem nową sytuację. Nie odważyłby się podjąć jakichkolwiek działań dyplomatycznych bez wcześniejszej akceptacji wodza.

- *Mein Führer*, sytuacja państw osi w rejonie Morza Śródziemnego stała się trudna - powiedział w charakterystyczny dla siebie sposób, w jaki

*Plan operacji zakładał, że na Maroko uderzy zgrupowanie amerykańskie (zachodnie) liczące 35 tys. żołnierzy, na Oran - zgrupowanie brytyjskie (środkowe) - 33 tys. żołnierzy, na Algier - zgrupowanie amerykańsko-brytyjskie (wschodnie) liczące 39 tys. żołnierzy. Wsparcie morskie zapewniały: zgrupowanie zachodnie - 105 okrętów, w tym lotniskowiec *Ranger*, 4 lotniskowce eskortowe, 3 pancerniki, 7 krążowników, 38 niszczycieli; zgrupowanie środkowe - 100 okrętów, w tym 2 lotniskowce eskortowe, 2 krążowniki, 13 niszczycieli; zgrupowanie wschodnie - 93 okręty w tym 3 lotniskowce, 1 pancernik, 4 krążowniki, monitor, 13 niszczycieli. Całością operacji dowodził gen. Dwight Eisenhower. Siły francuskie w tym rejonie Afryki liczyły ok. 100 tys. żołnierzy, ale dowództwo alianckie nie spodziewało się większego oporu z ich strony.
Konwoje ok. 300 okrętów wyruszyły z portów brytyjskich między 22 a 27 października 1942 r., a 24 października z portów amerykańskich. Po północy 8 listopada wojska brytyjskie i amerykańskie zaczęły lądować po obu stronach Algieru, napotykając słaby opór wojsk francuskich. W Algierze niszczyciel *Broke* sforsował sieci zagradzające wejście do portu i wysadził desant, który miał zapobiec zniszczeniu urządzeń portowych; wkrótce desantowało się tam 33 tys. żołnierzy. Na Oran uderzyły w pierwszym rzucie części 2 amerykańskich dywizji piechoty oraz dywizji pancernej (zgrupowanie środkowe). W tym rejonie silny opór stawiły baterie fortów i francuskie okręty. W rejonie Casablanki wojska amerykańskie napotykały silny opór wojsk i okrętów francuskich. W większości miejsc Francuzi przerwali walkę 9 listopada na rozkaz głównodowodzącego adm. Jeana Darlana, który następnego dnia podpisał zawieszenie broni. Zapoczątkowało to włączenie francuskiej Afryki Północnej, a następnie Zachodniej do aktywnej walki przeciwko państwom osi.

Operacja „Torch" – amerykańskie czołgi w Tunezji

oznajmiał sprawy powszechnie znane. – Ale można z niej wybrnąć, gdyby zdecydował się pan ulgowo potraktować inne teatry wojny.

Miało to sugerować konieczność odwołania większych operacji w Związku Radzieckim i przerzucenia sił do rejonu Morza Śródziemnego. Uwaga Ribbentropa nie była pozbawiona sensu. Rozumiał, że wartość bojowa żołnierzy brytyjskich, a jeszcze bardziej amerykańskich nie dorównuje zaprawionym w walkach Niemcom. Gdyby więc niemieckie dywizje stanęły na afrykańskiej ziemi, szybko pokonałyby wroga. Ribbentrop miał także gotową odpowiedź na uwagę Hitlera, że takie rozwiązanie jest nie do przyjęcia ze względu na sytuację w Związku Radzieckim.

– Proszę o pozwolenie rozpoczęcia sondowania Stalina, przy wykorzystaniu pośrednictwa pani ambasador Rosji w Sztokholmie *madame* Kołłontaj, czy nie nawiązałby z nami rozmów pokojowych – mówił dalej Ribbentrop – nawet gdybyśmy mieli poświęcić nasze dotychczasowe zdobycze terytorialne na wschodzie.

Hitler z twarzą nabrzmiałą z wściekłości zerwał się z miejsca.

– Możemy rozmawiać tylko o Afryce Północnej! – krzyknął. – O niczym więcej! W czasie chwilowego osłabienia nie wolno sondować przeciwnika, który szykuje się do uderzenia – dodał już spokojniej.

Joachim von Ribbentrop

Ribbentrop przestraszony wybuchem zamilkł i nie usiłował nawet bronić swoich racji. Zawsze panicznie bał się zmienności nastrojów Hitlera, nic więc dziwnego, że i w czasie tej rozmowy nie odważył się przedstawić wszystkich argumentów uzasadniających propozycję rozpoczęcia negocjacji ze Stalinem. Nie powiedział, że Rosjanie od czterech miesięcy podejmowali próby nawiązania nieformalnych rozmów.

Dla Hitlera nie miałoby to większego znaczenia. Rozumiał konieczność przeciwstawienia się aliantom w Afryce Północno-Zchodniej, choć nigdy nie przywiązywał do tego teatru działań wojennych wagi tak dużej, jak do Europy. Uważał jednak, że sytuacja na Ukrainie ostatecznie wyjaśni się lada dzień. Raporty wskazywały, że obrońcy Stalingradu przyparci do rzeki słabli i jedno silne uderzenie zmusiłoby ich do kapitulacji. Ta walka powinna zakończyć się jeszcze przed nadejściem mrozów. A kiedy już rozstrzygnęłyby się boje na południu Związku Radzieckiego, mógłby wycofać część sił i przerzucić je do Afryki, aby wygnać stamtąd alianckie wojska inwazyjne.

Hitler był w błędzie. Rosjanie potrafili ukryć przygotowania do operacji, która miała zmienić bieg wojny.

4. Operacja „Monastyr"

Kim był „Max"? NKWD wprowadza w błąd Abwehrę. Fremde Heere Ost nie dostrzega radzieckich przygotowań. Żukow i Wasilewski proponują podjęcie ofensywy pod Stalingradem. Stalin waha się. „Uranus".

Państwa niechętnie ujawniają tajemnice wywiadu. Jakże mało efektowne jest stwierdzenie, że to szpiedzy i agenci, ludzie niezmiernie rzadko pracujący dla idei, przesądzili o wyniku bitwy czy całej kampanii. O wiele ładniej na kartach historii zapisuje się męstwo żołnierza, geniusz strategiczny dowódców i poświęcenie robotników. Wiele jednak wskazuje na to, że w sprawie bitwy o Stalingrad, podobnie jak wielu innych przełomowych bitew, szpiedzy odegrali wielką rolę.

Ta szczególna historia zaczęła się w gorące lipcowe popołudnie 1941 roku.

Mężczyzna i kobieta idący przez podwórze klasztoru Nowodiewiczego zatrzymali się przy starcu siedzącym na występie muru.

– Chcielibyśmy kupić krzyż – powiedzieli. – Dokąd mamy się udać?

Starzec przez chwilę przyglądał im się z uwagą.

– Kupić krzyż? – odezwał się wreszcie z niedowierzaniem. – Na co dzisiaj młodym ludziom krzyż kupować?

– Mąż wyjeżdża na front i chciałam mu ofiarować krzyżyk. I poświęcić – wyjaśniła dziewczyna.

– Tam – starzec wskazał głową na drzwi prowadzące do kaplicy. – Za pół godziny arcybiskup będzie odprawiał mszę, to poświęci.

Ponownie usiadł na murku i patrzył za oddalającą się parą, aż zniknęła za drzwiami. Widząc po pewnym czasie, że młodzi wychodzą, podniósł się i ruszył naprzeciw.

– Za pozwoleniem, do jakiej formacji wyjeżdżasz, młody człowieku?

– Do kawalerii, rodzinna tradycja.

– A któż to w kawalerii z rodziny służył? – dopytywał starzec z coraz większym zainteresowaniem. – Skoro krzyż kupujecie, to chyba nie w 1. Konnej tego obwiesia Budionnego?

– Nazywam się Demianow – powiedział cicho mężczyzna. – Aleksander Demianow, a to moja żona Tania...

– Syn Siergieja? Generała Siergieja Demianowa? – starzec wciąż patrzył podejrzliwie.

– Siergieja... – potwierdził niepewnie mężczyzna.

– Jest pan podobny do matki, młody człowieku – starzec rozpromienił się. – Poznałem ją jeszcze, jak do Instytutu w Smolnym uczęszczała. Jakaż to była piękna kobieta. Najpiękniejsza w Piotrogrodzie. Ach, co ja mówię! W Rosji! Pana matka i ojciec często u mnie bywali ... – przerwał nagle, jakby coś sobie przypomniał. – Jestem książę Glebow...

Znowu przerwał. Przesunął rękami po zgrzebnym suknie kurtki.

– Tak, jestem książę Glebow – powtórzył, jakby zdając sobie sprawę, że długa biała broda, rozczochrane włosy, spodnie przewiązane sznurkiem i kurtka narzucona na koszulę, przy której brakowało guzików, mogą sprawić, że młodzi ludzie mu nie uwierzą.

– Chodźmy tam – wskazał ręką na ławkę w podcieniach. – Nieczęsto można spotkać syna tak sławnego żołnierza, jak generał Demianow.

Rozmowa w podcieniach nie trwała długo. Glebow zdążył jedynie opowiedzieć, że w 1913 roku jako przewodniczący towarzystwa ziemskiego podejmował cara w Kostromie, zaś jego żona należała do najbliższego otoczenia carycy.

Młody Demianow spieszył się, ale obiecał, że wróci następnego dnia, co starzec przyjął z niedowierzaniem. Widocznie często ludzie opędzali się przed jego natarczywymi wspomnieniami. Jednakże mężczyzna pojawił się, co wyraźnie wzruszyło księcia. Z uwagą słuchał relacji ostatniego potomka sławnej rodziny. Ojciec Aleksandra zginął z szablą w ręku w 1915 roku. Stryj, szef kontrwywiadu białych, walczył na Północnym Kaukazie, aż wpadł w ręce czekistów i zmarł, prawdopodobnie na tyfus, gdy wieźli go do Moskwy. Matka, petersburska piękność, po rewolucji odmawiała wyjazdu z Rosji, choć takie propozycje składał jej sam generał Siergiej Ułagaj, przywódca białych emigrantów w Paryżu.

Historia arystokratycznej rodziny bardzo zaciążyła nad życiem młodego Aleksandra w Związku Radzieckim. Odmówiono mu wstępu do socjalistycznej uczelni. Ukończył jedynie kurs elektryków. Aresztowano go, gdyż kolega doniósł, że przygotowuje zamach. Wyszedł jednak na wolność, gdy okazało się, że oskarżenie było całkowicie zmyślone.

Książę Glebow, słuchając tej relacji, już w tym momencie powinien zacząć coś podejrzewać. Tajna policja przetrzymywała w łagrach ludzi z powodów o wiele bardziej błahych, a Demianowa wypuszczono!

Przyjechał do Moskwy, gdzie podjął pracę jako elektryk w wytwórni filmowej, znajdując życzliwość i przyjaźń wielu gwiazd radzieckiego kina, w tym słynnego reżysera Michaiła Roma.

Na domiar wszystkiego Aleksander wyjawił księciu swój największy sekret: był członkiem tajnej organizacji monarchistycznej „Tron", planującej obalenie Stalina.

Tak narodziła się przyjaźń między siedemdziesięcioletnim starcem a trzydziestolatkiem. Wkrótce jednak Aleksander musiał pojechać na front.

Już nigdy więcej się nie spotkali, choć książę Glebow był kilkakrotnie pytany przez różnych ludzi o Aleksandra i zawsze wystawiał mu jak najlepsze świadectwo. Niedługo potem zmarł. Nigdy nie podejrzewał, że człowiek, którego obdarzył sympatią i zaufaniem, był agentem NKWD działającym dokładnie według wskazań Michaiła Maklarskiego, prowadzącego go oficera.

Prawdopodobnie w 1929 roku, gdy Aleksander znalazł się w więzieniu, zdecydował się podjąć współpracę z tajną policją polityczną. Być może chciał uniknąć konsekwencji oskarżenia o udział w spisku. Tuż potem wysłano go do Moskwy, a gdy zaczął pracę w wytwórni filmowej, zlecono mu penetrowanie środowiska aktorów i filmowców, co wykonywał z poświęceniem. Bardzo pomagała mu żona Tania, córka znanego moskiewskiego lekarza, jednego z niewielu, którzy otrzymali zgodę na prowadzenie prywatnej praktyki.

Demianowowi, ze względu na arystokratyczne pochodzenie, udało się nawiązać kontakty z dyplomatami, wśród których byli pracownicy niemieckiej ambasady. Interesował ich młody człowiek, który nie odrzucał możliwości podjęcia aktywnej walki z reżymem odpowiedzialnym za upadek jego świetnej rodziny. Nie wiadomo, czy już wówczas nawiązał współpracę z niemieckim wywiadem, oczywiście pod kontrolą NKWD, ale na pewno rezydent Abwehry informował Berlin o młodym człowieku nienawidzącym stalinizmu. Te informacje bardzo pomogły Aleksandrowi w zimowy wieczór 1941 roku, gdy na nartach przedarł się do niemieckich linii, gdzie przedstawił się jako dezerter. Nie zdawał sobie sprawy, że udało mu się przejechać przez pole minowe, co bardzo zdumiało Niemców. Uznali, że musiał znać plany tego pola, skoro przebył je bezpiecznie; prowadziło to do oczywistego wniosku, że był szpiegiem, którego wywiad radziecki usiłował podsunąć Niemcom. Przekazano go do centrali w Smoleńsku i tam okazało się, że figurował w kartotece niemieckiego wywiadu od przedwojennych czasów pod pseudonimem „Max".

Niemcy potrafili również docenić, że był członkiem monarchistycznej organizacji „Tron". Sądzili, że jest to doskonała rekomendacja, zaś członkowie tego tajnego związku, antykomuniści, są naturalnymi sprzymierzeńcami Niemiec. Dobra opinia, jaką dał Demianowowi książę Glebow, wzmocniła ich zaufanie do szpiega.

W lutym 1942 roku Demianow został zrzucony ze spadochronem wraz z dwoma innymi agentami w rejonie Jarosławia. Zamieć śnieżna sprawiła, że pogubili się i każdy z nich osobno dotarł do Moskwy. Ta okoliczność była na tyle sprzyjająca dla „Maxa", że mógł odpowiednio przygotować swoje mieszkanie na przyjęcie pozostałych agentów, szefowie NKWD postanowili bowiem pozostawić ich na wolności, aby móc poznać wszystkie ich kontakty. Istniało jednak niebezpieczeństwo, przed którym przestrzegał Demianow, że ci ludzie byli wyszkolonymi dywersantami i pozostając wolnymi, mogli wysadzić kilka obiektów w stolicy. Zaradzono temu, gdy tylko zgłosili się do mieszkania Demianowa. Jego żona wsypała im do herbaty silny środek nasenny i gdy spali, specjaliści z NKWD rozbroili zapalniki ich ładunków wybuchowych.

„Max" szybko zdobywał zaufanie szefów z Abwehry. Zaczęli mu wierzyć szczególnie po przesłaniu informacji o ofensywie zaplanowanej przez generała Żukowa w rejonie Rżewa. Gdy wojska radzieckie ruszyły, Niemcy, dobrze przygotowani do obrony, odparli atak, zadając Armii Czerwonej dotkliwe straty. Dowodzący tą operacją generał Żukow nigdy nie dowiedział się, że jego plany, na polecenie Stalina, zostały ujawnione przez „Maxa" Niemcom. Zwiększenie wiarygodności agenta kosztowało życie kilku tysięcy radzieckich żołnierzy...

Bez wątpienia „Max" stał się głównym pionkiem w wielkiej grze NKWD i GRU, której celem było ukrycie ofensywy przygotowywanej w rejonie Stalingradu.

Demianow nie mógł wiedzieć, że nie tylko on miał pseudonim „Max"; Abwehra nadała to imię kilku agentom działającym na terenie Związku Radzieckiego. Często zdarzało się, że wywiad określał jednym pseudonimem grupę ludzi. Na przykład na Zachodzie imieniem „Josefine" nazwano trzech pracowników ataszatu wojskowego ambasady Szwecji w Londynie, którzy też mieli związek z akcją wprowadzania Niemców w błąd w sprawie stalingradzkiej ofensywy.

Pozostaje pytanie, czy wszyscy ludzie nazwani „Max", byli znani radzieckiemu kontrwywiadowi? Nikt z oficerów NKWD, którzy kontrolowali i prowadzili Demianowa, nie zdradził tej tajemnicy. Być może dlatego, że prawdę znali tylko najwyżsi rangą funkcjonariusze, tacy jak Beria czy Kobułow, i nie dzielili się tą wiedzą z oficerami niższymi rangą. Jeżeli jednak pozostali „Maxowie" zdołali uniknąć dekonspiracji, ich meldunki, już autentyczne, nadawały większej wiarygodności raportom Demianowa, zaś Niemcy mogli się cieszyć, że udało im się ulokować swoich szpiegów tak wysoko.

„Max" informował 4 czerwca 1942 roku:

„2 czerwca jedna dywizja piechoty, pułk artylerii, pułk średnich czołgów z Astrachania przybyły do Tichorecka, prawdopodobnie w drodze do Rostowa. 3 czerwca transport 300 ciężkich i średnich czołgów przybył ze Stalingradu do Krasnodaru, kierowany do Tamania".

Sensacyjny raport nadszedł od „Maxa" 14 lipca 1942 roku:

„Rada wojskowa w Moskwie - wśród obecnych Szaposznikow, Mołotow, Woroszyłow, a także angielski, amerykański i chiński attaché - zakończyła się w nocy 13.7. Szaposznikow zapowiedział wycofanie aż nad Wołgę, tak że Niemcy muszą spędzić zimę nad Wołgą (...). Ataki będą przeprowadzone w dwóch miejscach: na północ od Orła i na północ od Woroneża; flota powietrzna i oddziały pancerne zostaną wykorzystane. Atak odwracający uwagę zostanie przeprowadzony prawdopodobnie w rejonie Kalinina".

Niemcy po wielokrotnym sprawdzaniu wierzyli w raporty „Maxa" tak bardzo, jak tylko można wierzyć szpiegowi. Dowódca Grupy Armii „Środek" zwykł każdego dnia pytać szefa swojego wywiadu, czy z tego źródła są jakieś wiadomości. Oficer tak doświadczony, jak generał Heinz Guderian, powiedział kiedyś Walterowi Schellenbergowi*, gdy ten przejął kierowanie wywiadem, że żaden szpieg nie jest tak ważny i cenny, jak „Max".

Gra NKWD sięgała jednak dalej. Człowiek, który nadzorował przejmowanie radiogramów „Maxa" był również agentem radzieckim. Nazywał się Franz Kauders, był Żydem i urodził się w 1903 roku w Wiedniu. W wieku 24 lat wyjechał do Zurychu, a następnie do Paryża i Berlina. Po dojściu Hitlera do władzy w 1933 roku musiał opuścić Niemcy i znalazł schronienie w Budapeszcie, gdzie nawiązał kontakt z miejscowym rezydentem Abwehry. Prawdopodobnie już wówczas pozostawał w kontakcie z wywiadem radzieckim, co było całkowicie naturalne - człowiek prześladowany przez nazistów podjął z nimi walkę w sposób najbardziej oczywisty, oddając swoje umiejętności i kontakty na usługi

*__Walter Schellenberg__ (1910-1952), Brigadeführer SS, szef niemieckiego wywiadu służby bezpieczeństwa SS (Sicherheitsdienst, SD), karierę rozpoczął w 1933 r., gdy zdecydował się wstąpić do SS, a następnie do partii nazistowskiej NSDAP. Zainteresował się nim Reinhard Heydrich, który w 1935 r. ściągnął go do kwatery głównej SD w Berlinie, gdzie powierzył mu sprawy kontrwywiadu. Od czasu powołania Głównego Urzędu Bezpieczeństwa Rzeszy (RSHA) w 1939 r. był szefem wydziału kontrwywiadu (Amt IVE) w IV departamencie (Gestapo). 9 listopada 1939 r. wsławił się porwaniem dwóch agentów brytyjskich z holenderskiego miasteczka Venlo. 21 czerwca 1941 r. objął szefostwo wywiadu zagranicznego (urząd VI RSHA), który szybko zreorganizował, two-

wywiadu wrogiego państwa. Abwehra zaś, doceniając sukcesy Kaudersa, który zdobył wiele cennych informacji o sytuacji w Jugosławii, wysłała go do Sofii, gdzie objął szefostwo placówki wywiadowczej zbierającej informacje ze Związku Radzieckiego. Tak to pod jego opiekę trafił „Max".

Kauders był pierwszym ogniwem analizującym i oceniającym raporty ze Związku Radzieckiego. Zdarzyło się, że popełnił błąd, który zwrócił na niego uwagę szefa sofijskiego oddziału Abwehry - Wagnera. Zauważył on, że Kauders nie wysyła szyfrogramów do Moskwy z poleceniami dla agentów, co wydało mu się nadzwyczaj dziwne. Wezwał go do złożenia wyjaśnień i dowiedział się, że Kauders korzysta z radiostacji bułgarskiej policji, ponieważ „ich mentalność [tzn. Bułgarów - B.W.] bardziej odpowiada Rosjanom".

Wagner był dociekliwy. Sprawdził, czy radiostacja bułgarskiej policji utrzymuje łączność z „Maxem". Okazało się, że nie.

- Powiedziałem tak, żeby pan Wagner nie przeszkadzał w naszych operacjach - wytłumaczył Kauders szefom w Berlinie. - W rzeczywistości, ze względu na lepsze warunki depesze wysyłane są z portowego miasteczka Samsun w Turcji.

I to wyjaśnienie okazało się kłamstwem. Wagner z dowodami zdrady stawił się w gabinecie admirała Wilhelma Canarisa, szefa Abwehry, gdzie był również pułkownik Rudolf von Marogna-Redwitz odpowiedzialny za kontakty z radzieckimi agentami. Odrzucili jednak oskarżenia wobec Kaudersa, twierdząc, że od niego Abwehra otrzymuje kompletne i najbardziej wiarygodne informacje.

- Luftwaffe uważa - powiedział Rudolf von Marogna-Redwitz - że raporty Kaudersa są najlepsze, decydujące dla prowadzenia działań.

- Proszę go obserwować - zakończył sprawę Canaris. I dodał z naciskiem: - Ale nie przeszkadzać mu w pracy.

NKWD plotło bardzo misterną intrygę, z której wynikało, że Armia Czerwona szykuje się do ofensywy, ale przeciwko wojskom Grupy Armii „Środek", co było zgodne z prawdą. Nawet czujny i nadzwyczaj trafnie oceniający sytuację pułkownik Reinhard Gehlen dał się zwieść tej grze i nie zauważył szczególnych przygotowań do ofensywy w rejonie Stalingradu.

rząc skuteczną instytucję. W 1944 r. z jej urzędów I i II utworzono Amt Mil zajmujący się wywiadem wojskowym i dywersją, włączony do urzędu VI RSHA, co w połączeniu z nadzorem nad dawnym urzędem III Abwehry (włączonym do Gestapo) oraz oddziałem wywiadu na wschodzie oznaczało podporządkowanie Schellenbergowi całego wywiadu. W końcu wojny na polecenie Heinricha Himmlera podjął w Szwecji próby wynegocjowania z aliantami warunków traktatu pokojowego. Wydany aliantom, był świadkiem na procesie norymberskim. W styczniu 1948 r. amerykański sąd wojskowy skazał go na 6 lat więzienia. Wyszedł na wolność w 1951 r.

W raporcie *Krótka ocena sytuacji wroga* z 18 listopada 1942 roku, a więc z przedednia radzieckiej ofensywy w rejonie Stalingradu oceniał:

„ (...) Rejon Grupy Armii «B»:

W rejonie 4. armii pancernej, 6. armii i 3. armii rumuńskiej wróg podciągnął trzy brygady pancerne - prawdopodobnie z 13. korpusu pancernego, co wskazuje na dalsze wzmocnienie sił nieprzyjaciela w rejonie 6. korpusu rumuńskiego [na południe od Stalingradu - B.W.]. Można uznać, że oczekiwane ataki, nawet ograniczone, mogą przekroczyć lokalne rozmiary, chociaż nic nie wskazuje, by pancerne związki przesunięte w rejon 6. korpusu rumuńskiego miały tam zostać wykorzystane.

W rejonie 3. armii rumuńskiej notuje się jedynie lokalną aktywność bojową; wprowadzenie kolejnych dywizji rosyjskich (111. dywizja piechoty z rezerw 61. armii) pozwala sądzić, że wróg wzmacnia swoje siły".

Takie raporty, pisane w charakterystyczny dla Gehlena sposób, w którym unikał jasnych i ostatecznych stwierdzeń, otrzymało dowództwo Wehrmachtu w przeddzień radzieckiej ofensywy pod Stalingradem. Wynikało z nich, że na froncie, poza rutynowymi ruchami wojsk, nic specjalnego się nie dzieje.

Tymczasem od 13 września 1942 roku radzieckie dowództwo przygotowywało wielką operację; w gabinecie Stalina stawili się Żukow i Wasilewski z planami wielkiego uderzenia. Proponowali atak na skrzydła szturmującej Stalingrad 6. armii generała Paulusa osłanianej przez armie rumuńskie, które uznawali za słabe, niezdolne do stawienia poważniejszego oporu.

– Sami Niemcy oceniają, że wartość bojowa jednej ich dywizji równa się wartości dwóch dywizji sojuszniczych, z wyjątkiem fińskich - argumentował Wasilewski.

Stalin wahał się. Wolałby kontynuować obronę Stalingradu i nie ryzykować podejmowania ofensywy - być może zrozumiał, jak wielkie straty przynoszą tego rodzaju operacje, zaś nieudana ofensywa pod Stalingradem mogła przesądzić o utracie miasta i wszelkich katastrofalnych następstwach. Ostatecznie zgodził się, ale wątpliwości nie opuściły go. Jeszcze na początku listopada gotów był odwołać operację, której nadano kryptonim „Uranus". Niepokoił go brak wystarczającej przewagi liczebnej wojsk radzieckich. W istocie Armia Czerwona mogła wystawić do boju ogółem 14 armii ogólnowojskowych i 1 armię pancerną dysponujących 1400 czołgami, 17 000 dział i moździerzy oraz 1276 samolotami. Siły niemieckie były równe, ale Wehrmacht miał około stu samolotów więcej.

To szczególnie zaniepokoiło Stalina. 11 listopada zadzwonił do Żukowa przebywającego już na stalingradzkim froncie.

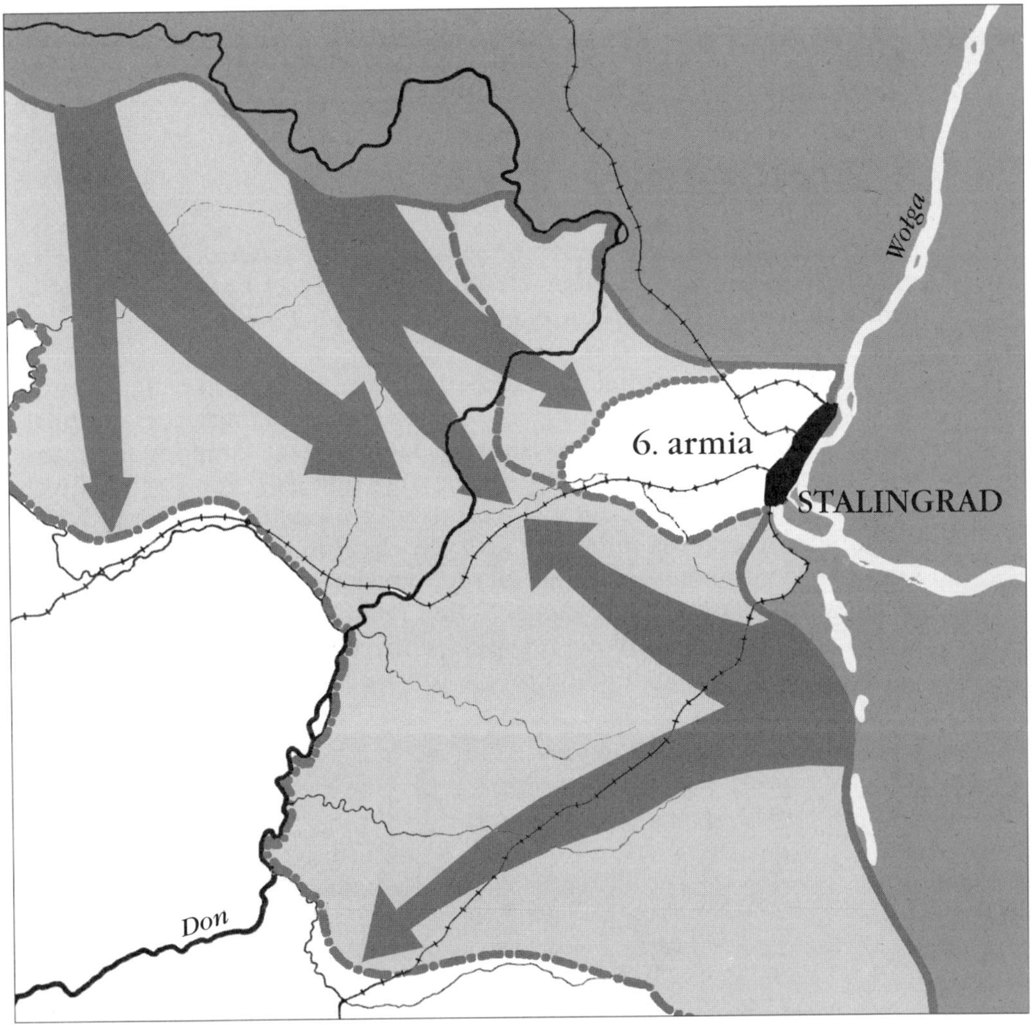

Radziecka ofensywa pod Stalingradem 19 listopada 1942

– Doświadczenie z tej wojny pokazuje, że można wygrać z Niemcami tylko wtedy, gdy ma się przewagę w powietrzu – mówił. Jeżeli to nie może być zagwarantowane, lepiej odłożyć operację na pewien czas.

Cztery dni przed ofensywą zadzwonił ponownie. Tym razem oświadczył, że Żukow sam powinien podjąć decyzję, kiedy przystąpić do ofensywy. Tym samym złożył na niego całą odpowiedzialność. Żukow zaś nie obawiał się jej przyjąć. Wiedział, że siły są równe, ale na całym froncie, a nie na głównych kierunkach uderzeń, które zaplanował. Tam jego wojska miały zdecydowaną przewagę: trzy- lub czterokrotną w ludziach i czterokrotną w sprzęcie, zwłaszcza w liczbie dział i moździerzy. A najważniejsze, że Niemcy w najmniejszym stopniu nie zdawali sobie sprawy, co przyniesie noc z 18 na 19 listopada 1942 roku. Zaskoczenie miało się okazać najpotężniejszą bronią Żukowa.

5. Stalingrad

Niespodziewana ofensywa. 6. armia w potrzasku. Hitler nie zezwala na wycofanie wojsk. Głód. Styczeń 1943 roku – ofensywa, która przesądziła o wojnie. Feldmarszałek Paulus.

Noc była bardzo zimna. Deszcz padający od rana zamarzał, pokrywając ulice grubą warstwą lodu, w którym, jak kiedyś lampy, teraz odbijały się ognie płonących domów. Czuło się nadchodzącą zimę i świadomość tego napawała w równym stopniu trwogą oblegających i obleganych. W zniszczonym mieście nie było ani gazu, ani elektryczności. Jedynym sposobem ocieplenia miejsc, w których chronili się mieszkańcy Stalingradu, było palenie drewna, ale ciepło ogniska szybko wygasało, podobnie jak szybko kończyły się zapasy. Żołnierze niemieccy, którzy już zdążyli poznać bezmiar surowości rosyjskiej zimy, też obawiali się nadchodzących tygodni, choć byli lepiej przygotowani niż rok temu.

Robotniczy oddział w Stalingradzie

Ciemności co chwila przerywały świetliste sznury pocisków smugowych, które szybowały w niebo, albo gwałtowne rozbłyski wybuchów. Nagłe światła rozpalające się na tle listopadowych chmur świadczyły niezbicie, że gdzieś nad Wołgą Niemcy podjęli próbę zdobycia obiektu i wzmogli ogień artyleryjski.

Jak zwykle o drugiej, trzeciej nad ranem światła zaczynały przygasać. Stalingrad stawał się cichy, jakby atakujący i atakowani szykowali się do odpoczynku, choć cisza na dobre zapadała dopiero koło piątej nad ranem.

Tej nocy stało się coś dziwnego. Najpierw pojawił się wielki błysk na północnym niebie. Nierówny, jakby tysiące rozbłysków zlały się w jedno. Potem dał się słyszeć grzmot. Daleki, przytłumiony, gasł powoli. Żołnierze drzemiący w okopach, otuleni w waciaki i papiery unieśli głowy. To musiała być burza, ale w listopadzie nad stepem nie przechodzą burze! Nigdy...

Po chwili znów ten sam błysk rozświetlił północne niebo. Jasny, jak od pioruna. I ten sam stłumiony grzmot dobiegł ich uszu. Podnieśli się. Nikt nie mógł się mylić. Błyskało daleko na północnym zachodzie, gdzieś za Donem, a tam nie było Niemców. Mijały minuty. Nikt już nie mógł mieć wątpliwości: „Nasi ruszyli!". Z różnych punktów Stalingradu strzeliły w powietrze jasne paciorki pocisków smugowych i na niebie rozkwitły flary, jakby całe stalingradzkie wojsko chciało przyłączyć się do odległej kanonady.

Tego dnia nad ranem, 19 listopada, na północ od miasta ruszyły Fronty Doński i Południowo-Zachodni. Uderzenie było tak zaskakujące i potężne, że linie armii rumuńskiej mimo jej zaciętej obrony zaczynały pękać. Jedyną dla nich nadzieją było wejście do akcji XLVIII korpusu pancernego generała Ferdinanda Heima, lecz ten pogubił swoje wojska. Miał pod rozkazami 22. dywizję pancerną całkowicie wyczerpaną bojami o Stalingrad i rumuńską 1. dywizję pancerną, która zapodziała się gdzieś w stepie, zaś grupę bojową 14. dywizji wyłączono spod jego dowództwa. Korpus pancerny, który mógł zatrzymać radziecką ofensywę, tkwił więc na tyłach niezdolny przyjść z odsieczą Rumunom*. A ich siły szybko wypalały się w radzieckim ogniu, aż po trzech dniach prysła rumuńska obrona i żołnierze rzucili się do panicznej ucieczki.

Na południe od Stalingradu ruszyły wojska Frontu Stalingradzkiego. Powtórzyła się sytuacja z poprzedniego dnia: rumuńska 4. armia biła się dzielnie, ale nie była w stanie zatrzymać pancernego walca. 21 listopada Front Stalingradzki połączył się z Dońskim, zamykając w okrążeniu 6. armię Paulusa i część 4. armii pancernej Hotha.

*Hitler rozkazał rozstrzelać generała Heima, ale ostatecznie nie doszło do wykonania wyroku.

Friedrich Paulus

Stalin zareagował nerwowo na wieść o sukcesach swoich wojsk. Siedział w milczeniu nad mapą, na której zakreślono wielki czerwony pierścień opasujący niemieckie wojska. Gdyby udało się zniszczyć ich, byłby to przełomowy moment w tej wojnie. Czy było to możliwe? Nie wiedział, ilu żołnierzy Wehrmachtu znalazło się wewnątrz, ale przypuszczał, że 6. armia jest wystarczająco silna, aby podjąć próbę przełamania pierścienia. Należało zakładać, że Niemcy wesprą wysiłki Paulusa uderzeniami z zewnątrz. Tymczasem 6. armia pozostała w okrążeniu, nie usiłując przerwać słabych jeszcze linii radzieckich. Dlaczego?

To Hitler zadecydował o losie okrążanych jednostek, wydając rozkaz:

„6. armia zajmie pozycję jeża i będzie oczekiwała na pomoc z zewnątrz".

Dlaczego tak postąpił?

Dyktatorzy są bardzo czuli na punkcie honoru. Chcą, aby naród dostrzegał w każdym ich działaniu, każdym kroku żelazną wolę i prorocze widzenie wydarzeń. Przecież 30 września i 8 listopada obiecał narodowi, że wojska nie cofną się spod Stalingradu i to przeklęte miasto noszące imię znienawidzonego bolszewika padnie pod niemieckimi ciosami. Jakże więc dwa tygodnie później mógł zaaprobować wycofanie wojsk, które miały wykonać tę misję? A może, podobnie jak w grudniu 1941 roku, obawiał się, że odwrót w warunkach zimy może zamienić się w paniczną ucieczkę?

Rozkaz Führera oznaczał dla dowódcy 6. armii generała Paulusa, że może tylko liczyć na odsiecz, nie mając możliwości manewru. Próbował zmienić tę sytuację, która groziła zagładą jego armii. Wieczorem 23 listopada zatelegrafował do Hitlera:

„Wróg nie zamknął jeszcze okrążenia na zachodzie i południowym zachodzie, ale stanie się to wkrótce. Nasze zapasy amunicji i paliwa wyczerpują się. Konieczne jest wycofanie wszystkich naszych dywizji spod Stalingradu".

Odpowiedź nadeszła w nocy z 23 na 24 listopada:

„Führer nie zgodził się na wycofanie wojsk".

Wkrótce 278 000 żołnierzy niemieckich z 6. armii i części 4. armii pancernej znalazło się w okrążeniu, który objął obszar o długości 60 kilometrów i szerokości 40 kilometrów. Jak długo mogli wytrzymać pozbawieni dostaw?

Armia Paulusa zużywała każdego dnia około czterystu ton amunicji, paliwa i żywności, którą dowoziło 17–18 pociągów towarowych. Minimum wynosiło trzysta ton, a ponieważ Armia Czerwona zablokowała drogi i linie kolejowe, taką ilość zaopatrzenia musiałyby dostarczać samoloty. Oznaczało to, że każdego dnia na siedmiu lotniskach w rejonie 6. armii musiałoby lądować około trzystu samolotów. Czy było to możliwe?

Hitler zadał to pytanie dowódcy Luftwaffe Hermannowi Göringowi. Ten odpowiedział twierdząco. Powołał się na przykład obrony II korpusu okrążonego w lutym 1942 roku w rejonie Demiańska. Tam 96 tysięcy żołnierzy stawiło desperacki opór silniejszemu wrogowi i odpierało ataki, nawet gdy Rosjanie zrzucili w środek kotła dwie brygady spadochronowe. Obrona była możliwa dzięki stałym dostawom z powietrza broni, amunicji i żywności. Każdego dnia na polowych lotniskach obleganego korpusu lądowało 100-150 samolotów transportowych, które przewiozły łącznie 65 tysięcy ton zaopatrzenia i ewakuowały 34 500 rannych i chorych. Göring nie chciał lub nie miał czasu (gdy Hitler zapytał go o możliwości zaopatrywania armii Paulusa, wybierał się do Paryża na zakupy) rozważyć, że pod Stalingradem sytuacja była całkowicie inna. W radzieckim okrążeniu znalazło się bez mała trzykrotnie więcej żołnierzy niż w rejonie Demiańska. Dostawy musiały więc być znacznie więk-

Gigantyczne samoloty Messerschmitt Me 323 z dostawami dla armii Paulusa

sze, i to w okresie gorszej pogody – deszcze, niskie chmury, częste mgły występujące w listopadzie znacznie częściej niż w lutym mogły paraliżować komunikację lotniczą przez wiele dni.

Już w końcu listopada temperatura spadła do 35° Celsjusza poniżej zera. Zaczynały się zamiecie śnieżne. Mróz ograniczył sprawność niemieckiego lotnictwa i liczbę samolotów, które udało się uruchomić i przygotować do lotu. Utrzymanie regularnych dostaw wymagało użycia tysiąca samolotów transportowych *Ju 52/3m*, a tymczasem Luftwaffe miała tych samolotów 750 i to na lotniskach w wielu państwach Europy oraz w Afryce. W rezultacie okrążona armia Paulusa otrzymywała każdego dnia 90 ton zaopatrzenia zamiast niezbędnych 300 ton!

Hitler nie chciał jednak polegać na powietrznym moście, uważał, że 6. armia nie będzie długo pozostawała w okrążeniu. Zadanie przełamania linii wojsk radzieckich powierzył jednemu z najwybitniejszych dowódców, feldmarszałkowi Erichowi von Mansteinowi, który miał poprowadzić do boju Grupę Armii „Don". Wydawałoby się, że jest to siła wystarczająca do przerwania radzieckiego pierścienia. Jednakże w tym związku wszystko było nazwą, za którą niewiele się kryło. Feldmarszałek von Manstein miał pod swoimi rozkazami pięć dywizji pancernych, cztery dywizje piechoty i trzy dywizje polowe Luftwaffe oraz jednostki rumuńskie, ale bardzo wyczerpane. Ponadto Hitler osłabił je, odsyłając jedną z dywizji pancernych na tyły pokiereszowanej włoskiej 8. armii. Manstein mógł jedynie liczyć na pogodę, która uniemożliwiłaby działanie radzieckiego lotnictwa, niezawodną moc 6. dywizji pancernej, przerzuconej z Francji 27 listopada, dysponującej 160 czołgami *PzKpfw IV*, batalionem 30 czołgów ciężkich *Tiger*, 42 działami samobieżnymi i 22 ciężkimi samochodami pancernymi oraz na osłabienie radzieckich dywizji, które również wykrwawiały się w walkach.

Tymczasem zapasy okrążonych wojsk nikły w oczach. Od 8 grudnia 1942 roku żołnierze każdego dnia otrzymywali 200 g chleba, 120 g świeżego mięsa lub 200 g mięsa końskiego, 50 g sera lub 75 g kiełbasy, 30 g masła, margaryny lub smalcu, 3 porcje alkoholu, 3 papierosy, cygaro lub 25 g tytoniu. To było dużo w porównaniu z wyżywieniem ludności w okupowanych krajach; więcej niż dostawali żołnierze radzieccy, niż mieli mieszkańcy oblężonego Leningradu, którym musiało wystarczyć dziennie od 125 do 250 g chleba z owsa lub celulozy. Jednakże niemieckie magazyny pustoszały szybko. Siły wojsk Paulusa wyczerpywały się i było oczywiste, że po kilku tygodniach wynędzniała armia nie będzie mogła odeprzeć decydującego radzieckiego uderzenia.

12 grudnia 1942 roku ruszyła niemiecka kontrofensywa, która miała przełamać radziecki pierścień wokół 6. armii. Na południu 6. dywizja pancerna, wypoczęta i świetnie wyposażona, szła jak taran, rozbijając radziecką obronę. W ciągu dwóch dni zniszczyła 41 radzieckich czołgów i wbiła

się na głębokość 50 kilometrów. Od linii obronnych wojsk generała Paulusa dzieliło ją tylko 48 kilometrów! Byli już tak blisko.

Hitler zdecydował się wesprzeć uderzenie i 15 grudnia wydał rozkaz skierowania do walki 17. dywizji pancernej, stojącej dotychczas na tyłach wojsk włoskich, ale ona miała zaledwie 30 czołgów gotowych do walki.

Na północy posuwały się do przodu dwie dywizje pancerne grupy armijnej „Hollidt".

I nagle stało się to, czego obawiał się Manstein i o czym nie chciał myśleć Hitler, wycofując z tyłów słabej 8. armii włoskiej dywizję pancerną. Rosjanie zauważyli ten manewr i tam właśnie 16 grudnia skierowali uderzenie trzech armii. Po trzydniowej rozpaczliwej obronie Włosi rzucili się do ucieczki, pozostawiając we froncie ogromną wyrwę, której Niemcy już nie mogli wypełnić. Radzieckie wojska odepchnęły Niemców z dwóch miejscowości Tacynska i Morozowsk, gdzie znajdowały się lotniska, z których startowały samoloty z zaopatrzeniem dla 6. armii. Nowe lotniska znajdowały się o 120 kilometrów dalej na zachód. Trasa, jaką musiały pokonać samoloty transportowe, wydłużyła się, czego bezpośrednim skutkiem był spadek liczby lotów i ilości dostarczanego zaopatrzenia.

Generał Paulus żądał dostarczenia 1800 ton żywności i 4000 ton paliwa, aby część jego oddziałów mogła podjąć próbę przedarcia się przez radzieckie linie i nawiązania kontaktu z dywizjami idącymi z południa.

Ju 52/3m. Samoloty, od których zależał los armii

Luftwaffe zmobilizowało wszystkie siły. 18 grudnia samoloty dostarczyły armii Paulusa 270 ton, co trzykrotnie przekraczało dotychczasowe dzienne dostawy, ale nie wystarczało, aby grupa uderzeniowa mogła ruszyć do boju. Pozostawała jeszcze jedna możliwość: cała 6. armia wyruszy spod Stalingradu, aby przełamać radzieckie linie. Można było założyć, że zmasowane uderzenie z dwóch stron na radziecki pierścień - od wewnątrz i z zewnątrz - rozerwie go. Jednakże wydanie takiego rozkazu 6. armii oznaczałoby, że musiałaby ona pozostawić około 10 tysięcy rannych, których los, gdyby dostali się w ręce Rosjan, byłby przesądzony. Decyzja należała do Hitlera, ale on zdawał sobie sprawę, że wojska Paulusa wiążą pod Stalingradem 70 dywizji i brygad radzieckich, a te uwolnione od walk na przedpolach miasta, odcięłyby wojska niemieckie na południu Związku Radzieckiego.

– Szósta armia musi trwać na pozycjach, jeżeli nawet nie zdołam zlikwidować oblężenia aż do wiosny - powiedział Hitler. Wciąż nie rozumiał, jak bardzo krytyczna jest sytuacja. Wydał wyrok na całą armię, która pozostała na swych pozycjach.

Pogoda pogarszała się. Coraz krótszy dzień i częste zamiecie powodowały przerwy w dostawach.

24 grudnia ponownie ograniczono racje żywnościowe dla żołnierzy. Na obiad dostawali ryż lub odrobinę końskiego mięsa, na kolację - 200 g chleba, dwie kulki końskiego mięsa, 20 g masła i kawę. Czasami dodawano 115 g chleba, 30 g cukru. Wiadomo było, że zapasów na długo nie wystarczy i lada dzień trzeba będzie ponownie zmniejszyć racje.

Generał Paulus wydał tego dnia odezwę do żołnierzy:

„Rosjanie czynią nieustające wysiłki, aby rozpocząć rozmowy z dowództwem armii lub jej jednostek. Cel jest oczywisty: chcą złamać naszą wolę oporu, czyniąc obietnice. Wszyscy wiemy, co nam grozi, gdy ustanie obrona: większość z nas czeka śmierć od nieprzyjacielskiej kuli, głód lub cierpienia w syberyjskiej niewoli. Jedno jest pewne: kto się podda, nigdy nie zobaczy swoich najbliższych. Mamy tylko jedną możliwość: walczyć do ostatniego naboju. Dlatego każda propozycja podjęcia rozmów będzie odrzucona, pozostawiona bez odpowiedzi, a niosący flagę rozejmu znajdą się pod ogniem".

Stalin otrzymał tłumaczenie tej odezwy dowódcy 6. armii. Już był spokojny. Wiedział, że pod Stalingradem wygrał.

Nadchodził czas ostatecznego rozstrzygnięcia, które miało zaważyć na biegu całej wojny. 10 stycznia 1943 roku o godzinie 8.05 siedem tysięcy radzieckich dział i moździerzy otworzyło zmasowany ogień na pozycje 6. armii. Po 55 minutach ogniowej nawały uderzyły dwie radzieckie armie.

22 stycznia o godzinie 16.00 Paulus depeszował do Hitlera:

„Nie zdołamy już powstrzymać naporu Rosjan. Nie jest też możliwe otrzymanie amunicji od sąsiednich frontów. Żywność się kończy. Ponad

12 000 rannych pozostaje bez opieki. Jaki rozkaz powinienem wydać żołnierzom, którzy nie mają amunicji i są pod zmasowanym ogniem artylerii, czołgów i piechoty?".

Feldmarszałek Paulus przybywa, aby podpisać akt kapitulacji

Hitler, zamiast odpowiedzieć na tę depeszę, 30 stycznia 1943 roku mianował Paulusa feldmarszałkiem. Nagradzał zasługi dzielnego żołnierza, ale nie kierowało nim uznanie dla męstwa dowódcy i żołnierza. Rozumiał, że bliski jest dzień, w którym 6. armia wyczerpie swoje siły i będzie musiała wywiesić białe flagi, gdyż żołnierze nie będą mieli pocisków, żeby strzelać do nieprzyjaciela. Chciał, aby Paulus nie dał się wziąć do niewoli, lecz popełnił samobójstwo. Stałby się bohaterem, który walczył do końca i ostatni nabój zachował dla siebie. Jego przykład zagrzewałby innych do walki. Mianował Paulusa feldmarszałkiem, gdyż od 1871 roku żaden niemiecki feldmarszałek nie oddał się w ręce wroga!

31 stycznia 1943 roku feldmarszałek Paulus poddał jednostki południowej grupy. Odmówił natomiast wydania rozkazu kapitulacji oddziałom broniącym się na północy, twierdząc, że jako jeniec nie ma do tego prawa.

2 lutego 1943 roku opór ostatnich oddziałów niemieckich został pokonany.

Pod Stalingradem zginęło 147 200 Niemców i żołnierzy wojsk sojuszniczych, 91 tysięcy oddało się do niewoli, w tym 24 generałów. Z tej masy żołnierzy po wojnie bardzo niewielu wróciło do Niemiec. Rosjanie zdobyli 6 tysięcy dział i 60 tysięcy pojazdów motorowych. Armia Czerwona przejęła inicjatywę strategiczną.

Pewnego lutowego dnia do obozu przejściowego, gdzie zgromadzono oficerów przed wywiezieniem ich na Syberię, przyjechała ekipa filmowa. Zatrzymała się przed barakiem, w którym umieszczono najwyższych niemieckich oficerów. Operator ustawił kamerę naprzeciw drewnianego zydla i dał znać, że jest gotowy do pracy. Wtedy enkawudziści wyprowadzili feld-

Stalingrad; niemieccy generałowie w niewoli

marszałka Paulusa. Był tylko w mundurze mimo panującego mrozu. Jedynie na głowę założył futrzaną czapkę. Usiadł wyprostowany na zydlu. Patrzył prosto w kamerę. Potem kazano mu usiąść bokiem. I z drugiej strony. Był zażenowany tym spektaklem przed terkoczącą kamerą.

Potem przychodzili inni generałowie. Wszyscy posłusznie siadali na stołku i czekali, aż operator zakończy pracę i pozwoli im odejść. Nie wiedzieli, że brali udział w filmie dla Stalina. On chciał popatrzeć na ludzi, których zwyciężył...

6. *Niepewność*

John Cairncross – najcenniejszy szpieg w Bletchley Park. Pierwsze informacje o przygotowaniach do ofensywy pod Kurskiem. Rewolucja gospodarcza ministra Alberta Speera. Nowa broń. Wehrmacht u szczytu potęgi. Niemcy gotowi do rozstrzygającej bitwy. Katyń. Polski rząd odwołuje się do Międzynarodowego Czerwonego Krzyża. Stalin wykorzystuje okazję. Zerwanie stosunków polsko-radzieckich.

John Cairncross*, szczupły wysoki mężczyzna o włosach poprzetykanych siwymi pasemkami kontrastującymi z jego młodą twarzą, zatrzymał

* **John Cairncross** (1913-1995) – radziecki agent, zwerbowany podczas studiów w Cambridge prawdopodobnie w 1934 r., dwa lata później rozpoczął pracę w Ministerstwie Spraw Zagranicznych. Od 1940 r. pracował jako sekretarz lorda Hankeya, b. ministra odpowiedzialnego za nadzór nad służbami specjalnymi. Od 1941 r. pracował w ośrodku dekryptażu w Bletchley Park, a następnie w wywiadzie MI6 oraz Ministerstwie Skarbu. Po wojnie, podejrzewany o działalność wywiadowczą, wyjechał z Wielkiej Brytanii i powrócił do ojczyzny dopiero w 1995 r. W 1964 r. przyznał się do współpracy z wywiadem ZSRR, lecz nie stanął przed sądem. Według radzieckich ocen, był jednym z najaktywniejszych agentów i dostarczył „tony dokumentów".

samochód przed biblioteką publiczną w zaułku w londyńskiej dzielnicy Hempstead. Przez kilka minut siedział za kierownicą, udając, że przegląda książki. W rzeczywistości bacznie lustrował otoczenie, starając się dostrzec jakikolwiek sygnał zagrożenia. Nic jednak nie zakłócało spokoju sobotniego marcowego popołudnia w zamożnej dzielnicy. Wysiadł i szybko wszedł do sali, gdzie zniknął między półkami.

Zawsze wybierał ten czas, tuż przed zamknięciem biblioteki, gdy już rzadko kto przychodził po książki. I tym razem nie było nikogo, z wyjątkiem mężczyzny siedzącego przy stoliku pod oknem. Niski i gruby, w okularach, o jasnoblond włosach gładko zaczesanych do tyłu wyglądał na człowieka, który wiele czasu spędza na czytaniu. Najwyraźniej uznał, że brakuje jeszcze jakiejś książki, gdyż podszedł do bibliotekarza i zapytał go o brakujący tytuł. Potem też wszedł między półki. Widząc Cairncrossa uśmiechnął się uprzejmie i zaczął przyglądać się grzbietom. Stali tak przez chwilę, zerkając przez szpary ponad i między książkami na salę biblioteczną.

- Witaj- powiedział mężczyzna. - Czy oprócz materiałów masz jakieś wyjaśnienia?

- Nie - cicho odpowiedział Cairncross.- To jest szczególnie ważne - wskazał na książkę, którą położył na półce.

- Następne spotkanie?

- Zawiadomię w zwykły sposób - odpowiedział Cairncross.

Wyszedł z biblioteki. Tuż za nim podążył mężczyzna, którym był Anatolij Gorski*, pracownik ambasady radzieckiej, a w rzeczywistości oficer NKWD, który od 1940 roku w Londynie prowadził kilku agentów. Biblioteka, w której spotkał się z Cairncrossem była jednym z kilku punktów kontaktowych (najbardziej lubił Kensington Park koło radzieckiej ambasady).

Na rogu rozstali się. Cairncross wsiadł do samochodu i pojechał do swojego londyńskiego mieszkania, zaś Gorski ruszył w stronę przystanku autobusowego. Wśród kilku książek, które trzymał pod pachą, była ta, którą wziął od Cairncrossa. W jej okładkach były wklejone bibułki z meldunkami. Gorski jeszcze nie wiedział, jak ważne wiadomości będzie mógł już niebawem przekazać do centrali w Moskwie.

John Cairncross, który pracował dla radzieckiego wywiadu prawdopodobnie od 1934 roku, miał dostęp do ważnych źródeł. Nadzwyczajny intelekt i zdolności sprawiły, że został zatrudniony w Ministerstwie Spraw Za-

*__Anatolij Gorski__ (1904-1983) - pracownik wywiadu NKWD od 1936 r. zatrudniony w ambasadzie radzieckiej w Londynie. Odwołany do Moskwy w 1939 r., przeszedł przeszkolenie, po którym powrócił do Londynu jako dyplomata i przejął prowadzenie kilku agentów (m.in. Burgessa, Philby'ego i Cairncrossa). W 1953 r., gdy okazało się, że jego ojciec był carskim oficerem, został wydalony z wywiadu.

Brytyjska stacja nasłuchowa przechwytująca niemieckie szyfrogramy (zdjęcie autora)

granicznych. Potem był sekretarzem lorda Hankeya, na którego biurko trafiały tajne materiały dotyczące działalności brytyjskich służb specjalnych. Jednakże dopiero praca w Bletchley Park, gdzie brytyjscy kryptolodzy odczytywali niemieckie depesze, umożliwiła mu zbieranie najtajniejszych informacji o niemieckich planach. Choć już od lata 1941 roku wywiad brytyjski na polecenie premiera Winstona Churchilla informował Rosjan o najważniejszych ustaleniach, naiwnie ukrywając, że pochodzą z dekryptażu „Enigmy", to materiały zebrane przez Cairncrossa dawały Rosjanom pełny przegląd sytuacji. W ten sposób w kwietniu 1943 roku dowiedzieli się o planowanej ofensywie. W końcu miesiąca wywiad brytyjski przekazał materiały na ten temat, ale informacje od Cairncrossa były pełniejsze.

Stalin, przeżywając euforię po stalingradzkim zwycięstwie, gdy jego otoczenie, a potem prasa i cały naród, zaczęli chwalić militarny geniusz swojego przywódcy, bał się niemieckiej ofensywy. Zdawał sobie sprawę, że do zwycięstwa jeszcze daleko i błąd w ocenie wroga może zmienić sytuację.

Niemcy zostali pobici, ale nie pokonani. Wciąż stanowili potęgę gospodarczą i militarną, a mimo wielkich strat na froncie Hitler miał coraz większe rezerwy do swojej dyspozycji. Właśnie w roku 1943 niemieckie możliwości zaczęły gwałtownie wzrastać. Stało się tak za sprawą oddania Ministerstwa Uzbrojenia w ręce Alberta Speera i wyposażenia go w bardzo duże uprawnienia. Trzydziestosiedmioletni architekt z przerażeniem odkrywał nieprawdopodobne marnotrawstwo w wojennej gospodarce. Z ra-

Minister Albert Speer za kierownicą w czasie poligonowych prób

portów komisji wizytujących na jego polecenie zakłady produkcyjne wynikało, że można osiągnąć jeszcze bardzo dużo. Na przykład ze 117 zakładów dywanowych zaledwie pięć dawało 90% całej produkcji. Speer nakazał zamknięcie pozostałych 112 i przeznaczenie ich maszyn i robotników do produkcji zbrojeniowej. W 1942 roku 23 firmy produkowały 300 typów szkieł pryzmatycznych. W wyniku interwencji Speera liczbę rodzajów szkieł zmniejszono do 14 i zlecono ich produkcję siedmiu zakładom. Uzbrojenie strzeleckie dla samolotów w 1942 roku wytwarzały 334 zakłady. Nowy minister doprowadził do tego, że liczbę producentów ograniczono do 64. Efektem porządków w przemyśle był ogromny wzrost wydajności i niewiarygodna wprost oszczędność czasu i materiałów. Na przykład do produkcji silników lotniczych BMW 801 w końcu 1942 roku zużywano dziesięciokrotnie mniej ołowiu niż w 1940 roku, siedmiokrotnie mniej miedzi, sześciokrotnie mniej cynku i o połowę mniej aluminium. Zważywszy, że w końcu 1942 roku wyprodukowano bez mała cztery tysiące tych silników, oszczędności miały swoje znaczenie.

Wehrmacht otrzymywał nową broń. Rok 1943 okazał się przełomowym dla wojsk pancernych, które wyposażono w wiele typów doskonałych pojazdów bojowych, zdecydowanie górujących nad pojazdami wrogów. Produkcję czołgów *Panther** uruchomiono w styczniu 1943 roku, i pierw-

* ***PzKpfw V Panther***, skonstruowany w 1942 r. w zakładach MAN. Produkcję seryjną uruchomiono w styczniu 1943 r. i pierwsze egzemplarze gotowe były do służby frontowej miesiąc później; po wyprodukowaniu 20 egzemplarzy z silnikami o mocy 650 KM zastosowano silniki o mocy 700 KM, co poprawiło osiągnięcia czołgu. W wyniku dalszych zmian powstała wersja D. W maju 1943 r. pierwsze czołgi dotarły do 51. i 52. *Panzerabteilungen*, a 5 lipca rzucono je do boju pod Kurskiem, ale część zepsuła się, zanim dojechały na pole bitwy. Wiele innych wycofano, aby poprawić wadliwe systemy chłodzenia, przeniesienia napędu i zawieszenia. Do końca wojny wyprodukowano 4814 czołgów w wersjach D, A, G używanych powszechnie na froncie wschodnim i zachodnim, gdzie właściwościami trakcyjnymi, siłą ognia i opancerzeniem przewyższały czołgi alianckie.
Dane taktyczno-techniczne (Panther G): załoga 5 osób, silnik Maybach HL 230 P 30 o mocy 700 KM, ciężar 45,5 t, pancerz 40-80 mm, uzbrojenie 1 działo kal. 75 mm, 2 karabiny maszynowe MG 34 kal. 7,92 mm, prędkość 46 km/h, zasięg 200 kilometrów.

Pod rządami Alberta Speera produkcja zbrojeniowa zaczęła gwałtownie wzrastać

sze egzemplarze gotowe były do służby frontowej miesiąc później. Hitler widział nowe czołgi na poligonie i był przekonany, że poradzą sobie z radzieckimi *T-34*, które dotychczas górowały nad niemieckimi wozami bojowymi grubością i ukształtowaniem pancerza, siłą armaty, szybkością i zwrotnością.

Czołgi *Panther* były doskonałymi pojazdami pancernymi, rozwijającymi dużą prędkość i bardzo zwrotnymi, co osiągnięto dzięki zastosowaniu mechanizmu umożliwiającego ruch gąsienic w przeciwstawnych kierunkach; mogły zakręcać w miejscu. Pochylone grube płyty pancerza dobrze chroniły załogę, a pociski z rdzeniem wolframowym wystrzeliwane z długolufowej armaty kal. 75 mm mogły przebić pancerz każdego radzieckiego czołgu. Pierwsze pantery miały też wady: złe systemy chłodzenia, przeniesienia napędu i zawieszenia uniemożliwiły użycie ich w walce. Dopiero czołgi późniejszych wersji *A* i *G* okazały się groźnymi przeciwnikami radzieckich *T-34*.

Wojska niemieckie miały otrzymać jeszcze potężniejszą broń: ciężkie czołgi *Tiger**, którym nie mógł sprostać żaden radziecki wóz bojowy. Pancerz o grubości 100 mm, osłaniający najważniejsze miejsca, czynił czołg

****PzKpfw VI Tiger I***. Produkcja rozpoczęła się w lipcu 1942 r. i przewidywano, że do letniej ofensywy w maju 1943 r. będzie gotowych 285 tych wozów bojowych. W tym czasie był to najpotężniejszy czołg świata, uzbrojony w działo kal. 88 mm o dużej sile ognia, osłonięty grubym pancerzem zabezpieczającym najbardziej żywotne miejsca przed pociskami artylerii przeciwpancernej. Produkcję kontynuowano do sierpnia 1944 r.; łącznie zbudowano 1354 czołgi tego typu.
Dane taktyczno-techniczne: załoga 5 osób, silnik Maybach HL 210 P45 o mocy 600 KM, ciężar 56,9 t, pancerz 25-100 mm, uzbrojenie 1 działo KwK36 L/56 kal. 88 mm, 2 karabiny maszynowe MG 34 kal. 7,92 mm, prędkość 40 km/h, zasięg 140 kilometrów.

Pantery miały wygrać bitwę pod Kurskiem

niemalże niewrażliwym na wybuchy radzieckich pocisków, zaś jego armata kal. 88 mm, najlepsze działo jakie wyprodukowano na świecie, mogła zniszczyć każdy radziecki czołg z odległości około 1200 metrów, zaś one musiały zbliżyć się na odległość 500–600 metrów, aby oddać skuteczny strzał. Te kilkaset metrów decydowało o wyniku ogniowego pojedynku.

Tygrys

Działo samobieżne Su-152 – pogromca tygrysów

Dzięki błędowi niemieckiego dowództwa Rosjanie bardzo wcześnie dowiedzieli się o istnieniu tych czołgów. W sierpniu 1942 roku, cztery tygrysy wysłano na front pod Leningradem, aby je wypróbować. Musiały walczyć w bardzo niekorzystnym, zalesionym i bagiennym terenie i zostały zniszczone ogniem radzieckich dział przeciwpancernych. Jednakże ich pojawienie się na polu bitwy zaalarmowało radzieckie dowództwo, które zdało sobie sprawę, że wkrótce nie cztery takie wozy bojowe, lecz setki wyjadą na bitewne pola i chronione grubym pancerzem, silnie uzbrojone będą roznosiły radziecką obronę. Dlatego Rosjanie podjęli nerwowe działania mające na celu uzbrojenie wojsk w pojazdy, które mogłyby przeciwstawić się tygrysom. Zadanie było tym pilniejsze, że próby przeprowadzone w styczniu 1943 roku, gdy udało się zdobyć nie uszkodzony egzemplarz tego czołgu, wykazały, że pociski z 76-milimetrowego działa *T-34* nie przebijają pancerza niemieckiego czołgu. Ale już w Zakładach im. Kirowa w Czelabińsku trwały prace nad skonstruowaniem ciężkiego samobieżnego działa. 4 stycznia 1943 roku konstruktor wywiązał się z zadania, a wówczas kazano załodze zakładów w Czelabińsku zbudować prototyp w ciągu 25 dni. Termin, choć karkołomny, został dotrzymany. Tak powstało działo samobieżne *SU-152** z potężną armatohaubicą kal. 152 mm, wystarczająco silną, aby zniszczyć tygrysa.

Ale Niemcy nie powiedzieli ostatniego słowa. W styczniu 1943 roku zakłady Henschela otrzymały zamówienie na jeszcze potężniejszy czołg

**SU-152*, ciężkie radzieckie działo samobieżne, skonstruowane przez zespół inżynierów z zakładów im. Kirowa w Czelabińsku, na podwoziu czołgu *KW-1* w końcu 1942 r. Pierwsza partia 35 dział została dostarczona na front do 1 marca 1943 r. Chrzest bojowy przeszły w lipcu 1943 r. pod Kurskiem, wykazując ogromną siłę ognia i skuteczność w walce z niemieckimi ciężkimi czołgami. Jednakże mała zwrotność sprawiła, że we wrześniu 1943 r. po wyprodukowaniu 700 pojazdów tego typu budowę przerwano, wprowadzając działa ISU-152 budowane na podwoziu ciężkiego czołgu *IS*.
Dane taktyczno-techniczne (*SU-152*): załoga 5 osób, silnik wysokoprężny o mocy 600 KM, ciężar 45,5 t, pancerz 22–75 mm, uzbrojenie armato-haubica kal. 152 mm, 2 pistolety maszynowe, prędkość 43 km/h, zasięg 330 kilometrów.

Königstiger osłonięty z przodu pancerzem o grubości 180 mm i uzbrojony w armatę kal. 88 mm.

Przełomowi w rozwoju broni pancernej decydującej, obok lotnictwa, o wyniku walk na frontach drugiej wojny światowej towarzyszył wzrost liczebności Wehrmachtu z 8 410 000 w 1942 roku do 9 480 000 w 1943 roku, gdy wojska niemieckie osiągnęły najwyższy stan w całej wojnie.

Gdzie uderzą, aby odzyskać inicjatywę strategiczną utraconą pod Stalingradem?

Linia frontu biegła przez 1600 kilometrów od Leningradu do Rostowa nad Morzem Azowskim. Zanim Cairncross przesłał przez Gorskiego odszyfrowane dokumenty, generał Żukow wskazał na rejon Kurska. Tam na południe od Moskwy front wybrzuszał się, tworząc tak zwany występ kurski. Taka sytuacja powstała w lutym 1943 roku, gdy armie trzech frontów wyparły Niemców z rejonu tego miasta będącego ważnym węzłem komunikacyjnym. Odzyskanie go pozwoliłoby Niemcom usprawnić transport wzdłuż frontu i ułatwić zaopatrzenie armii, przerzut wojsk i podobne poczynania. Rosjanie zaś chcieli za wszelką cenę utrzymać Kursk, i ta determinacja wskazywała, że nie wycofają się, bez względu na to, jak wiele ofiar pochłonie obrona – a więc uderzając tam, można byłoby zniszczyć trzon Armii Czerwonej. Z taką propozycją wystąpił feldmarszałek Erich von Manstein, i Hitler szybko ją podchwycił.

Królewski tygrys – najpotężniejszy czołg II wojny światowej

18 lutego 1943 roku Hitler przybył do kwatery głównodowodzącego Grupą Armii „Południe" feldmarszałka Ericha von Mansteina w Zaporożu. Wygłosił tam przemówienie do oficerów. Mówił:

– Wynik decydującej bitwy zależy od was. Tysiąc kilometrów od granic Trzeciej Rzeszy waży się los niemieckiego dzisiaj i jutra. Coraz więcej i więcej dywizji zmierza na front wschodni. Niezwykła broń, dotąd nie znana, jedzie do was.

Skala niemieckich przygotowań, o której informował wywiad, sprawiła, że Stalin zareagował bardzo nerwowo. Uważał, że należy wykorzystać atut, jakim była wiedza o zamiarach wroga, i uprzedzić go. Uderzyć z całą mocą, zanim Niemcy będą gotowi do ofensywy.

Żukow oponował. Jego zdaniem, rozsądniejsze byłoby przygotowanie armii w kurskim występie do obrony, wyhamowanie impetu niemieckiego uderzenia i wprowadzenie do walki rezerw, które przesądziłyby o wyniku bitwy. Taką propozycję przedstawił 8 kwietnia 1943 roku, spodziewając się, że wódz naczelny odrzuci ją, jak to zwykle bywało w niedalekiej przeszłości, i uprze się przy swoim pomyśle ataku uprzedzającego. Tymczasem Stalin zwołał naradę na 12 kwietnia, cierpliwie wysłuchał opinii dowódców frontowych, z których wszyscy poparli ten projekt, i... wydał rozkaz utworzenia linii obronnych, które oparłyby się niemieckiemu uderzeniu. Zaakceptował więc projekt Żukowa, co prawdopodobnie uchroniło Armię Czerwoną przed klęską.

Pod Kurskiem zaczęto budować gigantyczny system obronny: osiem pasów na głębokości do 300 kilometrów. Łączna długość transzei i rowów łączących wyniosła 10 000 kilometrów. Stanowiły one dobre oparcie dla miliona 336 000 żołnierzy, wspieranych przez ponad 19 000 dział i moździerzy, 3444 czołgów i 2172 samolotów. Siły radzieckie znacznie przewyższyły niemieckie.

Dowódcy musieli jednak odpowiedzieć na pytanie, jak rozmieścić te wojska. Błędna ocena nieprzyjacielskich zamiarów, rozproszenie wojsk, skoncentrowanie ich poza rejonami głównych uderzeń dałyby Niemcom przewagę i mogły prowadzić do klęski. Czy w podjęciu najważniejszych dla wyniku bitwy decyzji pomogły im informacje przekazywane przez wywiad brytyjski? Zapewne tak, ale Rosjanie nigdy się do tego nie przyznali.

Dowódca frontu Centralnego generał Konstanty Rokossowski uznał, że z 360 kilometrów, jakie obsadziły jego armie, najbardziej zagrożony jest odcinek o długości 35 kilometrów w rejonie miasta Ponyri. Tam właśnie skierował 80% czołgów, 70% artylerii i 60% żołnierzy.

Generał Nikołaj Watutin, dowódca Frontu Woroneskiego, zdecydował, że z pasa o długości 244 kilometrów, który miały bronić jego armie liczące 626 tysięcy żołnierzy, najbardziej narażony na niemieckie ataki jest odcinek o długości 164 kilometrów, i tam skoncentrował 90% czołgów, 83% żołnierzy i 86% artylerii.

W odwodzie pozostało potężne zgrupowanie Stepowego Okręgu Wojskowego generała Iwana Koniewa, którego armie mogły wesprzeć słabnące w boju jednostki pierwszorzutowe. Jak się okazało, odegrały one ogromną rolę.

W końcu czerwca masy ludzi i sprzętu zgromadzone na froncie wijącym się przez setki kilometrów w rejonie miast Orzeł, Kursk i Charków były gotowe do boju. Mieli wyhamować niemieckie uderzenie i zadać rozstrzygający cios.

Niemcy skierowali do rejonu planowanej bitwy 9. i 2. armie ogólnowojskowe, 4. armię pancerną oraz grupę operacyjną „Kempf". Łącznie 900 000 żołnierzy, 10 000 dział i moździerzy, 2700 czołgów i 2050 samolotów.

Plan zakładał, że 5 lipca 1943 roku o godzinie trzeciej nad ranem rozpoczną dwugodzinne przygotowanie artyleryjskie, po którym uderzą główne siły. Niemieccy dowódcy chcieli potęgą ognia i stali przełamać radziecką obronę i jak najszybciej dojść do Kurska. Zdecydowali się rzucić do walki niemalże wszystkie wojska, nie pozostawiając odpowiednich odwodów. Nie docenili sił i przygotowań obronnych Rosjan. Nie przewidzieli, że ich plany nie stanowią tajemnicy dla wroga.

Ta batalia, która miała ostatecznie przesądzić o wyniku wojny na wschodzie pochłaniała Stalina do tego stopnia, że działania polityczne i dyplomatyczne przesunął na drugi plan. Nie zaniedbywał oczywiście namawiania sojuszników, aby utworzyli drugi front w 1943 roku, do czego zobowiązali się rok wcześniej, ale sam nie wierzył, że może do tego dojść. Tymczasem w polityce nastąpił gwałtowny zwrot, bardzo korzystny dla planów Stalina.

Radio berlińskie podało 13 kwietnia 1943 roku wiadomość o odkryciu w Katyniu pod Smoleńskiem masowych grobów polskich ofice-

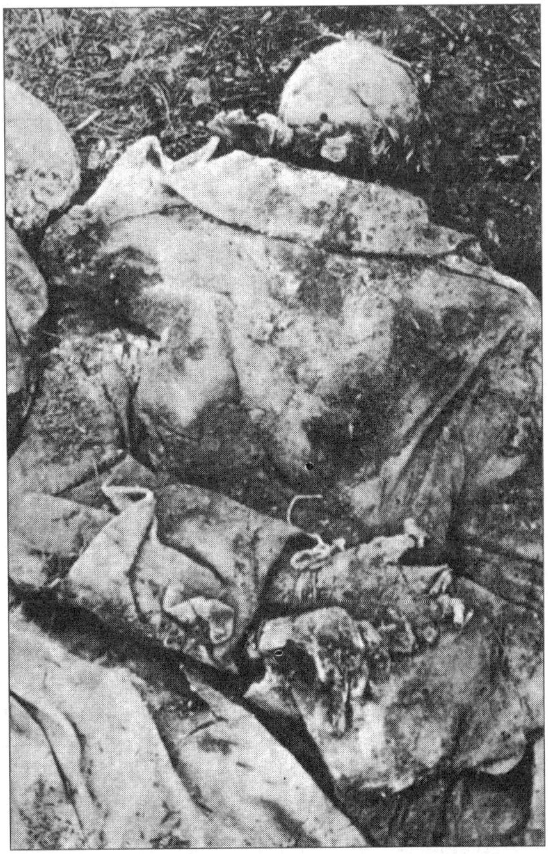

Katyń

rów zamordowanych przez NKWD. Trzy dni później władze radzieckie opublikowały oficjalny komunikat:

„Goebbelsowska banda kłamców przez ostatnie dwa lub trzy dni rozpuszcza ohydne i oszczercze, sfabrykowane przez siebie, wiadomości o rzekomych masowych rozstrzeliwaniach przez radzieckie organy w rejonie Smoleńska na wiosnę 1940 roku. Niemieckie oświadczenie nie pozostawia wątpliwości co do tragicznego losu byłych polskich jeńców, którzy w 1941 roku znajdowali się na obszarach na zachód od Smoleńska, gdzie byli zatrudnieni przy robotach budowlanych, i tych, którzy z wieloma ludźmi radzieckimi, mieszkańcami smoleńskiego obwodu wpadli w ręce niemieckich katów po wycofaniu się wojsk radzieckich ze Smoleńska. (...) Niemcy usiłują zrzucić na Rosjan winę za własne straszliwe zbrodnie. (...) Ci zawodowi niemieccy mordercy, którzy zamordowali setki tysięcy polskich obywateli w Polsce, nie przekonają nikogo takimi kłamstwami i oszczerstwami".

Ten komunikat zawierał wyraźne wskazanie, w jaką stronę pójdzie radziecka polityka: wyprzeć się wszystkiego i zrzucić winę na Niemców. Szanse na to, że wielu ludzi w to uwierzy, były duże, gdyż o niemieckich zbrodniach było powszechnie wiadomo: masowe egzekucje, łapanki i wywózki na przymusowe roboty, branie zakładników, pacyfikacja getta warszawskiego, która rozpoczęła się 19 kwietnia 1943 roku, zakładanie obozów śmierci. Radzieckie zbrodnie jeszcze nie były znane. Co więcej, możliwość udowodnienia, że polskich oficerów wymordowali enkawudziści, była niewielka. Oni zaś łatwo mogli sfabrykować dowody wskazujące na Niemców jako sprawców. I tak się stało. Nie było też szans, aby jakąkolwiek akcję polskiego rządu w sprawie zbrodni katyńskiej poparły zachodnie mocarstwa. Churchill i Roosevelt, którzy nie reagowali na informacje o mordowaniu setek tysięcy Żydów, nie mogli wykonać najmniejszego gestu solidarności z rządem polskim w sprawie dziesięciu tysięcy zamordowanych oficerów*.

Mocarstwa demokratyczne nie chciały zrazić do siebie wschodniego sojusznika, który przejął ciężar wojny. Premier Władysław Sikorski nie mógł nie zareagować na odkrycie katyńskich grobów. Ból i oburzenie Polaków były wielkie, w kraju i na emigracji oczekiwano od niego zdecydowanego działania, ale rząd brytyjski przestrzegał go przed zbyt daleko idącymi krokami. Premier Churchill powiedział Sikorskiemu:

– Jest wojna, którą musimy wygrać, to nie jest czas na kłótnie.

*Niemcy podali, że w Katyniu znaleziono ciała 10 000 oficerów, co nie odpowiadało prawdzie. W lesie katyńskim zamordowano i pochowano 4231 polskich jeńców, zaś w Miednoje i Piatichatkach – ponad 11 000 jeńców, lecz o istnieniu tych masowych grobów w 1943 roku nie wiedziano.

Katyński grób – jeden z wielu. Członek międzynarodowej komisji – węgierski naukowiec prof. Orsós – nadzoruje ekshumację zwłok

16 kwietnia rząd polski wystosował apel do Międzynarodowego Czerwonego Krzyża o zbadanie okoliczności zamordowania polskich oficerów w Katyniu. Działanie Sikorskiego nie przesądziło więc o winie NKWD ani nie sprecyzowało żadnego oskarżenia radzieckiego systemu. W tym samym czasie z propozycją podobną do polskiej wystąpił do Międzynarodowego Czerwonego Krzyża rząd niemiecki. Dla Stalina był to już argument wzmacniający jego reakcję, tym bardziej że Międzynarodowy Czerwony Krzyż uzależnił wysłanie specjalnej komisji do Katynia od zgody Związku Radzieckiego. Na miejsce zbrodni pojechała więc międzynarodowa komisja zorganizowana przez Niemców. W jej składzie był tylko jeden przedstawiciel państwa neutralnego - Szwajcarii, a poza nim byli tam jedynie naukowcy z państw okupowanych lub sojuszniczych: Finlandii, Włoch, Rumunii, Bułgarii, Francji, Holandii i Czech. Stalin miał więc wystarczająco dużo możliwości, aby odrzucić oskarżenia i rozpocząć akcję przeciwko Polsce. Od dawna czekał na okazję, którą mógłby wykorzystać do zerwania stosunków z rządem polskim. Teraz okazało się, że taką okazją stała się zbrodnia popełniona na jego rozkaz.

Premier Churchill usiłował interweniować, aby nie dopuścić do rozłamu w stosunkach polsko-radzieckich. W depeszy, którą wysłał do Stalina 24 kwietnia, usiłował tłumaczyć działania Sikorskiego i, jakby, przepraszać za nie:

„Jego [Sikorskiego - B.W.] sytuacja jest bardzo trudna. Jest daleki od zajmowania postawy proniemieckiej czy przymierza z Niemcami, jest jednak zagrożony obaleniem przez Polaków, którzy uważają, że nie jest wystarczająco efektywny przeciwko Sowietom. Jeżeli odszedłby z urzędu, moglibyśmy mieć kogoś gorszego. Dlatego mam nadzieję, że Pana decyzja «przerwania» stosunków może być odczytana raczej jako poważne ostrzeżenie i nie zostanie podana do publicznej wiadomości, dopóki inne rozwiązanie nie zostanie rozważone. Publiczne ogłoszenie zerwania uczyni największą możliwą szkodę Stanom Zjednoczonym, gdzie Polacy są liczni i wpływowi".

Stalin nie miał jednak zamiaru wypuścić z rąk takiej okazji - znakomicie wieńczyła jego działania przeciwko sojuszowi z Polską, które rozpoczął dwa miesiące wcześniej.

W lutym 1943 roku nakazał podjęcie akcji propagandowej, której celem miało być wykazanie, że powojenna granica Polski powinna biec wzdłuż linii Curzona*, co oznaczało, że Związek Radziecki zatrzymałby

*__George Nathaniel Curzon__ (1859-1925), polityk brytyjski, minister spraw zagranicznych w latach 1916-1924, w roku 1920 przedstawił projekt polsko-radzieckiej linii demarkacyjnej, która biegła od Suwałk, przez Sejny, Grodno i dalej wzdłuż Bugu. Południowy odcinek miał być ustalony według linii frontu w dniu zawarcia rozejmu. Granica polsko-radziecka ustalona w traktacie ryskim z 1921 r. biegła o 200 km na wschód od linii Curzona.

ziemie polskie zajęte we wrześniu 1939 roku. W Charkowie odbitym przez radzieckie wojska zorganizowano posiedzenie ukraińskiego rządu. Ołeksandr Kornijczuk*, późniejszy wicekomisarz spraw zagranicznych, mówił:

- Wydaje się, że w ciężkich czasach, w jakich żyją Polacy, wszystkie warstwy polskiego społeczeństwa powinno jednoczyć to samo narodowe uczucie i ta sama święta myśl: wypędzenie Niemców. (...) A jednak nie; są duże grupy Polaków w Londynie, które czynią wszystko, aby rozbić zjednoczony front wrogów Hitlera. (...) Polska szlachta niczego się nie nauczyła. Oni nigdy nie uznają ukraińskiego narodu!

Niedługo potem, 2 marca, Agencja TASS opublikowała artykuł oskarżający Polaków o negowanie praw Ukraińców i Białorusinów „... wbrew Karcie Atlantyckiej. Nawet lord Curzon, wrogi wobec Związku Radzieckiego, rozumiał, że Polska nie może żądać ukraińskich i białoruskich ziem" - pisała gazeta będąca organem partii komunistycznej, co stanowiło oficjalną wykładnię zamierzeń radzieckiego rządu.

Tak tworzono odpowiednią atmosferę dla narodzin organizacji, która miała stać się narzędziem stalinowskiej polityki wobec Polski i zapleczem rządu w kraju, do którego w pościgu za Niemcami wkroczyłaby Armia Czerwona. Stalin nadzwyczaj konsekwentnie realizował leninowską wizję stworzenia wzdłuż granic Związku Radzieckiego wianuszka państw socjalistycznych.

W marcu 1943 roku powstał Związek Patriotów Polskich i natychmiast jego organ prasowy „Wolna Polska" ogłosił, że celem Polaków jest odzyskanie „każdej piędzi polskiej ziemi, a nie wysuwanie żądań wobec ziem innych narodów". Szybko też znalazły się tam ostre ataki na rząd polski.

Było więc oczywiste, że Stalin przygotowuje nowy, spolegliwy wobec siebie rząd, gotowy zaprowadzić ustrój socjalistyczny w Polsce wyzwolonej od Niemców. Ale czy miał już pomysł, jak pozbyć się prawowitego rządu premiera Sikorskiego, z którym nawiązał stosunki dyplomatyczne oficjalnie, uznając go jako jedynego reprezentanta narodu? Kampania propagandowa, którą rozpoczął w lutym 1943 roku i utworzenie Związku Patriotów Polskich wskazywały jednoznacznie, że szuka pretekstu, aby zerwać te stosunki, które przeszkadzały w realizacji jego planów. Odkrycie grobów katyńskich i reakcja premiera Sikorskiego dawały mu taki pretekst.

Dziennik „Prawda" kontynuował kampanię przeciwko rządowi Rzeczpospolitej Polskiej:

* **Ołeksandr Kornijczuk** (1905-1972), ukraiński dramaturg i działacz polityczny, mąż Wandy Wasilewskiej, po wojnie wicepremier Ukraińskiej Socjalistycznej Republiki Radzieckiej.

Włoch, profesor Palmieri podczas sekcji

„Goebbelsowskie kłamstwa zostały podjęte nie tylko przez jego niemieckich pismaków, ale, ku powszechnemu zdziwieniu, także przez ministerialne koła generała Sikorskiego. (...) Polskie Ministerstwo Informacji doskonale zna cel niemieckiej prowokacji i powinno powiedzieć sobie: „Znamy kłamstwa niemieckiej propagandy i rozumiemy cel ostatnich rewelacji". Tymczasem wbrew temu, Ministerstwo Informacji nie potrafi wymyślić nic lepszego niż apel do Międzynarodowego Czerwonego Krzyża z prośbą o „śledztwo" w sprawie czegoś, co nigdy nie istniało, lub raczej zostało sfabrykowane przez katów z Berlina, którzy teraz usiłują przypisać swoje zbrodnie organom radzieckim. (...) Nie powinno dziwić, że także Hitler apeluje do Międzynarodowego Krzyża".

Stalin miał już pretekst, na który czekał od dawna, i zamierzał go wykorzystać. Nakazując radzieckiej prasie pisać o niemieckich kłamstwach, mógł oskarżać rząd polski o sprzyjanie hitlerowskim Niemcom, a nawet o kolaborację.

W istocie 21 kwietnia „Prawda" zamieściła na pierwszej stronie redakcyjny artykuł:

„Fakt, że antyradziecka kampania rozpoczęła się równocześnie w prasie niemieckiej i polskiej i prowadzona jest na tej samej podstawie, ten zadziwiający fakt pozwala przypuszczać, że kampania jest wynikiem porozumienia między niemieckim okupantem w Polsce i prohitlerowskimi elementami ministerialnych kół *Mister* Sikorskiego. Oświadczenie rządu polskiego wykazuje, że prohitlerowskie elementy mają wielkie wpływy w polskim rządzie i podejmują nowe kroki, aby pogorszyć stosunki między Polską i Związkiem Radzieckim".

Cel, do którego zmierzała radziecka polityka, był bardzo widoczny. W nocy z 24 na 25 kwietnia 1943 roku komisarz Wiaczesław Mołotow wezwał polskiego ambasadora i wręczył mu notę informującą o zawieszeniu stosunków z polskim rządem. W radzieckim piśmie użyto określenia *prierwat'*, co oznacza „przerwać", a nie „zerwać". Nie miało to jednak większego znaczenia. Stosunki z rządem, który tak bardzo nie odpowiadał Stalinowi, zostały zerwane. Uzyskał wolną rękę w organizowaniu nowego rządu.

Churchill i Roosevelt usiłowali interweniować, aby nie dopuścić do takiego rozwoju wydarzeń. Kilka godzin po przedstawieniu przez Mołotowa noty o zerwaniu stosunków brytyjski premier wysłał depeszę do Stalina - tłumaczył w niej Sikorskiego, obiecywał, że „uciszy te polskie gazety, które atakują radziecki rząd i Sikorskiego, za to, że usiłuje współpracować z radzieckim rządem" i apelował o niezrywanie stosunków z polskim rządem.

„(...) Jestem bardziej niż kiedykolwiek przekonany, że jeżeli zostaną zerwane stosunki między radzieckim i polskim rządem służyć to będzie jedynie naszym wrogom. Niemiecka propaganda sfabrykowała tę sprawę* w celu dokonania rozłamu w szeregach Narodów Zjednoczonych".

Tak napisał premier brytyjski: „niemiecka propaganda sfabrykowała tę sprawę". Było to najbardziej jednoznaczne stwierdzenie, że nie wierzy, aby NKWD wymordowało polskich oficerów.

Następnego dnia depeszę przysłał prezydent Roosevelt. Na nic to się zdało. Stalin nie mógł zrezygnować z okazji, która pozwalała mu usunąć najtrudniejszą przeszkodę w realizacji jego planów podporządkowania Polski: stosunków z legalnym rządem.

Miał już wszystko, co było niezbędne: ludzi, którzy mieli utworzyć rząd w wyzwolonej Polsce, lojalnych wobec Stalina, zaplecze polityczne w postaci Polskiej Partii Robotniczej utworzonej w styczniu 1942 roku przez tak zwaną grupę inicjatywną przerzuconą z ZSRR, i siły zbrojne, tworzone po ewakuacji armii Andersa, na których nowa władza miała się oprzeć.

Sikorski przegrał wszystko.

Wiele miesięcy później do Katynia, który od września 1943 roku był w radzieckich rękach, przyjechała specjalna komisja z akademikiem Burdenko na czele. Nikogo nie mogła dziwić obecność pisarza Aleksego Tołstoja**, metropolity Nikołaja czy ludowego komisarza oświaty. Było oczywiste, że muszą działać tak, jak oczekiwał tego Stalin. Jednakże w tej delegacji znalazła się również Kathie Harriman, córka amerykańskiego ambasadora Averella Harrimana. Dlaczego zgodziła się na udział w koszmarnym spektaklu?

Komisja badająca zwłoki stwierdziła ponad wszelką wątpliwość, że zbrodni dokonano w lipcu 1941 roku, a więc gdy w rejonie Katynia byli już Niemcy. Wyniki autopsji poparto dowodami: z kieszeni mundurów zwłok wyjęto listy pisane przez polskich oficerów w marcu 1941 roku i gazety z podobną datą. Koronnym dowodem niemieckiej zbrodni miały być łuski i pociski produkowane w Niemczech „Geco" znajdowane w ciałach zwłok i na miejscu egzekucji. Nikt oczywiście nie ujawnił, że

*W oryginale: *German propaganda has produced this story.*
** **Aleksy Tołstoj** (1883-1945), wybitny pisarz rosyjski, w latach 1919-1923 na emigracji, po powrocie stał się zwolennikiem Stalina.

NKWD od połowy lat trzydziestych używała tej amunicji kupowanej w Niemczech. Znaleźli się świadkowie, tacy jak profesor Bazylewski, wiceburmistrz Smoleńska, który oświadczył, że jego szef, burmistrz, miał powiedzieć, w czasie gdy ziemie te były okupowane przez Niemców, iż polscy oficerowie zostaną zlikwidowani. Kolejarz dowodził, że ze względu na ataki niemieckie na linie kolejowe w lipcu 1941 roku nie udało się ewakuować polskich oficerów i pozostawiono ich, żywych i całych, w obozie. Mieszkańcy Smoleńska zeznający przed radziecką komisją twierdzili, że zanim do ich miasta wkroczyli Niemcy, często wyjeżdżali na pikniki do katyńskiego lasu. Dopiero żołnierze niemieccy mieli ogrodzić las wysokim płotem i zabronić wstępu miejscowej ludności.

Rosjanie nie dopuścili niezależnej międzynarodowej komisji do lasu katyńskiego, zorganizowali tylko jedną konferencję prasową, na której zezwolono zagranicznym dziennikarzom zadawać pytania członkom komisji Burdenki. Nie przywiązywali większej wagi do przekonywania świata, że to nie oni popełnili zbrodnię. Bo i po co? Zwycięzców nikt nie sądzi...

7. *Czas rozstrzygnięcia*

Depesza z Bletchley Park. Bitwa pod Kurskiem. Stalin zakłada Narodowy Komitet „Wolne Niemcy". Roosevelt i Churchill proponują Stalinowi spotkanie.

Zbliżał się czas rozstrzygnięcia. Masy wojsk były gotowe do boju. Kiedy miał się zacząć? Odpowiedź na to pytanie miała nieocenione znaczenie.

Wśród licznych niemieckich depesz rozszyfrowanych w Bletchley Park, jedna miała szczególne znaczenie. 25 kwietnia 1943 roku angielscy kryptolodzy odczytali depeszę feldmarszałka Maximiliana von Weichsa, dowódcy Grupy Armii „Południe", w której pisał o znaczeniu operacji pod Kurskiem dla wykrwawienia wojsk radzieckich. Podawał terminy i główne kierunki uderzeń!

Stewart Menzies, szef brytyjskiego wywiadu, wahał się, czy przekazać te informacje Rosjanom. Obawiał się, że już zbyt dużo materiałów udostępniono Rosjanom – to mogło zagrozić tajemnicy ośrodka w Bletchley Park. Ponadto Menzies, antykomunista, był przekonany, że nadmierna pomoc udzielona Rosjanom wzmocni ich siły i umożliwi w najbliższej przyszłości opanowanie Europy. Nie mylił się. Jednakże premier Winston Churchill był innego zdania i nakazał Menziesowi przekazanie radzieckiemu dowództwu ostrzeżenia o ofensywie pod Kurskiem. Oczywiście nie miało to większego znaczenia zważając, że w tym samym czasie John Cairncross dostarczał Gorskiemu oryginały odszyfrowanych niemieckich meldunków, rozkazów i raportów.

5 lipca 1943 roku o godzinie 1.20, a więc dwie godziny przed planowanym niemieckim atakiem, 2460 dział radzieckich otworzyło ogień w stronę niemieckich linii. Z lotnisk wystartowały 132 samoloty szturmowe i 285 myśliwców, które uderzyły na stanowiska ogniowe i lotniska wroga. Ten niespodziewany atak zdezorganizował niemieckie przygotowania.

Niemcy uderzyli z opóźnieniem, o 5.30 nad ranem, ale masa czołgów, które rozpoczęły atak, zdawała się posuwać niepowstrzymanie do przodu, aby zmiażdżyć radziecką obronę. Na północy łuku kurskiego, na froncie o szerokości około 40 kilometrów ruszyło pięćset niemieckich czołgów. W południowej części łuku było ich jeszcze więcej. Około tysiąca bojowych wozów z ośmiu dywizji pancernych, wspieranych przez dywizję piechoty, dywizję zmotoryzowaną oraz batalion czołgów ciężkich jechało w stronę radzieckich okopów.

Rozpoczęła się największa w historii świata bitwa czołgów.

Radzieckie linie obronne, choć dobrze przygotowane, ugięły się pod niemiecką nawałą.

Na północy dywizje pancerne wbiły się w radziecką obronę na głębokość 6-8 kilometrów.

Na południu, gdzie do walki włączyły się dywizje pancerne SS „Das Reich", „Totenkopf" i „Adolf Hitler", Niemcy odnieśli jeszcze większy sukces. Po dwóch dniach walk przerwali pierwszą linię i klinem wdarli się na głębokość 10-18 kilometrów. W nocy z 10 na 11 lipca skręcili w stronę Prochorowki z zamiarem wyjścia na Kursk okrężną drogą. Za wszelką cenę chcieli rozszerzyć wąski klin, jakim posuwały się ich wojska.

Rosjanie zdecydowani byli do tego nie dopuścić. Skierowali do walki odwody ze Stepowego Okręgu Wojskowego; 5. armia pancerna gwardii, stacjonująca 300 kilometrów od pola bitwy, ruszyła na pomoc słabnącym oddziałom. Liczyły się godziny...

Tymczasem 11 lipca na północy, w odległości około 60 kilometrów od głównego pola bitwy, Rosjanie podjęli działania zaczepne. Tam w okolicach miasta Orzeł stała niemiecka 2. armia pancerna. Uderzając, Rosjanie zatrzymali ją i uniemożliwili wejście do walki. Początkowo Niemcy zlekceważyli radzieckie działania. Jednakże dzień później przekonali się, że mają do czynienia z potężnym uderzeniem kilku armii. W tym miejscu niemieckie działania załamały się. To był moment zwrotny w bitwie.

Na południu do pola bitwy zbliżały się czołgi 5. armii gwardii. Jechały polnymi drogami, po wybojach i wertepach, gdzie kurz wdzierał się przez wszystkie szczeliny pancernych pojazdów. Załogom nie dawano czasu na odpoczynek. Przerwy w marszu były ograniczone do minimum niezbędnego dla dokonania napraw, tankowania paliwa.

W ciągu trzech dni czołgi przebyły trzysta kilometrów i z marszu ruszyły do boju. Nie było czasu na usunięcie usterek, wyremontowanie wielu maszyn, uzupełnienie zapasów.

12 lipca o godzinie 8.30 pod Prochorowką czołgi 5. armii pancernej gwardii i żołnierze 5. armii gwardii uderzyli na Niemców. Rozgorzała największa bitwa pancerna świata, w której walczyło 1200 czołgów radzieckich i niemieckich. Ta bitwa trwała 18 godzin i w tym czasie Niemcy stracili czterysta czołgów. Tego dnia załamało się niemieckie natarcie na Kursk. Szala zwycięstwa przechyliła się na radziecką stronę, ale do zwycięstwa było jeszcze daleko. Niemcy wciąż dysponowali wielką siłą, ale zaczynało brakować im amunicji i paliwa. W tej bitwie maszyn szczególną rolę odgrywało zaopatrzenie. Pancerne dywizje spalały ogromnie dużo benzyny i oleju napędowego.

W zbiornikach czołgu *T-34* mieściło się 830 litrów oleju napędowego. W terenie czołg mógł przebyć 360 kilometrów, spalał więc 230 litrów na 100 kilometrów. Na piachu, w błocie, w czasie walki, gdy kierowca manewrował z pełną mocą silników, zużycie paliwa było znacznie większe. Do wnętrza czołgu trzeba było załadować 100 nabojów do działa i około trzech tysięcy nabojów do karabinów maszynowych. W rejonie Kurska wojska radzieckie miały 3444 czołgi. Wśród nich były także ciężkie czołgi *KW*, ciężkie działa samobieżne *SU-152*, które spalały w terenie 800 litrów oleju na 100 kilometrów. Były także lekkie czołgi *T-70*, bardziej oszczędne. Ta pancerna masa, aby podjąć walkę, potrzebowała każdego dnia tysięcy ton paliwa, pocisków, części zamiennych. W czasie bitwy Rosjanie dowieźli pod Kursk ponad 140 tysięcy wagonów z zaopatrzeniem dla wojsk. Prawdopodobnie tyle samo potrzebowały wojska niemieckie, ale dla nich zaopatrzenie było wielkim problemem, gdyż przeciwko nim, obok regularnych wojsk radzieckich wystąpił wróg szczególnie groźny - partyzanci.

Pod koniec kwietnia 1943 roku na tyłach wroga działało 1019 oddziałów partyzanckich, z których zdecydowana większość była sterowana centralnie z Moskwy. Tam opracowano plan przewidujący sparaliżowanie 26 wielkich węzłów komunikacyjnych na tyłach Grupy Armii „Południe", aby dywizjom pod Kurskiem zabrakło amunicji i benzyny.

Od kwietnia do czerwca 1943 roku partyzanci wysadzili 1700 transportów kolejowych, z czego ponad 80% na szlakach południowych, a więc wiodących do rejonu Kurska. Przepustowość głównej magistrali Kowel-Sarny-Kijów spadła sześciokrotnie. Tylko w lipcu partyzanci dokonali 1200 aktów dywersji na liniach kolejowych. Generał Schenckendorff, dowódca oddziałów ochrony Grupy Armii „Środek", meldował 9 maja, że 59 batalionów ochrony nie wystarcza do skutecznej walki z partyzantami. To był dodatkowy aspekt wojny na tyłach: partyzantka wiązała niemałe siły, zapasy i środki, których Niemcy nie mogli skierować na front.

Od połowy lipca punkt ciężkości walk przeniósł się na północ, w rejon Orła. Tam dziesięciodniowe krwawe boje wyczerpały wojska niemieckie, które nie miały dość odwodów, aby uzupełnić straty. Wycofywały się.

Partyzanci skutecznie blokowali dostawy dla frontu

Od końca lipca do końca sierpnia oddały wojskom radzieckim 100 kilometrów. Rosjanie naciskali coraz mocniej.

Dowódca Grupy Armii „Środek" pisał:

„Sztab zdaje sobie sprawę, że poprzedni zamiar zadawania przeciwnikowi możliwie wielu uderzeń w czasie wycofywania naszych wojsk stał się niewykonalny ze względu na zmniejszoną zdolność bojową i przemęczenie wojsk".

5 sierpnia wojska radzieckie wyzwoliły Orzeł.

Tego samego dnia wieczorem w Moskwie oddano salut artyleryjski na ich cześć. Odtąd stało się tradycją artyleryjskie fetowanie zwycięzców.

11 sierpnia wojska radzieckie weszły na przedpola Charkowa, skąd Niemcy musieli wcześniej wycofać pięć dywizji pancernych, aby zablokować pochód wojsk dwóch Frontów Południowo-Zachodniego i Południowego w stronę Zagłębia Donieckiego. Fronty Woroneski i Stepowy, zbliżając się do Charkowa, miały ułatwione zadanie, ale zapowiadał się krwawy bój, gdyż w obronie Niemcy pozostawili osiemnaście dywizji, w tym cztery dywizje pancerne: to było ponad 300 tysięcy żołnierzy wspieranych przez 600 czołgów.

Zacięte krwawe boje trwały do 23 sierpnia, gdy Niemcy musieli cofnąć się, oddając Charków.

Narodowy Komitet „Wolne Niemcy"; z prawej siedzi Erich Weinert

Wieczorem w Moskwie znowu działa oddały dwadzieścia salw na cześć zwycięzców.

Stalin zwyciężył. Droga do Europy została otwarta, gdyż druga wielka klęska Wehrmachtu zniweczyła swoją potęgę - nie miał już siły, aby odzyskać inicjatywę strategiczną, którą przejęli Rosjanie.

Kilka dni później prasa radziecka na pierwszych stronach pod wielkimi tytułami zamieściła informację o utworzeniu w Moskwie w dniach 12 i 13 lipca 1943 roku Narodowego Komitetu „Wolne Niemcy". Na czele tej organizacji postawiono Ericha Weinerta*, niemieckiego komunistę i poetę, który ledwo co ukończył swój poemat *Dank für Stalingrad*, opublikowany w Moskwie. Wiceprzewodniczącymi byli major Carl Hetz oraz porucznik Graf von Einsiedl, podobno wnuk Bismarcka. Byli oczywiście jeńcami, dowiezionymi do Moskwy z obozów, podobnie jak wielu innych członków tej organizacji, która postawiła sobie za cel uwolnić Niemcy od Hitlera i utworzyć rząd narodowy.

„Taki rząd może być sformowany tylko przez ludzi, którzy powstali przeciwko Hitlerowi i są zdecydowani pozbyć się wrogów ludu - Hitlera, jego patronów i kompanów. (...) Tylko z takim rządem mogą Niemcy, jako suwerenne państwo, dyskutować warunki zawarcia pokoju".

Stalin, zakładając Narodowy Komitet „Wolne Niemcy", zrealizował swój plan z grudnia 1941 roku, kiedy to rozważał utworzenie organizacji, która po zwycięskiej wojnie przekształciłaby się w rząd w podbitych Niemczech. Nie sposób odpowiedzieć, jak wielkie w jego planach miało być to socjalistyczne państwo niemieckie: całe Niemcy, czy tylko jego część? Bez wątpienia musiał przewidywać, że alianci nie dopuściliby do zagarnięcia całych Niemiec. Połowa już mu wystarczała. Oznaczałoby to, że Armia Czerwona stanęłaby o tysiąc kilometrów bliżej Paryża, niż była w 1939 roku. Polska zyskiwała coraz większe znaczenie.

*__Erich Weinert__ (1890-1953), poeta, od 1929 r. członek Komunistycznej Partii Niemiec, w 1933 r. emigrował z Niemiec. W latach 1935-1937 przebywał w Moskwie, skąd udał się do Hiszpanii, aby uczestniczyć w wojnie domowej. Powrócił do Moskwy w 1939 r. i przebywał tam do 1945 r. Po wojnie powrócił do Niemiec.

8. *Jak pozbyć się Churchilla?*

Konferencja Wielkiej Trójki – Malta czy Teheran. Odkrycie niemieckich planów zamachu. Zmartwienia szefa ochrony prezydenta. Roosevelt zamieszkuje w ambasadzie radzieckiej. Szczególna rola Harry'ego Hopkinsa. „Ta konferencja zakończyła się, zanim się rozpoczęła".

Roosevelt i Churchill niepokoili się. Stalin tworzył fakty, które aż nadto wskazywały, że w sprawie Europy zamierza prowadzić samodzielną politykę, nie konsultując się ze sprzymierzeńcami. Nadszedł czas, kiedy konieczna stała się dyskusja o kształcie powojennego świata, a tego nie można było zrobić korespondencyjnie. Prezydent Roosevelt skłonny był spotkać się ze Stalinem, aby twarzą w twarz ustalić zasady dalszego postępowania, choć początkowo nie wykluczał udziału Churchilla. Już w listopadzie 1942 roku uznał, że Algieria byłaby odpowiednim państwem, gdzie mógłby konferować z obydwoma mężami stanu. Jednocześnie odrzucił propozycję Churchilla, aby generał George Marshall w drodze do Algierii zatrzymał się w Londynie w celu ustalenia wspólnego, anglo-amerykańskiego stanowiska.

– Nie chcę, aby Stalin miał wrażenie, że ustaliliśmy wszystko między sobą, zanim spotkaliśmy się z nim. Sądzę, że rozumiemy się nawzajem tak dobrze, iż wcześniejsza konferencja między nami jest niepotrzebna – odparł.

Churchill nie rezygnował:

– [Jeżeli nie spotkamy się wcześniej, aby poczynić niezbędne ustalenia – B.W.] Stalin powita nas pytaniem: „Macie plan otwarcia drugiego frontu w Europie, który obiecaliście mi na 1943 rok?".

Roosevelt nie uważał jednak, że może to być najważniejszy problem, zaś nade wszystko zdecydowany był nie zadrażniać stosunków ze Stalinem. Wciąż obawiał się, że radziecki dyktator rozpocznie negocjacje z Hitlerem, który musiał zdawać sobie sprawę, że tej wojny już nie wygra. Obydwaj dyktatorzy byli więc zainteresowani zakończeniem walk. Stalin mógł więc zaproponować Hitlerowi powrót do granic z 1941 roku, a Hitler mógł na to przystać.

Rzeczywiście w Sztokholmie pani ambasador Aleksandra Kołłontaj i tajni wysłannicy Kremla kontynuowali rozmowy z przedstawicielami niemieckiego wywiadu. 18 czerwca 1943 roku z Peterem Kleistem z niemieckiego Ministerstwa Spraw Zagranicznych nawiązał kontakt Edgar Clauss, przemysłowiec żydowskiego pochodzenia z Europy Wschodniej, który przed wojną osiedlił się w Szwecji z żoną z pochodzenia Rosjanką. Mówił płynnie po niemiecku i rosyjsku i powiadano o nim, że znał Trockiego i Stalina. Podobno spotkał się z Kleistem po odbyciu dwóch długich rozmów w ambasadzie rosyjskiej. Wyglądało na to, że będzie działał jako pośrednik, i tak rzeczywiście się stało.

Powiedział, że „Rosjanie są zdecydowani nie walczyć ani dnia, ani nawet minuty dłużej". Uznają, że Hitler, zaślepiony ideologią, dał się wciągnąć w wojnę w wyniku intryg kapitalistycznych mocarstw. Choć ufają, że Armia Czerwona wytrzyma uderzenie Wehrmachtu, obawiają się, że to bardzo osłabi ich pozycję po ostatecznym zwycięstwie, gdy dojdzie do konfrontacji z mocarstwami demokratycznymi.

W końcu lipca lub na początku sierpnia 1943 roku Kleist na polecenie ministra Ribbentropa spotkał się ponownie z Claussem, który powiedział, że Rosjanie gotowi są wysłać wicekomisarza spraw zagranicznych Władimira Diekanozowa, aby prowadził rokowania w Sztokholmie, ale stawiali warunek: zdymisjonowanie Ribbentropa lub Rosenberga.

Zapewne Brytyjczycy mogli dowiedzieć się o tych przedsięwzięciach Kremla, odczytując depesze niemieckiej ambasady w Sztokholmie lub raporty Kleista przesyłane do Ministerstwa Spraw Zagranicznych. Jeżeli tak się stało, powiadomili Waszyngton. Alianci mieli więc rzeczywiste powody do niepokoju.

Roosevelt tym bardziej naciskał na spotkanie ze Stalinem i nie zrażał się odmowami. Postanowił wysłać do Moskwy człowieka znanego tam i cenionego za bardzo przychylne podejście do Kremla, byłego ambasadora Josepha Daviesa, którego zaopatrzył w dość osobisty list.

„Najprostszym i najbardziej praktycznym wyjściem byłoby krótkie nieformalne spotkanie w czasie nadchodzącego lata" – pisał prezydent. Gdzie mogliby się spotkać? W Afryce jest zbyt gorąco. W Islandii?

„Całkiem szczerze, to trudno byłoby nie zaprosić tam pana Churchilla" – przyznawał Roosevelt i proponował, aby we dwóch spotkali się nad brzegami Cieśniny Beringa, po amerykańskiej lub radzieckiej stronie. Proponował, że zabierze ze sobą tylko doradcę Harry'ego Hopkinsa, tłumacza i stenografa. Mieliby dokonać wymiany myśli, bez żadnych oficjalnych deklaracji.

Ambasador Davies po powrocie z Moskwy oświadczył.

– Stalin jest podejrzliwie i niechętnie nastawiony.

„Szanowny Panie Roosevelt! – tak zaczynał się list Stalina, który z Moskwy przywiózł Davies. – Tego lata, prawdopodobnie na początku czerwca, oczekujemy, że hitlerowcy rozpoczną nową wielką ofensywę na radziecko-niemieckim froncie. (...) Dopóki nie wiem, jak sytuacja rozwinie się na radziecko-niemieckim froncie w czerwcu, nie mogę obiecać, że opuszczę Moskwę w tym miesiącu. Dlatego sugeruję spotkanie w lipcu lub sierpniu. (...) Pan Davies osobiście poinformuje Pana o miejscu spotkania".

Jednakże 8 sierpnia 1943 roku Roosevelt otrzymał depeszę od Stalina: „Wbrew naszym oczekiwaniom Niemcy rozpoczęli ofensywę w lipcu, nie w czerwcu, i teraz walki toczą się z całą mocą na radziecko-niemieckim froncie – pisał oczywiście o bitwie pod Kurskiem. – (...) Oczywiste jest, że w związku z powagą sytuacji radzieckie dowództwo musi zdobyć się na wielki wysiłek i wykazać najwyższą czujność w sprawie nieprzyjacielskich działań. Z tego powodu ja również jestem zmuszony odłożyć na pewien czas inne problemy i obowiązki, stawiając na pierwszym miejscu obowiązki naczelnego wodza, które wymagają ode mnie kierowania frontem. Muszę udawać się do różnych miejsc na froncie częściej (...). Mam nadzieję, że podziela Pan moje przekonanie, iż w tych okolicznościach nie mogę rozpocząć dalekiej podróży i że tym samym nie będę mógł w czasie tego lata i jesieni spełnić obietnicy, którą przekazałem przez pana Daviesa. Bardzo mi przykro z tego powodu, ale okoliczności, jak Pan wie, są silniejsze niż ludzie i musimy ugiąć się przed nimi. Uważam natomiast za wskazane, aby odpowiedzialni przedstawiciele naszych krajów spotkali się. W obecnej sytuacji militarnej spotkanie mogłoby odbyć się w Astrachaniu lub Archangielsku".

Wydawałoby się zrozumiałe, że w warunkach zaciętych walk naczelny dowódca nie chce opuszczać państwa. W pewnym momencie Stalin zaczął akcentować w depeszach do Roosevelta, że osobiście zapoznaje się z sytuacją na froncie. Na przykład 8 sierpnia pisał:

„Właśnie wróciłem z frontu i dopiero teraz mogę odpowiedzieć na Pański list z 16 lipca. Nie mam wątpliwości, że jest Pan świadom naszej sytuacji militarnej i zrozumie opóźnienie. Coraz częściej muszę dokonywać osobistych wizytacji w różnych sektorach frontu".

Kłamał. Stalin w czasie całej wojny dwa razy wybrał się na front: raz w październiku 1941 roku, gdy wyruszył w stronę frontu drogą wołokołamską, ale do linii obronnych nie dojechał i drugi raz, 1 sierpnia 1943 roku. Wówczas podążył specjalnym pociągiem w towarzystwie Berii i ochrony w cywilnych ubraniach do kwatery dowództwa Frontu Zachodniego. Spotkał się z dowódcą Frontu generałem Sokołowskim, wysłuchał jego raportu i poszedł spać. Następnego dnia pojechał do dowództwa Frontu Kalinińskiego pod Rżewem. Do okopów nie dojechał, z żołnierzami nie rozmawiał. Noc spędził w wiejskiej chacie w Choroszcwie i następnego dnia powrócił do Moskwy.

Nieoczekiwanie Stalin zmienił swoje postępowanie wobec sojuszników. Niechętny, wręcz wrogi, sprawiający wrażenie, że gotów jest paktować z Hitlerem, niespodziewanie wyraził wielkie zainteresowanie spotkaniem z Rooseveltem i Churchillem.

Co się stało?

W sierpniu 1943 roku miał już pewność co do dalszego rozwoju sytuacji na froncie wschodnim. Jego wojska utrzymały inicjatywę strategicz-

Wyzwolenie Europy...

ną przejętą po zwycięstwie stalingradzkim i ruszyły na zachód. Stworzył podstawy nowego porządku w państwach, do których Armia Czerwona miała wkroczyć już za parę miesięcy: rozwijały działalność Związek Patriotów Polskich i Komitet „Wolne Niemcy”, z dnia na dzień rosła liczebność polskiego wojska formowanego w Sielcach nad Oką.

Szybko zmieniała się sytuacja na południu Europy. Wojska aliantów zachodnich 17 sierpnia 1943 roku zakończyły zdobywanie Sycylii i dwa tygodnie później, 3 września, wylądowały w rejonie Reggio di Calabria, rozpoczynając kampanię na Półwyspie Apenińskim. Tego samego dnia rząd włoski kierowany przez marszałka Pietro Badoglia zgodził się skapitulować przed aliantami, co w obawie przed kontrakcją Niemców trzymano w tajemnicy do 8 września, ale bez wątpienia Stalin wiedział o planach aliantów i rządu włoskiego.

Cóż to oznaczało? Alianci utworzyli mocny przyczółek do prowadzenia dalszej ofensywy. W którą stronę mogła być skierowana: na północ, do Niemiec, czy na wschód, na Bałkany? Stalin wiedział, że brytyjski premier będzie zabiegać u prezydenta Roosevelta o wysłanie alianckich armii inwazyjnych na wschód. Tylko w ten sposób, opanowując Grecję,

Wielka Brytania uzyskiwałaby kontrolę nad wybrzeżami Morza Śródziemnego, tak ważnego dla imperium. Z Grecji wojska alianckie skierowałyby się na północ i wypierałyby Niemców z Bułgarii, Rumunii, Węgier, Czechosłowacji i Polski. Wyzwolenie tych państw przez wojska alianckie przekreśliłoby jego plany. Zdawał sobie sprawę, że alianci z Grecji szybciej dojdą do Bałtyku, niż jego armie do Bugu, albowiem Niemcom trudniej byłoby bronić ziem na południu Europy, choćby ze względu na sieć kolejową. Była ona dobrze rozbudowana równoleżnikowo, a znacznie gorzej południkowo, co oznaczało, że Niemcy łatwiej i szybciej mogli przewieźć swoje dywizje ze Związku Radzieckiego do Francji niż do Grecji.

Tymczasem premier Churchill bardzo aktywnie starał się wprowadzić swój plan w życie.

8 września 1943 roku na Rodos wylądował ze spadochronem brytyjski oficer, który miał nakłonić dowódcę 30-tysięcznego włoskiego garnizonu do zaakceptowania kapitulacji ogłoszonej przez rząd włoski i przystąpienia do wojny po stronie aliantów. Misja nie powiodła się, gdyż zanim Włosi podjęli decyzję, niemiecki garnizon liczący siedem tysięcy żołnierzy przystąpił do ataku i szybko przejął pełną kontrolę nad wyspą mającą ważne znaczenie strategiczne.

Brytyjczycy nie rezygnowali. Nasilili działania komandosów, przerzucili w ten rejon brygadę piechoty z Bliskiego Wschodu. Do początku października prawie cztery tysiące żołnierzy brytyjskich zostało włączonych do walk o opanowanie wysp w tym rejonie Morza Egejskiego. Miesiąc później było już ich pięć tysięcy. Niemcy, zdając sobie sprawę ze strategicznego znaczenia wysp, nie mieli zamiaru wycofać się stamtąd i też wzmacniali garnizon. Walki przybierały na sile. O ich skali świadczą straty wojsk brytyjskich: 4800 żołnierzy zabitych, rannych i zaginionych, cztery uszkodzone krążowniki, sześć zatopionych niszczycieli i cztery uszkodzone, dwa zatopione okręty podwodne oraz dziesięć mniejszych jednostek, 113 strąconych samolotów.

Stalin nie mógł mieć najmniejszych wątpliwości, do czego zmierza Churchill. Musiał przeciwdziałać, gdyż w przeciwnym wypadku wschodnia Europa wymknęłaby mu się z rąk. W takiej sytuacji udawanie obrażonego sojusznika i grożenie zawarciem ugody z Hitlerem już nie wystarczało. Na początku października zdecydował się więc przyjąć uprzejme zaproszenia Roosevelta do spotkania na szczycie. Miał tam do rozegrania partię, w której stawka była bardzo wysoka: przyszłość Europy. Nie wiedział tylko, co zrobić z Churchillem, który przejrzał jego grę i zamierzał uprzedzić go w zabiegach o łaski Roosevelta. Jak pozbyć się tego Brytyjczyka?

Okazja podsuwająca rozwiązanie nadarzyła się niespodziewanie. Radziecki szpieg wykrył przygotowania Niemców do zamachu na prezydenta Roosevelta w Teheranie.

Otto Skorzeny

W 1942 roku za linią frontu na Ukrainie wylądował ze spadochronem Nikołaj Kuzniecow. Miał doskonale podrobione papiery na nazwisko Zibert, dostarczone przez George'a Millera, szefa biura nielegalnych paszportów NKWD. Wynikało z nich, że był Niemcem, zamieszkałym w Rydze, gdzie w 1941 roku został zmobilizowany do niemieckiego wojska, a jego dywizja walczyła pod Leningradem, skąd odesłano go na urlop do Równego. W warunkach wojennych sprawdzenie tych informacji było praktycznie niemożliwe, tym bardziej że wystawiając sfałszowane papiery, ludzie Millera wykorzystywali autentyczne nazwiska. Gestapo usiłujące ustalić tożsamość porucznika Ziberta bez trudu odnalazłoby w Rydze ślady rodziny Zibertów, którzy w 1940 roku, tuż przed zaanektowaniem Łotwy przez Rosjan, wyemigrowali do Berlina.

On właśnie, odbywając służbę w Winnicy, ukraińskim mieście, w którego rejonie Hitler urządził swoją kwaterę, dowiedział się, że tam właśnie oddział Otto Skorzeny'ego* przygotowuje się do zamachu. Okoliczności, w jakich udało mu się dotrzeć do ściśle strzeżonej tajemnicy, nie

* **Otto Skorzeny** (1908–1975) SS-Obersturmbannführer, oficer niemiecki, członek nazistowskiej partii NSDAP, od 1942 r. dowodził specjalną jednostką komandosów SS nazwaną Friedenthaler Jadgverbände. We wrześniu 1943 r. brał udział w akcji uwolnienia Benito Mussoliniego, włoskiego dyktatora uwięzionego w hotelu na szczycie góry Gran Sasso. Chociaż jego zadaniem było tylko eskortowanie uwolnionego więźnia, potrafił sobie przypisać zasługę powodzenia całej operacji. Został odznaczony i awansowany do stopnia Sturmbannführera. Po zamachu na Hitlera 20 lipca 1944 r. brał udział w aresztowaniu i torturowaniu wielu spiskowców. W październiku 1944 r. Hitler powierzył mu zadanie uprowadzenia regenta adm. Miklósa Horthyego, dyktatora Węgier, co miało zapobiec kapitulacji wojsk węgierskich. Przygotowując atak na siedzibę regenta, 15 października 1944 r. wziął udział w uprowadzeniu syna regenta – Miklósa „Miki" Horthyego, a następnie opracował plan akcji i poprowadził atak żołnierzy 502. batalionu Waffen-SS wzmocnionego 8 czołgami *Panther* na pałac budapeszteński – siedzibę regenta, którego już tam nie było, gdyż wcześniej został aresztowany i wywieziony przez Edmunda Veesenmayera, ambasadora niemieckiego, o czym nie poinformowano Skorzeny'ego. W grudniu 1944 r., w czasie niemieckiej kontrofensywy w Ardenach, dowodził oddziałem dywersyjnym żołnierzy przebranych w amerykańskie mundury. W 1947 roku trybunał w Norymberdze uwolnił go od odpowiedzialności za zbrodnie wojenne. W 1949 r. zbiegł z więzienia w Darmstadt, gdzie umieszczono go na czas procesu denazyfikacyjnego, i do końca życia przebywał w Hiszpanii.

zostały całkowicie wyjaśnione. Jednym z informatorów mógł być generał Hans Oster*, najbliższy współpracownik admirała Wilhelma Canarisa, szefa Abwehry. Zwrócił on uwagę na Ziberta, gdy poszukiwał młodych ludzi do akcji przeciwko radzieckiemu naczelnemu dowództwu. Nie wiadomo, czy zorientował się, że ma do czynienia z radzieckim szpiegiem.

Być może Oster nieopatrznie wygadał się młodemu porucznikowi, że był w Teheranie, co wystarczyło, aby Kuzniecow skojarzył to z przygotowaniami oddziału Skorzeny'ego. Uznał to za tak ważne, że powiadomił Moskwę, a tam połączono to doniesienie z innymi informacjami i wyciągnięto wniosek, że Niemcy przygotowują zamach na jednego z uczestników konferencji w Teheranie lub na wszystkich.

Nie można też wykluczyć, że Oster, który współpracował z radzieckim wywiadem pod pseudonimem „Werther", przyjechał do Winnicy pod pretekstem poszukiwania kandydatów do pracy wywiadowczej, a w rzeczywistości po to, aby spotkać się z Kuzniecowem. Jest to o tyle prawdopodobne, że po rozgromieniu przez Abwehrę i Gestapo radzieckiej siatki szpiegowskiej „Czerwona Orkiestra" we Francji i Belgii stałe kanały komunikacji generała Ostera z Moskwą mogły zostać zerwane lub stały się tak niepewne, że wolał z nich nie korzystać w obawie przed dekonspiracją. Czas, jaki miał na przekazanie do Moskwy informacji o przygotowaniach do zamachu, był bardzo krótki. Najlepszym wyjściem było więc dotrzeć na Ukrainę i stamtąd przekazać wiadomość o ogromnym znaczeniu.

Gdy 27 listopada 1943 roku prezydent Roosevelt wylądował w swoim samolocie nazwanym „świętą krową" na lotnisku w Teheranie, człowiekiem najbardziej zatroskanym był szef jego ochrony Michael F. Reilly. Już wcześniej docierały do niego informacje o niemieckich planach. Donosił o tym Allen Dulles, rezydent amerykańskiego wywiadu w Europie, choć informacji na temat planów zamachu nie udało mu się zdobyć. A warunki, w jakich Reilly'emu przyszło chronić prezydenta były wyjątkowo niekorzystne. W Iranie działało wiele ugrupowań antybrytyjskich, podatnych na niemiecką propagandę i skorych do współdziałania z Niemcami, zamachowcy mogli więc liczyć na wydatną pomoc.

*__Hans Oster__ (1888–1945), generał, szef sztabu szefa wywiadu wojskowego Abwehry adm. Wilhelma Canarisa, był aktywnym członkiem opozycji antyhitlerowskiej. W sierpniu 1939 r. przekazał holenderskiemu attaché militarnemu Jacobowi G. Sasowi materiały z tajnej narady w kwaterze Hitlera na temat planowanej agresji na Polskę. W 1940 r. ostrzegł aliantów zachodnich o planach niemieckiej agresji na Norwegię, Belgię, Holandię i Francję. Przez całą wojnę prawdopodobnie pozostawał cennym informatorem radzieckiej siatki wywiadowczej „Lucy" działającym pod pseudonimem „Werther". Związany z organizatorami zamachu na Hitlera w lipcu 1944 r. został aresztowany i stracony w kwietniu 1945 r.

Teheran

Pierwszą myślą Reilly'ego było namówienie prezydenta, aby spotkanie z Churchillem i Stalinem odbył w bezpieczniejszym miejscu, na przykład na Malcie, będącej całkowicie pod brytyjską kontrolą, gdzie agenci niemieccy nie mogliby liczyć na współdziałanie miejscowej ludności. Jednakże wyspa, do niedawna zaciekle atakowana przez włoskie i niemieckie samoloty, była już tylko kupą gruzów, i znalezienie odpowiedniego miejsca do zakwaterowania dostojnych gości i odbycia konferencji okazało się niemożliwe. Poza tym Stalin upierał się, żeby miejscem spotkania był Teheran, gdyż, jak twierdził, stamtąd mógł bez przeszkód kontaktować się ze Sztabem Generalnym, ze względu na bliskość radzieckich granic. W istocie powód wyboru Teheranu był bardzo prozaiczny: Stalin bał się latać samolotem i nie mógł przezwyciężyć lęku przed dłuższą podróżą.

Szef ochrony prezydenta mógł więc jedynie polegać na pułkowniku Normanie H. Schwarzkopfie, który działał w Persji od dawna, dbając o bezpieczeństwo transportów z bronią, które jechały z portów do Związku Radzieckiego. W listopadzie zajął się zapewnieniem bezpieczeństwa ekipie amerykańskiej i twierdził, że ambasada, w której miał zatrzymać się prezydent, jest doskonale przygotowana. Rzeczywiście budynek otoczony wysokim murem, z licznymi posterunkami z bronią maszynową dawał pełne poczucie bezpieczeństwa. Ale na tym gwarancje Schwarzkopfa kończyły się. Co będzie, gdy prezydent wyjedzie poza tę fortecę?

Ambasada położona była daleko od centrum i od ambasad radzieckiej i brytyjskiej. Przejazd wąskimi uliczkami Teheranu tworzył doskonałą okazję do dokonania zamachu.

Reilly rozumiał jednak, że jakiekolwiek decyzje w tej sprawie nie on będzie podejmował. Dlatego z radością przyjął wiadomość, że Winston Churchill zaprosił prezydenta, aby ten zamieszkał w brytyjskim poselstwie, położonym tuż obok poselstwa radzieckiego, co oznaczało, że konferencje odbywałyby się w blisko położonych budynkach; dzięki temu czas przejazdu prezydenta przez niebezpieczne ulice zostałby skrócony do minimum, a trasa byłaby obstawiona kawalerią Sikhów. Jednakże Roosevelt odrzucił to zaproszenie.

– Szef suwerennego państwa nie może być gościem gościa na obcej ziemi – brzmiała odpowiedź.

Z tego samego powodu prezydent odrzucił zaproszenie Stalina, ale ten następnego dnia, 28 listopada, ponowił zaproszenie. Tym razem w rozmowie z ambasadorem Averellem Harrimanem zakomunikował, że w Teheranie aresztowano trzech zamachowców przygotowujących atak, który miał nastąpić w czasie przejazdu prezydenta przez miasto.

Roosevelt był w swoim pokoju, gdy Harriman i Reilly przyszli z wiadomością o zamachu przygotowywanym przez Niemców. Szczegóły spisku

Hopkins i Stalin w Teheranie (od prawej), K. Woroszyłow, W. Mołotow, J. Stalin, tłumacz, H. Hopkins

ujawnione przez radziecki wywiad wskazywały jednoznacznie, że zagrożenie jest bardzo realne i duże. Jednak bez wątpienia na decyzję prezydenta największy wpływ miała opinia jego zaufanego doradcy Harry'ego Hopkinsa, a ten działał tak, aby stworzyć Stalinowi jak najlepsze warunki rokowań z Rooseveltem.

Nikt nie mógłby zarzucić Hopkinsowi, że był radzieckim agentem, ale wiele działań tego polityka nie zostało wyjaśnionych do dziś. Na przykład na początku 1943 roku poinformował radziecką ambasadę w Waszyngtonie, że FBI założyła podsłuch w pokoju, w którym pracownik ambasady Zarubin, a w rzeczywistości szpieg, miał przekazać pieniądze Stevenowi Nelsonowi, działaczowi partii komunistycznej. To prawdopodobnie Hopkins informował radziecką ambasadę o wynikach rozmów Roosevelta i Churchilla w maju 1943 roku. Co nim kierowało? Hopkins zawsze utrzymywał, że ze względu na szczególne znaczenie wojny w Związku Radzieckim państwo to musi otrzymać wszelką pomoc. A prezydent wierzył mu bez zastrzeżeń.

Czy Churchill mógł mieć za złe, że wobec oczywistych sygnałów niebezpieczeństwa prezydent zdecydował się przyjąć radzieckie zaproszenie? Oczywiście nie. Ale w tym samym czasie Roosevelt odrzucił brytyjską gościnę. Co prawda mógł łatwo wytłumaczyć, dlaczego tak zadecydował. Budynek brytyjskiej ambasady był niewielki i pomieszczenie tam całej amerykańskiej delegacji byłoby bardzo uciążliwe dla gości i gospodarzy.

Tego dnia rano prezydent Stanów Zjednoczonych przeprowadził się do głównego budynku radzieckiej ambasady, a gospodarze przenieśli się do mniejszego, położonego na tyłach kompleksu zabudowań.

Ambasada radziecka w Teheranie

Na wieść o przeprowadzce Amerykanów generał Allan Brooke, doradca Churchilla, westchnął:

– Ta konferencja zakończyła się, zanim się rozpoczęła.

Przeprowadzka amerykańskiej delegacji do ambasady radzieckiej miała jeszcze jeden aspekt: podsłuch dający Stalinowi dodatkową wiedzę o planach i reakcjach prezydenta i jego doradców.

Harry Hopkins zanotował:

„Służący, którzy ścielili łóżka i sprzątali pokoje, byli funkcjonariuszami bardzo skutecznej NKWD, tajnej policji, a pod ich białymi marynarkami na biodrach były wyraźnie widoczne pokaźne wybrzuszenia. To był nerwowy czas dla Michaela F. Reilly'ego i jego ludzi z tajnej służby Białego Domu, wytrenowanych do podejrzewania każdego i bardzo nie lubiących, gdy do prezydenta zbliżał się ktokolwiek mający przy sobie więcej niż wykałaczkę".

Według zeznań, jakie wiele lat po wojnie złożył Sergo, syn Berii, który płynnie władał niemieckim i angielskim, ojciec dawał mu do tłumaczenia taśmy z nagranymi najważniejszymi rozmowami Amerykanów, wśród których znalazła się rozmowa Roosevelta z Churchillem. Każdego dnia Beria przygotowywał dla Stalina raport stanowiący streszczenie nagranych rozmów. Czego dowiedział się Stalin, słuchając rozmów Roosevelta i jego najbliższych współpracowników? Jak zmieniło to jego decyzje? Do dzisiaj rosyjskie archiwa nie ujawniły mówiących o tym dokumentów...

Oczywiście prezydent musiał zdawać sobie sprawę, że Rosjanie słuchają każdego jego słowa. Bez wątpienia ludzie z jego ochrony musieli przestrzegać przed takim niebezpieczeństwem, jednakże bardzo trudno było pamiętać o tym w każdej minucie każdego dnia, od rana do wieczora. Człowiek, który nie przeszedł żmudnego treningu, nie jest w stanie uświadamiać sobie, że musi uważać na każde słowo, na każdą reakcję. Zwłaszcza wtedy, gdy wraca do pokoju zmęczony, podenerwowany, lub też bardzo zadowolony. Na to właśnie liczyli podsłuchujący; mieli nadzieję, że ten stary człowiek, który źle znosił podróż i pobyt w Teheranie, popełni wiele błędów, zapomni o tajemnicy i powie coś, co dla Stalina będzie wyjątkowo ważne.

W południe 28 listopada do sypialni, w której wypoczywał Roosevelt, wszedł Reilly z wiadomością, że Stalin przybędzie za kilka minut, aby złożyć uszanowanie amerykańskiemu prezydentowi.

Roosevelt wjechał na wózku inwalidzkim do salonu i obrócił się w stronę drzwi, aby powitać radzieckiego dyktatora. Zobaczył niskiego mężczyznę, uśmiechniętego i wypoczętego, ubranego w mundur musztardowego koloru z wielkimi epoletami i jednym tylko orderem zawieszonym na piersi.

– Miło mi pana widzieć – powiedział Roosevelt, co natychmiast przełożył Władimir Pawłow, tłumacz podążający pół kroku za Stalinem. – Próbowałem od dłuższego czasu doprowadzić do tego spotkania.

Ta rozmowa, przy której obecni byli tylko tłumacze (Pawłow, a przy Roosevelcie Charles „Chip" Bohlen, późniejszy ambasador USA w Moskwie), trwała pół godziny. Nie należy sądzić, że Roosevelt i Stalin wyszli poza ogólnikową wymianę zdań na temat sytuacji na świecie. Musieli się poznać. Mieli jeszcze wiele czasu, aby w cztery oczy omówić najważniejsze sprawy powojennego świata.

A zagrożenie zamachem już nie istniało. Radziecki kontrwywiad aresztował trzech niemieckich agentów. Na wieść o tym niemieccy komandosi, którzy wcześniej przybyli do Persji i ukrywali się w górach pod Teheranem, uciekli. Nie przybył oddział Skorzeny'ego. On sam zachował najdalej idącą powściągliwość w zeznaniach na temat tej akcji. W swoich pamiętnikach wspomniał tylko:

„Na szczęście Junkers *Ju 290* z grupą zmierzającą do Persji nie wystartował ze względu na wypadek. (...) Ponieważ główni niemieccy agenci w Iranie zniknęli, ja odrzuciłem cały plan. (...) Ponieważ odrzuciłem plan, zwrócili się, według wszelkiego prawdopodobieństwa, do Canarisa*, ale nigdy później nie mówili mi nic na ten temat".

O kim wspominał Skorzeny? Któż to zwrócił się do Canarisa? Bez wątpienia chodziło o Ernsta Kaltenbrunnera** i Walthera Schellenberga ze służby bezpieczeństwa SS. Musieli poprosić o pomoc byłego szefa Abwehry, gdyż jedyni agenci, którzy działali w Teheranie, byli to jego ludzie i tylko oni mogli podjąć się dokonania zamachu. Należy wątpić, aby Canaris, antyfaszysta, usunięty ze stanowiska szefa wywiadu wojskowego mógł pomóc esesmanom.

To jednak nie miało już żadnego znaczenia...

*__Wilhelm Canaris__ (1888-1945), szef niemieckiego wywiadu wojskowego Abwehry w latach 1935-1944, jeden z organizatorów opozycji antyhitlerowskiej, skupił wokół siebie wielu najwyższych niemieckich oficerów przekonanych, że polityka nazistów doprowadzi Niemcy do zguby. Wysyłał do Wielkiej Brytanii emisariuszy, którzy przed wojną przekazywali zastępcy szefa brytyjskiego wywiadu Stuartowi G. Menziesowi informacje o polityce Niemiec, działaniach opozycji i przygotowaniach do zamachu stanu. W czasie wojny przeciwdziałał wielu planom Hitlera i wielokrotnie świadomie przekazywał mu fałszywe informacje. We wrześniu 1943 r., gdy szef wywiadu SS Walter Schellenberg zebrał dowody spiskowej działalności pracowników Abwehry, Canaris został pozbawiony stanowiska. Po zamachu na Hitlera w lipcu 1944 r., gdy wyszły na jaw nowe dowody jego działalności, został aresztowany i 8 kwietnia 1945 r., po doraźnym procesie, powieszony w obozie koncentracyjnym we Flossenburgu.

** **Ernst Kaltenbrunner** (1903-1946), członek austriackiej nazistowskiej partii od 1930 r., od 1935 r. szef SS w Austrii. Tuż przed zajęciem Austrii przez Niemcy objął stanowisko dowódcy SS i policji (Hoherer SS und Polizeiführer) w Wiedniu. Od 1941 r. był szefem SS i Policji w Austrii. Po śmierci Reinharda Heydricha (27 maja 1942 r.) objął po nim stanowisko szefa Głównego Urzędu Bezpieczeństwa Rzeszy (RSHA). W 1946 r. skazany został przez Międzynarodowy Trybunał Wojskowy w Norymberdze na karę śmierci i stracony.

9. Teheran

Churchill proponuje inwazję na Bałkany, Roosevelt i Stalin nie zgadzają się. Kłótnia na bankiecie. Jak rozbawić Stalina? Prezydent Roosevelt daje Stalinowi wolną rękę w sprawie Polski. „Overlord" przesądzony. Stalin przy stole. „Mów do mnie Winston". Jaka Polska?

Premier Winston Churchill bardzo szybko przekonał się, że jego najczarniejsze obawy były całkowicie uzasadnione, choć w czasie pierwszej sesji, gdy przedstawił propozycję dokonania inwazji wojsk alianckich na Bałkany, wydawało się, że sojusznicy mogą ją przyjąć. Churchill twierdził, że akcja na Bałkanach ma jedynie odwrócić uwagę Niemców od miejsca głównej inwazji, czyli od północnej Francji.

Było to rozsądne tłumaczenie, gdyż alianci musieli liczyć się z obecnością we Francji, Belgii i Holandii kilkudziesięciu niemieckich dywizji, a kontratak przeprowadzony przez jednostki pancerne mógł zdziesiątkować oddziały inwazyjne, pozbawione ciężkiej artylerii, czołgów i nie okopane na francuskim brzegu. Zaś pojawienie się wojsk anglo-amerykańskich w Grecji zmusiłoby Niemców do przerzucenia tam wielu dywizji i tym samym poważnego osłabienia obrony we Francji. Ich ponowne przewiezienie do Francji, przy niedostatkach linii komunikacyjnych biegnących z północy na południe Europy, działalności partyzantów i przewadze alianckiego lotnictwa trwałoby tak długo, że wojska inwazyjne we Francji umocniłyby przyczółki, otrzymały czołgi i ciężki sprzęt wyładowywany w sztucznych portach i przygotowałyby się do obrony.

Szybko jednak Roosevelt i Stalin zmienili zdanie i odrzucili koncepcję Churchilla. On, czując, że przegrywa wielką stawkę, stawał się nerwowy i rozdrażniony.

Stało się to najbardziej widoczne podczas uroczystej kolacji wydanej przez Rosjan.

Churchill kilka godzin wcześniej w czasie ubierania się mruknął do swojego lekarza sir Charlesa Morana:

– Już nic więcej nie można zrobić.

A potem powtórzył parę razy, cedząc przez zęby:

– Cholerni, cholerni...

W podobnym nastroju byli inni członkowie brytyjskiej delegacji. Generał Alan Brooke, którego doktor Moran spotkał na korytarzu, gdy spocony kierował się do pokoju, aby zmienić koszulę, powiedział:

– Powinienem przyjść do pana z prośbą o skierowanie do domu wariatów. Dłużej tego nie wytrzymam...

– A co się stało?

– Po siedmiu godzinach obrad nie posunęliśmy się nawet o cal... – Brooke zamilkł i poszedł do pokoju.

Stalin, Roosevelt i Churchill siedzą przed gmachem ambasady radzieckiej w Teheranie

Jak to było w radzieckim zwyczaju, przez całe przyjęcie Stalin i minister spraw zagranicznych Wiaczesław Mołotow wznosili nie kończące się toasty. Być może nadmiar wódki sprawił, że Stalin wstał od stołu z kieliszkiem w dłoni i stwierdził, że po wojnie niemiecki Sztab Generalny musi zostać zlikwidowany, co zapobiegnie odrodzeniu się w przyszłości militarnej potęgi Niemiec.

– Funkcjonowanie hitlerowskich armii zależy od pięćdziesięciu tysięcy oficerów i naukowców. Jeżeli oni zostaną wyłapani i rozstrzelani, niemiecka potęga militarna będzie zniszczona – mówił.

Churchill zareagował bardzo ostro.

– Ani brytyjski parlament, ani społeczeństwo nie będą tolerować masowej egzekucji. Obróci się to przeciwko ludziom za nią odpowiedzialnym, gdy tylko się rozpocznie. Związek Radziecki nie powinien mieć żadnych złudzeń co do tego.

– Pięćdziesiąt tysięcy musi zostać rozstrzelanych! – powtórzył z naciskiem Stalin.

Churchill poczerwieniał.

– Raczej zastrzeliłbym się w ogrodzie, i to zaraz, niż naraziłbym honor własny i mojego kraju na taką niesławę! – mówił bardzo podniesionym głosem.

– No, powiedzmy, nie pięćdziesiąt, lecz czterdzieści dziewięć tysięcy – wtrącił się prezydent Roosevelt, zmierzając do rozładowania napiętej sytuacji.

Wtedy podniósł się syn prezydenta Elliott, który nie wiadomo w jaki sposób znalazł się na przyjęciu, gdyż nikt go tam nie zaprosił.

– Zgadzam się z propozycją pana Stalina i jestem pewien, że armia amerykańska poprze ten plan!

Churchill, który nie znosił pyszałkowatego syna prezydenta i miał o nim jak najgorsze zdanie, jako o żołnierzu i dowódcy, zresztą całkowicie uzasadnione, poderwał się z krzesła, odłożył serwetkę i wyszedł do przedpokoju. Tam usiadł w fotelu i zapalił cygaro. Po chwili drzwi do jadalni otworzyły się i stanął w nich Stalin z tłumaczem.

– On tylko żartował – skomentował wyskok Elliotta. – Wróćmy do sali.

Podszedł do Churchilla i objął go ramieniem. Wiele miesięcy później, w czasie bankietu w Jałcie Stalin powrócił do pomysłu rozstrzelania pięćdziesięciu tysięcy najwyższych niemieckich oficerów, a Churchill już na to nie zareagował.

Bez wątpienia scysja w Teheranie była wyrazem bardzo napiętej atmosfery, jaka utrzymywała się od początku rokowań, a także uświadomienia sobie przez Churchilla, że jego miejsce najbliższego sojusznika zajął przy boku Roosevelta Stalin. W istocie amerykańskie i brytyjskie interesy zmierzały już w różne strony.

Roosevelt wiedział, że lądowanie wojsk anglo-amerykańskich we Francji umożliwi Armii Czerwonej wkroczenie do sąsiednich państw, a może nawet dojście do Niemiec. Rodziło to oczywiste niebezpieczeństwo, że państwa te zostaną podporządkowane Moskwie. Zapewne Roosevelt uważał, że uda się mimo obecności wojsk radzieckich uratować tam demokrację. Niewykluczone jednak, że prezydent świadom tego niebezpieczeństwa, akceptował je, jako cenę za budowę nowego świata. Ponadto najcenniejszym miejscem w Europie było Zagłębie Ruhry, i to wielkie skupisko niemieckiego przemysłu musiało dostać się w ręce zachodnich aliantów. Gwarantowała to jedynie inwazja we Francji.

Churchill zaś kierował się nakazem zachowania brytyjskiego imperium, dla którego Morze Śródziemne było najważniejszym rejonem Europy. Jednakże sojusznicy nie dali się zwieść tłumaczeniom, że inwazja na Grecję ma tylko odwrócić uwagę Niemców. Pierwszy dzień rozmów, który zakończył się scysją w czasie kolacji w radzieckiej ambasadzie, był najbardziej nieudanym dniem premiera w jego politycznych bojach. Nie ostatnim...

Nikt nie wie, jak często Roosevelt i Stalin spotykali się w apartamentach ambasady radzieckiej, choć prezydentowi ciągle przeszkadzała bariera nieufności, jaką dostrzegał w rozmowach ze Stalinem, aż pewnego poranka wpadł na pomysł przełamania lodów.

– Winston, mam nadzieję, że nie będziesz na mnie zły, za to, co mam zamiar dzisiaj zrobić – prezydent powiedział nagle do Churchilla, którego spotkał na korytarzu prowadzącym do sali konferencyjnej.

Premier ciągle był w złym nastroju. Dokuczało mu przeziębienie, a co gorsza, czuł się, jak odtrącony kochanek, który w dodatku obserwował wzajemność, jaką zyskiwały zaloty największego wroga.

Gdy tylko znaleźli się w sali konferencyjnej, prezydent pochylił się w stronę Stalina i zaczął coś szeptać. Podniósł dłoń, jakby starając się przytłumić głos, aczkolwiek nie na tyle, żeby nie słyszeli go siedzący nieco dalej Brytyjczycy.

– Winston jest dzisiaj nieznośny, chyba wstał z łóżka lewą nogą.

– Zagadkowy uśmiech przemknął przez twarz Stalina i uznałem, że jestem na dobrej drodze – mówił później Roosevelt do pani Frances Perkins, sekretarza pracy. – Jak tylko usiadłem przy konferencyjnym stole zacząłem dokuczać Churchillowi za jego brytyjskość, za Johna Bulla, za jego cygara i jego zwyczaje. Zauważyliśmy ze Stalinem, że Churchill zrobił się czerwony i patrzył wilkiem. Im bardziej tak się zachowywał, tym bardziej Stalin się uśmiechał. Ostatecznie Stalin parsknął rubasznym śmiechem i po raz pierwszy od trzech dni zobaczyłem promień światła. Podtrzymywałem tę atmosferę, aż wspólnie śmieliśmy się ze Stalinem i wtedy nazwałem go Wujkiem Joe. (...) Od tego czasu nasze stosunki stały się osobiste i Stalin pozwalał sobie nawet na dowcipy. Lody zostały skruszone i rozmawialiśmy jak mężczyźni i bracia.

Ledwo zakończyły się obrady, a Roosevelt zaprosił do swojego apartamentu Stalina, który skwapliwie przyjął zaproszenie, gdyż doskonale rozumiał, czemu służył chichotliwy nastrój prezydenta i wykpiwanie Churchilla w czasie porannej sesji. Wiedział, że jego zaloty zostały przyjęte. Musiał zyskać jak najwięcej.

Stenogram tej rozmowy został ujawniony.

– Zaprosiłem pana, gdyż chciałbym przedyskutować sprawy szybko i szczerze – powiedział Roosevelt na powitanie. – Ma to związek z wewnętrznymi wydarzeniami w amerykańskiej polityce. Osobiście nie chciałbym stawać do wyborów w 1944 roku, jednakże jeżeli wojna będzie trwała, będę musiał to zrobić.

– W Stanach Zjednoczonych jest sześć do siedmiu milionów Polaków – mówił dalej Roosevelt – i jako człowiek praktyczny nie chciałbym stracić ich głosów. Zgadzam się z panem w sprawie potrzeby odtworzenia państwa polskiego, ale chciałbym widzieć polskie granice wschodnie przesunięte bardziej na zachód, a zachodnie granice przesunięte nawet do Odry. Mam nadzieję, że pan rozumie, iż ze względu na wybory nie będę brał udziału w podejmowaniu w tej sprawie jakiejkolwiek decyzji w Teheranie, a nawet w czasie nadchodzącej zimy. Publicznie nie będę brał udziału w jakichkolwiek rozstrzygnięciach.

Stalin odpowiedział, że rozumie prezydenta. Ten bardziej jasno nie mógł wyrazić swojego przyzwolenia na podporządkowanie Polski Związkowi Radzieckiemu. Mówił przecież do człowieka, którego wojska 17 września 1939 roku wkroczyły na polskie ziemie wschodnie, a mówiąc tak, akceptował dokonaną wówczas grabież. Zapowiadał, że w ciągu najbliższych miesięcy nie będzie wypowiadał się na temat polskich spraw, a przecież te miesiące miały znaczenie zasadnicze, było bowiem oczywiste, że wkrótce Armia Czerwona wkroczy na teren Polski, co stało się w styczniu 1944 roku, a więc „tej zimy", jak to określił Roosevelt. Stalin otrzymywał więc wolną rękę.

– W Ameryce jest wielu Litwinów, Łotyszy i Estończyków – mówił dalej Roosevelt, nawiązując do zbliżających się wyborów.– Stany Zjednoczone nie rozpoczną wojny, gdy Rosjanie ponownie zajmą trzy bałtyckie państwa, ale dla Amerykanów wielką sprawą jest prawo do samostanowienia [ludności tych państw – B.W.]. Jestem przekonany, że ludzie będą głosować za przyłączeniem do Związku Radzieckiego.

– Trzy bałtyckie republiki nie miały autonomii za czasów ostatniego cara, który był sojusznikiem Wielkiej Brytanii i Stanów Zjednoczonych – odpowiedział Stalin. – Wtedy nikt nie podnosił kwestii opinii publicznej i nie widzę dlaczego mieliby podnosić ją teraz.

– Prawda w tej sprawie jest taka, że opinia publiczna nie znała problemu i nie rozumiała go – Roosevelt wyraźnie oddawał pole Stalinowi.

– Ludzie ci powinni zostać poinformowani i pewna praca propagandowa powinna zostać wykonana. – Stalin nie miał zamiaru roztrząsać problemu Litwy, Łotwy i Estonii. Gotów był oczywiście zgodzić się, że ludność tych państw, które on wolał nazywać radzieckimi republikami, otrzyma możliwość udziału w referendum, ale i tak wiedział, jaki będzie wynik. Terror, jakiemu poddano ludność tych państw w 1940 roku, wywózki, likwidowanie inteligencji i najbardziej patriotycznych środowisk zrobiły swoje. Narody trzech nadbałtyckich państw utraciły możliwość skutecznego przeciwstawienia się powrotowi do Związku Radzieckiego.

Stalin wyszedł z apartamentu Roosevelta zadowolony. Otrzymał zapewnienie, że prezydent nie będzie mieszał się w sprawy Europy Środkowej. Jeszcze tylko należało przekonać tych upartych Brytyjczyków.

Sprawa miejsca inwazji na kontynent została przesądzona 30 listopada. Na zakończenie śniadania Roosevelt złożył serwetkę i z uśmiechem zwrócił się do Stalina:

– Dzisiaj pan Churchill i ja podjęliśmy decyzję w związku z propozycją naszych połączonych sztabów: operacja „Overlord" – taki kryptonim nadano lądowaniu w północnej Francji – zacznie się w maju, łącznie z równoczesnym lądowaniem w południowej Francji.

– Jestem usatysfakcjonowany taką decyzją – odpowiedział Stalin – ale równocześnie chciałbym powiedzieć panom, że w momencie, w którym rozpocznie się lądowanie, nasze wojska będą przygotowane do uderzenia na Niemców.

Przyjęcie z okazji 69 urodzin Churchilla

Tego wieczora odbyło się uroczyste przyjęcie w ambasadzie brytyjskiej wydane z okazji 69 rocznicy urodzin Winstona Churchilla.

Przy wielkim stole, pośrodku którego stał ogromny tort z 69 świeczkami, gospodarz usadowił po swojej prawej ręce prezydenta Roosevelta, a po lewej Stalina. Ten usiadł na brzeżku krzesła, nieco onieśmielony liczbą sztućców ułożonych po obydwu stronach talerza.

– Ładna kolekcja sztućców – powiedział do majora Birse'a, tłumacza, który siedział nieco z tyłu, między Stalinem a Churchillem. – To jest problem: którego używać? Będzie pan musiał doradzić mi, a także powiedzieć, kiedy zacząć jeść. Nie znam waszych obyczajów.

– Proszę jeść, jak i kiedy się panu podoba – doradził tłumacz.

Churchill, który zapewne zorientował się, czego dotyczy rozmowa toczona za jego plecami, zaproponował, aby kolacja spożywana była na sposób rosyjski, to znaczy, aby każdy jadł i wznosił toast, kiedy tylko będzie miał na to ochotę.

Ta uwaga rozproszyła wątpliwości dyktatora, który natychmiast wstał i obchodząc stół z kieliszkiem w dłoni, zaczął składać życzenia biesiadnikom. Rozochocił się do tego stopnia, że w pewnym momencie postanowił wypić zdrowie irańskiego kelnera, co ten przyjął z wyraźnym zakłopotaniem.

Tego wieczora miało miejsce jeszcze jedno zabawne wydarzenie, gdy kelner, zapatrzony w Stalina, przenosząc wielką tacę z lodami przechylił ją i całą zawartość zrzucił na nowiutki mundur tłumacza Władimira Pawłowa. Ten nawet nie mrugnął okiem.

- Pan Stalin mówi, że Armia Czerwona godna jest radzieckiego narodu - tłumaczył wypowiedź swojego przywódcy, podczas gdy różnokolorowe kule spływały po jego kurtce.

Churchill wynagrodził Pawłowowi niezdarność kelnera medalem Za Poświęcenie w Czasie Pełnienia Obowiązków Służbowych, na co Stalin odpowiedział, odznaczając brytyjskiego tłumacza majora Birse'a Orderem Czerwonego Sztandaru.

Kolacja dobiegła końca. Prezydent już wyraźnie zmęczony udał się na spoczynek, a Churchill i Stalin zasiedli, aby wypić jeszcze kieliszek.

- Chciałbym móc nazywać *Mister* Churchilla moim przyjacielem - powiedział nagle Stalin.

- Mów do mnie Winston - zaproponował Churchill. - Ja nazywam cię Józek, za twoimi plecami.

- Nie, chcę nazywać pana moim przyjacielem. Chciałbym, aby wolno mi było nazywać pana moim dobrym przyjacielem.

Stuknęli się kieliszkami.

- Piję za proletariackie masy - wzniósł toast Churchill.

- Piję za Partię Konserwatywną - odpowiedział Stalin.

W czasie wieczornej, ostatniej sesji teherańskiej konferencji nie osiągnięto żadnego porozumienia, ale Stalin wcale nie chciał, aby jakiekolwiek porozumienie zostało zawarte. Każdy dokument mógłby wiązać mu ręce. Na uwagę prezydenta, że Moskwa powinna odnowić dobre stosunki z rządem polskim, Stalin kwaśno zauważył, że „rząd londyński - jak określał polski rząd - współpracuje z Niemcami i zabija partyzantów". Oczywiście, chciał dobrych stosunków z Polską - tłumaczył - ale tylko z rządem antynazistowskim. Jeżeli chodzi o terytorium polskiego państwa, to powinno rozszerzyć się jedynie kosztem Niemiec.

- Porozumienie z 1939 roku - Stalin mówił o umowach ministrów radzieckiego i niemieckiego spraw zagranicznych z 23 sierpnia i 28 września 1939 roku, które podzieliły Polskę - zwróciło ukraińskie ziemie Ukrainie, a białoruskie - Białorusi.

- To linia Ribbentrop - Mołotow - powiedział brytyjski minister spraw zagranicznych Anthony Eden.

- Niech pan nazywa to, jak chce - szorstko odpowiedział Stalin. - My wciąż uważamy to za właściwe i dobre.

Jednakże Churchill i Roosevelt zadecydowali już, jaki będzie kształt Polski, i to bardzo odpowiadało Stalinowi. W czasie ostatniej części rozmów Churchill stwierdził:

- Serce polskiego państwa i narodu musi być ulokowane między tak zwaną linią Curzona i rzeką Odrą, z włączeniem do Polski Prus Wschodnich i Śląska.

- Jeżeli Anglicy zgodzą się, aby porty w Kłajpedzie i Królewcu przypadły nam - zaakceptujemy formułę zaproponowaną przez pana Churchilla.

Konferencja w Teheranie zakończyła się.

Następnego ranka, 3 grudnia, prezydent Roosevelt odleciał z Teheranu, aby w Kairze przedyskutować z Churchillem strategię na 1944 rok. Stalin wracał do Moskwy z przyzwoleniem aliantów na zrealizowanie swojego planu budowy pasa satelickich państw wzdłuż nowych granic Związku Radzieckiego. To było trudne zadanie. Nie należało się spodziewać, że Polska, Czechosłowacja czy Węgry tak łatwo poddadzą się Moskwie, ale na terytoria tych państw lada miesiąc miała wkroczyć najpotężniejsza armia świata - Armia Czerwona. I pozostać tam...

10. Rok 1944

Najpotężniejsza armia świata. Ofensywa zimowa. W oczekiwaniu na drugi front. Niemcy Nadwołżańscy, Tatarzy Krymscy, Ingusze, Czeczeni i Bałkarzy płacą cenę za niewierność. „Overlord" i „Bagration".

Stalin rozkazywał najpotężniejszej armii świata. Na początku 1944 roku Armia Czerwona licząca 13 milionów żołnierzy miała do swojej dyspozycji 337 200 dział i moździerzy, 24 400 czołgów i dział samobieżnych, 20 200 samochodów i transporterów opancerzonych, 32 100 samolotów, wśród których było 8400 bombowców, 8800 szturmowców nadzwyczaj groźnych i skutecznych w zwalczaniu czołgów, 16 900 myśliwców, 496 tysięcy pojazdów samochodowych.

Przemysł poddany żelaznej dyscyplinie osiągnął nadzwyczajną wydajność, mimo ogromnych zniszczeń. Na przykład w drugiej połowie 1941 roku radzieckie zakłady mogły dostarczyć dla wojska tylko 5600 czołgów, w 1944 roku wyprodukowały 21 200 czołgów.

Za wielkim kompleksem zakładów zbrojeniowych funkcjonowała ogromna strefa, starannie ukryta przed sojusznikami i własnym społeczeństwem. Około dwóch milionów zniewolonych ludzi, zmuszanych do pracy przez dwanaście, szesnaście godzin na dobę, żyjących w zimnych barakach syberyjskich obozów, żywionych tak źle, że dzienne racje ledwie pozwalały przeżyć, produkowało 15% amunicji. Wydaje się niewyobrażalne, że ci ludzi zatrudnieni w zakładach zbrojeniowych mogli wytworzyć 9,2 miliona min przeciwpiechotnych, 25,5 miliona pocisków artyleryjskich, ponad półtora miliona masek przeciwgazowych.

W przedostatnim roku wojny Związek Radziecki był zbrojeniową potęgą przemysłową, a zachodni sojusznicy wciąż zwiększali jego siłę, dostarczając najnowocześniejszą technologię.

Dostawy Lend-Lease, nie mogły zaważyć ilościowo w masie sprzętu dostarczanego wojsku i niszczonego w działaniach bojowych. Na przykład tylko w 1943 roku Armia Czerwona straciła 26 700 samolotów i 22 400 czołgów, a w czasie całej wojny Amerykanie i Brytyjczycy dostarczyli do Związku Radzieckiego 14 795 samolotów i 7065 czołgów. Ale nie liczby były tu najważniejsze. Mocarstwa demokratyczne przysyłały najnowocześniejszą technologię umożliwiającą radzieckim zakładom produkowanie uzbrojenia i sprzętu wojskowego, którego brak w 1941 roku stał się jednym z głównych powodów wielkiej klęski. Ciężarówki Studebaker, jeepy, amfibie DUKW i Ford GPA, agregaty prądotwórcze, radiostacje i telefony polowe, a także kompletne linie produkcyjne hut aluminium i zakładów chemicznych nadawały radzieckiej produkcji zbrojeniowej zupełnie nowy wymiar.

Stalin nie obawiał się już o wynik walk frontowych. Gdy 24 grudnia 1943 roku kanonada 936 dział 1. Frontu Ukraińskiego generała Watutina rozpoczęła ofensywę w rejonie Żytomierza, stojące naprzeciw wojska feldmarszałka Ericha von Mansteina niewiele mogły im przeciwstawić. Dwie armie ogólnowojskowe i dwie armie pancerne były bardzo osłabione. W okresie od lipca 1943 roku do lipca 1944 roku Manstein stracił 405 tysięcy żołnierzy, a z Rzeszy przysłano 221 tysięcy ludzi pośpiesznie powołanych do wojska, niedostatecznie wyszkolonych. Stan sprzętu też był alarmujący. Uzupełnienia nadsyłane z Niemiec nie wystarczały do wyrównania wielkich strat. W efekcie większość dywizji miała niewiele więcej niż połowę czołgów. Obrona XXIV korpusu pancernego, mimo wsparcia przez XLVIII korpus pancerny załamała się po 48 godzinach zaciętych walk. Postępy radzieckich armii szybko zagroziły zniszczeniem Grupy Armii „Południe" i Grupy Armii „A". Radziecki walec pancerny toczył się już na południowy zachód Europy.

W rejonie Leningradu 14 stycznia 1944 roku wojska radzieckie podjęły działania w celu rozbicia Grupy Armii „Północ". Po pięciodniowych walkach okrążyły część sił niemieckich w rejonie Krasnoje Sieło. 20 stycznia wyzwoliły przedpola Leningradu, a w wyniku dalszych uderzeń odrzuciły niemieckie armie daleko na zachód.

Zachodni sojusznicy informowali o przygotowaniach do inwazji na północną Francję, a tym razem Stalin miał pewność, że wywiążą się z zobowiązań. Już w końcu 1943 roku Hitler rozkazał wzmocnić obronę zachodnich rejonów kontynentu. Wywiad radziecki informował o dyrektywie numer 51 z listopada 1943 roku, w której Hitler napisał:

„Niebezpieczeństwo na Wschodzie pozostaje, ale większe zagrożenie pojawia się na Zachodzie: anglosaksońska inwazja! Na Wschodzie wielkie terytorium pozwala nam tracić duże obszary, nawet na wielką skalę, bez niebezpiecznego uderzenia w system Niemiec. Inna sytuacja jest na Zachodzie. Jeżeli nieprzyjaciel zdoła przełamać naszą obronę na szerokim froncie, bezpośrednie konsekwencje będą nie-

Wyrzutnia rakiet V-2 ukryta w zboczu góry w rejonie St Omer. Na dole widoczne wejście do głównego tunelu, nieco powyżej betonowa kopuła przykrywająca halę montażu rakiet (zdjęcie autora)

przewidywalne. Wszystko wskazuje, że wróg rozpocznie ofensywę przeciwko zachodnim granicom Europy najpóźniej na wiosnę [1944 roku - B.W.], a może wcześniej. (...) Dlatego zdecydowałem wzmocnić obronę, szczególnie w tych miejscach, z których rozpocznie się bombardowanie Anglii. To są miejsca, które nieprzyjaciel musi i będzie atakować (...) i to są miejsca, w których toczone będą główne bitwy z wojskami desantowymi".

Było oczywiste, że rozpoczęcie inwazji zmusi Hitlera do dalszego wzmacniania obrony na Zachodzie, a mógł to uczynić, jedynie zabierając wiele dywizji z frontu wschodniego. Oznaczało to, że w wyniku osłabienia niemieckiej obrony na wschodzie postępy wojsk radzieckich będą szybsze.

W dyrektywie Hitlera niepokojący był fragment mówiący o szczególnej obronie rejonów, z których Niemcy zamierzali bombardować Anglię. Nie chodziło o ataki lotnicze, gdyż te załamały się w 1940 roku i nic nie wskazywało na to, że Niemcy gotowi byliby wznowić lotniczą ofensywę w warunkach całkowitej przewagi powietrznej aliantów. Hitler myślał o nowej broni - pociskach *V-1*, rakietach *V-2*, o których Stalin wiedział, oraz nie znanej aliantom broni *V-3 i V-4**. Z dyrektywy wynikało jednoznacznie, że Führerowi nie chodziło o ostrzeliwanie zgrupowań wojsk inwazyjnych, gdyż doskonale wiedział, że nowa broń nie będzie gotowa, do czasu gdy alianci przystąpią do inwazji. W istocie ostrzeliwanie Londynu za pomocą pocisków *V-1* rozpoczęło się w nocy z 13 na 14 czerwca 1944 roku, zaś rakiet *V-2* użyto 8 września tego roku. Hitler myślał więc o terrorystycznych atakach na angielskie miasta, mimo że historia tej wojny wykazywała, iż w ten sposób nie można wygrać. Jaki więc był cel Hitlera? Dlaczego w przełomowym okresie wojny nakazywał prowadzenie badań i produkowanie rakiet i nowych pocisków, budowanie dla nich wielkich wyrzutni i stanowisk obronnych dookoła, zamiast koncentrowania wysiłku zbrojeniowego na wzmocnieniu słabnących armii na froncie wschodnim. Przecież feldmarszałek Erich von Manstein jeszcze w grudniu 1943 roku, gdy ruszyła radziecka ofensywa, przyjechał do „Wilczego Szańca", aby przekonać Hitlera o konieczności wzmocnienia jego armii.

– Jeżeli naczelne dowództwo nie prześle natychmiast silnych uzupełnień, nasze południowe skrzydło odpadnie, opuszczając Nikopol.

Nawet wizja utraty kopalń magnezu w Nikopolu nie przeraziła Hitlera. Nie zgodził się posłać nowych oddziałów.

On miał inny plan. Uważał, że silne, długotrwałe bombardowanie

Pocisk V-1

* *V-3*, działo kal. 150 mm o lufie długości 127 m. Eksplozje ładunków prochowych umieszczonych w rurach dołączonych do lufy pod kątem 45° co 3 m nadawały pociskowi prędkość początkową 1550 m/s, i pozwalało ostrzeliwać cele odległe o ok. 160 kilometrów. Działa zgrupowane po 5 miały być umieszczone w betonowych sztolniach biegnących ukośnie w głąb ziemi. Prace budowlane w Marquise Mimoyecques (w pobliżu Calais) rozpoczęły się we wrześniu 1943 r. W pierwszym etapie do lipca 1944 r. miało powstać 5 szybów, z których każdy mieściłby po 5 dział, a w następnym etapie – kolejnych 5 szybów. Zespół 25 luf mógłby wystrzeliwać na Londyn 600 pocisków na dobę. Brytyjczycy wykryli budowę 18 września 1943 r. Podczas nalotu 6 lipca 1944 r. bomba *Tallboy* eksplodowała tuż obok wylotu pierwszego szybu i spowodowała jego zawalenie oraz zasypanie kilku podziemnych tuneli. W końcu sierpnia w związku z szybkimi postępami wojsk alianckich niemiecka załoga opuściła Mimoyecques.
V-4. W 1944 r. SS-Sturmbannführer Otto Skorzeny po wizycie w ośrodku w Peenemünde zaproponował wbudowanie do pocisku *V-1* kabiny dla pilota. Do pilotowania V-4 zgłosiło się 30 esesmanów z jednostki Skorzeny'ego oraz 60 ochotników z Luftwaffe. Loty nie rozpoczęły się, gdyż ochotnicy nie otrzymali przydziału paliwa (5 m^3 na jeden lot).

Londynu i innych brytyjskich miast zmusi rząd brytyjski do szukania porozumienia z Hitlerem i zakończenia działań wojennych na Zachodzie. To była jedyna szansa dla Hitlera. Innej nie miał.

Taka perspektywa mogła niepokoić Stalina, tym bardziej że dwaj radzieccy agenci Kim Philby i Anthony Blunt donosili o kontaktach między wywiadem brytyjskim i amerykańskim z niemieckimi antyfaszystami planującymi obalenie Hitlera. Było to oczywiście normalne, że państwa toczące wojnę usiłują osłabić przeciwnika, wprowadzić zamęt w systemie sprawowania władzy, obalić przywódcę wrogiego narodu. Nic więc nie powinno budzić podejrzeń Stalina co do lojalności sojuszników. Dopiero później ta sprawa miała stać się powodem poważnego kryzysu w stosunkach między Związkiem Radzieckim a sojusznikami.

Stalina niepokoił inny front. Wewnętrzny. Im bardziej Armia Czerwona była bliska ostatecznego zwycięstwa, tym bardziej zdecydowany był rozwiązać problemy narodowościowe. Mściwy umysł podsuwał mu plany rozprawienia się z tymi, którzy zawiedli go i podjęli współpracę z Niemcami. Pierwsze represje dosięgły Niemców Nadwołżańskich, których przodkowie osiedlili się w Rosji wiele wieków temu. Stalin nie dowierzał im od pierwszych dni wojny. Nie sposób powiedzieć, czy to na jego rozkaz, czy na polecenie Berii w sierpniu 1941 roku w rejonie kilkunastu wiosek zamieszkanych przez Niemców zrzucono enkawudzistów w mundurach niemieckich spadochroniarzy. Poprosili oni o ukrycie do czasu nadejścia wojsk niemieckich. Chłopi nie odmówili, i to stało się pretekstem do masowych represji. Od 28 sierpnia 1941 roku rozpoczęły się pierwsze deportacje, choć właściwy system zaczął funkcjonować od 22 września 1941 roku w wyniku rezolucji Państwowego Komitetu Obrony numer 70288.

„1. Przesiedlić do Kazachskiej SRR Niemców z Obwodu Zaporożskiego (63 tys. osób), Obwodu Stalińskiego (41 tys. osób) i Obwodu Woroszyłowgradzkiego (5487 osób)" – tak rozpoczynał się dokument, który przesądził o życiu ponad stu tysięcy Niemców Nadwołżańskich.

W 1944 roku Stalin powrócił do tego projektu. Na zachodnią Syberię i do północnego Kazachstanu wysłano około 250 tysięcy Niemców.

Do nich dołączały grupy innych narodowości, których Stalin uznał za wrogo nastawionych wobec władzy radzieckiej.

W lutym 1944 roku oddziały NKWD wkroczyły do Czeczenii. W wielu wsiach ludność zebrano na centralnych placach, aby wzięła udział w obchodach rocznicy Armii Czerwonej. Wtedy zostali otoczeni przez enkawudzistów. Każdej rodzinie pozwolono zabrać 30 kilogramów dobytku. Tak rozpoczęła się wywózka Czeczenów. Ogółem pół miliona tych ludzi pognano na Syberię.

Z równym okrucieństwem potraktowano Tatarów Krymskich, którym Stalin zarzucał zdradę i kolaborację. Według dokumentów NKWD, do Uzbekistanu i Kazachstanu wywieziono 191 tysięcy ludzi tej narodowości, z których 52 tysiące, a więc bez mała jedna trzecia, zmarły w ciągu półtora roku.

W czasie tych wielkich przegrupowań społecznych, które rozpoczęły się w 1944 roku i trwały jeszcze po wojnie, zabrano z domów i wywieziono daleko na wschód trzy i pół miliona ludzi.

11. Nożyce

Operacja „Bagration". Potęga niemieckiej gospodarki. Armia Czerwona na polskich ziemiach. Polityka premiera Mikołajczyka. Jak zniszczyć Armię Krajową? Powstanie w Warszawie. Mikołajczyk u Stalina.

W trzecią rocznicę wybuchu wojny radziecko-niemieckiej Stalin chciał zademonstrować, jak wielką przewagę uzyskał nad nieprzyjacielem.

Cztery radzieckie Fronty liczące bez mała dwa i pół miliona żołnierzy miały do dyspozycji 31 000 dział i moździerzy, 5200 czołgów i dział samobieżnych i około 6000 samolotów. Tak wielka masa ludzi i broni dawała Rosjanom ogromną przewagę nad nieprzyjacielem: dwukrotną w liczbie żołnierzy, trzykrotną w artylerii, ponad czterokrotną w liczbie czołgów i prawie pięciokrotną w lotnictwie.

Przez wiele tygodni w całkowitej tajemnicy gromadzono zapasy. Codziennie do każdego z czterech Frontów przyjeżdżało około stu pociągów z paliwem, amunicją i bronią. Dwanaście tysięcy ciężarówek czekało w pełnej gotowości do rozwożenia zaopatrzenia dla walczących oddziałów. W szpitalach przygotowano 294 000 łóżek dla rannych, co jak się okazało, nie było liczbą przesadzoną, gdyż w czasie ponad dwumiesięcznych walk rany odniosło 590 000 żołnierzy.

Ta potęga ruszyła 23 czerwca 1944 roku i już na początku odniosła wielki sukces. W ciągu pięciu pierwszych dni cztery radzieckie Fronty przerwały niemieckie linie obronne w sześciu miejscach i w rejonie Bobrujska i Witebska okrążyły wielkie masy niemieckiego wojska. I szły do przodu. 3 lipca wyzwoliły Mińsk, stolicę Białorusi, zamykając w okrążeniu 100 000 niemieckich żołnierzy.

Wcześnie rano 3 lipca Stalin zaprosił generałów Żukowa i Antonowa do swojego gabinetu. Chciał od nich usłyszeć relacje z wielkich zwycięstw. Patrzyli na niego zdumieni. Nigdy dotąd nie widzieli dyktatora uśmiechniętego, żartującego. Był w tak dobrym humorze, że gdy tylko zakończyła się konferencja, zaprosił ich na śniadanie.

– Armia Czerwona musi zakończyć swoje wielkie dzieło w Berlinie – powiedział w pewnym momencie. – Drugi front jest tylko środkiem, który umożliwi szybsze zakończenie wojny.

Mówił o lądowaniu zachodnich aliantów w Normandii, co nastąpiło 6 czerwca 1944 roku.

- Czy wasze wojska mogą wyzwolić wschodnią Polskę i dojść do Wisły w czasie tej ofensywy? - zapytał Żukowa.

- Tak jest, towarzyszu Stalin - z przekonaniem odpowiedział generał. - Dokonamy tego z łatwością!

- To dobrze. Musicie dojść do Warszawy, a potem do Berlina.

Stalin poddawał się euforii, w jaką wprawiały go wieści o błyskawicznych postępach jego armii. Wydawał się zapominać, że Wehrmacht wciąż jeszcze pozostawał potęgą.

W połowie 1944 roku niemieckie siły zbrojne liczyły 9,4 miliona żołnierzy (w tym 6,5 miliona w wojskach lądowych), którzy okupowali obszary dużo większe niż terytorium Rzeszy w 1939 roku. Niemiecka gospodarka zatrudniała 36 milionów robotników (w tym 7 milionów cudzoziemskich robotników przymusowych), z których 61% pracowało dla potrzeb wojska. Było to trzykrotnie więcej niż w 1939 roku, gdy tylko 21% skierowano do pracy dla potrzeb armii. Produkcja przemysłowa osiągnęła najwyższy poziom ze wszystkich wojennych lat tak pod względem ilości, nowoczesności, jak i jakości. Wojsko dostawało nowe typy broni wyprzedzające epokę, w której powstawały. Zakłady lotnicze wyprodukowały prawie 40 000 samolotów, a wśród nich samoloty odrzutowe, które przewyższały pod każdym względem samoloty alianckie. Produkcja myśliwców wzrastała lawinowo. W styczniu 1944 roku niemieckie zakłady zbudowały nieco ponad 1000 samolotów myśliwskich. W czerwcu Luftwaffe dostała dwa razy więcej samolotów: 2034 egzemplarze.

Tak było w każdej dziedzinie produkcji zbrojeniowej. Niezwykle efektywna organizacja produkcji wprowadzona przez ministra Alberta Speera pozwalała utrzymywać rytmiczne zaopatrzenie Wehrmachtu.

Załamanie przyszło dopiero w sierpniu 1944 roku, gdy wojska radzieckie zajęły Rumunię, odcinając dostawy ropy naftowej dla Niemiec.

Musiało jednak minąć jeszcze wiele miesięcy, zanim niemiecka gospodarka, tracąc źródła surowcowe i zakłady przemysłowe na Śląsku, we Francji, Belgii i Holandii zaczęła niedostatecznie zaopatrywać wojsko. W połowie 1944 roku jej rezerwy były jeszcze ogromne.

Armia Czerwona była już na polskich ziemiach. Stalin rozpoczynał budowę pasa satelickich państw, wśród których Polska była najważniejsza. I najtrudniejsza do pokonania. Miała stać się zwornikiem łuku socjalistycznych terytoriów. Można się było spodziewać, że rząd polski zechce zapobiegać takiemu rozwojowi wydarzeń, choć niewiele miał argumentów.

Wiktor Lebiediew, radziecki ambasador przy rządach uchodźczych w Londynie (belgijskim, czeskim, norweskim i holenderskim) donosił o rozmowach, jakie prowadził z polskim przedstawicielem Stanisławem Grabskim*, działającym na polecenie premiera Stanisława Mikołajczyka**.

Polskie propozycje absolutnie nie odpowiadały Stalinowi. Cóż bowiem zyskiwałby, zgadzając się na nawiązanie stosunków dyplomatycznych, co proponował Grabski, uzupełnienie układu zawartego w lipcu 1941 roku protokołem o współdziałaniu wojsk na terenie Polski, a także ustaleniu linii demarkacyjnej, do momentu ustalenia przebiegu granicy państwowej między Polską i Związkiem Radzieckim? Wiązałoby mu to ręce i uniemożliwiało zrealizowanie planu. Jednak nie mógł ich odrzucić, gdyż to stawiałoby go w niekorzystnym świetle w przeddzień polskiego rozstrzygnięcia, które miał zamiar osiągnąć za pomocą wojsk, a nie dyplomatów.

Uprzejmy i uśmiechający się Lebiediew przyjął oczywiście polskie propozycje, podkreślił gotowość rządu radzieckiego do rozpoczęcia negocjacji. Wydawałoby się, że polski rząd może odnieść, choć niewielki, sukces! Ale Lebiediew postawił warunki rozpoczęcia rozmów, które można było uznać za uwłaczające polskiemu rządowi: prezydent i Naczelny Wódz mają ustąpić ze stanowisk, rząd musi zgodzić się na linię Curzona, jako ostateczną granicę państwową Polski, anulować konstytucję z 1935 roku i publicznie odwołać „oszczerstwa w sprawie katyńskiej".

Z równą brutalnością, jak w dyplomacji, działała Armia Czerwona, choć początkowo sytuacja na froncie złagodziła kroki, jakie radzieccy dowódcy zamierzali podjąć wobec polskich oddziałów Armii Krajowej. W walkach o Wilno, które rozpoczęły się w nocy z 6 na 7 lipca 1944 roku oddziały AK uzyskały nawet pewną pomoc wojskową, ale po zdobyciu miasta Rosjanie nakazali naszym żołnierzom opuścić je.

* **Stanisław Grabski** (1871-1949), ekonomista i działacz polityczny, w latach 1939-1941 był więziony w ZSRR. Od 1942 r. zajmował stanowisko prezesa Rady Narodowej RP w Londynie. Od 1945 do 1947 r. był wiceprezydentem Krajowej Rady Narodowej.

** **Stanisław Mikołajczyk** (1901-1966), działacz ludowy, poseł z ramienia PSL „Piast". W 1939 r. brał udział w walkach kampanii wrześniowej, a następnie wyjechał na Węgry, gdzie był przejściowo internowany. W latach 1940-1943 był wicepremierem rządu polskiego na wychodźstwie. Od lipca 1943 do listopada 1944 r. był premierem. Opowiadał się za porozumieniem ze Związkiem Radzieckim. W czerwcu 1945 r. wziął udział w konferencji moskiewskiej w sprawie utworzenia Tymczasowego Rządu Jedności Narodowej. Od czerwca 1945 do lutego 1947 r. był wicepremierem i ministrem ds. reform rolnych. W 1945 r. założył Polskie Stronnictwo Ludowe i od października 1945 do października 1947 r. był jego prezesem. Zagrożony aresztowaniem, w październiku 1947 r. nielegalnie opuścił kraj i zamieszkał w Stanach Zjednoczonych. W 2000 r. jego prochy sprowadzono do Polski.

Wydarzenia nabierały coraz większego tempa. 16 lipca pułkownik Aleksander Krzyżanowski* „Wilk", dowodzący oddziałami AK zdobywającymi Wilno, został wezwany na naradę do radzieckiego dowódcy w sprawie utworzenia dywizji piechoty i brygady kawalerii i już do swoich żołnierzy nie wrócił. Aresztowani zostali oficerowie jego sztabu. Polscy żołnierze usiłowali uciec z zasadzki, lecz otoczono ich w Puszczy Rudnickiej. Niewielu udało się wyrwać z radzieckiego kotła. Schwytani, zostali przewiezieni do obozu pod Miednikami, skąd trafili na Syberię. Taki los spotkał na Wileńszczyźnie około 5700 polskich żołnierzy podziemia.

Ten sam sposób postępowania wobec polskich sił zbrojnych Rosjanie zastosowali we Lwowie, gdzie w zdobywaniu miasta wzięły udział oddziały z 5. dywizji AK i pułku ułanów jazłowieckich.

Stalin kazał bezwzględnie rozprawiać się ze wszystkimi, którzy mogli przeszkadzać w odtwarzaniu władzy radzieckiej na ziemiach zagarniętych we wrześniu 1939 roku. W tamtym czasie, po wkroczeniu Armii Czerwonej do Polski kazał wymordować oficerów, policjantów, arystokratów i duchownych zamkniętych w obozach w Ostaszkowie, Starobielsku i Kozielsku, gdyż uznał, że zwolnieni z obozów jenieckich mogą kierować walką przeciwko radzieckiej okupacji tych ziem. Cztery lata później z tego samego powodu kazał deportować żołnierzy Armii Krajowej.

Czerwona flaga nad Wilnem

*__Aleksander Krzyżanowski__ (1895–1951), komendant okręgu ZWZ-AK Wilno w latach 1941–1944, w lipcu 1944 r. dowodził oddziałami AK w walce o Wilno. Podstępnie aresztowany 16 lipca 1944 r. został wywieziony do Moskwy. Torturowany w NKWD stracił słuch. Po powrocie do kraju w 1948 r. został powtórnie aresztowany. Zmarł w więzieniu.

Stalin nie musiał walczyć o te ziemie. Zostały mu przyznane przez zachodnich sojuszników w Teheranie. Kazał jedynie prowadzić akcję policyjną, aby później nie mieć kłopotów ze zbrojnym podziemiem, jakie bez wątpienia działałoby po wcieleniu tych ziem do Związku Radzieckiego.

Jego głównym celem była Warszawa. Tam przecież miał wprowadzić podporządkowany sobie rząd, który zacząłby tworzyć państwo socjalistyczne.

Nic nie wskazuje na to, że Stalin miał opracowany plan działania wobec rządu polskiego i zbrojnego podziemia liczącego około 300 tysięcy żołnierzy, a więc siły, z którą musiał się liczyć. Wygląda na to, że zamierzał utworzyć rząd na pierwszym wyzwolonym skrawku polskiej ziemi, poza linią Curzona, a później, opierając się na sile Armii Czerwonej wypychającej wojska niemieckie z Polski zneutralizować armię podziemną, tak jak zrobił to na Wileńszczyźnie i we Lwowie. Zarówno rozmowa, jaką przeprowadził z Żukowem i Antonowem na Kremlu, jak i rozkazy wydawane wojskom, które przekroczyły Bug, wskazują, że nie przewidywał wybuchu powstania, a Armia Czerwona miała wziąć Warszawę z marszu. Dawałoby to radzieckim Frontom dobrą pozycję wyjściową i dobre oparcie do dalszej ofensywy w stronę Berlina, zaś politycznie mogło być wspaniałym atutem w rozgrywce o Polskę.

Ocena sytuacji, jak i informacje napływające z Londynu nie wskazywały, że polskie władze zechcą wydać rozkaz rozpoczęcia powstania.

Naczelny wódz generał Kazimierz Sosnkowski* zdawał się rozumieć, że insurekcja bez wcześniejszego porozumienia i współpracy z wojskami radzieckimi może doprowadzić do narodowej katastrofy. A rozumiał, że takie porozumienie nie jest możliwe. 3 lipca 1944 roku w czasie narady

*__Kazimierz Sosnkowski__ (1885-1969), działacz Polskiej Partii Socjalistycznej od 1905 r. i komendant Organizacji Bojowej PPS w okręgach warszawskim, radomskim i Zagłębiu Dąbrowskim, żołnierz Legionów Polskich. Aresztowany przez Niemców 22 lipca 1917 r. przebywał w twierdzy w Magdeburgu wspólnie z Józefem Piłsudskim. W Wojsku Polskim od listopada 1918 r.; był m.in. wiceministrem spraw wojskowych (1919-1920), ministrem spraw wojskowych i członkiem Rady Obrony Państwa (1920-1924), członkiem Rady Wojennej i dowódcą Okręgu Korpusu VII Poznań. W czasie zamachu majowego 1926 r. usiłował popełnić samobójstwo. Od 1927 do 1939 r. był inspektorem kolejno armii „Podole", „Wołyń" i „Polesie" oraz przewodniczącym Komitetu ds. Uzbrojenia i Sprzętu i przewodniczącym Komitetu Wyższej Szkoły Wojennej. We wrześniu 1939 r. objął dowodzenie Frontem Południowym. W październiku przedostał się do Paryża. Od listopada 1939 r. był zastępcą prezydenta (do sierpnia 1944 r.), wicepremierem i komendantem Związku Walki Zbrojnej (do 30 czerwca 1940 r.). Był przeciwny współpracy ze Związkiem Radzieckim i nie akceptował linii politycznej premiera Władysława Sikorskiego; w związku z tym w lipcu 1941 r. ustąpił z rządu. Po śmierci Sikorskiego objął stanowisko naczelnego wodza i sprawował je do 30 września 1944 r. Był przeciwny udziałowi II Korpusu w bitwie o Monte Cassino, uważając, że straty będą zbyt duże, a góra nie zostanie zdobyta. Zdymisjonowany przez prezydenta RP, pod naciskiem rządu polskiego i brytyjskiego, za krytykowanie aliantów, wyjechał do Kanady, gdzie pozostał do śmierci.

z premierem Mikołajczykiem ostrzegał, że w najbliższym czasie Niemcy mogą wzmocnić obronę, wprowadzając 130 dywizji, które zaciekle będą bronić dostępu do swojego kraju.

- W tych warunkach - mówił Sosnkowski - trudno sobie wyobrazić możliwość opanowania większego obszaru lub poważniejszego centrum na czas dłuższy niż parę dni.

Opowiadał się za wzmożeniem akcji dywersyjnej, „poza którą wyjść w danych warunkach nie można". Powstanie uważał za akt rozpaczy.

Premier Mikołajczyk był innego zdania. Obawiał się, że brak konkretnych działań wojskowych ze strony Armii Krajowej wykorzystają ugrupowania promoskiewskie, które wzniecą w Polsce powstanie.

„Nie możemy milczeć, gdy Sowiety wchodzą do Polski. Jeśli chodzi o Armię Krajową, do której wołaliśmy, że czas nadejdzie, by nie być rzeczywiście oskarżonym o ciche porozumienie z Niemcami. (...) Ponieważ walka otwarta już i tak rozgorzała na wschodzie, zapytujemy się, czy nie warto tego już ogłosić powstaniem?" - pisał Mikołajczyk w depeszy 4 lipca do kraju, co można byłoby uznać za wezwanie do powstania.

Jednakże wydawało się, że Delegatura Rządu na Kraj bardzo trzeźwo ocenia własne siły i możliwości odniesienia zwycięstwa.

„Ewentualne wezwanie Berlinga* do powstania sparaliżujemy - pisał Jan Stanisław Jankowski**. - My decydować będziemy o wybuchu. Mowy

*Zygmunt Berling (1896-1980), służbę wojskową rozpoczął w 1914 r. w Legionach Polskich. Miał opinię zdolnego oficera, ale o trudnym charakterze. Przed wybuchem wojny, jako dowódca pułku, w związku z poważnym zaniedbaniem służbowym, został zawieszony w czynnościach. We wrześniu 1939 r. wyjechał do Wilna, gdzie internowały go władze radzieckie. Zadeklarował się wówczas jako zwolennik współpracy z ZSRR. 22 czerwca 1941 r. podpisał list do Ludowego Komisarza Spraw Wewnętrznych postulujący utworzenie polskiej armii. W czasie ewakuacji armii gen. Władysława Andersa ze Związku Radzieckiego kierował bazą załadunkową w Krasnowodsku, a następnie zdezerterował i pozostał w ZSRR. Na początku maja 1943 r. stanął na czele tworzonej w ZSRR 1. Dywizji Piechoty im. Tadeusza Kościuszki, a potem tworzonego od 10 sierpnia 1943 r. 1. Korpusu Polskich Sił Zbrojnych. Od marca 1944 r. był dowódcą Armii Polskiej w ZSRR, a od lipca 1944 r. zastępcą naczelnego dowódcy i dowódcą 1. armii Wojska Polskiego. We wrześniu 1944 r. po załamaniu się prób udzielenia pomocy powstańcom warszawskim został odwołany ze stanowiska dowódcy 1. armii WP i w wyniku sporu z komunistami sprawującymi pieczę nad armią został odesłany na studia do Akademii Wojskowej Sztabu Generalnego w Moskwie. W latach 1948-1953 był komendantem Akademii Sztabu Generalnego w Warszawie, po czym przeszedł w stan spoczynku.

**Jan Stanisław Jankowski (1882-1953), działacz polityczny, poseł na sejm w okresie międzywojennym, od 1941 r. był dyrektorem Departamentu Pracy i Opieki Społecznej Delegatury Rządu RP na Kraj, zaś w latach 1942-1943 zastępcą, a w latach 1943-1945 Delegatem Rządu RP na Kraj i wicepremierem. 31 lipca 1944 r. zatwierdził decyzję o rozpoczęciu powstania warszawskiego. W marcu 1945 r. został aresztowany przez NKWD i wywieziony do Moskwy, i tam w czerwcu 1945 r. w procesie szesnastu skazany na karę 8 lat więzienia.

o tym nie ma, abyśmy ze względu na walki na wschodzie ogłosili obecnie powstanie. Spowodowałoby to krwawe masowe represje i wywołało zamieszanie u nas".

Niebezpieczeństwo, że powstanie wzniecą ugrupowania promoskiewskie wydawało się bardzo realne. Świadczyły o tym apele radiowe kierowane do polskiego społeczeństwa.

29 lipca moskiewskie radio nadawało:

„Warszawa bez wątpienia słyszy już huk armat w bitwie, która przyniesie jej wyzwolenie. Ci, którzy nigdy nie ugięli się przed przemocą Hitlera, przyłączą się znowu, tak jak w roku 1939 do walki przeciw Niemcom, tym razem do działania decydującego. Wyszkolona w ZSRR Armia Polska, wkraczając teraz na ziemie polskie, łączy się z Armią Ludową, aby stworzyć korpus wojsk polskich, zbrojne ramię narodu naszego w jego walce o niepodległość. W szeregach jej znajdą się jutro również synowie Warszawy. Wraz z armią sprzymierzoną będą ścigać wroga na zachód, oczyszczą polską ziemię z zarazy hitlerowskiej i zadadzą cios śmiertelny bestii imperializmu pruskiego".

Do kogo skierowany był ten apel?

Następnego dnia radziecka radiostacja imienia Tadeusza Kościuszki apelowała:

„Warszawa brzmi w posadach od huku dział. Wojska radzieckie nacierają gwałtownie i zbliżają się już do Pragi. Nadchodzą, aby przynieść wam wolność. Niemcy wyparci z Pragi będą usiłowali bronić się w Warszawie. Zechcą zniszczyć wszystko. W Białymstoku burzyli wszystko przez sześć dni. Wymordowali tysiące naszych braci. Uczyńmy wszystko, co tylko w naszej mocy, by nie zdołali powtórzyć tego w Warszawie! Ludu Warszawy! Do broni! Niech ludność cała stanie wokół Krajowej Rady Narodowej, wokół warszawskiej armii podziemnej!".

Czyżby te audycje i ulotki zrzucane z samolotów nad Warszawą były prowokacją wobec dowództwa Armii Krajowej, aby wzniecić powstanie, które przez Niemców, przy bierności Armii Czerwonej, zostałoby utopione w krwi?

Należy sądzić, że nie. „Niech ludność stanie wokół Krajowej Rady Narodowej" - wołano. Było to wezwanie do powstania, które miały wzniecić ugrupowania komunistyczne. Ale nie chodziło o krwawe długotrwałe walki w Warszawie, do których Armia Ludowa nie była absolutnie przygotowana, lecz o utarczki z niemieckimi oddziałami wycofującymi się ze stolicy. Bez wątpienia do walk włączyłyby się oddziały Armii Krajowej, które nie mogłyby stać bezczynnie, gdy na ulicach Warszawy trwałaby strzelanina. To już byłoby bez znaczenia, ponieważ radziecka propaganda uzyskałaby ogromnie ważny atut, że powstanie zostało wzniecone przez ugrupowania komunistyczne, które uratowały Warszawę przed zniszczeniem.

Walki zostałyby przerwane po kilku dniach w wyniku wkroczenia do stolicy oddziałów 1. Armii Wojska Polskiego. Co zyskałby Stalin? Pełną legitymizację ugrupowań, którym zamierzał przekazać władzę w Polsce. Tym ważniejszą i bardziej wartościową, że rodzącą się w boju o uratowanie Warszawy.

W lipcu 1944 roku już istniał system proradzieckich władz państwowych, który tworzyła Krajowa Rada Narodowa, powołana do życia w noc sylwestrową 1943 roku, jako „podziemny parlament", oraz Polski Komitet Wyzwolenia Narodowego, utworzony 21 lipca 1944 roku w charakterze rządu o ograniczonych kompetencjach i zakresie władzy. Zapleczem politycznym tych organów nowej władzy była tylko Polska Partia Robotnicza, komunistyczna partia utworzona rok przed ukonstytuowaniem się KRN przez działaczy przerzuconych ze Związku Radzieckiego. 26 lipca w Moskwie przedstawiciele PKWN podpisali porozumienie w sprawie przejmowania władzy na terenach wyzwalanych przez Armię Czerwoną. Było więc oczywiste, że ta siła militarna będzie oddawała nowemu rządowi władzę na zajmowanych terenach. I tak miało stać się w Warszawie. Działania wojsk radzieckich wskazują jednoznacznie, że w pierwotnych planach liczono na szybkie zajęcie Warszawy.

Dowództwo Armii Czerwonej nie doceniło siły niemieckich wojsk ani determinacji dowództwa. Liczono, że Wehrmacht wycofa się na linię Warty lub może dalej, do umocnień starej granicy polsko-niemieckiej, aby tam zorganizować główną linię obrony granic Rzeszy. W istocie takie były pierwotne plany Oberkommando der Wehrmacht i takie działania Niemcy podjęli, co zmyliło dowódcę 1. Frontu Białoruskiego marszałka Konstantego Rokossowskiego*, którego armie szły na Warszawę. Nie uwzględnił również, że jego wojska są już wyczerpane. W czasie białoruskiej operacji Front Rokossowskiego, który na początku liczył nieco ponad milion żołnierzy, stracił 281 tysięcy zabitych i rannych.

25 lipca, gdy wydawało się, że Niemcy opuścili Warszawę, Hitler mianował szefem sztabu generalnego wojsk lądowych generała Heinza Guderiana – weterana pancernych walk w Polsce w 1939 roku, we Francji i Związku Radzieckim.

*__Konstanty Rokossowski__ (1896–1968), syn Polaka i Rosjanki, żołnierz Armii Czerwonej od 1918 r., w 1937 r., w czasie stalinowskich czystek w wojsku, został uwięziony. Zwolniony z więzienia na wiosnę 1940 r. objął dowództwo korpusu kawalerii, a później 9. korpusu zmechanizowanego; od sierpnia 1941 r. dowodził grupą operacyjną i potem 16. armią walczącą na kierunku moskiewskim, a następnie dowodził kolejno frontami Briańskim, Dońskim, Centralnym, 1. i 2. Białoruskim. Zyskał opinię doskonałego dowódcy, cenionego przez żołnierzy, ze względu na stosunek do nich i oszczędzanie ich krwi na polu bitwy. Od 1945 r. był dowódcą Północnej Grupy Wojsk Radzieckich w Polsce, a w 1949 r. objął stanowisko ministra obrony narodowej i wicepremiera Polskiej Rzeczpospolitej Ludowej; był współodpowiedzialny za represje wobec oficerów WP. W listopadzie 1956 r. wrócił do Związku Radzieckiego.

Guderian zdawał sobie sprawę, że nie wolno wycofać wojsk z linii Wisły. W ten sposób odsłoniłby „podbrzusze" Prus Wschodnich. Bez wątpienia Rosjanie wykorzystaliby tak dogodną sytuację strategiczną, uderzyli od południa na Prusy Wschodnie, przerwaliby linie komunikacyjne, których główny węzeł był w Warszawie i łatwo okrążyli pozbawione dostaw 4. armię i 3. armię pancerną. Utrata tych związków byłaby ciężkim ciosem dla Wehrmachtu. Dlatego Guderian uznał, że za wszelką cenę trzeba zatrzymać ewakuację wojska z Warszawy i przystąpić do twardej obrony miasta.

Niemiecka 9. armia otrzymała rozkaz:

„Wszystkie jednostki, które będą rozładowywać się w Warszawie, mają we wzorowym porządku przemaszerować na wschód, korzystając z głównych ulic. Ich zachowanie ma położyć kres wszelkim pogłoskom rozchodzącym się wśród miejscowej społeczności, że nie mamy zamiaru bronić miasta wszystkimi środkami naszej potęgi".

Zgodnie z tym rozkazem 9. armia skierowała się na prawy brzeg Wisły, aby tam stawić czoło radzieckiemu uderzeniu. Była na to za słaba, musiała więc zostać wzmocniona. W stronę Warszawy wyruszyła zaprawiona w bojach we Włoszech dywizja pancerno-spadochronowa „Hermann Göring"*.

I stało się to, czego można się było spodziewać w sytuacji, w której zlekceważono siłę i możliwości wroga. Potężne uderzenia niemieckich związków wyhamowały impet radzieckiej ofensywy. Obrona niemiecka okazała się zbyt mocna, aby można ją było przełamać środkami, które w tym celu Rosjanie przygotowali. Jednakże o przebiegu walk przesądziła decyzja Stalina. Wieść o wybuchu w Warszawie powstania zaskoczyła go i zaniepokoiła. Zwycięstwo Armii Krajowej mogło stworzyć całkowicie nową sytuację, bardzo niewygodną dla radzieckiego dyktatora. Oznaczałoby, że jednostki Armii Czerwonej wkraczające do Warszawy podejmowane będą przez delegatury legalnego rządu polskiego. Stalin musiałby je uznać, lub przystąpić do pacyfikacji, co bez wątpienia bardzo pogorszyłoby jego stosunki z aliantami zachodnimi. Każda z możliwości była więc nie do przyjęcia. Z tego względu nakazał wstrzymanie ofensywy 1. Frontu Białoruskiego.

* **Dywizja pancerno-spadochronowa „Hermann Göring"**, powstała w lipcu 1943 r. na Sycylii z rezerwowego personelu i pozostałości dywizji „HG" rozbitej w maju 1943 r. w Tunezji. Od września 1943 r. walczyła we Włoszech . W styczniu 1944 r. przemianowana na Fallschirm Panzer Division „Hermann Göring" (Spadochronowa dywizja pancerna „Hermann Göring") brała udział w walkach pod Anzio i innych miastach Włoch. 15 lipca przerzucona pod Warszawę. Do maja 1945 r. walczyła na terenie Polski i Niemiec. W maju 1945 r. resztki żołnierzy dywizji poddały się wojskom radzieckim i amerykańskim.

Tymczasem do Moskwy przybył premier polskiego rządu Stanisław Mikołajczyk. Powstanie warszawskie miało być ważnym argumentem w rozmowach ze Stalinem. Pod warunkiem, że na froncie w Warszawie Polacy odnosiliby sukcesy.

Stalin nie spieszył się z przyjęciem Mikołajczyka. Chciał się zorientować, jak potoczą się walki w Warszawie. Już po pierwszych dwóch dniach mógł określić, że powstanie zakończy się klęską.

Wybuch walk zaskoczył Niemców, choć doktor Ludwig Hahn - szef Sicherheitsdienst, służby bezpieczeństwa SS, wspominał: „Niemieckie władze tylko częściowo dały się zaskoczyć. My w kwaterze głównej SD

Warszawa; śmierć miasta

nie byliśmy w ogóle zaskoczeni. (...) Ostateczne potwierdzenie wybuchu rebelii otrzymałem 1 sierpnia między godziną 11.30 a 12.00. Natychmiast zaczęliśmy przygotowywać obronę".

Pierwszego dnia wydawało się, że zwycięstwo było w zasięgu ręki powstańców. Niemieckie dowodzenie było zdezorganizowane, a najlepsze jednostki policyjne odesłano wcześniej z miasta. Mimo to przewaga była po stronie niemieckiej, gdyż okupant mógł wystawić do boju w lewobrzeżnej Warszawie 15-16 tysięcy żołnierzy, którzy, choć nie reprezentowali dużej wartości bojowej, byli dobrze uzbrojeni.

Polacy przewyższający wroga pod każdym względem - morale, determinacji, wyszkolenia - mieli rozpaczliwie mało broni i amunicji: zaledwie 1,5 tysiąca do 3 tysięcy powstańców mogło podjąć walkę z karabinem lub pistoletem w dłoni. Od pierwszych godzin powstania przewaga była więc po stronie Niemców.

Powstańcom nie udało się zdobyć żadnego ze strategicznych obiektów Warszawy: mostów, dworców kolejowych, lotniska. Każdy następny dzień pogarszał ich sytuację. Zapasy broni, amunicji, lekarstw, żywności niewystarczające już w dniu walk szybko się kurczyły. Wielu z najlepszych padło w zaciętych bojach o niemieckie pozycje.

A siły Niemców wzrastały. Już 2 sierpnia pod Warszawę podciągnęły jednostki dywizji pancernych. Koncentrował się korpus von dem Bacha. Z Poznania ruszyło w stronę Warszawy 16 kompanii policyjnych, kompania SS. Z innych miast przybywały pułk ochronny, brygada szturmowa SS RONA Kamińskiego, pułk SS „Dirlewanger". Niemcy wprowadzali też do walki broń, wobec której powstańcy byli całkowicie bezradni. Nurkujące bombowce *Ju 87 Stuka* startujące z lotniska Okęcie nie traciły czasu na przelot nad cel, a po zrzuceniu bomb i opróżnieniu magazynków karabinów maszynowych i działek szybko uzupełniały amunicję.

Ogromny moździerz nazwany przez Niemców Karl na cześć generała Karla Beckera, który przed wojną konstruował tę broń, ważył 124 tony i poruszał się na podwoziu gąsienicowym, napędzany silnikiem o mocy 580 KM z prędkością 10 kilometrów na godzinę. Wystrzeliwał sześć pocisków na godzinę. Każdy z pocisków ważył 2170 kg. Spadając na dom, dziurawił dach, przebijał stropy aż do piwnicy i tam eksplodował, niszcząc cały budynek.

Warszawianie szybko poznali charakterystyczny ryk startujących pocisków, które nazywali „krowami" albo „szafami". Ten odgłos zapowiadał śmierć. To był huk pocisków rakietowych „Nebelwerfer". Najpierw startowały pociski burzące, a następnie rozpoczynał się ostrzał pociskami zapalającymi. Płonąca nafta z każdego pocisku pokrywała obszar około 200 metrów kwadratowych. Do podpalenia budynków na obszarze jednego hektara potrzeba było około 50 pocisków zapalających. Ci, którzy znaleźli się w polu ostrzału, mieli ogromne szczęście, gdy zdołali się skryć za ścianami osłaniającymi przed potężną falą podmuchu lub zatrzymującymi płomienie strzelające w górę na wysokość 2–3 metrów.

Przeciw powstańcom Niemcy użyli rakietowego moździerza na podwoziu czołgu *Tiger*. Pierwszy egzemplarz tej broni powstał w sierpniu

„Nebelwerfer" ostrzeliwuje Warszawę

1944 roku. Łącznie wyprodukowano osiemnaście takich pojazdów, z których co najmniej jeden został użyty w Warszawie. Wystrzeliwał ogromne pociski o średnicy 38 centymetrów. Leciały one do celu wspomagane silnikiem rakietowym. Zasięg pocisku wynosił 4600 metrów, dzięki czemu Niemcy mogli atakować powstańcze stanowiska z dużej odległości, całkowicie zabezpieczeni przed ogniem broni powstańców.

Prawdopodobnie do ostrzeliwania Warszawy z okolic Pruszkowa wykorzystano również największe działo kolejowe drugiej wojny światowej „Gustaw". Ze względu na ogromny ciężar i rozmiary (waga 1328,9 tony, długość 42,97 m, wysokość 11,58 m, szerokość 7,01 m) działo musiało być rozmontowane do transportu przy użyciu dźwigów kolejowych, co trwało około sześciu tygodni, a jego elementy były przewożone na oddzielnych wagonach. Po ustawieniu w pozycji bojowej łoże kolejowe opierało się na dwóch wagonach umieszczonych na równoległych torach. Do montażu, obsługi i strzeżenia działa przydzielano 1420 żołnierzy. „Gustaw" mógł w ciągu godziny wystrzeliwać dwa lub trzy pociski burzące o wadze 4,75 tony i długości 7,6 metra na odległość 46,7 kilometra lub dwa pociski przeciwpancerne o wadze 7,1 tony na odległość 37,8 kilometra.

Przeciwko tej potędze stało kilka tysięcy ludzi uzbrojonych w karabiny, pistolety maszynowe, granaty, butelki zapalające, trochę przeciwpan-

Warszawa wolna; polski żołnierz i radzieccy sojusznicy. Tak musiało być przez 45 lat

cernych wyrzutni PIAT i moździerzy niewielkiego kalibru, kusze zrobione z resorów samochodowych, a przeznaczone do miotania butelek. To wszystko...

Stalin przyjął premiera Mikołajczyka 3 sierpnia. Znowu pokazał się zachodnim sojusznikom jako polityk nastawiony na ugodę, nie odmawiający negocjacji z przedstawicielami rządu, z którym rok wcześniej kazał zerwać stosunki dyplomatyczne. Ale już wiedział, że polski premier nie ma żadnych argumentów. Mógł więc sobie pozwolić na sarkastyczne uwagi:

– Cóż to jest, ta wasza Armia Krajowa? Cóż to za armia bez artylerii, bez czołgów, bez lotnictwa? Nawet broni ręcznej nie ma dosyć. W świetle nowoczesnej wojny to jest nic! To są drobne oddziałki partyzanckie, a nie regularna siła zbrojna. Słyszę, że rząd polski polecił tym oddziałom wypędzić Niemców z Warszawy. Nie rozumiem, jak mogą to zrobić, bo przecież to jest ponad ich siły. Ludzie ci zresztą nie walczą z Niemcami, tylko kryją się po lasach. Nie są oni w stanie zrobić nic innego.

Zachowywał się jak zwycięzca wobec pokonanego, którego traktował z pogardliwą wyższością. Stalin był zwycięzcą.

12. Bałkany, Bałkany

Europa 1944 roku. Churchill przyjeżdża do Moskwy. Procentowy podział Europy. Ci nieznośni Polacy. Niemiecka ofensywa w Ardenach. Marszałek Tedder w Moskwie. Droga do Odry. Jałta. Co wiedział Stalin?

Armia Czerwona stanęła nad Wisłą, a to oznaczało, że Stalin gotów był poświęcić swoje plany jak najszybszego dojścia do Berlina, a może nawet do Renu, na rzecz opanowania sytuacji w Polsce. Świetnie rozumiał, że wojska Hitlera wykonają to, co musiałaby zrobić jego armia i NKWD, gdyby powstanie nie wybuchło: wymordować przywódców podziemia i zniszczyć Armię Krajową. Upadek powstania, śmierć najbardziej patriotycznych żołnierzy, internowanie przywódców walki podziemnej oznaczały rozbicie podziemnej armii. Traciła swoją siłę, którą bez wątpienia wykorzystałaby po wojnie do obrony niepodległości.

Tymczasem na południu Europy sytuacja rozwijała się nad wyraz pomyślnie dla Stalina. Armia Czerwona zajmowała Bałkany. Potężne uderzenie dwóch Frontów, jakie ruszyło 20 sierpnia 1944 roku od Pascani do Morza Czarnego, przełamało niemiecką obronę Grupy Armii „Południowa Ukraina" i wojsk rumuńskich, szybko posuwając się w stronę Ploeszti i Bukaresztu. Nowy rząd rumuński powołany przez króla Michała po odsunięciu dyktatora Iona Antonescu* przyjął radzieckie warunki zawieszenia broni i wypowiedział wojnę Niemcom.

8 września 1944 roku Armia Czerwona przekroczyła granicę Bułgarii, której rząd wypowiedział wojnę Niemcom.

Na północ od Dunaju 2. Front Ukraiński skierował się w stronę Wielkiej Niziny Węgierskiej, rozpoczynając marsz na Budapeszt, ale z powodu silnego oporu wojsk niemieckich i węgierskich oraz fatalnej pogody zatrzymał się na przedmieściach stolicy Węgier. W tym czasie 3. Front Ukraiński po sforsowaniu Dunaju na południu od Budapesztu dotarł do jeziora Balaton. Węgierski dyktator Miklós Horthy**

Węgierski dyktator, admirał Horthy u Hitlera

*__Ion Antonescu__ (1886–1946), polityk rumuński, minister obrony (1934 r.) i szef Sztabu Generalnego (1937 r.) w 1938 r. został aresztowany za udział w spisku przeciwko rządowi o profrancuskiej orientacji. Po upadku Francji w czerwcu 1940 r. oraz zagarnięciu przez Związek Radziecki Besarabii i Północnej Bukowiny nawoływał do odzyskania utraconych terytoriów w oparciu o sojusz z Niemcami. 4 września 1940 r. objął urząd premiera. Po abdykacji króla Karola II (na rzecz jego syna Michała I) ogłosił się conducatorem, kreując dyktaturę na wzór Mussoliniego. W 1941 r. wprowadził Rumunię do wojny po stronie Niemiec. Okres szczytowej popularności Antonescu przypadł w październiku 1941 r., gdy wojska rumuńskie zajęły Odessę, ale w następnych latach sytuacja na froncie i ogromne straty dywizji rumuńskich w walkach z Armią Czerwoną osłabiły społeczne poparcie dla jego rządów. W tym czasie podejmował próby nawiązania kontaktu z państwami zachodnimi, lecz nie chciał zaakceptować żądania bezwarunkowej kapitulacji wojsk rumuńskich. 23 sierpnia 1944 r. król Michał zmienił rząd i uwięził Antonescu. Po wojnie Antonescu stanął przed Trybunałem Ludowym i został skazany na śmierć. Wyrok wykonano 1 czerwca 1946 r.

**__Miklós Horthy__ (1868–1957), węgierski oficer, dowódca floty austro-węgierskiej w czasie I wojny światowej, w 1919 r. zorganizował oddziały wojskowe nazwane armią do walki z Węgierską Republiką Rad. W 1920 r. objął urząd regenta, stając się faktycznym dyktatorem Węgier. Próbował przeciwstawiać się presji niemieckiej nasilającej się w latach 30. i utrzymywać poprawne stosunki z państwami demokracji zachodniej. We wrześniu 1939 r. nie zgodził się na przemarsz wojsk niemieckich przez terytorium Węgier i okazywał sympatie polskim władzom i uchodźcom. Obawa przed komunizmem skierowała go do obozu faszystowskiego i 20 listopada 1940 r. przystąpił do paktu trzech mocarstw (Niemcy, Włochy, Japonia), a w kwietniu 1941 r. wojska węgierskie wzięły udział w agresji na Jugosławię. W czerwcu 1941 r. wypowiedział wojnę Związkowi Radzieckiemu, a w grudniu Stanom Zjednoczonym. W miarę klęsk niemieckich starał się zdystansować od sojusznika i w marcu 1944 r. podjął negocjacje z zachodnimi mocarstwami, w następstwie czego Niemcy rozpoczęli okupację Węgier. 16 października 1944 r. publicznie zwrócił się do wojsk radzieckich z propozycją zawieszenia broni, jednakże w wyniku akcji Otto Skorzeny'ego, który uprowadził jego syna, zmuszony był wycofać się z tej propozycji. 16 października został uwięziony przez Niemców. Od 1949 r. przebywał w Portugalii.

zdecydowany był już zakończyć wojnę i zawrzeć rozejm z Rosjanami. 15 października w przemówieniu radiowym powiedział:

- Dzisiaj stało się jasne, że Niemcy przegrały wojnę. (...) Węgry osiągnęły wstępne porozumienie rozejmowe z Rosją i wstrzymują wrogie działania przeciwko temu państwu.

Jedynie interwencja komandosów Otto Skorzeny'ego, którzy uprowadzili syna regenta Horthyego, a potem aresztowanie samego regenta uniemożliwiły rządowi tego państwa zakończenie walki z Armią Czerwoną.

W Jugosławii 3. Front Ukraiński i komunistyczna partyzantka złamały opór garnizonu niemieckiego w Belgradzie i 20 października 1944 roku zmusiły go do opuszczenia miasta.

Bałkany były w radzieckich rękach, co nadzwyczaj zaniepokoiło premiera Churchilla. Uznał, że musi bezzwłocznie interweniować u Stalina, aby nie dopuścić do umocnienia radzieckich wpływów w tej części Europy, którą uważał za absolutnie najważniejszą dla brytyjskiego imperium. Przyjechał do Moskwy, wiedząc, że czeka go trudny targ ze Stalinem, którego już poznał, jako twardego negocjatora. Miał jednak argumenty, które, jak sądził, złagodzą upór radzieckiego dyktatora.

Dlatego, gdy 15 października 1944 roku usiadł naprzeciw Stalina przy stole w kremlowskim gabinecie, nie miał zamiaru tracić czasu na dyplomatyczne manewry. Sięgnął po połówkę kartki i ołówkiem zaczął kreślić słupki.

„Rumunia:
 Rosja - 90%
 Pozostali - 10%
Grecja:
 Wielka Brytania (w porozumieniu z USA) - 60%
 Rosja - 10%
Jugosławia: - 50%-50%
Węgry: - 50%-50%
Bułgaria:
 Rosja - 75%
 Pozostali - 25%".

Odłożył ołówek i podsunął kartkę Stalinowi. Ten przeczytał uważnie, niebieską kreską postawił na kartce znak akceptacji i przesunął ją z powrotem do Churchilla.

Można odnieść wrażenie, że w tym momencie brytyjski premier chełpiący się przewodzeniem najbardziej demokratycznemu narodowi świata poczuł, że niewiele różni się od tego „kaukaskiego bandyty".

- Czy nie będzie uznany za cyniczny sposób, w jaki załatwiliśmy ten problem? - zapytał Churchill. - Spalmy ten papier.

- Nie, niech pan go zatrzyma - odpowiedział Stalin z ironicznym uśmieszkiem. Rozumiał, że nie na wiele zdało się to wyliczenie. W jakiż to sposób Churchill chciał po wojnie respektować swoje 25-procentowe wpływy w Bułgarii? Liczbą miejsc w parlamencie czy ministerialnych tek przyznanych probrytyjskim ministrom? A może liczebnością wojsk, w których jedna czwarta oficerów opowiadałaby się za Wielką Brytanią?

Zapewne Churchill nie ustrzegł się naiwności w ocenie uczciwości Stalina, podobnie zresztą jak prezydent Roosevelt. Dobił targu, łatwo uzyskując zgodę na swoją propozycję podziału wpływów na Bałkanach, potwierdzoną przez Stalina niebieskim „ptaszkiem" na połówce kartki. Po tej transakcji nadchodził czas zapłaty za bałkańskie ustępstwa.

Churchill nie pamiętał, jak bardzo krytykował swojego poprzednika premiera Neville'a Chamberlaina, gdy ten w Monachium* w 1938 roku oddał Hitlerowi część Czechosłowacji. Powiedział wówczas w parlamencie:

– Rząd miał wybierać między hańbą i wojną. Wybrał hańbę, będzie miał wojnę.

Być może jednak skojarzenie z tamtym czasem, gdy w Monachium przedstawiciele czterech mocarstw europejskich podjęli decyzję o losie czechosłowackich ziem bez udziału przedstawicieli rządu tego państwa, nakazało Churchillowi nie załatwiać problemu polskich granic wschodnich i radzieckich wpływów w całym kraju bez udziału polskiego rządu. Zaproponował, aby w dyskusji uczestniczył premier Stanisław Mikołajczyk. Oczywiście spodziewał się, że Polacy nie zgodzą się na oddanie ponad połowy swojego państwa w ręce mocarstwa, które po 17 września 1939 roku siłą zajęło te ziemie, terrorem narzuciło swój ustrój i wywiozło stamtąd 600 tysięcy ludzi. Ale po jakie argumenty mógł sięgnąć Mikołajczyk? Nie miał żadnych poza brytyjskim poparciem! Należało od razu uświadomić mu, w jak trudnej sytuacji się znalazł. Churchill szybko zrobił pierwszy krok, zgadzając się, aby w negocjacjach oprócz prawowitego rządu Mikołajczyka wzięli udział przedstawiciele PKWN. Potem nakłonił swojego ministra spraw zagranicznych Anthony'ego Edena, aby dał do zrozumienia polskiemu premierowi, że w Moskwie zapanowało pełne zrozumienie między rządami brytyjskim i radzieckim.

*29 września 1938 r. zwołano w Monachium konferencję szefów rządów Francji, Niemiec, Wielkiej Brytanii i Włoch w celu pokojowego rozwiązania problemu niemieckich żądań terytorialnych wobec Czechosłowacji. Do negocjacji nie dopuszczono przedstawicieli rządu czechosłowackiego, którzy przybyli do Monachium, lecz przez całą noc byli trzymani pod strażą; rankiem 30 września przedstawiono im ustalenia. Układ przyznał Niemcom obszar Sudetów i na mocy jego postanowień 48 godzin później wojska niemieckie przekroczyły granice Czechosłowacji. Wbrew nadziejom rządów Francji i Wielkiej Brytanii konferencja monachijska nie zapewniła pokoju w Europie – łatwość, z jaką Hitler uzyskał zgodę na zajęcie części Czechosłowacji, przekonała go, że może wystąpić z kolejnymi żądaniami terytorialnymi.

Układ brytyjsko-radziecki: (od prawej) Churchill, Eden, Mołotow

To jednak nie poskutkowało. Podczas dyskusji na Kremlu Polak nie chciał zgodzić się na ustalenie biegu polskiej granicy wzdłuż linii Curzona.

Premier Churchill zdecydował się odrzucić dyplomatyczne konwenanse i otwarcie powiedzieć polskiemu premierowi, że nie ma nic do gadania, a jedynie może zgodzić się na to, co proponuje Stalin.

– Nie jesteście rządem, jeżeli nie możecie podjąć żadnej decyzji! – krzyczał Churchill do Mikołajczyka. – Jesteście warchołami, którzy chcą zburzyć Europę. Pozostawię was samych z waszymi kłopotami. Nie ma pan poczucia odpowiedzialności, jeżeli chce pan poświęcić ludzi z kraju, dla których jest pan nieczuły bez względu na ich cierpienia! Pana nie obchodzi przyszłość Europy, Pan ma na uwadze tylko własny marny, wąski egoistyczny interes.

Później Churchill przyznał się swojemu lekarzowi:

– Byłem bardzo brutalny wobec Mikołajczyka. Był uparty, a ja straciłem panowanie nad sobą.

Później dodał:

– Potrząsałem mu pięścią przed nosem.

W relacji lekarza nie było zapewne ani odrobiny przesady, gdyż Churchill posunął się do gróźb wobec polskiego rządu.

– Ujawnię światu, jak okazaliście się nierozsądni. Odwołam się do innych Polaków – chodziło mu oczywiście o organizacje promoskiewskie – zwłaszcza, że rząd lubelski może pracować doskonale. On będzie legalnym rządem. Pana argumenty to tylko zbrodniczy pomysł wywołania rozłamu między sojusznikami za pomocą waszego *liberum veto*. Nie wiem, czy rząd brytyjski będzie was nadal uznawał!

Jednak na koniec premier Churchill zmienił ton i postanowił zachęcić Mikołajczyka do ustępstw.

– Jeżeli pan zaakceptuje linię Curzona, Stany Zjednoczone przystąpią z większym poświęceniem do rekonstruowania Polski i bez wątpienia dadzą wam duże pożyczki, prawdopodobnie bez proszenia ich o to. My pomożemy wam także, ale my będziemy biedni po wojnie. Jest pan zobligowany zaakceptować decyzje wielkich mocarstw.

Co mógł zrobić premier rządu, którego wojska walczyły setki kilometrów od Polski, podczas gdy stolica leżała w gruzach, a Armia Czerwona stała na jej przedmieściach, ponadto jedyne regularne wojsko w kraju podlegało komunistycznym organizacjom, które szybko przeistaczały się w parlament i rząd, a sojusznicy odmawiali poparcia?

Rokowania w Moskwie zakończyły się impasem, co było korzystne dla Stalina. On miał już gotowe rozwiązanie, a rozmowy z rządem Mikołaj-

Churchill i Eden, Stalin i Woroszyłow na kremlowskim przyjęciu w 1943 roku

czyka traktował jak nieistotne dyplomatyczne wybiegi, które miały uzasadniać jego poparcie dla PKWN, jako jedynej odpowiedzialnej formacji, nastawionej na współpracę ze wszystkimi stronami nowego europejskiego ładu. Gdy 24 listopada 1944 roku Stanisław Mikołajczyk zrezygnował z urzędu premiera, Stalin natychmiast sięgnął po ten argument, aby uzasadnić swoje poparcie dla Rządu Tymczasowego, w jaki przekształcił się Polski Komitet Wyzwolenia Narodowego.

Tymczasem w grudniu 1944 roku sytuacja gwałtownie zmieniła się, a Stalin stał się dla Churchilla i Roosevelta jeszcze bardziej cennym sojusznikiem. Wydarzenia grudniowe przypieczętowały polski los. Niespodziewanie w Ardenach niemieckie wojska, które wydawały się już całkowicie pobite, przeszły do ofensywy.

Adolf Hitler doszedł do słusznego wniosku, że Brytyjczycy i Amerykanie nadmiernie rozciągnęli swoje wojska. Na froncie o długości siedmiuset kilometrów mieli tylko siedemdziesiąt dywizji i w dodatku zmęczonych i pozbawionych wystarczających zapasów.

Królewski tygrys wyrusza do boju w Ardenach; nie zajechał daleko...

Amerykańskie oddziały potrzebowały każdego dnia 20 tysięcy ton żywności, lekarstw, sprzętu, 24 miliony litrów paliwa i 2 tysiące ton amunicji, a jedynym portem, przez jaki otrzymywali zaopatrzenie, był Cherbourg, oddalony o setki kilometrów od frontu. Co prawda znacznie bliżej położony port w Antwerpii został już odebrany niemieckim wojskom, ale te obsadziły 80-kilometrowy odcinek Skaldy łączący port z morzem i blokowały dostawy. W rezultacie z powodu braku paliwa pod Metz stanęła amerykańska 7. dywizja pancerna.

Hitler postanowił wykorzystać tak sprzyjającą mu sytuację, uznając, że jest to jedyna okazja zadania zachodnim aliantom wielkich strat, a o to głównie mu chodziło. Zdecydował się posłać swoje wojska do boju w Ardenach, pagórkowatego terenu na pograniczu Belgii, Francji i Luksemburga, gdzie w 1940 roku jego wojska odniosły świetne zwycięstwo, które przesądziło o losie całej wojny na Zachodzie.

Przed świtem 16 grudnia 1944 roku kilka tysięcy niemieckich dział rozpoczęło ostrzeliwanie alianckich pozycji. Równocześnie do akcji przystąpił specjalny oddział „Einheit Steilau" z brygady Otto Skorzeny'ego, liczący dziewięć zespołów po czterech żołnierzy w amerykańskich mundurach, poruszających się w jeepach. Ich zadaniem było sianie zamętu w alianckich szeregach, niszczenie linii łączności, atakowanie sztabów dowódczych.

Początkowo wydawało się, że wszystko rozwija się zgodnie z planem Hitlera, a pogoda sprzyja atakującym. Gruba warstwa chmur niemalże dotykała ośnieżonej ziemi, spowijając wszystko mgłą, przez którą nie mogły się przebić alianckie samoloty. A dopóki pozostawały na lotniskach, niemieckie czołgi, wśród których były najpotężniejsze czołgi drugiej wojny światowej *Königstiger**, mogły roznieść w puch amerykańską obronę.

Niemieckie armie uderzyły na froncie o długości 130 kilometrów na pięć dywizji amerykańskich nie spodziewających się ataku. Najgłębiej

* ***Königstiger, Pzkpfw VI Tiger II***, niemiecki czołg, największy (długość 10,26 m, szerokość 3,76 m, wysokość 3,08 m) i najcięższy (68 t) z czołgów użytych operacyjnie w czasie II wojny światowej, skonstruowany w zakładach Henschla w listopadzie 1943 r. Produkcja seryjna rozpoczęła się w styczniu 1944 r. Pierwsze egzemplarze skierowano do jednostek szkoleniowych w lutym i maju 1944 r., natomiast do jednostek bojowych – w czerwcu 1944 r. Siłą czołgu była doskonała armata kal. 88 mm i gruby pancerz, dzięki czemu odnosił łatwe zwycięstwa w walkach z czołgami alianckimi na Wschodzie i Zachodzie. Jednakże duży ciężar ograniczał manewrowość, zasięg (170 kilometrów) i żywotność silnika. Do końca wojny wyprodukowano 484 czołgi; było ich zbyt mało, a przewaga lotnicza aliantów była zbyt duża, aby mogły wpłynąć na losy bitew z końca wojny.

Dane taktyczno-techniczne: załoga 5 osób, silnik o mocy 600 KM lub o mocy 720 KM, ciężar 69,4–69,7 ton, pancerz 25–150 mm, uzbrojenie 1 działo kal. 88 mm i 2 karabiny maszynowe *MG 34* kal. 7,92 mm, prędkość 35 km/h.

w amerykańską obronę wbiła się atakująca w centrum 5. armia pancerna generała Hasso von Manteuffla, ale mimo początkowego sukcesu nie zdołała opanować dwóch kluczowych węzłów drogowych w miastach St Vith i Bastogne, które musiała obejść, kierując się dalej do Mozy. Na południu 7. armia generała Ericha Brandenbergera po pierwszych sukcesach została zatrzymana przez dwie dywizje amerykańskie. Na północy 6. armia pancerna SS Josepha Seppa Dietricha po trzech dniach stanęła na przedpolach Leodium (Liège).

Mijały dni, a wielki przełom, jakiego spodziewał się Hitler, nie następował. Amerykanie, choć zaskoczeni ofensywą, wytrzymali pierwsze uderzenie, a na ich szczęście po kilku dniach pogoda poprawiła się na tyle, że mogły wystartować alianckie samoloty. Dywizje broniące skrzyżowania strategicznych dróg w Bastogne, mogły wytrwać i odpierać ataki jednostek niemieckiej 5. armii pancernej dzięki dostawom broni i zaopatrzenia z powietrza. Samoloty amerykańskiej 9. armii lotniczej wykonały 22 grudnia 1300 lotów ze zrzutami dla obrońców strategicznych rejonów. Następnego dnia dwa tysiące alianckich bombowców i myśliwców zaatakowało 31 obiektów, dezorganizując dostawy amunicji i paliwa dla niemieckich kolumn. Na południu przystąpiła do przeciwnatarcia 3. armia generała George'a S. Pattona. Od północy naciskała 1. armia amerykańska.

Tymczasem niemieckie oddziały szybko zużywały skromne zapasy, jakie udało się przygotować w listopadzie i grudniu. Już po pięciu dniach walki załogi groźnych czołgów *Königstiger*, z którymi nie mógł mierzyć się żaden czołg aliancki, opuszczały te pojazdy i pozostawiały na poboczach dróg, gdyż w zbiornikach nie było benzyny. W niemieckich oddziałach pancernych straty z tego powodu były większe niż od nieprzyjacielskich pocisków. Utrata dostaw ropy naftowej z rumuńskich pól zajętych w końcu sierpnia przez oddziały Armii Czerwonej już wyraźnie dawała się odczuć w niemieckiej gospodarce, podobnie jak zniszczenia dokonane w rafineriach i składach paliw przez alianckie samoloty w okresie poprzedzającym inwazję w Normandii.

Już 24 grudnia 1944 roku stało się oczywiste, że ofensywa w Ardenach nie powiodła się, a walki trwały. Straty aliantów były duże: 76 980 żołnierzy rannych, zabitych i w niewoli. W pierwszy dzień 1945 roku 700 samolotów Luftwaffe uderzyło na 27 alianckich lotnisk, niszcząc 156 samolotów, które nie zdążyły wzbić się w powietrze.

Premier Winston Churchill uznał, że tylko podjęcie przez Armię Czerwoną długo odkładanej ofensywy znad Wisły zmusi Hitlera do wycofania wielu dywizji z Zachodu, kładąc tym samym kres bitwie w Ardenach, w której alianci ponosili tak dotkliwe straty. Premier pisał w depeszy do Stalina:

„Będę wdzięczny, jeżeli zechce Pan powiadomić mnie, czy możemy liczyć w styczniu na dużą rosyjską ofensywę znad Wisły lub w innym rejonie. Nie ujawnię tych najtajniejszych informacji nikomu poza marszałkiem

Koniec ofensywy w Ardenach

polnym Brookiem i generałem Eisenhowerem, i to tylko pod warunkiem zachowania najściślejszej tajemnicy. Uważam sprawę za pilną".

Tego samego dnia, 6 stycznia, gdy Churchill wysłał tę depeszę, z Kairu miał wystartować w podróż do Moskwy marszałek Arthur Tedder*, aby omówić ze Stalinem przyspieszenie radzieckiej ofensywy znad Wisły. Jednakże fatalna pogoda uniemożliwiła start jego samolotu.

*__Arthur Tedder__ (1890–1967), brytyjski strateg i dowódca lotniczych sił sprzymierzonych, w chwili wybuchu II wojny światowej był dyrektorem generalnym ds. badań i rozwoju w brytyjskim Ministerstwie Lotnictwa. W maju 1941 r. objął stanowisko głównodowodzącego lotnictwa w akwenie Morza Śródziemnego. Opracował nową technikę nalotów, nazwaną później dywanem Teddera, oraz rozwijał współdziałanie sił powietrznych i lądowych. Od lutego 1943 r. był szefem nowo utworzonego Dowództwa Śródziemnomorskiego (Mediterranean Air Command) i ściśle współpracował z gen. Dwightem D. Eisenhowerem; w 1944 r. został jego zastępcą (jako naczelnego dowódcy sojuszniczych sił ekspedycyjnych w Europie) oraz szefem sojuszniczych operacji powietrznych. 8 maja 1945 r. reprezentował mocarstwa zachodnie przy podpisywaniu aktu bezwarunkowej kapitulacji Niemiec. W latach 1946–1950 był szefem sztabu lotnictwa brytyjskiego.

„Pana depesza z 6 stycznia doszła do mnie 7 stycznia - odpowiedział Stalin. - Żałuję, że marszałek Tedder jeszcze nie przybył do Moskwy. Nadzwyczaj ważne jest wykorzystanie naszej przewagi nad Niemcami w artylerii i lotnictwie. Dlatego potrzebujemy dobrej pogody sprzyjającej lotom i braku nisko ścielących się mgieł, które uniemożliwiają celne prowadzenie ognia artyleryjskiego. Przygotowujemy ofensywę, ale obecnie pogoda jest niekorzystna. Przez wzgląd na pozycję naszych sojuszników na zachodnim froncie Kwatera Główna zdecydowała zakończyć przygotowania w przyspieszonym tempie i nie zważając na pogodę rozpocząć ofensywę na wielką skalę wzdłuż całego centralnego frontu, nie później niż w drugiej połowie stycznia".

12 stycznia 1945 roku z nadwiślańskich przyczółków ruszyły pierwsze związki wielkiej masy ludzi i sprzętu, jaką przygotowano do tej operacji. Fronty stojące nad Wisłą miały 2,2 miliona żołnierzy, 6500 czołgów, ponad 39 tysięcy dział i moździerzy, 4800 samolotów bojowych.

Pierwszy zaatakował z przyczółka sandomierskiego 1. Front Ukraiński i do wieczora wbił się na piętnaście kilometrów w niemiecką obronę. Dwa dni później rozpoczęły natarcie związki 1. Frontu Białoruskiego.

Armia Czerwona z ogromną prędkością posuwała się na zachód i południe Polski.

Marszałek Tedder przyleciał do Moskwy dopiero 15 stycznia i natychmiast udał się do Stalina.

Szedł kremlowskim korytarzem, niosąc pod pachą dwa pudełka cygar, podarunek od generała Eisenhowera, które wyglądały bardzo podejrzanie dla czujnej jak zwykle ochrony. Nie mieli jednak odwagi zatrzymać brytyjskiego gościa i skontrolować zawartości pakunków. Stalin spojrzał uważnie na pudełka wręczone mu przez Brytyjczyka.

- Kiedy to wybuchnie? - zapytał.

Marszałek zerknął na zegarek, udając, że sprawdza czas, na który został nastawiony zapalnik.

- Jak tylko stąd wyjdę - odpowiedział z kamienną twarzą.

Stalin roześmiał się i wziął go pod ramię. Poprowadził do biurka, gdzie rozłożył mapę działań jego Frontów. Przez wiele minut objaśniał kierunki głównych uderzeń, spodziewaną siłę obrony Niemców i terminy realizacji kolejnych zamierzeń.

- Nie spodziewam się, żebyśmy mogli zakończyć wojnę przed latem - powiedział na zakończenie.

Teraz on blefował. Z kamienną twarzą.

Nie ujawnił, jak szybko jego wojska posuwają się na zachód. Nie poinformował przedstawiciela sojuszników, że jego dowódcy planowali przekroczenie Odry z marszu, gdyż spodziewali się, że Niemcy zbudują główne linie obronne za rzeką. I tak się w istocie stało.

Churchill i jego najbliżsi doradcy: trzeci od prawej stoi marsz. A. Tedder

Stalin przygotowywał się już do stoczenia decydującej batalii nie tylko z niemieckimi wojskami, lecz również z sojusznikami. Był przekonany, że Hitler, stojąc w obliczu totalnej klęski, miał tylko jedną szansę: zawarcie porozumienia z aliantami zachodnimi. Zakończenie walk na Zachodzie i wstrzymanie bombardowań niemieckich miast i zakładów przemysłowych pozwalało przerzucić wszystkie siły na front wschodni i próbować zatrzymać Armię Czerwoną. Załamanie sojuszu antyhitlerowskiego miało skłonić Stalina do podjęcia rokowań z Niemcami i zakończenia wojny, zanim jego wojska wkroczyłyby w dawne granice Rzeszy. Takie rozwiązanie, w ocenie Stalina, również służyłoby Brytyjczykom i Amerykanom. Nie mógł uwierzyć, że przywódcy demokratycznych mocarstw mogli być tak naiwni i krótkowzroczni, aby oczekiwać powrotu demokracji w państwach zajętych przez Armię Czerwoną i utrzymania po wojnie sojuszu.

Dlatego nie miał zamiaru przekazywać Tedderowi prawdziwych informacji o stanie jego wojsk i tempie, w jakim posuwały się na zachód.

– Moim zdaniem, wojna nie zakończy się przed latem – mówił Stalin. – W Niemczech nie ma atmosfery sprzyjającej opozycji w dziele obalenia Hitlera. Ostateczne załamanie zostanie spowodowane prawdopodobnie przez głód. Oni mają więcej uporu niż rozumu, nie powinni przecież podejmować ofensywy w Ardenach. To było bardzo głupie z ich strony.

Marszałek Tedder miał wywieźć z Kremla zapewnienie Stalina, że ofensywa wojsk radzieckich będzie kontynuowana, aby Niemcy nie mogli skierować na Zachód więcej sił do kontynuowania walk w Ardenach. Tak się stało. Ponadto wywoził wrażenie, że ofensywa ta dojdzie do Berlina dopiero w lecie 1945 roku.

13. Prawdziwy koniec wojny

Wielka Trójka przybywa do Jałty. Przygotowania radzieckiego wywiadu. Uprzejmi zachodni sojusznicy. Polskie nadzieje, polski dramat.

Prezydent Roosevelt wyglądał bardzo źle. W ciągu miesięcy, jakie minęły od konferencji w Teheranie, postarzał się. Wąskie ramiona wyraźnie drżały, a twarz nabrała ziemistego koloru. Bez wątpienia kampania wyborcza, którą wygrał w listopadzie 1944 roku, mocno nadszarpnęła jego siły, które z powodu postępującej choroby i tak nie były wielkie.

Gdy wyniesiono go z samolotu „Sacred Cow", którym 4 lutego 1945 roku przybył z Malty, sprawiał wrażenie śmiertelnie zmęczonego i jedynie obecność kamer na krymskim lotnisku zmusiła go do wyprostowania się i uśmiechu. Zabiegał o spotkanie ze Stalinem w Szkocji lub na Malcie, ale radziecki dyktator odrzucał te propozycje, twierdząc, że nie może opuszczać kraju. Zdawał sobie sprawę, w jak złym stanie zdrowia jest Amerykanin, ale mógł to uznać jedynie za okoliczność sprzyjającą jego planom.

Samolot Churchilla wylądował na lotnisku Sati na Krymie kilka minut później i koło południa obydwie delegacje, amerykańska i brytyjska, mogły wyruszyć do pałaców, jakie radzieccy gospodarze przygotowali dla nich w Jałcie, odległej o 150 kilometrów od lotniska.

Rooseveltowi i towarzyszącym mu osobistościom Stalin wyznaczył najbardziej okazały carski pałac w Liwadii, którego budowę w stylu włoskiego renesansu car Mikołaj II zakończył w 1911 roku. Brytyjczycy stanęli dalej, w miejscowości Ałupka, gdzie do ich dyspozycji oddano pałac księcia Michaiła Woroncowa, carskiego namiestnika. Był mniejszy i skromniejszy, ale doskonale zachowany, gdyż w czasie walk o Krym mieściły się w nim kwatera i sztab feldmarszałka Ericha von Mansteina. Bardzo przy-

Krym, kraj, który wojna dotknęła szczególnie

padł do gustu Churchillowi, a szczególnie spodobały mu się dwa kamienne lwy na tarasie, przypominające mu symbol brytyjskiej potęgi i obrazy brytyjskich mistrzów kolekcjonowane przez ojca Michaiła Woroncowa, gdy był carskim ambasadorem w Londynie.

Stalin, który wraz ze swoją świtą zamieszkał w pałacu księcia Jussupowa, w prasie radzieckiej nazywanym willą, był doskonale przygotowany do negocjacji z sojusznikami. Wiedział, jakie mają plany i jak zamierzają je osiągnąć.

Wywiad radziecki bardzo starannie przygotowywał materiały dla dyktatora. W grudniu 1944 roku odbyła się wspólna narada NKWD i GRU, której przewodniczył Wiaczesław Mołotow, gdy określono, jakie tematy są szczególnie ważne dla radzieckiej polityki przed „wielką konferencją, która odbędzie się w najbliższych miesiącach".

Specjalny zespół powołany podczas tej narady zajął się sporządzaniem portretów psychologicznych polityków, którzy mogli wziąć udział w konferencji wielkich mocarstw. W tym celu w Moskwie Paweł Sudopłatow, występujący jako urzędnik z kancelarii Mołotowa pod pseudonimem Paweł Matwiejew, spotkał się na obiedzie z Averellem Harrimanem w restauracji „Agrawia". W tej rozmowie jako tłumacz uczestniczył książę Janusz Radziwiłł, aresztowany przez NKWD w styczniu i przewieziony do Moskwy. Powierzono mu tę funkcję ze względu na starą przyjaźń

Pałac w Liwadii

i wspólne interesy w Polsce, jakie przed wojną łączyły tego polskiego arystokratę z amerykańskim dyplomatą.

Sudopłatow wprost zapytał Harrimana, jakie cele stawia sobie amerykański rząd i co chce osiągnąć w czasie konferencji. Dziwne to pytanie w rozmowie dyplomatów. Tak jak dziwne było samo spotkanie amerykańskiego ambasadora z dopiero co poznanym radzieckim urzędnikiem*. Czyżby więc Harriman wykazywał większą sympatię i zrozumienie dla radzieckich interesów niż Harry Hopkins? Rozmowa przybrała jeszcze bardziej niezwykły bieg, gdy nagle Sudopłatow ostrzegł ambasadora przed kontaktami jego córki z pewnym niebezpiecznym młodym człowiekiem.

– Ostrzeżenie jest bardzo przyjacielskie – powiedział Sudopłatow, jakby chciał oddalić podejrzenia o próbę szantażowania amerykańskiego ambasadora. – Ani nasz rząd, ani żadna jego instytucja nie pozwoliłyby sobie na jakąkolwiek wątpliwą akcję przeciwko panu lub pańskiej rodzinie. Cieszy się pan szacunkiem naszego przywódcy.

Harriman mógł łatwo zorientować się, ile warte są takie zapewnienia składane przez NKWD.

Ponownie spotkali się jeszcze w hotelu „Sowietskij". Cóż wynikło z tych spotkań? Czy chodziło tylko o zebranie materiału do psychologicznej analizy członków amerykańskiej delegacji?

Cenne materiały napływały z Londynu. Dwaj agenci obszernie informowali o brytyjskich przygotowaniach. Donald Mclean, zatrudniony w ambasadzie brytyjskiej w Waszyngtonie, miał dostęp do najtajniejszych dokumentów powstających w czasie brytyjsko-amerykańskich konferencji, zaś w Ministerstwie Spraw Zagranicznych w Londynie Guy Burgess wertował tajne raporty z posiedzeń rządu i wytyczne brytyjskiej polityki wobec Związku Radzieckiego.

W polityce amerykańskiej Stalin miał jeszcze lepsze rozeznanie, a to za sprawą Harry'ego Hopkinsa, którego sympatia wobec Związku Radzieckiego nie osłabła, oraz Algera Hissa**, wysokiego urzędnika Departamentu Stanu i doradcy prezydenta, znanego wywiadowi radzieckie-

*Sudopłatow twierdzi, że spotkał się po raz pierwszy z Harrimanem 13 stycznia 1945 r. w gabinecie K. Nowikowa, szefa jednego z departamentów Komisariatu Spraw Zagranicznych. Dziennik ambasadora tego nie potwierdza.

** **Alger Hiss** (1904–1996), absolwent Johns Hopkins University i Harvard Law School w 1933 r. rozpoczął pracę w rządzie. Od 1944 r. był wysokim urzędnikiem w Departamencie Stanu. W czasie konferencji jałtańskiej był doradcą prezydenta. W 1948 r. został oskarżony przez jednego z członków partii komunistycznej o przynależność do tej organizacji przed II wojną światową oraz przekazywanie tajnych dokumentów rządowych dla radzieckiego wywiadu. W czasie drugiego procesu został uznany za winnego i skazany na 5 lat więzienia. Wyrok opierał się na nikłych podstawach, ale w 1996 r. ujawniono odczytane przez specjalistów amerykańskich po wojnie szyfrogramy radzieckie z 30 marca 1945 r. potwierdzające winę Hissa.

mu pod pseudonimem „Ales". W sprawach ekonomicznych, które miały stanowić ważny temat jałtańskich rokowań, wiedza radziecka pochodziła z raportów Harry'ego Dextera White'a, bliskiego współpracownika sekretarza skarbu Henry'ego Morgenthaua.

Ci ludzie nie tylko dostarczyli Stalinowi bardzo cenne informacje. Oni byli przy boku prezydenta Roosevelta w Jałcie i mieli bezpośredni wpływ na jego decyzje.

Stalin zdawał sobie sprawę ze swojej przewagi. Jego Armia Czerwona była potęgą przewyższającą militarny potencjał sojuszników. Polska, podobnie jak cała Europa Środkowa i Południowa, była w jego rękach. Jego armie stanęły nad Odrą i bliski był czas, gdy miały ruszyć do ostatecznej ofensywy na Berlin. Jemu sojusznicy nie byli już potrzebni. Natomiast on wciąż był potrzebny sojusznikom.

Nade wszystko Stalin potrzebny był Rooseveltowi, do budowy międzynarodowej organizacji, która mogłaby zagwarantować światu pokój. Wiedział, dlaczego nie udało się to jego poprzednikowi prezydentowi Wilsonowi w 1918 roku: Stany Zjednoczone wycofały się z polityki europejskiej, a Związek Radziecki nie został do niej dopuszczony. W rezultacie Liga Narodów nie spełniła nadziei, jakie wiązano z jej powstaniem. Wielkie dzieło Roosevelta – Organizacja Narodów Zjednoczonych, musiała oprzeć swoją skuteczność na współdziałaniu dwóch mocarstw: Stanów Zjednoczonych i Związku Radzieckiego. I temu celowi Roosevelt gotów był poświęcić wszystko, zwłaszcza Polskę.

Stalin w Jałcie

Rzeczywiście w targach o kształt Organizacji Narodów Zjednoczonych Stalin nastawiony był na ugodę, do tego stopnia, że po konferencji jałtańskiej Amerykanie utrzymywali, iż więcej zyskali, niż oddali. Za główny sukces uznali rezygnację Stalina z żądania przyznania członkostwa ONZ wszystkim republikom radzieckim, co dawałoby Związkowi Radzieckiemu 16 głosów, a zadowolenie się tylko członkostwem

Ukrainy i Białorusi. Udało się ustalić formułę głosowania w Radzie Bezpieczeństwa i wiele innych spraw, od których zależało powstanie i skuteczne funkcjonowanie nowej organizacji międzynarodowej.

W sprawie Polski Stalin był niezłomny, wiedząc, że zachodni alianci skłonni są traktować przyszłość tego państwa jako cenę ustępstw, które poczynił w innych dziedzinach. Sprawa granic wydawała się już przesądzona i dwaj zachodni przywódcy jedynie apelowali do wielkoduszności radzieckiego dyktatora, aby coś tam Polakom dorzucił.

– Byłoby lepiej dla mojej pozycji w kraju, gdyby radziecki rząd mógł dać coś Polsce – mówił Roosevelt, mając na myśli przyznanie Polsce Lwowa.

Churchill dodał:

– Wielokrotnie występowałem w parlamencie z deklaracjami popierającymi radzieckie prawa do linii Curzona, co oznacza pozostawienie Lwowa przy Związku Radzieckim. Byłem za to bardzo krytykowany, tak jak *Mister* Eden, przez partię, którą reprezentujemy. Zawsze jednak uważałem, że Rosja cierpiała, walcząc z Niemcami, i po jej wszystkich wysiłkach w wyzwalaniu Polski jej żądania są oparte nie na sile, lecz na prawie. Ale jeżeli wielka potęga, Związek Radziecki, uczyniłby sugerowany przez prezydenta gest wielkoduszności wobec znacznie mniejszego państwa, serdecznie poparlibyśmy takie działanie.

Stalin nie musiał nawet odpowiadać na takie propozycje, gdyż w ustach szefów wielkich mocarstw brzmiały jak żart. Oni mieli jednak nadzieję, że uda im się uratować demokrację i suwerenność Polski.

– Najpoważniejszą sprawą jest stały rząd dla Polski – mówił Roosevelt. – Opinia publiczna w Stanach Zjednoczonych jest przeciwko uznaniu rządu lubelskiego, gdyż reprezentuje niewielką część polskiego społeczeństwa. To, czego ludzie chcą, to utworzenie rządu jedności narodowej, który rozwiązałby wewnętrzne różnice. Rządu, który reprezentowałby wszystkie główne partie polityczne.

– Jestem bardziej zainteresowany sprawą suwerenności Polski i wolności niż liniami granicznymi – premier Churchill wsparł prezydenta. – Chcę, żeby Polacy mieli dom w Europie i możliwość prowadzenia życia na swój sposób.

Zakończył swoje wystąpienie słowami:

– Rząd Jego Królewskiej Mości serdecznie wspiera sugestię prezydenta.

Również w sprawie niepodległości Polski ton wypowiedzi szefów dwóch światowych mocarstw przypominał raczej składanie hołdu niż próbę zabezpieczenia podstaw suwerenności sojuszniczego państwa, które pierwsze poznało okrucieństwo wojny i którego obywatele tak wiele krwi przelali w obronie interesów sojuszników w Afryce, Włoszech i Francji.

Stalin nie odpowiedział od razu. Doskonale wyczuwał ugodowość w wypowiedziach Roosevelta i Churchilla i ich milczącą zgodę na przejęcie

Polski. Poprosił o dziesięciominutową przerwę, może chcąc jedynie stworzyć wrażenie, że musi naradzić się ze swoimi współpracownikami.

– Pan premier powiedział, że dla Wielkiej Brytanii sprawa Polski jest sprawą honoru – zaczął, gdy po przerwie wszyscy zebrali się w wielkiej sali carskiego pałacu. – Dla Rosji jest nie tylko sprawą honoru, lecz bezpieczeństwa. Sprawą honoru jest dlatego, że w przeszłości Rosjanie popełnili wiele grzechów wobec Polski. Rząd radziecki stara się odkupić te grzechy. Sprawą bezpieczeństwa jest dlatego, że z Polską wiążą się ważne strategiczne problemy rządu radzieckiego. (...) W ciągu dziejów Polska zawsze była korytarzem, przez który przechodzili wrogowie napadający na Rosję. (...) W interesie Rosji, podobnie jak w interesie Polski, jest aby Polska była silna i potężna, i w jej i naszym interesie jest zamknięcie tego korytarza przez jej wojska.

Stalin zmierzał do istoty rzeczy: ustroju wolnej Polski.

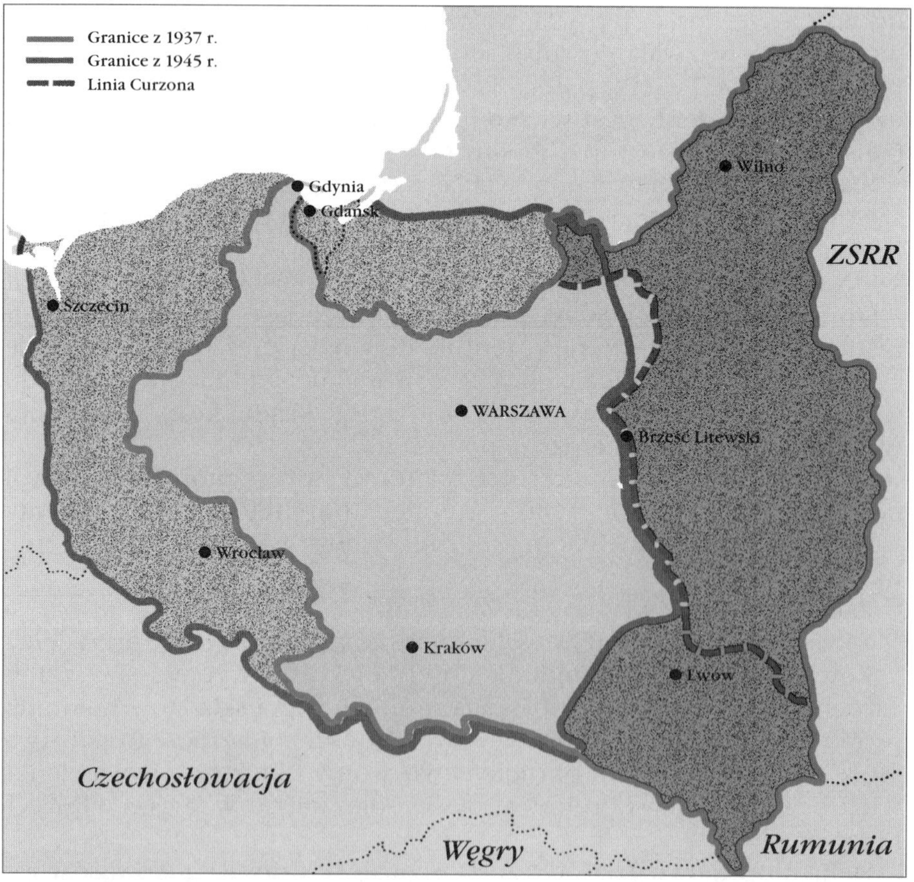

Przesunięcie granic Polski w 1945 roku

– Pan premier powiedział, że pragnie utworzyć tutaj polski rząd. Jestem pewien, że nie wyraził się precyzyjnie. Bez udziału Polaków nie możemy utworzyć polskiego rządu – Stalin wyraźnie kpił z Churchilla. – Oni [Polacy – B.W.] mówią, że jestem dyktatorem, ale mam dość demokratycznego wyczucia, aby nie tworzyć polskiego rządu bez Polaków. Jako wojskowy chcę pokoju i spokoju na tyłach Armii Czerwonej. Rząd lubelski mógłby utrzymać porządek, a agenci londyńskiego rządu zabili już 212 radzieckich żołnierzy.

Rokowania przeciągały się. Przez wiele dni dyskutowano nad kształtem polskiego rządu, a zachodni sojusznicy krok po kroku uzyskiwali ustępstwa Stalina. Czy zdawali sobie sprawę, że nie mają one większego znaczenia? Zapewne tak. Zreorganizowanie Rządu Tymczasowego na „szerszej podstawie demokratycznej z włączeniem przywódców demokratycznych z Polski i Polaków z zagranicy", przeprowadzenie wolnych wyborów – to były obietnice, z których Stalin mógł się szybko wycofać.

– Panie prezydencie – do Roosevelta zwrócił się admirał William Leahy*, mówiąc o ustaleniach w polskich sprawach – ta formuła jest tak elastyczna, że można ją rozciągnąć od Jałty do Waszyngtonu i nie pęknie.

– Wiem, Bill, wiem – odpowiedział prezydent. – Ale to jest najlepsze, co mogę zrobić dla Polski w tym czasie.

Stary schorowany prezydent, siedząc na fotelu na kołach, przyznawał się wobec swojego doradcy do klęski całej swojej wojennej polityki. Często uzasadniał ugodowość wobec Stalina koniecznością uzyskania pomocy wojsk radzieckich w ostatecznej rozprawie z Japończykami. Ale to nieprawda.

Inwazja na macierzyste wyspy japońskie i szturm na Tokio mogły spowodować ogromne straty wojsk amerykańskich. Japończycy rzeczywiście byli zdecydowani bronić się do ostatniego żołnierza. Wierzyli, że mają jeszcze dość wojska i broni, aby odwrócić losy wojny, a w każdym razie uniknąć upokarzającej kapitulacji. Mieli to osiągnąć realizując plan „Ketsu-Go" („Decyzja"). Jego autorzy uznali, że Amerykanie dokonają najpierw inwazji na wyspę Kiusiu, skąd po kilku tygodniach uderzą na wyspę Honsiu w rejonie Tokio. Do odparcia tego ataku przeznaczono 65 dywizji piechoty, 2 dywizje pancerne, 25 brygad, 3 brygady gwardyjskie i 7 brygad pancernych.

Siły obrońców miały liczyć 2 350 000 żołnierzy i 32 000 000 członków milicji i organizacji paramilitarnych. W sumie – 34 350 000 ludzi; było to więcej, niż liczyły armie USA, Wielkiej Brytanii i Związku Radzieckiego razem wzięte, ale ich wartość bojowa była znikoma, a środki, broń i amunicja były jeszcze mniejsze.

*__William Leahy__ (1875–1959), oficer marynarki, od 1941 r. był szefem sztabu prezydenta Roosevelta.

Lotniskowiec „Franklin" uszkodzony w wyniku ataku kamikaze

Do oddziałów samoobrony rekrutowano wszystkich mężczyzn w wieku od 15 do 60 lat i wszystkie kobiety w wieku od 17 do 45 lat. Ci, dla których nie starczało karabinów, mieli uzbroić się w strzelby myśliwskie, muzealne muszkiety, bambusowe lance, szable i łuki.

Brzegów Japonii miało na morzu chronić 19 niszczycieli, z których każdy miał ledwie 3500 ton paliwa, 38 okrętów podwodnych, oraz flotylla 3294 jednostek najrozmaitszych typów, wśród których było 300 „żywych torped" i 2000 motorówek wypełnionych dynamitem. W powietrzu najgroźniejszą bronią miały być samoloty samobójców *kamikaze*. W walkach o Okinawę*

*__Okinawa__, centralna wyspa (pow. 1200 kilometrów^2) archipelagu Riukiu położona w odległości 550 kilometrów od głównych wysp Japonii; od 1 kwietnia 1945 r. była miejscem największej amerykańskiej operacji inwazyjnej na Pacyfiku. Jej zdobycie dawało Amerykanom ważną bazę dla wojsk inwazyjnych, które miały dokonać inwazji na macierzyste wyspy Japonii. Do walk o wyspę bronioną przez 120 tysięcy żołnierzy japońskich i 30 tysięcy robotników koreańskich alianci przeznaczyli oddziały liczące 450 tysięcy żołnierzy. Walki z regularnymi oddziałami japońskimi trwały do 21 czerwca 1945 r. Amerykanie stracili ogółem 12 500 zabitych, 36 500 rannych, 763 samoloty, 36 statków i okrętów wojennych oraz 368 jednostek uszkodzonych (w tym 36 zatopionych i 164 uszkodzonych przez *kamikaze* oraz 39 zatopionych przez tajfun). Japończycy stracili 110 071 zabitych, 7401 rannych i 7400 w niewoli, 7830 samolotów (w tym 1835 samolotów kamikaze); śmierć poniosło ok. 42 000 cywilnych mieszkańców Okinawy, z których większość popełniła samobójstwo.

samobójczy piloci zadali Amerykanom bardzo poważne straty zatapiając 36 statków i okrętów i powodując poważne uszkodzenia 164 okrętów, ale wtedy do samobójczych lotów startowały samoloty bojowe - myśliwce i bombowce. Do obrony Tokio zabrakło już tych samolotów i japoński sztab przewidywał użycie samolotów sportowych i pasażerskich, z których żaden nie miał większej szansy przedarcia się przez amerykańską obronę przeciwlotniczą - naziemną i powietrzną.

Japoński plan miał więc większe znaczenie psychologiczne niż militarne i bez wątpienia przyniósłby ogromną liczbę ofiar, ale po stronie japońskiej.

Przystąpienie Związku Radzieckiego do wojny z Japonią niczego by nie zmieniło, gdyż oddziały Armii Czerwonej związałyby walką stacjonujące na kontynencie azjatyckim Armie Kwantuńską i Koreańską. Były to słabe związki, pozbawione dostatecznej ilości broni i zapasów, daleko od wysp macierzystych i nie miały szans na przybycie z odsieczą obleganej stolicy. Japonii brakowało okrętów transportowych oraz okrętów i samolotów eskorty, które mogłyby zapewnić przewożonym wojskom skuteczną obronę przed nieprzyjacielskimi samolotami, okrętami nawodnymi i podwodnymi. Nawet jeżeli Japonii udałoby się zmobilizować odpowiednią liczbę transportowców, to próba przewiezienia z Mandżurii wojsk Armii Kwantuńskiej zakończyłaby się ich masakrą na morzu. Amerykańskie samoloty panowały w powietrzu, a okręty podwodne skutecznie blokowały trasy żeglugowe. Większość portów była zaminowana. Amerykanie nie musieli więc obawiać się odsieczy wojsk z kontynentu, którą powstrzymałyby wojska radzieckie. W istocie nie obawiali się tak bardzo samobójczej obrony wojsk i ludności na wyspach. Nie mieli przecież zamiaru posyłać swoich żołnierzy, aby walczyli i ginęli na klingach mieczy szarżujących samobójców. Zamierzali zniszczyć wszelki opór, zanim pierwszy żołnierz amerykański postawiłby stopę na japońskiej wyspie.

W 1945 roku w arsenałach wojsk amerykańskich złożono 5,4 miliona pocisków artyleryjskich wypełnionych gazem, 1,25 miliona bomb lotniczych i 112 tysięcy zasobników, z których można było rozpylać gaz.

Rozkaz użycia broni chemicznej musiał wydać prezydent. I w tej sprawie 18 czerwca 1945 roku w jego gabinecie w Białym Domu odbyła się narada. Bez wątpienia dyskutowano plan opracowany przez szefa specjalnego zespołu płk. Beckera. Według tego planu, celem pierwszego uderzenia chemicznego miała być północna dzielnica Tokio zamieszkana przez 950 tysięcy ludzi. Pierwszy nalot nastąpiłby o godzinie ósmej rano, gdy większość tokijczyków była w drodze do pracy, a więc na ulicy, bez żadnej ochrony przed gazem. Spodziewano się ponadto, że gaz zwiewany przez wiatr zatruje dalszych 776 tysięcy ludzi mieszkających w promieniu 3 kilometrów. Ogółem w czasie nalotów przeprowadzonych od 16 października do 1 listopada 1945 roku na Tokio i kilka innych miast samoloty amerykańskie miały zrzucić ponad 56 tysięcy ton gazowych bomb. Autorzy planu szacowali, że w Japonii zginie pięć milionów ludzi, a znacznie więcej odniesie rany.

Czy plan ten mógł zostać wykonany? Eksplozje dwóch bomb nuklearnych okazały się na tyle skuteczne, że Amerykanie nie musieli użyć broni chemicznej.

Tak więc oczekiwanie na radziecką pomoc na Dalekim Wschodzie i wynikająca stąd konieczność utrzymywania dobrych stosunków ze Związkiem Radzieckim były tłumaczeniami, które miały ukryć słabość Ameryki i fiasko polityki prezydenta Roosevelta.

Gdy w Jałcie trwały dyskusje na temat składu polskiego rządu i wolnych wyborów, Stalin zamykał w żelaznym uścisku Polskę. Po przekroczeniu polskiej granicy państwowej oddziały NKWD przystąpiły do eksterminacji ludzi, likwidacji ugrupowań politycznych i militarnych, które uznano za niebezpieczne dla władzy radzieckiej. Myślenie, które przesądziło o wymordowaniu w kwietniu–maju 1940 roku polskich oficerów z obozów w Ostaszkowie, Starobielsku i Kozielsku w dalszym ciągu było podstawą działania radzieckiej tajnej policji. Po przekroczeniu Bugu NKWD i kontrwywiad „Smiersz" uderzały przede wszystkim w Armię Krajową oraz partie polityczne, które mogły przeciwstawiać się ustanowieniu proradzieckich władz.

Generał Iwan Sierow* meldował 11 stycznia 1945 roku Ławrientijowi Berii:

„W dziesięciodniowym okresie sprawozdawczym nasze grupy operacyjne oddziałów wywiadu pułków Zbiorczej Dywizji NKWD i polskie organy bezpieczeństwa publicznego aresztowały 237 osób, ogółem od 15 października 1944 roku - 13 142 osoby. W ogólnej liczbie aresztowanych zdemaskowano: 9101 członków AK, 264 bezprawnie przechowujących broń, 168 - OUN, 3609 pozostałych".

Stalin nie obawiał się reakcji mocarstw demokratycznych. Nie spodziewał się, że po wojnie sojusznicy będą żądać wypełnienia jałtańskich

*__Iwan Aleksandrowicz Sierow__ (1905–1990), oficer wywiadu wojskowego w latach 30. przeszedł do NKWD. Wyróżnił się w mordowaniu polskich oficerów oraz organizowaniu terroru w 1940 r. w republikach bałtyckich. W latach 1941–1945 był zastępcą komisarza spraw wewnętrznych. Od stycznia do kwietnia 1945 r. był pełnomocnikiem NKWD przy 1. Froncie Ukraińskim, a następnie zastępcą dowódcy 1. Frontu Białoruskiego ds. administracji cywilnej. Od czerwca 1945 r. był zastępcą szefa radzieckiej administracji wojskowej w Niemczech, a potem pełnomocnikiem NKWD radzieckich wojsk okupacyjnych w Niemczech. Po wojnie objął stanowisko zastępcy szefa GRU. Po upadku Berii w 1953 r. został wiceministrem spraw wewnętrznych. W 1956 r. na Węgrzech zwalczał organizacje niepodległościowe. Od 1958 r. był szefem GRU, zwolniony ze stanowiska za bliskie związki z płk. Pienkowskim, agentem amerykańskim wykrytym w 1962 r.

zobowiązań w sprawie przywrócenia demokracji w Polsce. Widział, że sojusz mocarstw o całkowicie odmiennych ustrojach nie może trwać. Został zawarty w obliczu nazistowskiego zagrożenia i musiał się rozpaść, gdy to zagrożenie zniknie.

Przez całą wojnę ani na chwilę nie uwierzył w szczerość intencji Wielkiej Brytanii i Stanów Zjednoczonych. Oczekiwał, że lada dzień zawrą rozejm z Niemcami, aby wszystkie niemieckie armie ruszyły na wschód i zatrzymały zwycięski pochód Armii Czerwonej, zanim ta przekroczyłaby granice swojego państwa z 1939 roku. Tak się nie stało, gdyż Churchill i Roosevelt zdecydowani byli do końca oszczędzać krew własnych żołnierzy...

14. Ostatnia ofensywa

Alianci rokują z Niemcami. Wyścig do Berlina. Koniew i Żukow opracowują plany operacji berlińskiej. Najważniejsza ofensywa. Radzieckie armie walczą ze sobą. Alianci nad Łabą. Kapitulacja w Berlinie, w Lüneburgu i Reims. Churchill zmienia politykę.

- Jaki stopień wiarygodności? - Stalin oddał kartkę, którą Beria natychmiast starannie schował do teczki.

- Dotychczasowe informacje od tego agenta były pewne - odpowiedział po namyśle. - Problem polega na tym, że nie mamy potwierdzenia z innych źródeł.

- Jeżeli to jest raport z Berlina, to sprawdźcie u towarzyszy z Genewy. Musieli coś wyniuchać, ale może nie są pewni i wstrzymują meldunki.

- A co zrobimy, jeżeli wiadomości o rokowaniach Amerykanów z Niemcami są prawdziwe?

Stalin nie odpowiedział. Od dawna spodziewał się takich wieści, ale gdy 4 marca 1945 roku Beria pokazał mu meldunek wywiadowczy, że grupa niemieckich oficerów zabiega o spotkanie w Szwajcarii z wysłannikami dowództwa wojsk alianckich, zaskoczyło go to.

Podszedł do okna i długo milczał. Zdawał sobie sprawę, że sytuacja jest poważna. Pierwszy sygnał, który wzbudził jego podejrzenia i niepokój co do zamiarów aliantów, otrzymał jeszcze w czasie konferencji w Jałcie.

W czasie tej konferencji miało miejsce drobne wydarzenie, do którego nikt nie przykładał wagi, a które po kilku tygodniach eksplodowało z taką siłą, że omalże nie zniszczyło sojuszu amerykańsko-rosyjskiego.

6 lutego, drugiego dnia konferencji, generał Aleksiej Antonow, szef sztabu Armii Czerwonej, zapytał generała George'a Marshalla, czy Amerykanie nie wiedzą, gdzie jest potężna 6. armia pancerna SS, która brała udział w walkach w Ardenach i po zakończeniu ofensywy zaczęła przemieszczać się na wschód.

– Wczoraj otrzymałem depeszę zawierającą informację o ruchach niektórych dywizji 6. armii opuszczających front zachodni – odpowiedział Marshall. – Zbiorę wszystkie informacje w tej sprawie i przekażę je panu.

Marshall zapewne chciał wydać się Antonowowi lepiej poinformowanym, niż był w rzeczywistości – natychmiast po tej rozmowie podszedł do szefa sztabu wojsk brytyjskich, pytając, co powinien zrobić, żeby uzyskać informacje interesujące Antonowa. Brytyjczyk niewiele mógł pomóc, choć wiedział, co trzeba zrobić. 6. armia oczywiście utrzymywała łączność radiową, którą Brytyjczycy przechwytywali i rozszyfrowywali w Bletchley Park. Jednakże zgodę na wykorzystanie tak uzyskanych informacji musiał wydać szef brytyjskich tajnych służb, Stewart Menzies. Wydał taką zgodę i 9 lutego szefowie sztabów amerykański i brytyjski wysłali do Moskwy depesze informujące, że Niemcy sformowali dwie grupy wojsk, z których jedna zmierzała na Pomorze, zaś druga, obejmująca 6. armię pancerną SS – do rejonu Wiednia i Ostrawy, skąd miała uderzyć w kierunku Łodzi.

Generał Antonow przyjął tę wiadomość za dobrą monetę i posłał w tamtym kierunku duże siły, które miały odeprzeć uderzenie 6. armii pancernej. Gdy 5 marca atak rozpoczął się, okazało się, że 6. armia była w rejonie jeziora Balaton, a Rosjanie nieprzygotowani do odparcia uderzenia z tego kierunku ponieśli ciężkie straty.

30 marca generał Antonow pisał do generała Marshalla:

„Uważam za mój obowiązek poinformować generała Marshalla [o fałszywych danych dotyczących 6. armii – B.W.], aby mógł dojść do właściwych wniosków na temat źródeł jego informacji".

Stalin uznał, że zachodni alianci umyślnie wprowadzili w błąd dowództwo Armii Czerwonej, aby nie dopuścić do zajęcia Wiednia. Jakże bowiem można było wytłumaczyć, że „zgubili" wielki związek, jakim jest armia pancerna, i umieścili go w zupełnie innym miejscu?

Wywiadowczy meldunek z Berlina, który przedstawił mu Beria, wskazywał, że zachodni alianci w swojej grze przeciwko sojusznikowi posunęli się o krok dalej. Zamierzają zakończyć wojnę z Niemcami! Skoro bowiem najwyżsi niemieccy oficerowie zabiegają o rozmowy z aliantami, to znaczy, że za tym kryje się sam Hitler. Po nieudanym zamachu na niego dokonanym 20 lipca 1944 roku Gestapo zlikwidowało opozycję antynazistowską i wymordowało oficerów, którzy zamierzali przerwać walkę.

Do czego zmierzał Hitler, wysyłając parlamentariuszy lub zgadzając się, aby pojechali do Zurychu? Zdawał sobie sprawę, że przegrał wojnę i pozostało mu jedynie ocalić Rzeszę przed wkroczeniem wojsk radzieckich. Mógł tego dokonać, podpisując zawieszenie broni na Zachodzie i przerzucając wszystkie siły na front wschodni. Były jednak zbyt nikłe wobec potęgi Armii Czerwonej, aby mogły odnieść zwycięstwo i zatrzymać radzieckie wojska nad Odrą.

Karl Wolff

Cóż więc zrobiłby wobec takiej przewagi wroga? Złożyłby urząd, a oficerowie, którzy negocjowaliby przerwanie działań, powołaliby rząd, który wystąpiłby wobec Stalina o zawieszenie broni. Dalsze prowadzenie wojny traciłoby sens. Ten manewr dyplomatyczny mógł pokrzyżować Stalinowi plany zdobycia Berlina, nie mówiąc o tym, że wobec ustania walk na Zachodzie wojska anglo-amerykańskie mogły tam dojść przed Rosjanami.

Obawy Stalina były całkowicie uzasadnione. Sytuacja rzeczywiście rozwijała się w kierunku, który przewidywał.

W końcu 1944 roku, gdy ofensywa w Ardenach załamała się, i było oczywiste, że Niemiec już nic nie uratuje, SS-Obergruppenführer Karl Wolff*, dowódca wojsk SS na terenie Włoch, uznał, że należy skontaktować się z Amerykanami. Nie była to zdrada, gdyż 6 lutego, w obecności ministra Ribbentropa Hitler powiedział, że jeżeli wprowadzenie tajnej broni będzie się opóźniać, to następnym krokiem będą negocjacje z aliantami – realizował więc zalecenie Führera. Skorzystał z pośrednictwa Luigi Parilliego, włoskiego przemysłowca, aby skontaktować się z rezydującym w Zurychu Allenem Dullesem**, szefem amerykańskiego wywiadu w Europie. Pirelli przez szefa szwajcarskiego wywiadu mjr. Maxa Weibla poinformował Dullesa, że najwyższy rangą oficer SS we Włoszech chce się z nim spotkać.

Po długim i starannym sprawdzeniu wiarygodności tych informacji Dulles przybył do małego hotelu w Zurychu, gdzie 12 marca 1945 roku

* **Karl Wolff** (1906–1984), generał, przed wojną był szefem sztabu Himmlera. Od września 1943 r. pełnił funkcję gubernatora wojskowego północnych Włoch i dowodził wojskami SS na tym terenie. Przekonany o nieuchronności klęski podjął rokowania z Allenem Dullesem na temat poddania wojsk niemieckich we Włoszech (co nastąpiło 2 maja 1945 r.), dzięki czemu bezpośrednio po wojnie uniknął odpowiedzialności przed Trybunałem Norymberskim. W 1964 r. został skazany na 15 lat więzienia za wydanie rozkazu zamordowania 100 Żydów i wysłanie do obozu ok. 300 tys. osób. Ze względu na zły stan zdrowia został zwolniony w 1969 r.

** **Allen Dulles** (1893–1969), amerykański prawnik, w listopadzie 1942 r. stanął na czele szwajcarskiego oddziału amerykańskiej organizacji wywiadowczej Biura Służb Strategicznych (Office of Strategic Services, OSS). Jego głównym zadaniem było nawiązanie kontaktu z członkami opozycji antyhitlerowskiej w Niemczech. Prowadził negocjacje z wysłannikami Reichsführera SS Heinricha Himmlera w sprawie warunków zawarcia pokoju. Uczestniczył również w operacji „Sunrise", w której efekcie dowódca SS we Włoszech SS-Obergruppenführer Karl Wolff podpisał kapitulację w końcu kwietnia 1945 r. Od 1948 r. był członkiem komitetu nadzorującego działalność amerykańskiego wywiadu. Od 1953 do 1961 r. był szefem Centralnej Agencji Wywiadowczej (CIA).

Allen Dulles (z prawej)

punktualnie o 22.00 pojawił się ubrany po cywilnemu Karl Wolff z dwoma innymi oficerami SS, a także znany Dullesowi Gero von Gaevernitz, działacz opozycji antyhitlerowskiej.

– Dowództwo zobowiązuje się przy wycofywaniu jednostek wstrzymać się od niszczenia urządzeń przemysłowych i komunikacyjnych, a także zabezpieczyć swobodne posuwanie się wojsk amerykańskich i brytyjskich w północnych Włoszech i Austrii – oświadczył Wolff. Podkreślał, że jest to jego osobista inicjatywa i nie oczekuje w zamian gwarancji nietykalności czy abolicji.

– Uważam, że Niemcy powinny wyjść z wojny, aby zakończyć niepotrzebne niszczenie ludzi i materiału – mówił Wolff. Chcąc dowieść szczerości proponował wydanie wspólnego z dowodzącym wojskami Wehrmachtu we Włoszech feldmarszałkiem Albertem Kesselringiem* apelu do dowódców i żołnierzy, aby zaprzestali walk i wyrwali się spod wpływu Hitlera

*__Albert Kesselring__ (1885–1960), niemiecki oficer, od 1933 r. w lotnictwie, dowodził 1. flotą powietrzną w 1939 r. przeciw Polsce. W 1940 r. przejął dowodzenie 2. flotą powietrzną walczącą na zachodzie Europy. W lipcu 1940 r. otrzymał stopień feldmarszałka. W czasie bitwy o Anglię kierowana przez niego 2. flota była największym zagrożeniem dla baz lotniczych w południowo-wschodniej Anglii. W czasie inwazji na Związek Radziecki samoloty jego floty wspomagały działania Grupy Armii „Środek". W grudniu 1941 r., pozostając dowódcą 2. floty powietrznej (do 1943 r.), objął dowództwo obszaru operacyjnego „Süd" w rejonie Morza Śródziemnego. Po kapitulacji wojsk państw osi w Tunezji w maju 1943 r. objął dowodzenie na obszarze „Süd-West" obejmującym Włochy. 21 listopada 1943 r. został mianowany głównodowodzącym Grupy Armii „C" we Włoszech. W marcu 1945 r. tymczasowo przejął dowodzenie wojskami we Francji i rozpoczął negocjacje z szefem amerykańskiego wywiadu w Europie Allenem Dullesem. Od 22 kwietnia 1945 r. dowodził obszarem obrony południowych Niemiec. 7 maja 1945 r. poddał swoje wojska aliantom. W maju 1947 r. sąd brytyjski uznał go za winnego wydania rozkazu zabicia 335 włoskich cywilów i skazał na karę śmierci, zamienioną w wyniku interwencji Winstona Churchilla i brytyjskiego premiera Clementa Attlee na dożywotnie więzienie. Wyrok ten wzbudził wiele protestów wśród brytyjskich prawników i wojskowych (m.in. marsz. polnego Harolda Alexandra). W wyniku ich działań w roku 1952 Kesselring został zwolniony pod pretekstem złego stanu zdrowia.

i Himmlera. - Jeżeli uda mi się przekonać feldmarszałka, Hitler i Himmler nie będą mogli podjąć efektywnych środków zapobiegawczych.

Stalin nie znał oczywiście przebiegu tej rozmowy ani wniosków, do jakich doszli wysłannicy niemieckich sił zbrojnych i szef amerykańskiego wywiadu w Europie. Mógł przyjąć, że rokowania nie będą długie, gdyż żadna ze stron nie miała na to czasu. Amerykanie, Brytyjczycy i Niemcy obawiali się tego samego: radzieckie armie stojące nad Odrą nagle ruszą, a do Berlina nie miały daleko, zaś siły, jakie Wehrmacht miał, aby zatrzymać radziecką potęgę, nie były duże.

- Zaczekamy, czy sojusznicy nas powiadomią - powiedział wreszcie Stalin. - Powinni to zrobić.

I tym razem nie mylił się.

Amerykanie powiadomili 11 marca 1945 roku Wiaczesława Mołotowa o niemieckiej propozycji nawiązania rokowań. Następnego dnia komisarz spraw zagranicznych, bez wątpienia na polecenie Stalina, odpowiedział amerykańskiemu ambasadorowi, że rząd radziecki nie ma nic przeciwko negocjacjom we Włoszech, pod warunkiem, iż będzie w nich brało udział trzech radzieckich oficerów. Departament Stanu odrzucił to żądanie, uznając, że walki we Włoszech prowadzą wyłącznie wojska zachodnich aliantów, a więc one powinny prowadzić rokowania na temat zakończenia działań.

Moskwa zareagowała gniewnie. Mołotow wręczył ambasadorowi notę z żądaniem zaprzestania wszelkich rokowań. Brytyjczycy i Amerykanie nie mieli jednak zamiaru zastosować się do tego i kontynuowali rokowania.

19 marca 1945 roku w willi pięknie położonej nad jeziorem Maggiore w pobliżu Askony spotkali się już nie przedstawiciele wywiadu, lecz alianckiego dowództwa.

W tym samym czasie do Watykanu dotarł kardynał Schuster z Mediolanu, który działał jako wysłannik Benito Mussoliniego. Włoski dyktator miał nadzieję, że papież zechce użyć swojego autorytetu i umożliwić faszystom zawarcie porozumienia z Amerykanami. Był to epizod, do którego doszło wyłącznie z inicjatywy Mussoliniego, zapewne nawet bez wiedzy Hitlera. Cała sprawa nie miała żadnego znaczenia dla rozwoju sytuacji we Włoszech, gdzie już od dawna wojska Mussoliniego nie liczyły się, ale wywiad radziecki poinformował Stalina o misji kardynała. W ten sposób informacje napływające na Kreml z Włoch tworzyły obraz wielkiego spisku, w wyniku którego miały tam ustać walki, a niemieckie wojska mogłyby zostać przewiezione na front wschodni. Tym bardziej Stalin postanowił działać zdecydowanie.

Prezydent Roosevelt jakby przestraszony gniewem sojusznika 25 marca wysłał depeszę, w której starał się załagodzić konflikt, który niespodziewanie zaczął wyłaniać się przy końcu wojny. Tłumaczył, że rokowania we Włoszech nie mają „politycznych implikacji i nie stanowią pogwałcenia zasady bezwarunkowej kapitulacji". Wyrażał żal, że „rokowania kapitulacyjne rozwinęły atmosferę obaw i braku zaufania".

Dalsza korespondencja wydawała się zaogniać sytuację.

3 kwietnia Stalin odpowiedział w sposób odbiegający od form przyjętych w stosunkach między głowami państw:

„Stwierdza Pan, że dotychczas nie rozpoczęto negocjacji. Oczywiście nie jest Pan całkowicie poinformowany. Jeśli chodzi o moich wojskowych kolegów, oni, na podstawie posiadanych informacji, mają pewność, że negocjacje miały miejsce i zakończyły się porozumieniem z Niemcami przewidującym, że niemiecki dowódca wojsk na froncie zachodnim marszałek Kesselring otworzy front przed wojskami anglo-amerykańskimi i pozwoli im pójść na wschód - w zamian za to Brytyjczycy i Amerykanie obiecali złagodzić warunki zawieszenia broni z Niemcami. Myślę, że moi koledzy nie są dalecy od prawdy".

Roosevelt mógł się zdenerwować, czytając te słowa. Następne zdania były jeszcze bardziej dobitne:

„W rezultacie tego Niemcy na froncie zachodnim wstrzymali działania wojenne przeciwko Anglii i Stanom Zjednoczonym. W tym samym czasie Niemcy kontynuują wojnę z Rosją, sojusznikiem Wielkiej Brytanii i USA".

Stalinowi nie zależało na przekonaniu prezydenta, że to on ma rację. Wiedział, że jedno może zmienić sytuację: zdobycie Berlina. Czy jednak alianci nie dokonają tego przed nim?

Według ocen radzieckich, Niemcy mieli na zachodzie 60 dywizji. Jednakże po klęsce w Ardenach w ostatnich dniach 1944 roku jednostki te nie przedstawiały większej wartości bojowej. Brakowało im paliwa, amunicji i odwodów, a morale żołnierzy było niskie. Alianci mogli rzucić do boju 80 pełnowartościowych dywizji, w tym 23 dywizje pancerne. Lotnictwo anglo-amerykańskie panowało w powietrzu i mogło paraliżować ruchy nielicznych niemieckich kolumn pancernych, które miały jeszcze paliwo. Sytuacja strategiczna też wskazywała, że alianci zachodni mogą szybciej niż Rosjanie dojść do Berlina.

Amerykańska 9. armia dowodzona przez generała Williama Simpsona* uchwyciła dwa przyczółki na wschodnim brzegu Łaby. Już 15 marca

* **William Hood Simpson** (1888-1980), absolwent US Military Academy w 1909 r., w czasie I wojny światowej walczył we Francji. Od czerwca 1940 r. dowodził 9. pułkiem 2. dywizji piechoty, a następnie ośrodkiem szkolenia rezerw i dywizją piechoty. 13 października 1942 r., jako szef sztabu XII korpusu został mianowany generałem porucznikiem. W kwietniu 1944 r. pojechał do Wielkiej Brytanii, jako dowódca nowo sformowanej 9. armii. 5 września 1944 r. jego armia w składzie 12. Grupy Armii została włączona do walk w Normandii. Szlak bojowy zakończyła nad Łabą. Promowany do stopnia czterogwiazdkowego generała na zakończenie wojny musiał przejść w stan spoczynku z powodu choroby żołądka. W 1954 r. otrzymał awans do stopnia generała.

dwie dywizje z tej armii - 83. dywizja piechoty i 2. dywizja pancerna gotowe były do uderzenia wzdłuż autostrady Magdeburg-Berlin, a biorąc pod uwagę, że Niemcy koncentrowali główne siły na wschodzie do obrony przed wojskami radzieckimi, amerykańscy żołnierze mogli szybko dojść do stolicy Rzeszy. Niespodziewanie generał Simpson został wezwany na naradę do kwatery dowódcy 12. Grupy Armii generała Omara Bradleya* w Wiesbaden. Tam oczekiwała go duża niespodzianka.

- Chcę ci powiedzieć, że musisz zatrzymać swoje wojska tam, gdzie są - oświadczył generał Bradley na powitanie. - Nie możesz pójść do przodu. Musisz wycofać się za Łabę.

- Skąd, do cholery, to się wzięło! - wykrzyknął wściekły Simpson. - Mógłbym być w Berlinie w ciągu 24 godzin!

- Właśnie wracam od Ike'a - uciął rozmowę Bradley, stwierdzając, że rozkaz pochodzi od głównodowodzącego alianckimi wojskami, generała Eisenhowera.

Sześć dni później generał Walter Bedell Smith, szef sztabu Eisenhowera oświadczył dziennikarzom, że „Berlin nie jest już ważny", i jednocześnie stanowczo zaprzeczył, że pogląd dowództwa wojsk alianckich wynika z umowy z Rosjanami, co oczywiście było kłamstwem.

O ile Amerykanie skłonni byli zastosować się do ustaleń z Rosjanami, Brytyjczycy wydawali się gotowi złamać umowę i zająć Berlin. Wojska ich 21. Grupy Armii szykowały się do szturmu i wyłaniało się pytanie, czy Amerykanom uda się wpłynąć na krewkiego dowódcę marszałka polnego Bernarda Montgomery'ego**, aby zaniechał planów wkroczenia do Berlina. Tym bardziej że Montgomery'ego popierał Churchill.

*__Omar Bradley__ (1893-1981) amerykański oficer, w 1915 r. ukończył akademię wojskową West Point razem z Dwightem Eisenhowerem, co miało duży wpływ na jego dalszą karierę. W dniu przystąpienia Stanów Zjednoczonych do wojny był komendantem Szkoły Piechoty w Fort Benning. W końcu 1942 r. powołany przez gen. Eisenhowera do służby w Afryce Północnej objął stanowisko zastępcy gen. George'a Pattona dowódcy II korpusu, a od kwietnia 1943 r. dowództwo tej jednostki. Szybko zyskał uznanie swoich zwierzchników i żołnierzy, które zostało potwierdzone w czasie walk na Sycylii. We wrześniu 1943 r. przybył do Wielkiej Brytanii, gdzie objął dowodzenie amerykańską 1. armią, której oddziały lądowały 6 czerwca 1944 r. na plaży Omaha w Normandii. Od 1 sierpnia 1944 r. dowodził 12. Grupą Armii. W czasie walk we Francji kierował głównymi operacjami odparcia niemieckiego przeciwuderzenia pod Mortain oraz zniszczenia niemieckiej 7. armii pod Falaise, a następnie przełamania linii Zygfryda, odparcia niemieckiej kontrofensywy w Ardenach i przeprawy przez Ren. Uchodził za dowódcę ostrożnego i metodycznego, aczkolwiek krytycy zarzucali mu brak rozmachu i polotu.

**__Bernard Law Montgomery__ (1887-1976), absolwent Akademii Wojskowej w Sundhurst, służył w brytyjskich wojskach kolonialnych w Indiach; w czasie I wojny światowej walczył we Francji. W kwietniu 1939 r. objął dowodzenie 3. dywizją piechoty brytyjskich wojsk ekspedycyjnych, która we wrześniu tego roku została przerzucona do Francji. Po ewakuacji spod Dunkierki w Wielkiej Brytanii dowodził V, a następnie

Stalin uznał, że tylko ofensywa Armii Czerwonej może przeciąć wszelkie wątpliwości.

Wojska 1. Frontu Białoruskiego stały nad Odrą i uchwyciły przyczółki, z których mogłyby rozpocząć walki o Berlin. Dalej na południe, nad Nysą, były armie 1. Frontu Ukraińskiego dowodzonego przez marszałka Iwana Koniewa*. Brakowało jednak północnego skrzydła, gdyż Front dowodzony przez marszałka Rokossowskiego uwikłał się w ciężkie walki na Pomorzu i nie doszedł do Odry. Stalin uznał, że nie może czekać. Wezwał na Kreml marszałka Gieorgija Żukowa.

Samolot marszałka wylądował na lotnisku 29 marca w Chodynce-Żukow sądził, że zostanie natychmiast zawieziony do Stalina. Z ulgą dowiedział się, że Naczelny Wódz wyznaczył naradę na godziny wieczorne, co pozwalało mu nieco odpocząć po długim, siedmiogodzinnym locie.

Rozkaz wzywający go do Moskwy nie wyjaśniał celu podróży, ale Żukow nie miał wątpliwości, że chodziło o ostateczne opracowanie planu ofensywy na Berlin. Przewidywał, że operacja rozpocznie się na początku maja, co wydawało mu się bardzo krótkim terminem. Armie 1. Frontu Białoruskiego, którym dowodził, były zmęczone i pozbawione rezerw. Od 12 stycznia, gdy rozpoczęły ofensywę znad Wisły, w ciągu 23 dni dotarły do Odry. Dywizje piechoty pokonywały 20–22 kilometry dziennie, a dywizje

XII korpusem. W sierpniu 1942 r. w Afryce Północnej objął dowództwo 8. armii, którą poprowadził do zwycięstwa w bitwie pod el Alamejn. W 1943 r. dowodził 8. armią w inwazji na Sycylię i Włochy, a w grudniu tego roku przejął dowodzenie 21. Grupą Armii na Wyspach Brytyjskich. W czasie inwazji na Normandię dowodził alianckimi wojskami lądowymi. Od 1 września 1944 r. kierował działaniami 21. Grupy Armii w północnej Francji, Belgii i Holandii. Wśród operacji zaplanowanych i dowodzonych przez Montgomery'ego największym błędem była operacja „Market-Garden" (Arnhem). 4 maja 1945 r. Montgomery przyjął kapitulację wojsk niemieckich w północno-zachodniej Europie. Do 1946 r. był dowódcą brytyjskich sił okupacyjnych w Niemczech.

* **Iwan Koniew** (1897–1973), rozpoczął służbę wojskową w 1915 r. jako szeregowiec w armii carskiej. W 1918 r., będąc już członkiem partii komunistycznej, wstąpił do Armii Czerwonej i brał udział w wojnie domowej. W 1934 r. ukończył Akademię Wojskową im. M. Frunzego i następnie dowodził pułkiem, dywizją i korpusem. W 1938 r. objął dowództwo 2. Samodzielnej Armii Dalekiego Wschodu, a następnie Zabajkalskiego i Północnokaukaskiego Okręgu Wojskowego, którym kierował do 1941 r. W czasie wojny radziecko-niemieckiej dowodził 19. armią, a od 14 sierpnia 1941 r. Frontem Zachodnim. Od 17 października 1941 r. w wyniku podziału Frontu Zachodniego przejął dowodzenie armii na prawym skrzydle, które utworzyły Front Kaliniński. Uznany przez Stalina za współwinnego klęski na przedpolach Moskwy, omal nie został postawiony przed plutonem egzekucyjnym – uratowało go wstawiennictwo gen. Gieorgija Żukowa. Samodzielne dowództwo operacyjne Frontu Zachodniego objął ponownie w sierpniu 1942 r., od marca 1943 r. dowodził Frontem Północno-Zachodnim, od czerwca 1943 r. - Frontem Stepowym (przemianowanym na 2. Front Ukraiński), od maja 1944 r. - 1. Frontem Ukraińskim, którego wojska doprowadził do Berlina. W lipcu 1945 r. objął stanowisko wysokiego komisarza w Austrii, a rok później zastąpił marsz. G. Żukowa na stanowisku naczelnego dowódcy wojsk lądowych.

Marszałek Gieorgij Żukow

pancerne i zmechanizowane 30–35 kilometrów. W czasie tego pochodu przez Polskę straciły ponad 77 tysięcy żołnierzy. Trzeba się było starannie i dobrze przygotować do batalii o stolicę Trzeciej Rzeszy, gdyż nie było wątpliwości, że Niemcy będą się bronić do ostatniego żołnierza, a walki w mieście zawsze były bardzo trudne. Front Żukowa musiał więc otrzymać posiłki i zmagazynować setki tysięcy ton amunicji, paliwa, żywności, a to wymagało czasu, gdyż linie komunikacyjne wydłużyły się nadmiernie. Co prawda, na obszarze Polski poszerzano rozstaw torów, aby nie trzeba było zmieniać podwozi wagonów, ale mimo najsprawniejszej organizacji przygotowanie wojsk musiało zająć wiele tygodni.

– Front niemiecki na Zachodzie ostatecznie się załamał i prawdopodobnie hitlerowcy nie zamierzają przedsięwziąć żadnych kroków w celu zatrzymania natarcia wojsk alianckich – powiedział Stalin, gdy późnym wieczorem Żukow wszedł do jego gabinetu. – A jednocześnie na wszystkich ważniejszych kierunkach naszego natarcia Niemcy umacniają swoje zgrupowania. Oto mapa, zapoznajcie się z ostatnimi danymi dotyczącymi wojsk niemieckich.

Żukow podszedł do długiego stołu przy ścianie naprzeciw okien. Przez kilka minut analizował sytuację.

– Kiedy nasze wojska mogą przejść do natarcia? – zapytał Stalin, gdy Żukow wyprostował się po przestudiowaniu map.

– 1. Front Białoruski – mówił o swoich wojskach – może rozpocząć natarcie najpóźniej za dwa tygodnie. 1. Front Ukraiński zapewne również będzie gotów w tym samym terminie. 2. Front Białoruski, według wszelkich danych, w związku z ostateczną likwidacją nieprzyjaciela w rejonie Gdańska i Gdyni zatrzyma się tam do połowy kwietnia i nie będzie w stanie rozpocząć natarcia z rubieży Odry jednocześnie z 1. Frontem Białoruskim i 1. Frontem Ukraińskim.

– No cóż, trzeba będzie zaczynać operację, nie czekając na Rokossowskiego – Stalin mówił o dowódcy 2. Frontu Białoruskiego. Jeśli spóźni się o kilka dni, nic się nie stanie.

Żukow patrzył bez słowa na Stalina. Wiedział, do czego zmierzał: uprzedzić za wszelką cenę aliantów! Musiało stać się coś nadzwyczajnego, co skłoniło Stalina do gwałtownego przyspieszenia operacji berlińskiej. Co? Chwilę potem Stalin odpowiedział na to pytanie. Podszedł do stojącego przy oknie biurka i spod sterty papierów wydobył kartkę.

– Przeczytajcie to... – podał Żukowowi.

Była to informacja od „pewnego, życzliwego obcokrajowca" donoszącego o rozmowach hitlerowskich najwyższych oficerów z przedstawicielami aliantów na temat możliwości kapitulacji wojsk niemieckich na Zachodzie i otwarcia drogi do Berlina.

– No i co powiecie? – spytał Stalin, gdy Żukow odłożył kartkę. Nie czekał jednak na odpowiedź. Mówił dalej:

– Przypuszczam, że Roosevelt nie naruszy porozumień jałtańskich, ale Churchill jest zdolny do wszystkiego.

Stalin wezwał generała Aleksieja Antonowa, szefa Sztabu Generalnego.

– Zadzwońcie do Koniewa i każcie mu przybyć 1 kwietnia do Kwatery Głównej z planem operacji 1. Frontu Ukraińskiego, a przez te dwa dni popracujcie z Żukowem nad ogólnym planem.

Obydwaj oficerowie zasalutowali i wyszli z gabinetu Stalina.

Marszałek Iwan Koniew przybył na Kreml 1 kwietnia. Już podczas pierwszego spotkania wyjawił, jak bardzo zależy mu na doprowadzeniu do Berlina wojsk, którymi dowodził.

– Towarzyszu Stalin – mówił, odpowiadając na pytanie, czy będzie musiał przegrupowywać wojska. – Wszelkie niezbędne kroki zostaną podjęte. Przegrupujemy się na czas, by zdobyć Berlin.

Stalin wyznaczył dowódcom frontów bardzo krótki termin: 48 godzin na przygotowanie planów zdobycia miasta.

3 kwietnia obydwaj przedstawili plany. Żukow zdecydował się skierować do głównego uderzenia cztery armie ogólnowojskowe i dwie armie pancerne. Łącznie z siłami drugiego rzutu 1. Front Białoruski planował wysłanie do walki 768 100 żołnierzy. Natarcie miała poprzedzić nawała ogniowa jedenastu tysięcy dział.

Koniew miał mniejsze siły. Mógł wysłać do ofensywy trzy armie ogólnowojskowe i dwie dywizje pancerne liczące łącznie 511 700 żołnierzy, potrzebował więc uzupełnień i Stalin zgodził się dodać mu dwie armie.

Zaakceptował plany przedstawione przez dowódców frontów, ale nie zamierzał dawać Żukowowi uprzywilejowanej pozycji. Kreśląc na mapie linię rozgraniczenia frontów, doprowadził ją tylko do miejscowości Lübben, położonej około 60 kilometrów na południowy wschód od Berlina. Powiedział przy tym:

– W razie stawiania przez nieprzyjaciela zaciętego oporu na wschodnich podejściach do Berlina i ewentualnego zahamowania natarcia 1. Frontu Białoruskiego [Frontu Żukowa – B.W.], 1. Front Ukraiński [Front

Marszałek Żukow w okopie na przedmieściach Berlina

Koniewa - B.W.] ma być gotów do wykonania uderzenia armiami pancernymi na Berlin od południa.

Tego samego dnia wieczorem obydwaj dowódcy pojechali na lotnisko, skąd polecieli do swoich kwater. Rozpoczynała się najważniejsza operacja II wojny światowej w Europie, po której miała przestać istnieć Trzecia Rzesza.

Żukow wiedział, że dysponuje taką siłą, wobec której wojska niemieckie muszą ustąpić. Pozostawało tylko pytanie, jak szybko to się stanie i czy Koniew go nie wyprzedzi.

Zdecydował, że atak rozpocznie się 16 kwietnia o godzinie trzeciej nad ranem. Doświadczenie podpowiadało mu, że jest to czas najlepszy, gdyż żołnierze nieprzyjaciela są wtedy najmniej przygotowani do odparcia ataku i najłatwiej dają się zaskoczyć. Na niewielkim odcinku frontu zgromadzono 1150 czołgów i dział pancernych, 14 628 dział i moździerzy oraz 1531 wyrzutni rakietowych. Pierwszego dnia walk miało wystrzelić 1,2 miliona pocisków. Ogniowa burza miała oszołomić nieprzyjaciela, zniszczyć jego linie obronne, zmusić przygotowane do obrony oddziały do dalekiego odwrotu.

Po drugiej stronie Odry stały wojska Grupy Armii „Wisła" dowodzone przez generała pułkownika Gottharda Heinriciego*, starego doświadczonego oficera, który przez trzy lata dowodził dużymi związkami na froncie wschodnim. Dobrze poznał rosyjską technikę ataku i opracował

*__Gotthard Heinrici__ (1886-1971), niemiecki oficer, w służbie wojskowej od 1906 r., żołnierz I wojny światowej, stopień generała piechoty otrzymał w maju 1940 r. W czasie walk we Francji dowodził XII korpusem, który przebił się przez linię Maginota. W wojnie ze Związkiem Radzieckim początkowo dowodził XLIII korpusem, który w październiku 1941 r. został włączony do 2. armii pancernej Guderiana. 20 stycznia objął dowodzenie 4. armią w Grupie Armii „Środek". Opracował bardzo skuteczną taktykę wycofywania o ok. 2 kilometrów oddziałów ostrzeliwanych przez wrogą artylerię w czasie przygotowania szturmu i przechodzenia do kontrataku po ustaniu ognia. 16 sierpnia 1944 r. stanął na czele 1. armii pancernej. 20 marca 1945 r. zastąpił nieudolnego Heinricha Himmlera na stanowisku głównodowodzącego Grupą Armii „Wisła" broniącą kierunku Berlina. 28 kwietnia został zwolniony przez Hitlera, gdy odmówił obrony za wszelką cenę. W maju dostał się do niewoli amerykańskiej.

prostą, lecz skuteczną taktykę ochrony własnych wojsk, gdy nieprzyjacielska artyleria rozpoczynała ogień przygotowujący ofensywę. Rozkazywał swoim oddziałom wycofać się na około dwóch kilometrów i nieprzyjacielskie pociski spadały na opuszczone okopy i transzeje. Nazywał to „biciem w pusty worek". Gdy ustawała artyleryjska nawała ogniowa, jego żołnierze mieli wystarczająco dużo czasu, żeby zająć stanowiska obronne lub przejść do kontruderzenia, co zawsze zaskakiwało wroga. Tak postąpił 15 kwietnia, gdy analizując w swojej kwaterze w Schönewalde raporty wywiadu, doszedł do wniosku, że wojska radzieckie rozpoczną szturm następnego dnia we wczesnych godzinach rannych. Natychmiast rozkazał generałowi Theodorowi Bussemu, dowodzącemu 9. armią, aby wycofał swoich żołnierzy na drugą linię obrony. W nocy z 15 na 16 kwietnia transzeje i okopy, w które Rosjanie wycelowali działa, były puste.

Punktualnie o 3.00 wysoko na niebie rozbłysły trzy zielone rakiety, dając sygnał do rozpoczęcia przygotowania artyleryjskiego. Błyski z luf tysięcy dział rozświetliły niebo, po chwili dał się słyszeć głuchy i długotrwały grzmot. Potem wszystko zlało się w jeden nieustający huk.

Żukow był zadowolony. Nieprzyjaciel nie odpowiadał ogniem, co wskazywało, że radzieckie pociski zniszczyły stanowiska obronne i wypłoszyły ich załogi.

Po półgodzinnej kanonadzie na niebie rozpaliły się tysiące różnokolorowych rakiet. I wtedy nad linią frontu rozbłysły jasnoniebieskie smugi, które rozżarzały się z sekundy na sekundę. To 140 reflektorów lotniczych ustawionych co 200 metrów świeciło w stronę nieprzyjacielskich okopów. W oślepiającym świetle nikły sylwetki żołnierzy i czołgów, które wyrwały się z okopów i podążały w stronę niemieckich linii obronnych.

Żukow ze swojego stanowiska dowódczego patrzył z dumą na to widowisko, pewny, że niemieccy żołnierze, z których niewielu mogło przeżyć straszliwą nawałę radzieckiej artylerii, oślepieni światłem reflektorów nie będą już mieli sił oprzeć się pancernemu walcowi, który ruszył w stronę Wzgórz Seelowskich. Jednakże już pierwsze godziny walki przekonały go, że się pomylił. Światła reflektorów lotniczych były niczym więcej, jak tylko efektownym przedstawieniem i bardziej przeszkadzały atakującym oddziałom niż żołnierzom niemieckim wracającym do okopów. Czołgi wytracały impet na świetnie przygotowanych stanowiskach dział przeciwpancernych. Niezwykle skuteczne armaty kalibru 88 mm, niszczyciele czołgów, i żołnierze z panzerfaustami zbierały straszne żniwo wśród nacierających radzieckich czołgów.

– Co to, u diabła, znaczy? Dlaczego twoje oddziały ugrzęzły?! – Żukow wrzasnął na generała Czujkowa, gdy tylko ten zameldował o skuteczności niemieckiej obrony.

– Towarzyszu marszałku – spokojnie odpowiedział Czujkow – nie ma znaczenia, czy zostaliśmy przygwożdżeni na krócej czy na dłużej. Ofensywa już zwyciężyła. Obrona niemiecka stężała i udało się jej na chwilę nas zatrzymać.

Żukow wiedział, że Czujkow musiał mieć rację. Ogrom środków, jakie zgromadzono do tej operacji, dawał pewność, że obrona niemiecka zostanie przełamana, ale dla niego największe znaczenie miało zdobycie Berlina przed Koniewem.

Tymczasem na południu, gdzie niemiecka obrona była słabsza, wojska 1. Frontu Ukraińskiego szybciej posuwały się w stronę Berlina. 3. armia pancerna gwardii generała Pawła Rybałki zdobyła Zossen, gdzie mieściła się kwatera główna Wehrmachtu.

Marszałek Koniew, czując już zwycięstwo, wysyłał posiłki.

18 kwietnia wojska Żukowa przełamały niemiecką obronę u stóp Wzgórz Seelowskich i ruszyły w stronę stolicy. Teraz istotne stało się pytanie, który Front pierwszy dojdzie do punktu uznanego za centrum Berlina: Reichstagu. Obydwaj konkurenci, Żukow i Koniew, mieli równe szanse. Obydwaj chcieli je wykorzystać.

20 kwietnia w dniu urodzin Hitlera, marszałek Żukow wydał rozkaz swoim wojskom:

„Opanować berlińskie przedmieścia za wszelką cenę!".

Rozkaz marszałka Koniewa wydany w tym samym czasie brzmiał podobnie:

„Rozkazuję wam wykonać zadanie do końca dnia za wszelką cenę!".

Spieszyli się, nie zważając, jak wielu żołnierzy zapłaci życiem i kalectwem za ten niepotrzebny pośpiech. Ale ostateczną decyzję podjął Stalin. W rozkazie numer 11074 wydanym 23 kwietnia podzielił Berlin między dwa Fronty. Linia rozgraniczająca rejony, które miały zająć wojska Żukowa i Koniewa biegła zaledwie w odległości dwustu metrów na zachód od Reichstagu. Niemiecki parlament, uznany przez Stalina za symbol Trzeciej Rzeszy, znalazł się jednak w strefie wojsk Żukowa. Ale marszałek Koniew nie miał zamiaru pogodzić się z tym. Nie chciał teraz pamiętać, że Żukow uratował mu życie. Było to w 1941 roku. Iwan Koniew ponosił bezsprzeczną odpowiedzialność za załamanie frontu pod Wiaźmą i otwarcie Niemcom drogi do Moskwy, a za to Stalin karał śmiercią. I wówczas Żukow miał odwagę powiedzieć Stalinowi, że takimi sposobami niczego się nie poprawi i nikogo nie podniesie na duchu. I że wywoła to tylko negatywne wrażenie w wojsku. „Przypomniałem mu, że oto rozstrzelano (...) Pawłowa, i co to dało? Nic. (...) A Koniew to nie Pawłow, to człowiek mądry. Przyda się jeszcze".

W ten sposób uratował Koniewa, gdyż Stalin zdecydował się ostatecznie pozbawić go dowodzenia Frontem, a nie postawić przed sądem, który bez wątpienia wydałby wyrok śmierci.

Po latach Koniew nie miał jednak zamiaru oddawać swojemu zbawcy zaszczytnego tytułu zdobywcy Berlina. Ale co mógł zrobić, skoro Stalin zadecydował inaczej? Jednak w czasie walk w mieście różne sprawy mogą się zdarzyć. Niespodziewany opór wroga może zatrzymać żołnierzy jednej armii, gdy inna, nie napotykając morderczego ognia, może posunąć się o kilkaset metrów dalej.

Żukow spodziewał się, że dowódca Frontu Ukraińskiego może próbować mimo rozkazu Stalina przekroczyć linię podziału ich wojsk. Czy wydał rozkaz atakowania oddziałów Koniewa, gdyby nadmiernie zbliżyły się do linii wykreślonej przez Stalina? Trudno się spodziewać, że mógłby pozostać dowód takiej decyzji. 28 kwietnia żołnierze 3. armii pancernej generała Pawła Rybałki zostali ostrzelani przez oddziały Żukowa. Takie pomyłki zdarzały się na froncie i nie sposób dopatrywać się w tym umyślnego działania. Jednakże tego dnia marszałek Żukow wysłał depeszę do Stalina, skarżąc się, że jego żołnierze są umyślnie ostrzeliwani przez wojska Koniewa. Takie same oskarżenia stawiał Koniew.

29 kwietnia zadzwonił do Żukowa:

– Co robicie?! – krzyczał do słuchawki. – Nie widzicie, że wasze czołgi i samoloty atakują moje czołgi i samoloty i zabijają moich ludzi?

– Nie, nie widzę nic poza kurzem i dymem – spokojnie odpowiedział Żukow i odłożył słuchawkę.

Wzajemne utarczki, których skali nikt już nie określi, nie miały wpływu na tempo posuwania się wojsk radzieckich. Los Berlina był już przesądzony.

2 maja 1945 roku dowódca obrony Berlina, generał H. Weidling poddał miasto generałowi Czujkowowi, bohaterowi spod Stalingradu.

W tym czasie wojska aliantów zachodnich były blisko stolicy. W pościgu za nieprzyjacielem wojska brytyjskie przekroczyły o 80 kilometrów linię, do której mogły dojść według ustaleń z Jałty, zaś Amerykanie posunęli się około 200 kilometrów dalej na wschód, dochodząc do Torgau i Chemnitz.

Tymczasem niespodziewany obrót przybrały wydarzenia na północy Niemiec. Tam 3 maja dowodzący Grupą Armii „Północny Zachód" feldmarszałek Ernst Busch wysłał delegację do kwatery marszałka polnego Bernarda L. Montgomery'ego w Lüneburgu, aby ustalić warunki poddania jego wojsk, co stało się 4 maja o godzinie 18.20. Akt ten dotyczył wojsk niemieckich stojących naprzeciw dowodzonej przez Montgomery'ego 21. Grupy Armii w Holandii, Niemczech Północno-Zachodnich wraz z wyspami Fryzyjskimi i Helgolandem oraz wszystkimi innymi wyspami, w Szlezwiku-Holsztynie i w Danii i przewidywał, że działania zbrojne ustaną 5 maja o godzinie 8 rano.

Jednakże Niemcy na tym nie poprzestali.

Jeden z sygnatariuszy aktu z Lüneburga admirał Hans-Georg von Friedeburg, do którego dołączył generał Alfred Jodl, pospieszyli do Reims, do

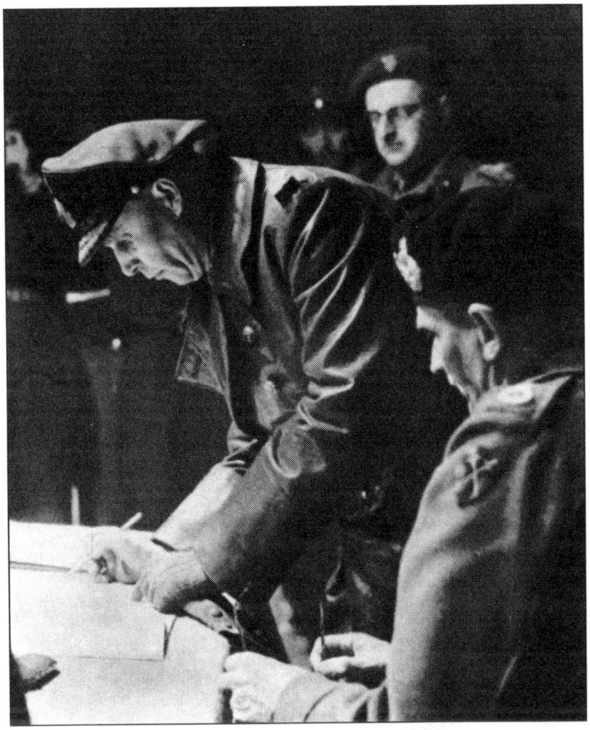

Marszałek polny B. Montgomery przyjmuje kapitulację wojsk niemieckich w Północnych Niemczech

kwatery sztabu dowódcy wojsk alianckich generała Eisenhowera. Ten jednak zdecydowanie odrzucał częściową kapitulację i żądał, aby wojska niemieckie poddały się na wszystkich frontach. Rokowania trwały długo, aż, nie widząc możliwości zmiany stanowiska Eisenhowera, nocą 7 maja w klasie szkolnej w Reims niemiecka delegacja podpisała akt kapitulacji.

Ze strony aliantów zachodnich podpisy złożyli szef sztabu głównodowodzącego wojskami alianckimi generał Walter Bedell Smith, a ze strony radzieckiej generał major Iwan Susłoparow. Dokument przewidywał zakończenie działań wojennych 8 maja o godzinie 23.01. Tłumaczono, że 48-godzinne opóźnienie złożenia broni przez wojska niemieckie wynika z trudności w przekazaniu decyzji o kapitulacji do oddziałów rozrzuconych w Niemczech i pozbawionych łączności z kwaterą główną. W istocie chodziło o to, aby jak najwięcej niemieckich żołnierzy przedostało się na zachód, unikając radzieckiej niewoli.

Można odnieść wrażenie, że Stalina nie poinformowano o zamiarze podpisania kapitulacji. Gdy dowiedział się o tym, rozwścieczony zadzwonił do Żukowa.

– Dzisiaj w mieście Reims Niemcy podpisali akt bezwarunkowej kapitulacji – powiedział. – Główny ciężar wojny dźwigał na swych barkach naród radziecki, a nie sojusznicy, dlatego też akt kapitulacji musi być podpisany w obecności naczelnych dowództw wszystkich krajów koalicji antyhitlerowskiej, a nie w obecności przedstawicieli Naczelnego Dowództwa wojsk sojuszniczych.

Później zatelefonował do szefa sztabu artylerii generała Nikołaja Woronowa.

– Któż to jest ten „słynny" generał artylerii Iwan Susłoparow? – Nie czekał na odpowiedź. Krzyczał: – Nie zadbaliście o właściwą edukację swoich ludzi! Generał Susłoparow zostanie odwołany do Moskwy i surowo ukarany!

Wczoraj sojusznicy – jutro wrogowie: (od lewej) marszałek polny B. Montgomery, gen. D. Eisenhower, marsz. G. Żukow, gen. J-M. de Lattre de Tassigny

Wbrew tej zapowiedzi Susłoparow, choć rzeczywiście odwołany do Moskwy, uratował życie, gdyż zabicie go stawiałoby Rosjan w niezręcznej sytuacji. Woleli zrobić dobrą minę do złej gry i uznać dokument z Reims za „wstępny protokół" lub akt kapitulacji w Północnych Niemczech. Jednakże cofnąć czasu już się nie dało. Premier Wielkiej Brytanii Winston Churchill i prezydent USA Harry Truman zaproponowali, by 8 maja szefowie rządów złożyli oświadczenie o zwycięstwie nad Niemcami. Stalin zaprotestował. Argumentując, że walki z Niemcami jeszcze trwają, zaproponował złożenie takiego oświadczenia 9 maja. Churchill odpowiedział pierwszy:

– Odroczenie mojego oświadczenia o 24 godziny, jak Pan proponuje, będzie dla mnie niemożliwe.

Prezydent Truman stwierdził 8 maja w liście wręczonym ambasadorowi Andriejowi Gromyce:

„Proszę Pana o powiadomienie marszałka Stalina, że Jego pismo do mnie doszło do Białego Domu dzisiaj o godzinie pierwszej w nocy. Jednakże, gdy list dotarł do mnie, przygotowania były zaawansowane tak dalece, że rozpatrzenie sprawy przesunięcia terminu ogłoszenia przeze mnie wiadomości o kapitulacji Niemiec okazało się niemożliwe".

Stalinowi udało się tylko jedno: wytargować od sojuszników uznanie aktu z Reims za prowizorium kapitulacyjne i zgodę na podpisanie właściwego aktu w Berlinie.

– Umówiliśmy się z sojusznikami – mówił Stalin w rozmowie telefonicznej z Żukowem, że podpisanie aktu w Reims będzie traktowane jako wstępny protokół kapitulacji. Jutro do Berlina przybędą przedstawiciele niemieckiego Naczelnego Dowództwa, a także Naczelnego Dowództwa wojsk sojuszniczych. Reprezentowanie radzieckiego Naczelnego Dowództwa powierza się wam.

8 maja o godzinie 23.45 do gmachu szkoły saperów w berlińskiej dzielnicy Karlshorst przybyli przedstawiciele aliantów: brytyjski marszałek lotnictwa Arthur Tedder, amerykański generał Carl Spaatz, francuski generał Jean-Marie de Lattre de Tassigny. Z Flensburga dowieziono byłego szefa Naczelnego Dowództwa Wehrmachtu feldmarszałka Wilhelma Keitla, dowódcę marynarki wojennej admirała Hansa Georga Friedeburga i generała pułkownika lotnictwa F. Stumpffa.

Otwarcie ceremonii podpisania aktu kapitulacji przypadło marszałkowi Żukowowi. Wojna w Europie została ostatecznie zakończona.

Premier Winston Churchill jakby ocknął się ze złowrogiego snu o współpracy i uległości wobec Stalina i uznał, że wojska zachodnich aliantów powinny pozostać na pozycjach, do których doszły, chociaż wysunęły się za daleko na wschód. Pisał w depeszy do nowego prezydenta Harry'ego Trumana 4 czerwca 1945 roku:

„Patrzę z największą obawą na wycofanie amerykańskich wojsk na nasze linie okupacyjne w centralnym sektorze, co sprowadzi radzieckie siły do serca zachodniej Europy i spowoduje opadnięcie żelaznej kurtyny między nami a wszystkimi na wschód. Mam nadzieję, że ten odwrót, jeżeli już musi być dokonany, powinien być połączony z ugodą w sprawach wielkich, które stałyby się prawdziwym fundamentem pokoju na świecie. W rzeczywistości nic szczególnie ważnego nie zostało dotychczas ustalone, a pan i ja ponosimy wielką odpowiedzialność wobec przyszłości".

Za późno. Targi o przesunięcie wojsk anglo-amerykańskich o kilkadziesiąt kilometrów nie miałyby większego wpływu na sytuację w Europie.

Tę wojnę wygrał Stalin. On poświęcił co najmniej 27 milionów własnych obywateli i uznał, że uzyskał prawo decydowania o Europie. Nie czekał na zgodę aliantów. Natychmiast przystąpił do kształtowania Europy takiej, jaką widział w swoich planach dwadzieścia lat wcześniej.

Jego zwycięstwo przesądziło o życiu wielu narodów Europy na 44 lata.

Bibliografia

Książki i artykuły

Andrew Christopher, Mitrokhin Vasili, *The Mitrokhin Archive, The KGB and the West*, London 1999,

Abramovitch Raphael, *The Soviet Revolution 1917–1939*, London 1939

Aleksandrov Victor, *The Kremlin* (w tłumaczeniu R. Manckoma), London 1963

Armia Krajowa w dokumentach, 1939–1945, t. I–V, Londyn 1970–81

Assmann Kurt, *The Battle for Moscow, Turning poinf of the War*, w „Foreign Affairs", nr 28 ze stycznia 1950

Bloch Michael, *Ribbentrop*, Warszawa 1995

Blumentritt Günther, artykuł w „The Fatal Decision", London 1956

Ciliga Anton, *The Russian Enigma*, London 1940

Clark Alan, *Barbarossa, The Russian–German Conflict 1941–45*, New York, 1965

Eden Guy, *Portrait of Churchill*, London 1946

Erickson John, *The Road to Stalingrad. Stalin's War with Germany*, Londyn 1998

Erickson John, *The Soviet High Command 1918–1941*, London 1975

Farnsworth Beatrice, *William C. Bullitt and the Soviet Union*, New York 1954

Garthoff Raymond, *How Russia Makes War*, London 1954

Gehlen Reinhard, *The Service* (w tłumaczeniu D. Irvinga), Londyn 1972

Glanz David, House Jonathan, *When Titans Clashed: How the Red Army Stopped Hitler*, Kansas 1995

Halder Franz, *Hitler als Feldherr*, München, 1949

Herring George, *Aid to Russia 1941–1946*, New York 1976

Hitler's Secret Conversations 1941–1944, New York, 1953

Hossbach Friedrich, *Infanterie im Ostfeldzug 1941–42*, Osterde 1951

Hyde Montgomery, *Stalin, The History of a Dictator*, New York 1971

Kennan George, *Russia and the West under Lenin and Stalin*, London

Khan David, *Hitler's Spies*, New York 1978

Kimball Warren, *The Mythical Yalta Myth*, artykuł z „Newsletter" (Society for Historian of American Foreign Relations), czerwiec 1982

Kitchen Martin, *British Policy Towards the Soviet Union during the Second World War*, New York 1986

Louis Roger, *Imperialism at the Bay: The United States and the Decolonisation of the British Empire 1941–1945*, New York 1978

Magnuski Janusz, *Wozy bojowe LWP*, Warszawa 1985

McNeal Robert, *Stalin, Man and Ruler*, London 1988

Miedwiediew Roj, *Chruszczow, biografia polityczna*, Warszawa 1990
Mikołajczyk Stanisław, *The Rape of Poland*, London 1948
Mleczin Leonid, *Predsiedatieli KGB*, Moskwa 1999
Overy R.J., *War and Economy in the Third Reich*, Oxford 1994
Raack R.C., *Stalin's Drive to the West 1938-1945*, Stanford 1995
Richelson Jeffrey, *A Century of Spies. Intelligence in the Twentieth Century*, Oxford 1995
Sherwood Robert, *The White Hiuse Papers of Harry Hopkins*, London 1949
Sherwood Robert, *Roosevelt and Hopkins*, New York 1950
Smith Bradley, *Sharing Secrets with Stalin: How the Allies Traded Intelligence 1941-1945*, Lawrence 1996
Smith Bradley, Elena Agarossi, *Operation Sunrise: The Secret Surrender*, New York 1979
Strategy and Tactics of the Soviet-German War, by Officers of the Red Army and Soviet War Correspondents, Soviet War News, London, bez daty
Ulam Adam, *Stalin: the Man and his Era*, London 1989
Volkogonov Dmitrij, *Stalin, Triumph and Tragedy*, New York 1991
Voznesenski Nikolay, *The Economy of the USSR during World War II* (tłumaczenie Wheeler-Bennett) Washington 1948
Werth Alexander, *Russia at war 1941-1945*, New York 1996

Dokumenty dyplomatyczne i rządowe

Correspondence between the Chairman of the Council of Ministers of the USSR and the President of the United States and Prime Minister of Great Britain during the Great Patritic War of 1941-45, Moscow 1957
Documents on German Foreign Policy 1919-39, London 1951-58
Documents on German Foreign Policy 1918-1945, Seria C (1933-1936) i Seria D (1937-1941) Department of State, Washington i Foreign Office GPO i HMSO 1949-64,
Foreign Relations of the United States. Diplomatic Papers. The Soviet Union 1933-39, Washington 1952
Foreign Relations of the United States, The Conferences at Cairo and Teheran, Washington 1961
Foreign Relations of the United States, The Conferences at Malta and Yalta, Washington 1955
Fremde Heere Ost, Documents of the OKH Intelligence Section "Foreign Armies East" w US Army Foreign Military Studies, New York 1973
Harriman Averell, Papers, Library of Congress, Washington
Hitler War Directives, Wyd. Sigwick & Jackson 1974
Kommunisticzieskaja partija w pieriod Wielikoj Otiecziestwiennoj Wojny, Moskwa 1961
Nazi-Soviet Relations 1939-1941, Washington 1948
Public Papers of Franklin D. Roosevelt, Washington 1939 Soviet Casualties and Combat Losses in the Twentieth Century, Wyd. Greenhill Books, London 1993
Roosevelt Franklin, Papers, Franklin D. Roosevelt Library, Hyde Park
Soviet Documents on Foreign Policy (1917-41) selscted and edited by J. Degras, London 1948-53
Stalin Joseph, War Speeches, London 1946

Pamiętniki

Allilujewa Anna, *Wospominanija*, Moskwa 1946
Avon Earl of, *The Eden Memoirs* (3 tomy), London 1960-65
Below Nicolas von, *Byłem adiutantem Hitlera 1937-1945*, Warszawa 1990
Birse H., *Memoirs of an Interpreter*, London 1967

Bohlen Charles, *Witness to History 1929–1969*, New York 1973
Bradley Omar, *A Soldier's Story*, New York 1951
Bryant Arthur, *The Turn of the Tide 1939–43, Based on the Diaries of Field Marshal Viscount Alanbrooke*, London 1959
Cadogan Alexander, *The Diaries of Sir Alexander Cadogan 1938–1945*, London 1971
Chuikov V.I., *The Beginning of the End*, New York 1963
Churchill Winston, *Druga wojna światowa*, Gdańsk 1996
Davies Joseph, *Mission to Moscow*, New York 1941
Diakow J., Buszujewa T., *The Red Army and the Wehrmacht. From the Secret Archives of the Former Soviet Union*, New York 1995
Dulles Allen, *The Craft of Intelligence*, New York 1963
Dulles Allen, *The Secret Surrender*, New York 1966
Eisenhower Dwight, *Crusade in Europe*, New York 1948
The Goebbles Diaries, London 1948
Gehlen Reinhard, *The Service: The memoirs of General Reinhard Gehlen*, New York 1972
Halder Franz, *Kriegstagebuch, Kohlhammer*, Stuttgart 1963
Halder Franz, *Hitler als Feldherr*, München 1949
Hull Cordell, *Memoirs*, London 1948
Ismay Lord, *Memoirs*, London, 1960
Jeremienko Andriej, *Wospominanija i rozmyszlienija*, Moskwa 1970
Jones R.V., *The Most Secret War*, London 1990
Kennan George, *Memoirs 1925–1950*, Boston 1967
Leahy William, *I was there*, New York 1950
Maisky Ivan, *Memoirs of Soviet Ambassador. The War 1939–43*, London 1967
Maisky Ivan, *Journey into the Past* (tłumaczenie z rosyjskiego Frederick Holt), London 1962
Manstein Erich von, *Verlorene Siege*, Bonn 1955
Montgomery of Alamein, Memoirs, London 1958
Moran Lord (Charles Wilson), *Winston Churchill: Struggle for Survival 1940–1965*, London, 1966
Potiomkin Władimir, *Istoria diplomacji 1919–39*, Moskwa 1945
Ribbentrop Joachim von, *The Ribbentrop Memoirs* (tłumacz. O. Watson), London 1954
Rokossowski Konstanty, *Sołdatskij dołg*, Moskwa 1984
Roosevelt Elliott, *As He Saw It*, New York 1946
Roosevelt Franklin, *Franklin D. Roosevelt and Foreign Affairs*, Cambridge 1969
Sandałow L., *Pierieżyłoje*, Moskwa 1962
Sherwood Robert, *The White House Papers of Harry L. Hopkins*, London 1949
Schellenberg Walter, *Wspomnienia*, Wrocław 1989
Skorzeny Otto, *Skorzeny's Special Missions*, London 1957
Speer Albert, *Wspomnienia*, Warszawa 1990
Stalin Józef, *Stalins's Correspondence with Churchill, Attlee, Roosevelt and Truman 1941–45*, Moskwa i Londyn 1957–58
Stettinius Edward, *Lend-Lease, Weapon and Victory*, New York 1944
Stettinius Edward, *Roosevelt and the Russians. The Yalta Conference*, London 1950
Sudoplatov Pavel, *Special Tasks: The memoirs of an Unwanted Witness – A Soviet Spymaster*, Boston 1994
Tedder Arthur, *With Prejudice: War Memoirs*, London 1966
Truman Harry, *Year of Decisions 1945*, London 1955
Wannikow B. L., *Iz zapisok narkoma wooruženija*, Moskwa 1972
Żukow Gieorgij, *Wspomnienia i refleksje*, Warszawa 1970

Indeks

D

E

F

G

H

Z

Ż

Spis treści

W KSIĘGARNIACH

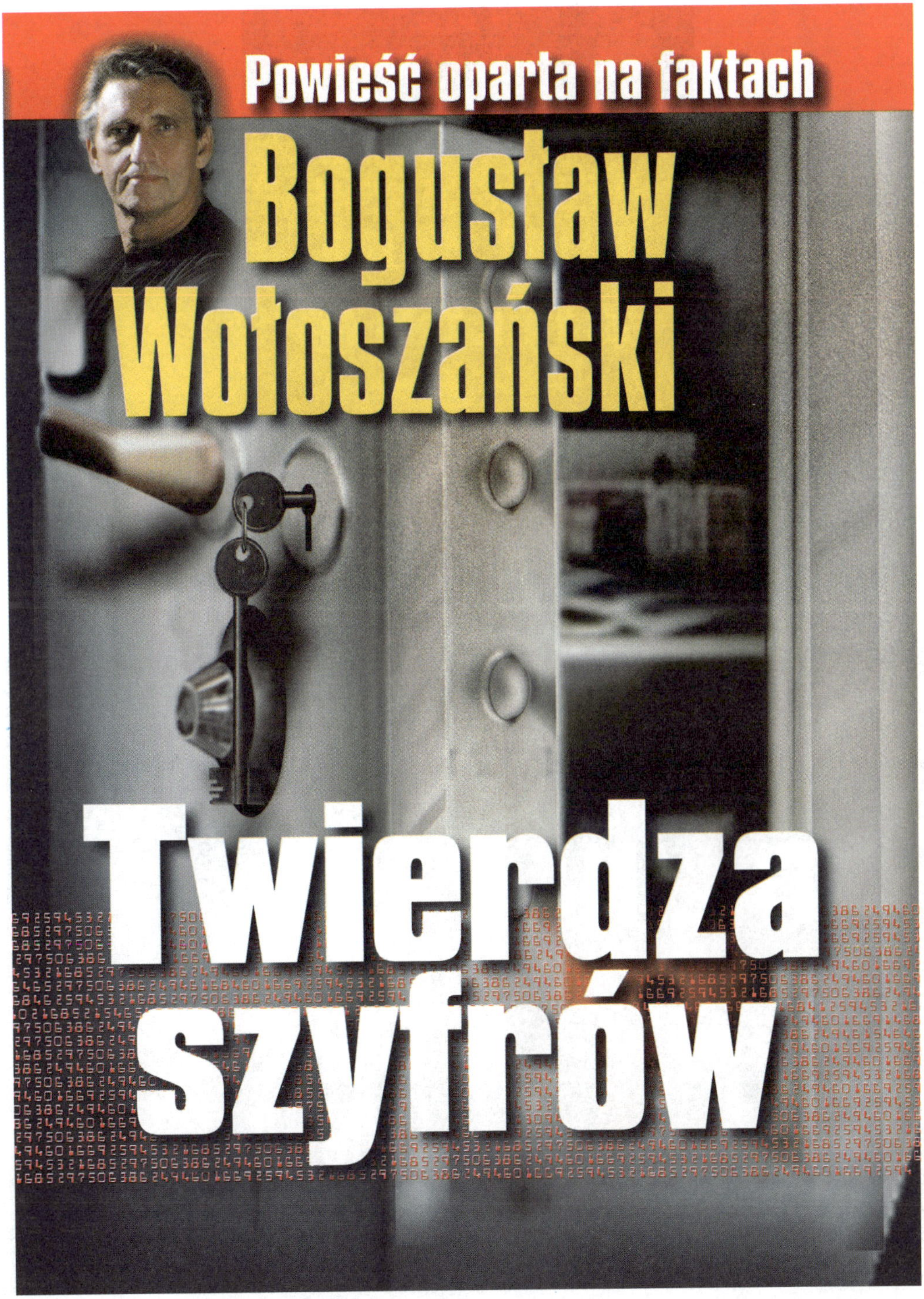

W KSIĘGARNIACH

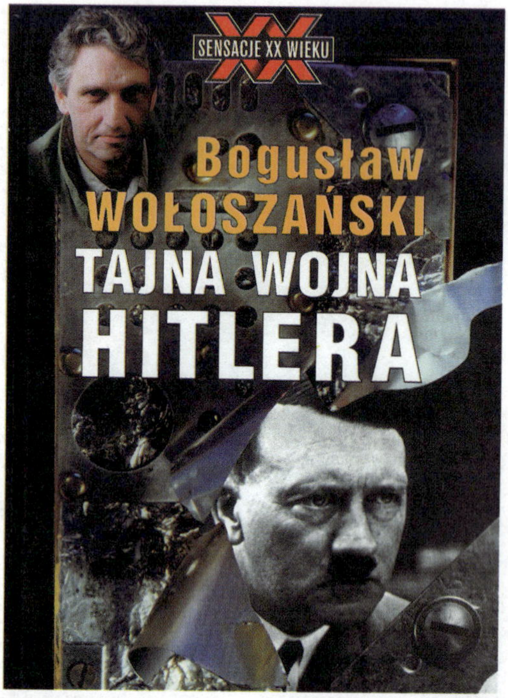

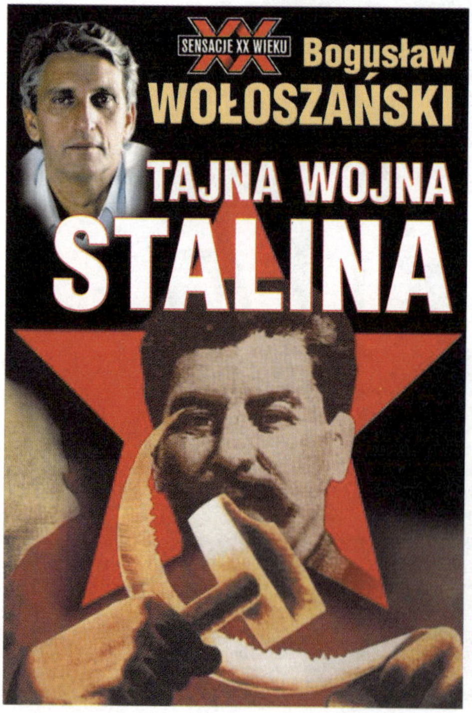

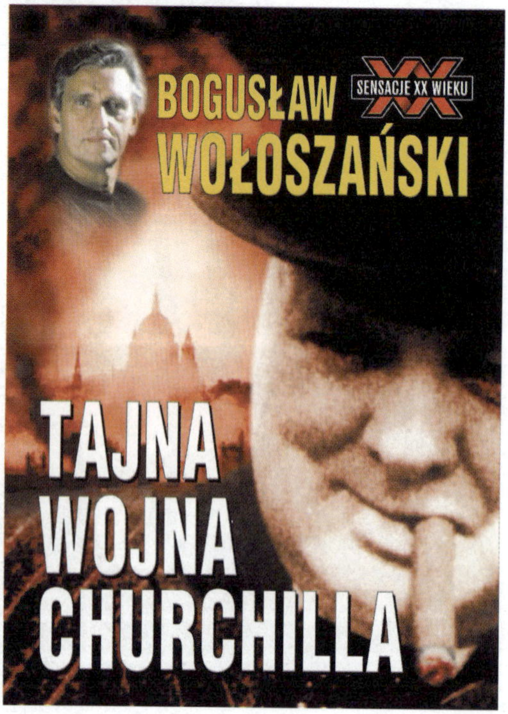

W KSIĘGARNIACH

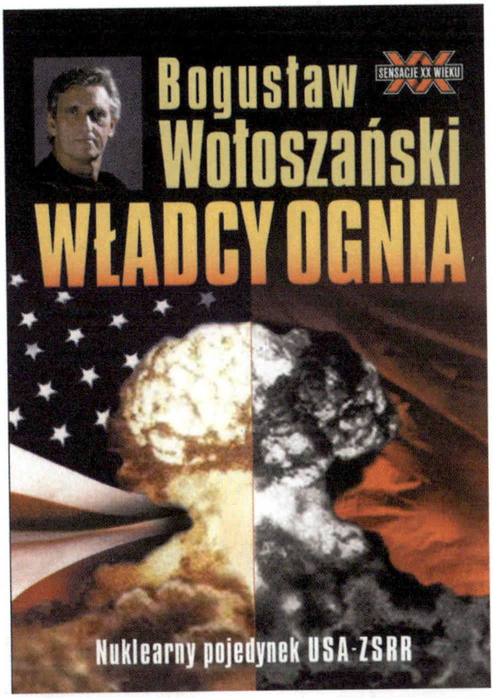